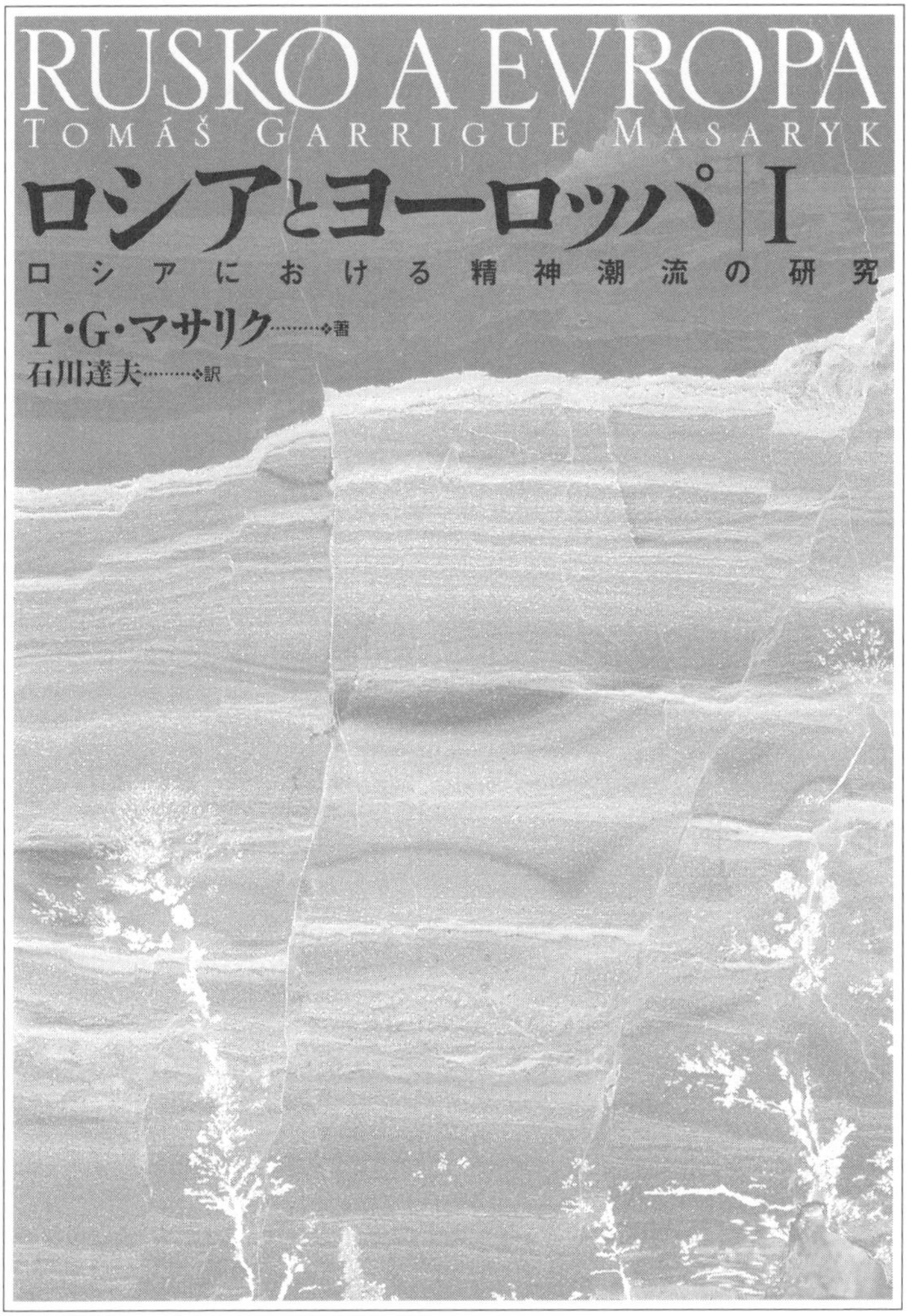
RUSKO A EVROPA
TOMÁŠ GARRIGUE MASARYK
ロシアとヨーロッパ I
ロシアにおける精神潮流の研究
T・G・マサリク……著
石川達夫……訳

成文社

ロシアとヨーロッパⅠ——ロシアにおける精神潮流の研究——目次

ロシアとヨーロッパⅠ——ロシアにおける精神潮流の研究——

凡例

〔　〕は訳注を示す。

はしがき

日露戦争と革命〔一九〇五年のロシアの第一次革命を指す〕の後、ロシアへの関心が高まった時、私のロシア研究のことを知っていた知人たちが、それをもとに何か書くように、私に勧めた。こうして、私が革命と文学との密接な関係をはっきりと示した一つの論文が生まれ（『Österreichische Rundschau（オーストリア展望）』誌に掲載）、また私は、ウォーレス〔ドナルド・マッケンジー・ウォーレス。一八四一～一九一九。イギリスの旅行家・ジャーナリスト〕、ウラル〔アレクサンドル・ウラル。ロシアのジャーナリスト〕、コーニ〔アナトーリー・フョードロヴィチ・コーニ。一八四四～一九二七。ロシアの法律家・文人〕、クロポトキン、ペトローフ〔グリゴーリー・スピリドーノヴィチ・ペトローフ。ロシアの宗教ジャーナリスト〕、ロイスナー〔ミヒャエル・フォン・ロイスナー。ドイツのジャーナリスト〕、ブリュクネル〔アレクサンデル・ブリュクネル。一八五六～一九三九。ポーランドのスラヴ学者〕など、ちょうどその頃出版されていた新しい本の書評を幾つか書いた。これらの本を読みながら、私は、ドストエフスキーにおいてロシア革命とロシア問題一般の本質を描き出そうという意図を抱いた。しかしながら、その私の論文は成功しなかった。私はその仕事をしながら、ドストエフスキーの先行者たちと後継者たちを分析せずにはドストエフスキーを正しく描き出すことはできないということを見て取った。けれども、それは、宗教哲学および歴史哲学の最も重要な諸問題とロシア文学の諸問題一般を描き出すことを意味する。

ロシアには、私は青年時代から、いや少年時代からさえ係わってきた。子供の頃、私は、家族がスロヴァキアで経験した一八四九年のロシア軍の遠征〔一八四九年にロシアがハンガリーの独立運動に干渉軍を派遣したことを指す。スロヴァキアは当時、ハンガリーの一部だった〕について、ありとあらゆるエピソードを耳にした。その後、カレンダーにあった、ロシアの教会と奇跡についての話から、私は強い印象を受けた。カトリックでない国でどうして奇跡が起こりえたのだろうかという疑いに私は苦しめられ、教会の分裂とは何なのか、どうして教会が分かれえたのか、理解することができなかった。それから数年後、一八六三年のポーランド蜂起に、私は興奮させられた。私は革命とポーランドの味方だったが、同時に私はまた、ロシアのことを勉強するように再び促された。最後に、学校での、偽の手稿〔古チェコ語で書かれたという『ドゥヴール・クラーロヴェーの手稿』と『ゼレナー・ホラの手稿』を指す。学問的・文化的・政治的に大きな事件を巻き起こした〕の講読が、ロシア語の勉強に向けた刺激となった。私は独学したが（これはブルノ〔マサリクがギムナジウムに通っていた、モラヴィア地方の中心都市〕でのことだった）、もちろんアクセントがうまくいかなかった〔ロシア語とチェコ語は同じスラヴ語に属するが、アクセントは全く異なる〕。また、ロシア語の本がなかったので、私は翻訳を探し求め、そうして自分のロシア研究をロシア文学から始めた。後になって私はロシア語をもっと良く修得した。私はロシアの作家たちからロシアについての知識を汲み取り、それを歴史その他の研究とロシア旅行によって追加的に補足するように努めた。

この研究は、ロシアの内面をその文学から捉えようと努めるものである。とりわけ私は長い間、ドストエフスキーと、ロシアに関する彼の分析を、研究してきた。そしてそれ故に、この研究では、ドストエフスキーに関する部分が主要な部分となる。

そもそもこの著作全体がドストエフスキーだけのためのものなのだが、私は、ドストエフスキーに関する説明の中にすべてを正しく適切に組み込むことができるほど、巧みに文章を組み立てられない。それ故に、私はこの仕事を分割した。第一部は、ドストエフスキーの先行者たちと後継者たちの、歴史哲学および宗教哲学に関する教説を要約して、それらの諸理念の発展史の概略を提供するものである。

個々の作家たちのところであれこれの歴史的現象に言及することになるので、あらかじめロシア史に関する導入部を置くことにした。注や脱線で説明を煩瑣にしないように、私はむしろ歴史的発展の体系的な概観を提示したが、それは同時に、後に扱われる諸問題の予告でもある。

第二部〔第3巻〕は、前半でドストエフスキーの歴史哲学と宗教哲学を扱い（神を巡る闘い——F・M・ドストエフスキーとニヒリズム）、後半はプーシキン以降のロシア文学およびヨーロッパ文学とドストエフスキーとの関連を明らかにする試みが含まれる（巨人主義かヒューマニズムか？ プーシキンからゴーリキーへ）。

この著作自体が、私がロシア研究のためにドストエフスキーの分析を選んだのが正しかったことを示すことになるだろうが、この点については初めから疑わしく思われるかもしれない。何人かの専門家が、この疑いをあらかじめ私に（口頭で）伝えた……。だが私は、ドストエフスキーを選んだのが正しかったことを示しうるだろうと思う。私自身はドストエフスキーの世界観と人生観を完全に拒否しているにもかかわらず、あるいはまさにそれ故に。

仕事を進める際に、私は特別な二重の立場にあった。即ち、私はヨーロッパの読者とロシアの読者の両方を念頭に置いていた。一方の読者のために、しばしば、知られていない事柄を叙述する必要があり、他方の読者のために、しばしば、既知の事柄を別な風に定式化し、全体に別の光を当てなければならなかった。

それ故に、私が時としてヨーロッパでは知られていない、あるいはあまりよく知られていない事柄を、文体構成術の規則が許容するよりも多少詳細に検討するとしても、読者諸氏には、ある種の不均一をご容赦いただけるだろう。

もしも私が自分の本をロシアで書いたとしたら、もっと簡潔なものとなっただろうが、しかし本書でも私は、多くの事柄を前提とした。この事はとりわけ記述資料（統計その他）に当てはまる。私は特別な章を設けて、最も重要な文献をすべてまとめて挙げた。

それから、ここで提出するものは、シカゴ大学のクレイン基金の講義で（一九〇二年）、その萌芽的形態において述べたものであることを、お断りしておく。

ロシアについての本を書くに当たっては、文献に関する技術上の若干の問題を処理しなければならない。

私は、暫く迷った末、ロシア語の文献データは挙げないことにした。ロシア語文献を手にすることができるのは、ヨーロッパでは少数の例外的な関係者だけなので、実際にはロシアにとってしか意味のない引用で本を煩瑣にしなくともよいと思う。同じ理由から、個々の作家たちからそのまま引用した個所も、文献的にあえて示さない。どの作家についても、校訂を経て、一般に認められた決定版はない。それ故に、個々の版を挙げることも、同じ理由から無駄であろう。

ロシア語文献がどれほど入手困難で未知であるかを知っているので、私は、ロシアの作家たちの異なる見解や判断との論争も、できるだけ避けている。

私は、ロシア文学の発展を、かなり注意深く追ってきたが、そのことは、政治——合法的なものも非合法的なものも——の発展についても当てはまる。私は、あらゆる事柄について情報を提供してもらい、自分の知識において後れをとらなかったことに対して、個人的な友人・知人たちに感謝する。

にもかかわらず、私はロシア語文献の不足を痛感していた。なぜなら、とりわけ、ロシアの科学、哲学、そして文学の文献も、その多くは雑誌の中にあるからである。文献を網羅した、完全なロシア研究は、そもそもロシアの外では不可能である。私は、例えば若干の差し迫った場合には、論文全体の写しを調達しなければならなかった。私がこんなことに言及するのは、ただ、私は自分の仕事のためにヨーロッパでできることはすべてやったということを、読者に請け合うためである。それ故に、私は研究と概略だけを提出し、本気でそう言うものである。

T・G・マサリク

序　ロシアとヨーロッパ——ロシアの僧侶

ピョートル以後の発展を概観すると、ロシアは二分されているということが分かる。即ち、ピョートル以前の文化を持つ古いロシアと、新しい、ヨーロッパ的なロシアとにである。

注意深い観察者がロシアを旅行すれば、この文化的な分裂の本質と発展をまざまざと感じ取り、経験することができる。我々がヨーロッパからロシア内部に入ろうとすると（ロシア人自身は西部国境を越えて「ヨーロッパ」に入る）、その前に、ポーランド、バルト地方、あるいはフィンランドといった非ロシア州・地方（当時、ロシアの属領だった）を旅して行かなければならず、ロシアに併合されたヨーロッパの一部、古いヨーロッパ文化を持ったカトリックおよびプロテスタントの諸民族の土地を通って行かなければならない。これら諸民族の正教ロシアへの編入は、今までのところ、非常に外面的なものである。我々が西から東へ入れば入るほど、ますますヨーロッパから遠ざかり、ついには、ヨーロッパというものはただ、鉄道と駅のビュッフェと、そこここのヨーロッパ的な設備のホテルだけになってしまう。これと同じ相違がペテルブルグとモスクワとの間にも見られ、またモスクワでも（もちろんペテルブルグでもそうだが）、近代的な地区と古いロシア的なモスクワとの間にも見られる。新しくて、非常にヨーロッパ的な町は、オデッサである。

主要な都市、とりわけペテルブルグとは異なり、地方や村はロシア的である。貴族の館は、貴族の大領主たちが、ヨーロッパ的に設備を整えている。それと同じように、地方にますます増えていく工場も、ヨーロッパのオアシスである。概して技術的・実際的設備は大部分、ヨーロッパ的である。即ち、鉄道と工場、しかしまた銀行と部分的には商店（ロシア的な商店と並んで）、軍事施設、港湾施設、それから部分的には官僚国家機構も、そうである。もちろん、例えば初めてワルシャワの郵便局を訪れることを余儀なくされた人は、ロシアの国家機構にすぐに反感を覚えるだろう。至る所で、ヨーロッパ的な特徴がロシア的な特徴と結びついている様が見られ、そして少し訓練すれば、両方の要素の様々な結合と移行を認識できる。より注意深い観察者で専門家なら、ヨーロッパから直接輸入されたものを、模倣されたもの、同化されたものから区別できる。ロシアとヨーロッパが小規模にも大規模にも結びついている様が見られる。

そしてもちろん、我々はじきに、同じ相違を物のみならず人においても認識するようになる。即ち、ヨーロッパとロシアの考え方と感じ方が実に様々に入り交じっているのに出会うのである。すぐに我々は確信するのだが、ロシアのヨーロッパ化は単に個々の理念と個々の実際的装置の受容にあるのみならず、ここでは全く特別な歴史的過程が生じているのであり、そこではロシア古来の本質、ロシア古来の文化と生活方法が変容し、ヨーロッパの習慣、ヨーロッパの文化と生活様式が浸透していくことによって分解しているのである。ヨーロッパ的な教養を身につけるロシア人は、自らの中で、自分の最も本質的な内部において、この矛盾を経験するのである。彼が受け継いだロシア的なものを、新たに受け入れたヨーロッパ的なものと有機的に結びつけて統一するという課題が、自然と彼に迫ってくる。困難な課題だ！　一方ではロシアの農民と――そして、今に至るまで農民はロシアを意味する――、他方ではパリやベルリンやチューリッヒで生活してそこの生活に慣れた作家や将校や地主や技術者とが、あらゆるなまなましさをもって形成する矛盾というものを、ありありと想像してみよう！　そして、これらの人々は、隣り合って考えたり働いたりしなければならないだけでなく、共に、互いのために、考えたり働いたりしなければならないのだ！

ロシアとヨーロッパとの精神的対立を、その意味のすべてにおいて我々が経験するのは、ロシアの修道院においてである。そこで我々は、最も純粋で最も古いロシアの生活、ロシア古来の感じ方と考え方を見出す。この生活は既にペテルブルグの修道院に見出されるが、僻地の修道院や隠者の庵では一層そうである。ロシア、古いルーシ〔ロシアの古名〕、それはロシアの修道僧である。私はこのことを、もう最初のロシア旅行の時にすぐに、まざまざと経験する機会を得た。モスクワで私は、精神的に最も先進的な人々のサークルに出入りしていたが、ある日私は、このヨーロッパ的なサークルから、モスクワ近郊の有名なトローイツェ・セールギエフ（聖三位一体）修道院〔モスクワ北方のセールギエフ・ポサード、旧称ザゴールスクにある十四世紀以来の修道院〕に足を伸ばした。修道院そのものが、その設備によって、その宝物と聖骸によって、我々を十四世紀のロシアに連れて行く。しかし、修道院からやや離れた所にあるゲッセマネの庵では、我々は更に歴史を遡ることになる。古い木造教会と共にある、森の中の隠者の庵――真のゲッセマネである！　私は、その前の数日間をずっと、トルストイと彼の友人たちと共に宗教的諸問題について考えていたので、このゲッセマネをなおさら生き生きと感じた。当時、モスクワには偶然ブランデス〔ゲーオア・モリス・コーエン・ブランデス。一八四二～一九二七。デンマークの思想家・文学史家。『十九世紀文学思潮』などで全ヨーロッパにその名声を広げた。『ロシア印象記』も著した〕もいて、自分の文学的見解をフランス語で説明していたのだが、ここではいきなり、地下の洞窟と、奇跡を起こす聖骸と聖像画《イコン》を安置した、ゲッセマネの庵なのである！　トルストイの高位の友人が、修道院長宛の紹介状を私にくれていたので、私はすべてを完全に見ることができた。忘れ難いのは、庵を案内してくれた人である。それは、修道院とその周囲で成長し、全く自分の修道院の正教的観念と理念の中で生きてきた、二十五歳くらいの若い僧だった。この世は彼には無縁のままだった。私は彼にとって使者であり、彼が今まで逃避していたこの世の一部だった。それなのに今や、私に地下埋葬所を案内し、私が目にしたものを説明しなければならなかったのである。——彼が最も熱い祈りを捧げていた様々な物を、ショーウィンドウの中の物のように、非ロシア人に、ヨーロッパ人に、異教徒に、説明しなければならなかったのである！　私の案内人がいかに困惑しているかを、私は見て取って、彼のことが気の毒になったが、しかし正直に言うと、彼の困惑は、私の中のヨーロッパ人を少々苛立たせた。彼は一つ一つの聖骸の前で、一つ一つの聖像画の前で、とりわけ比較的大きなものの前で、頭を下げ、ほとんどひっきりなしに十字を切り、跪き、神聖な物や場所に額や口をつけた。私はあらゆる物を注意深く見て回り、私の傲慢さと不信仰に対して天が私を罰するのを今か今かと全くあからさまに待ち受けている僧の怖れが、高まってゆくのを観察していた。天罰はやって来なかった。——彼は自ら気づかず、理解しないまま、彼の魂の底には、確かに、静かな疑いが目を覚ましてきていた。そのことは、せめて最も重要な聖骸の前で私が頭を下げるように、彼が忍耐強く懇請することに見て取れた。——それはもはや異教徒への心配ではなく、最も神聖な聖骸のもとで天罰が下るような目に遭わなくてもすむようにしようという努力だった……。地下埋葬所を一通り見て、私は帰ろうとしたが、私の案内人はそうさせてくれず、私につきまとった。すぐに私は、その僧が今度は私からも何かを知りたがっていることに気づいた。そして実際に彼は、自分の好奇心を完全に解放した。——それは、何という好奇心だったことか、この世について、ヨーロッパについて、何かを知りたいという、何という熱烈な願望だったことか！　彼の目は、この世への飢えたような熱望の炎を発していて、私は彼が満ち足りるほど十分に話をし説明することはできなかった。ついには、ロシア人である彼が、非ロシア人に、モスクワのこと、ペテルブルグのこと、ロシアのことを、あれこれと尋ね始めた。こうして私たちは、庵から森の端までの道を、何度か行ったり来たりした。私の案内人は、飽きずに次から次へと質問をした。それまで彼は、この世を聖書と聖なる伝説の光の中で判断するだけだったが、今や、聞いたこともなければ思ってみたこともないような事柄を耳にしたのである。全く予期しなかったことに、また私が何度ならなくなった。ついに私は、修道院に戻らなければならなくなった。

僧は私を修道院の前まで送って来た。そして私が別れを告げたにもかかわらず、彼は戻らずに、その場に立ったままだった……。彼は心付けを受け取るだろうか、彼は私からそれを期待しているのだろうか？　その考えが、もう暫くの間私を悩ませていた。私は自分の考えを恥じ、その考えに侮辱さえ覚えたが、信仰が篤く、この世を蔑視している僧が心付けを受け取ることに慣れているということは、ついにはっきりした。私の脳裡に、ロシアとヨーロッパ、信仰と不信仰をめぐる考えが、渦を巻いた。私は、ゲッセマネの番人の期待に満ちた手の中に紙幣を握らせたとき、羞恥で顔が赤らむのを感じた……。

これと同じような、たくさんの経験、とりわけ幾つかの主要な修道院への巡礼の印象と、更には旧教徒や分派との接触、つまり、教会的・宗教的生活の観察と研究は、ピョートル以前の時代の古いロシアのしかるべき姿を我々に提供してくれる。ロシアにとって、第三のローマたるモスクワが精神的にいかなるものだったか、そして現在でもいかなるものであり続けているかを、感じ取る必要がある。そうすれば、ヨーロッパ的な、ヨーロッパ化したロシアも、理解できるだろう。

旧教徒たちの奇跡に満ちた世界に最初に私を導き入れたのはトルストイであり、このことに対して私はトルストイに感謝する。彼の案内で、モスクワにおける最良の旧教徒の骨董品屋の一人が、この古いルーシを、そのあらゆる十全さにおいて私に暴いて見せてくれた[1]。

古きロシア、ヨーロッパの対立物としてのロシア！　ゲッセマネの僧、巡礼者、旧教徒、農民、みんなが私を、信仰篤い幼年時代へと連れ戻す。──私は子供の頃、巡礼に行った時に、彼らと同じように信仰し行動したし、我々のモラヴィア・スロヴァキアの農民の女子供は、ホスティーン〔モラヴィア地方の山。聖母マリア教会があり、有名な巡礼地〕の霊験あらたかな聖母マリア像へと巡礼する時に、今に至るまで彼らと同じように信仰し行動しているし、私の母は彼らと同じように信仰し、私を教育した。しかしながら、幼年時代は永久に過ぎ去った。それはまさに、幼年時代はより成熟した時代に席を譲らねばならないからである……。

ロシアはヨーロッパの幼年時代を保った。そして、その厖大な農民人口において、キリスト教的な、とりわけビザンチンのキリスト教的な、中世を代表している。この中世がいつ近代へと目覚めねばならなかったかということは、単に時間の問題だった。──このことが、ピョートルとその後継者たちによって、集中的に引き起こされたのである。

私は、文明化された世界も文明化されていない世界も、かなり知っているが、ロシアは私にとって最も興味深い国だったし、今でもそうだということを、認めねばならない。私はスラヴ人であるにもかかわらず、ロシア旅行には、他のどの国の旅行よりも、はるかに驚かされた。イギリス、アメリカその他には、私は全く驚かされず、最新の物も、私には、故国で見たり経験したりしている物の明らかな継続にすぎないように見えた。ロシアは違った。私はスラヴ人として、ロシア文学に言葉と民族の魂と呼ばれるものを全く良く感じ取ると自分では思うし、私がロシアの作家たちの作品から感じ取るロシアの生活は、それがスラヴ的なものである限り、まさにスラヴ的な親密さと私に固有の様態で、私の内的な感情生活をも示すにもかかわらず、それでも私はロシアに驚かされた！　現代と共に生きるヨーロッパ人は、思わず知らず、既に自らの思考を未来へと向け、所与の歴史的前提に対する帰結を予想している。──しかるにロシアでは、過去へと、しばしば中世まで、連れ戻され、それは最も進歩した西欧の現代的生活とは全く異なって見える。このような全体的印象は、アジアやアフリカの非キリスト教的諸国で、もっと強められることはありえないだろう。なぜなら、それらはまさに特徴を異にする国々だからである。それに対して、ロシアは同じ特徴を持ち、同じ質を持っている。ロシアは、かつてのヨーロッパなのである……。

ロシアは——ヨーロッパでもある。つまり、私がロシアとヨーロッパを対比するならば、それは二つの時代を比較していることになる。ヨーロッパは、ロシアにとって本質的に異質なものではない。しかし、それでもロシアは、ヨーロッパを自分のものにはしなかったし、今に至るまで完全に自分のものにはしてはいない。

第1部 ロシアの歴史哲学と宗教哲学の諸問題

第1章　「聖なるルーシ」——第三のローマとしてのモスクワ

1

ロシア国家の起源と発展は、今のところ、ロシアの歴史家たちによってあまり明らかにされていない。何よりもまず、非常に重要な諸事実が確実につきとめられておらず、ロシアの歴史的発展を解明しようとする試みは、まだあまり満足のいくものではない。

我々の目的のために、ロシア史の概観が必要である。それは、一つには、歴史哲学者たちが議論の対象にしている諸問題を知るためであり、もう一つには、この歴史の見取り図が、これから提供する研究のための背景となるはずだからである。

我々の直接の関心は、十九世紀の最近のロシア史にあるが、それを理解するためには、ピョートル大帝以後の時代を付け加えなければならないし、特にピョートルの改革はかなり詳細に叙述することになる。なぜなら、それによって、それより前の時代、とりわけモスクワ時代の特徴づけが、間接的に提供されることになるからである。モスクワと更にそれ以前の分領公国の時代、およびキエフについては、ただ簡略にだけ述べることにする。

a）ロシア国家は、今日のノヴゴロド（イリメニ湖畔の）とキエフとの間、北のバルト海と南の黒海という二つの海の間の、広大な平原に発生した。ヴィスワ川、ドニエプル川、ドン川、ヴォルガ川を抱くこの地域は、ドイツ人とラテン人が住んでいた九世紀の中央ヨーロッパよりも遥かに大きい。

こうして、ロシア人は、国家としては、二つの文化的中心地、バルト海に近い北の中心地と黒海に近い南の中心地との間に、自分たちを組織した。北方では、スウェーデン人とノルウェー人とデンマーク人が自分たちの海の沿岸に、高度な国家生活および文化生活を発展させた。ビザンチン帝国の突端は黒海に達し、この海を伝ってコンスタンチノープルへの道が通り、ロシアの大河のすべての流れがそちらの方に向かっていた。

ノヴゴロドは国家としては九世紀に組織されたが、この世紀の末には、キエフがロシア国家の首都になる。ノヴゴロドはその後もかなり自立的に発展し、後には、既にキエフが力を失っていた十二世紀の時代に、白海沿岸とウラルの向こうにまで広がった、北方の強力な共和国になる。

キエフ時代から、ロシア人は、ギリシャ人との結びつきを維持していただけでなく、カスピ海にまで進出していたアラブ人とも接触していたが、特に、ハザール、ペチェニェーグ、ポーロヴェツなどの遊牧民との闘いを強いられた。キエフは、これらの諸民族に対しては持ちこたえていたが、その後ロシア人に襲いかかったタタール人に屈服した。

これらのアジア人と並んで、フィンランド人が、キエフ地方とノヴゴロド地方のロシア人と接していた。ロシア人は、じきにリトアニア人に対しても防衛を強いられ、ついにはスラヴのポーランド人に対しても防衛を強いられた。

年代記作者たちが名前を挙げている、九世紀のノヴゴロドとキエフの最初の公たちは、いわゆる『ネストルの年代記』〔『原初年代記』あるいは『過ぎし歳月の物語』とも言う〕やその他の資料に従って「ノルマン起源論者」たち〔キエフ国家の起源に関して、『原初年代記』の記述にある、ロシア人が統治者としてヴァリャーグを招いたという「ヴァリャーグ招致伝説」を認める学者たち〕が説明しているところによれば、ノルマン人＝ヴァリャーグ人だった。それに対して、「スラヴ起源論者」たちは、これらの公たちはスラヴ系だと主張している。三人のノルマン人の兄弟――リューリク、シネウス、トルヴォル――がやって来る前に、既にノヴゴロド国家は確かに存在していた。この国家がいかにして興ったのか、この公たちが最初だったのかどうか、彼らは多くの親兵を持っていたのかどうか、彼らはどのくらい経ってからロシア化したのか、ということは、定かではない。

スウェーデンのヴァリャーグ人たちは、ノヴゴロドのほかに、他のロシアの町をも占領したように思われる。それにはキエフも含まれ、しかも少なくとも二回にわたって占領したようである。というのも、リューリクの子孫のオレーグは、ノルマンの公アスコリドとヂルの手から、キエフを奪い取っているからである。もっと後になってからも、キエフに定住した公たちは、ノルマン人の親兵を呼び寄せたと語られている。ここでまた、キエフの権力が南方でいつ、いかにして打ち立てられたのか、オレーグがキエフを征服するよりも前にロシア国家が南方に存在していたのかどうか、それはどれくらいの間、どこにあったのか、という問いが生じる。

ノルマンの軍勢がパリを征服し（最初は八四五年）、イギリス（八三六年）と北海沿岸と地中海沿岸の多くの場所、フリースランド〔フリース人の住んだライン川河口からヴェーザー川河口にかけての北海沿岸地方〕、スペイン、イタリアを占領したことを思い出すならば、同じ頃、スラヴ人とフィンランド人が住んでいたロシアの地方がスウェーデンのヴァイキングの侵略を受けたということは、ありうる。キエフとノヴゴロドに入るのは、それよりも難しいことではなかった。

しかしながら、キエフに来た最初のノルマン人が北からではなくて南からやって来たということは、ありうるだろう。アゾフ海沿岸には、五、六世紀にゲルマン人＝ヘルル人〔三世紀中葉に、デンマーク人によってスカンジナヴィアを追われ、その一部はギリシャにまで達し、他のグループは五〇〇年頃にドナウ中央とモラヴィア下部に定住した〕が住んでおり、彼らがキエフまでやって来たということは、ありうる。しかしながら、同じように、これらの南方のゲルマン人がロースと呼ばれていたことはありうるし、ロシア――ロシア語でルーシ――がもともとアゾフ海沿岸に広がっていたということはありうる。こういったことはすべてありうるし、また別の可能性もある。今のところ、僅かな歴史的情報の解釈も、保存された呼称の語源学も、十分で確かな説明を与えていない(1)。ちなみに、ヴァリャーグ人問題がスラヴ派とその反対者たちの歴史哲学においてさほど大きな意味を持っていなかったならば、ここでヴァリャーグ人問題にそもそも言及する必要もなかっただろう。

民族と人種の混交は、既にキエフとノヴゴロドにとってかなり大きな意味を持っていた。ロシア人の中にはフィンランドやその他のヨーロッパとアジアの人種的要素が多くあるということは、多分確かだろうが、しかし、今日、どの時代から、どこでいかにして混血とロシア化が起こったかということを、部分的にでも正確に示すことはできない。今日の学問の状態では、キエフの古代ルーシの本質を説明するために人種や民族性を多く利用する者は、そもそも非常に大胆に振る舞っていることになる。

我々が論じている時代にとっては、大ロシア人〔狭義のロシア人のこと〕と小ロシア人〔ウクライナ人のこと〕の相違さえ、明らかにされていない。いつ、いかにして小ロシア人が言語的に分離したのか、我々は確かには知らないし〔「小ロシア」は、ようやく十四世紀の資料に出てくる〕、小ロシア人が大ロシア人から、いつ、いかにして、どの程度まで、人類学的、民族学的に分離したのか、全く分からない。リトアニア人、ポーランド人、一部のチェコ人、即ちアーリア種族と直接にスラヴ種族が、人種的な面で小ロシア人に影響を与えたということは、ありうるが——しかし、これはすべて仮説にすぎない。大ロシア人と小ロシア人との間には気質的な相違があるが、それは、広大な地域に住む多くの民族において、北の地方の住民と南の地方の住民との間に相違があるのと同様である。両方の種族が分離する上で、気候の影響と、土地と農業の影響が、人種的に起こりうる相違よりも強い影響を及ぼしたかどうかは、定かではない。

この初期の時代におけるキエフとノヴゴロドとの相違が、小ロシア人と大ロシア人との相違の方向を示しているということは、もちろんありうるであろう。小ロシア人の歴史家グルシェフスキー〔一八六六～一九三四。ウクライナの著名な歴史家で政治家。ウクライナ民族運動の指導者〕は、古代アント人〔四～七世紀にドニエプル川とドニェストル川の間に住んでいた東スラヴ種族〕に、小ロシア人の祖先を見ている。

この曖昧さは、更に他の方面にも表れている。非常にしばしば、最古の時代について、スラヴ人とロシア人という概念が混同される。ロシア人は（そして同様に他のスラヴ諸民族も）、その遠い時代には、他のスラヴ人とまだあまり異なっていなかったというのが、一般的な見解である。しかしながら、これはまだ今のところ証明されていない主張である。先史時代において、スラヴ人はゲルマン人などと同様に単一の民族であり文化的総体だったということは、多分正しいだろう。しかし、我々は、それがいつのことだったのか、確かには知らないし、個々のスラヴ民族の分化がいつ起こったのか、知らない。九世紀には既にかなり進んでいたようではある。

この点で、残念ながら、スラヴ人の故郷がどこにあったか――もちろん、故郷ということで、まだすべてのスラヴ人がまとまって住んでいた地域を意味するとすればだが――彼らの原初的な状態はいかなるものだったか、という問題にも触れる必要がある。最新の調査は、まだ分化していないスラヴ人を、カルパチアの北に横たわる地域、大体クラクフとワルシャワからチェルニゴフとキエフに至る地域に置いている。ここから、紀元前二世紀頃に、移動を始めたという。

もしもこの見解が正しくて、我々が、分化していないスラヴ人を、ある者たちが主張しているように下ドナウか他の所に求めるべきでないとすれば、その時は、明らかに、キエフ公国が元来の原スラヴ人の住民を含んでいた可能性がある。もちろん、キエフと周辺のスラヴ人が、様々な移住の後で、多分移住を始めてから数百年後に、キエフを二度目に、実際には改めて占領したということは、十分にありうる。

原スラヴ人の文化的状態について、ケルト人やバルト諸民などが彼らに与えた影響について、ここで語ることはできない。それについては、ようやく最近になって、様々な仮説が述べられている。

b）多くのスラヴとロシアの歴史家と歴史哲学者たちは、古代のロシア人とスラヴ人一般を、特にゲルマン人とラテン人とは違って、非好戦的で、平和愛好的で、鳩のような性格として描き、自由を愛する民主主義者として描いた。確かに、スラヴ人を知っていた古代ドイツとビザンチンの著作家たちは既に、スラヴ人とロシア人が自由を愛して穏和な性格を持っていると証言している。

我々は概念を厳密に区別しなければならない。即ち、非好戦的――自由愛好的――平和愛好的――民主主義的――というのは、同じ概念ではない。とりわけ民主主義という概念に関しては、六世紀（プロコピオス〔ビザンチンの歴史家。五世紀末～五六五〕）あるいは更に十世紀（コンスタンティーノス・ポルピュロゲネートス〔ビザンチンの文人皇帝。九〇五～九五九〕）のビザンチンの著作家たちにおいても、アナーキズムのニュアンスがあるということを考慮する必要がある。また実際に、古代と更には今日のスラヴ人にも、アナーキズムの傾向があるとされている。

我々が問題にしている最古の時代に関しては、「消極的民主主義」という言葉を用いたいと思う。それは即ち、社会生活の政治的整備は、まだ全面的に熟考されておらず（考えられていなかったわけではない！）、公が十分な家臣――いわば警察官――を持っていなかったという理由からして既に、集中的な中央集権化を実施することができず、しかるべき堅固な伝統がない、という意味である。それはいわゆる自然状態の自由であり、比較的完成された国家統治の悪しき機構も、しかしまた良き機構も、欠如している。

全体として、そして、主要な特徴において、ロシア人とスラヴ人一般の発展は、多くのスラヴの著作家たちが認めているよりも、ゲルマン人の発展に疑いなく類似していた。

既にキエフと最古のロシアの諸都市において、自由民と並んで、不自由民、半自由民がおり、奴隷も見出される。農民は、キエフでは自由だった[2]。

古スラヴの、そして古ロシアの民主主義は、農業的共産制の社会的影響、即ち、ロシアには今に至るまでいわゆるミール〔農村共同体〕が残存しており、あちこちにザードゥルガ（もとセルビア語）〔家族共同体〕が存在したという事実からも導き出されている。この理論は、スラヴ派とナロードニキによって唱えられた。

古代ルーシに関する最古の史料は、他のスラヴおよびアーリアの諸民族における最古の制度からの類推によって、またロシアのある地方（シベリア！）や、様々な地域と種族のいわゆる原住民における現在の原始的な状態からの類推によって、農業的共産制が既にキエフ・ルーシに存在したことを示すものと解釈されうる。

この共産制は消極的な性格のものである。即ち、それを、今日社会主義者たちがその実現のために努力していて、私有財産と資本主義の対極および克服を意味する共産主義と、理解してはならないのである。それは、経済的および社会的発展のより高度でより良い段階であるのではなく、より原始的な（最初ないし「原初の」というのではない）土地所有の段階なのであり、その頃は、僅かな価値しか持たないか全く無価値な土地は、res nullius（何人にも属せざる物）として、勝手に占有できたのである。

土地のみならず、住居も、古代ルーシでは僅かな価値しか持たなかった。それは木と土でできた小屋であり、森が多くて平らな低地に簡単に建てられた。平原のロシアは、そのために、外敵の侵入に対しては非常に無防備であり、しばしば全財産が火事で簡単に焼失した。もちろん、襲撃者たち、特にステップの住人たちもまた、武装が比較的貧弱だった。今日でも、ヨーロッパ人が初めてクレムリンを見ると、タタールの騎馬隊に対する防塁の作り方がいかにもお粗末で、幼稚とさえ言えるくらいであることに、すぐに気づく。

土地への居住はまばらで、騎馬の略奪者たちが押し寄せて来る危険が絶えずあったために、家族と家族、氏族と氏族が、労働と防衛のために結びついていることが、不可避的に必要だった。家族は氏族へと成長し、その成員はある期間、単一の全体を形成しているという意識を保っていた。異教的なロシア人は——もちろん比較的裕福な者たちだけだが——一夫多妻制のうちに暮らしていたという理由からも、一家族はしばしば非常に大きかった。

土地と家は大きな価値を持たなかったが、戦略的な理由から、家族をまとめておく必要があり、同じレベルにある他のすべての民族と同様に、原始的で、労働を嫌うロシア人を、強制的に働かせなければならなかった。いわゆる家父長制はむしろ、道徳的で民主的な制度とはほど遠かった。それどころか、それは、当時のスラヴ人に既に非常に強固に根付いていた祖先崇拝によって、特に宗教的に神聖化された、強制のための制度だった。

このようにして、当時の農業的共産制が生じたのである。当時価値のあった物（例えば武器）、一般に好まれて価値のあった物は、私有財産だった。同様に住居も私有財産だったし、一般に土地以外のすべての物がそうだった。

それ故に、この共産制は、当時の社会にとって、支配的な意味を持っていなかったし、重要なものには思われなかったのである。古代ロシア人にとっては、私有財産を持った公と大貴族と修道院が、自分自身の取るに足りない活動と仕事よりも遙かに多くを意味した。公と大貴族と修道院は、農民にとって模範であり理想だった。それ故にまた、西欧と同様に、キエフ・ルーシでは、都市が、とりわけ公あるいは更に大公の居住都市が、戦略的、政治的、行政的、経済的に大きな意味を持っていたのである（手工業、工業、商業）。それ故に、主としてあるいはもっぱら家族や親類の絆が社会組織を作り出したかのような道徳的な意味を、農業的共産制と古代の社会制度一般に付与するとしたら、それは正しくないのである。

ロシアの法律、とりわけ私法の発展は、上述のことを疑いなく証明している。即ち、キエフ時代には、商業的利害が非常に前面に出ていたので、それは農業的利害よりも法的に遙かに明確に定式化されているのである。ようやくキエフ時代の終わりと、その後のモスクワ時代になってから、法律の制定において、農業に関する利害が第一の地位を占めるようになる[3]。

c）経済的にもちろん非常に重要なのは、土地と気候の条件である。果てしない、居住のまばらな、森の茂った平野においては、自然そのものが、野と森の原始的な経済と、たくさんの大きな川と湖における漁労に導いた。だが、古代ロシアの農業と牧畜の信頼しうる資料は、今に至るまでないのである。

住民の性格に対する土地と気候の直接的および間接的な（経済的、戦略的等々の）影響は、相当のものがあったし、現在でもある。それについては、ロシア文学やロシアの描写（例えば、ルロワ・ボーリュー〔アンリ・ジャン＝バプティスト・アナトール。一八四二～一九一二。フランスの歴史家。ロシアに関する著作が多い〕）に見出される記述の中に、多くの興味深いものを読みとることができる[4]。

d）既に九世紀に、北方のゲルマン人およびコンスタンチノープル、またその他の近隣諸民族との商業が、非常に活発に行われていた。キエフとノヴゴロドにとっては、中継貿易も重要だった。それは、バルト海と黒海の発達した商業諸民族の間の位置がもたらした、自然な結果だった。

キエフでは、それ故に、貨幣経済が大規模に発達した。それは、後のモスクワでは、かなり制限された。

古代の商業、少なくともロシアの商業を、軍事と鋭く対立するものと考えてはならない。古代の商業、具体的には陸上（隊商）および水上（川と海の船）を通って商業を営んだ者たちは、軍事的に守られ、組織されていた。それは商人であると同時に、征服者であり、状況次第では略奪者——海賊——だった。恐らく、ノヴゴロドからのそのような戦闘的な「商人」たちがキエフを征服して、そこを国家の首都にしたのだろう。

国家と文化全体の最初の発展は、要塞都市の中で生じたのである。(5)

e）概して、キエフの政治的、社会的、経済的状況は、かなり未完成だったし、それ故にまた、公法にせよ私法にせよ、ロシアの法律の発展には、ある種の曖昧さがつきまとっている、と言うことができる。古い時代においても、また今日においても、慣習法の持つ効力は、その更なる証拠である。西欧では、状況は異なっていた。ロシアでは、法律は、ローマや、ローマ帝国を更に発展させてその理念を受け入れた後の西欧諸国におけるようには、発展しなかった。キエフとコンスタンチノープルおよびビザンチン帝国との結びつきは、例えばフランスおよびドイツとローマとの結びつきのように、直接的なものではなかった。コンスタンチノープルもロシアを征服しなかったし、ましてや植民地化もしなかった。西欧では、カール大帝が教皇と教階制の助けを借りて、既に八世紀にローマ的な神権政治を築いていたが、ロシアがキリスト教を受容したのはそれよりも一世紀後のことである。ボローニャは十世紀末には法律学校を有していて、中世において何千という法律家を育てたが、ロシアでは当時、ギリシャの聖職者と修道僧たちが、法学の発展に僅かな間接的影響を及ぼしえただけだった。ヨーロッパには法律上の連続性があったが、ロシアにはそれが欠けていた。

ロシア人はしばしば、このような法的概念の相対的な曖昧さのために、アナーキズムの傾向を持ち、国家を創設し維持することができないのだとして、不当な非難を受けている。

f）自分の親兵を抱えた公は、政治的中心を成し、初めのうち、行政は主に軍事的なものだった。それは、公たちが外国出身だったことや、好戦的な諸民族と隣り合っていることや、概して野蛮な暴力性などの結果である。

公は一人ではなく、公には兄弟があり、公の家族はすぐに増えてゆく。ロシア最古の慣習法によれば、男の子孫が全員、遺産を平等に相続する。それ故、政治的には、兄弟と近縁の父系親族および母系親族による暫定的な統治か、あるいは国家の公領への分割が見られる。いずれの場合にも、大公の概念と制度が発展する。まさに平等な相続権に含まれている同等の権威にもかかわらず、どこでもそうであるように、年長者とその経験の影響が効力を持ち、あるいは法的に言えば、年長者相続制が発展した。しかし、初めのうちは、近親年長者相続制と長子相続制とが、厳密に区別されていない。

キエフ大公は、絶対主義的に統治した。彼と並んで、大貴族（ボヤーリン）と貴族がいて、その貴族たちから大公は会議――ドゥーマ（貴族会議）――を作った⑹。キリスト教受容以後は、公たちは、聖職者たちとも協議した。西欧と同様に古代ルーシにおいても戦略的に重要だった都市には、更に人民の集会であるヴェーチェ（民会）があったが、しかしそれが比較的大きな力を持っていたのはノヴゴロドにおいてだけであり、その他の都市においてはその意義が失われ、その制度は発展しえなかった。

g）モスクワがキエフに取って替わった。十二世紀から、外敵がキエフをより激しく脅かしていた。十分に安定化していなかった国家に、南と東から、モンゴルとウラル・アルタイの遊牧民族が押し寄せ、西と北から、ポーランド人とリトアニア人とドイツ人が圧迫し、フィン人が異質な勢力として対立していた。キエフは大公国の首都であることをやめて（一一九六年）、国家は十一世紀中葉から多くの分封公国に分裂するが、覇権を狙う公国どうしの闘いが、緩やかなロシアの連邦を外に対して、タタール人の攻撃に耐えないほど弱体化させる。即ち、ロシアは、一二三七年からタタール人の支配下に陥り、それは一四八〇年まで（二世紀半）続く。キエフはタタール人に破壊された（一二四〇年）。

北と北西においてロシアを非常に圧迫したのは、もっと北に住むスウェーデン人とリヴォニア騎士団（一二〇二年創設）であり、更に間もなく、ハンガリーからバルト海沿岸に移って来てリヴォニア騎士団と合体した（一二三七年）ドイツ騎士団もそうだった。十三世紀中頃に統一されたリトアニアも、ロシアを脅かしてロシアの領土を占領する。間もなく、リトアニアとポーランドが結合し（一三八六年）、南と西のルーシはリトアニアに併合される。

モスクワ公国は、十三世紀末に、ダニイル・アレクサンドロヴィチ（一三〇三年没）によって創設された。彼の息子で、汗の妹を妻に迎えたユーリーは、大公になった。彼の後継者たちが他の公たちの上位に立つことに成功したのみならず、モスクワはロシアの分封国家の中央集権化をも遂行した。既にイワン・カリター（一三二五～一三四〇）は、「ロシアの領土を掻き集め」、モスクワは府主教座所在地となる。ドミートリー・ドンスコーイ（一三五九～一三八九）は、長子相続権を導入し、彼の息子ワシーリー一世（一三八九～一四二五）は最初の世襲公として統治した。彼の死後、年長者相続制の支持者と長子相続制の支持者との間で決定的な闘争が行われて、最年長の息子が遺言に従って統治を引き継ぐことが、（一四五〇年から）世襲的な規則となった。モスクワは世襲君主国となり、個々の公国を併呑し、タタールのくびきを脱し（一四八〇年）、ついにロシアの領土を唯一の強力な国家へと統一する（一五二三年）。新たに（分裂によって）興った、カザンとクリミアのモンゴル汗国に対しては、かつての大きなキプチャク汗国よりも容易に防衛した。

統治者の家族が大きくなるにつれて分封荘園となった、元々の私法的な家父長的荘園は、十五世紀の初めに完全に克服され、中央集権化された国家も国家として公法的に捉えられた。この発展は、大公（イワン三世）が、コンスタンチノープル最後のパライオロゴス〔ビザンチンの支配者の家名。東ローマ帝国最後の八代の皇帝を出した〕の娘との結婚（一四七二年）の後、ビザンチンの統治者の称号を受けるという法的な虚構において、政治的に表現された。モスクワはビザンチンの双頭の鷲を紋章として受け入れたが、次の世紀になってから、イワン雷帝がカエサル（「ツァーリ」）の後継者として戴冠した（一五四七年）。

以上の手短な概観において、キエフ公国に代わってモスクワ公国が三百年にわたって発展してきたという歴史的事実を総括することができる。モスクワがいかにしてロシアを中央集権化したかを説明するために、ロシアの歴史家と歴史哲学者たちは、実に様々な理論を打ち立てている。

モスクワの中央集権化の事実は、ヨーロッパのあらゆる国家における同様の発展を考えれば、理解できるものとなる。残るのは、なぜまさにモスクワが中央集権化を遂行したのか、またいかなる力によって遂行したのか、ということの説明だけであろう。

まず、そもそも問題なのは、分封公たちの相互関係と、大公に対する彼らの関係を、国家法的にいかに定義するかである。分封公たちは、互いに一族で一つの全体を形成していると感じていたのだろうか、そしてこの感覚は氏族的な意識、場合によっては家族的意識から生じていたのだろうか、彼らを結びつけていた動機は何だったのだろうか？　領土は連邦的に結ばれていたと言われているが、私が判断しうる限り、国家法的に組織された連邦というものは存在しなかった。氏族的な意識は十分に強いものではなかった。公たちは自らを独立した公と見なしていたが、共通の危険と困難が、次第に、緩やかな、協定に基づいた統一を生じさせたのである。

また、分封公たちに対する大公の関係がヨーロッパの封建制に匹敵するものだと言うこともできない。大貴族に対する公たちの関係も、封建的なものではない。

今に至るまでしばしば好んで説明に用いられるタタールのくびき（この言葉は術語となっている）が影響したことは確かであるが、多くの歴史家たちが考えているよりも小規模な影響だった。汗に対する関係において、分封公はすべて同等だったとか、あるいは、彼らはすべて同じように貶められ、この平準化が団結に貢献した、と主張されている。公たちの軍事的役割が、タタール人に対する戦いにおいて増大し、そのことによって大貴族とヴェーチェ（民会）が弱体化され、そうして中央集権的絶対主義が準備された、と言われている。汗は恣意的に大公の称号を与え（実際に何人かの公がそれを得た）、それはついにモスクワに帰したと言われている。また、「柔和な」ロシア的性格がタタール人の影響で「硬化」したという意味で、ロシア人はタタール人から軍事的にも行政的にも多くのことを学んだ、とされている。このような説明に際して、もちろん、なぜまさにモスクワが中央集権化を行ったのかを語ることが忘れられている。

タタールの支配が大きな影響を与えたということについては議論の余地がないが、しかしその影響は政治的にも行政的にも文化的にも決定的なものではなかった。いかなる面でも、タタールの支配によって新時代が始まったわけではない。タタール人の影響はそれほど強烈なものではありえなかった。なぜなら、二つの国、あるいは二つの民族は、それ以後も、空間的に離れていたからである。より北方の地域、例えばノヴゴロドは、タタールの支配をほとんど受けなかった。文化的、経済的に、タタール人はロシア人に優ってはおらず、ロシア人に強い積極的影響を与えることはできなかった。そしてそれ故に、恐らくロシアの方がタタールに、逆の場合よりも遙かに強い文化的影響を与えたのである。タタール人は、ロシア人とぶつかった時にはまだイスラム教徒ではなく、キリスト教を受け入れる気があった異教徒だった、ということを忘れてはならない。人種的、民族的にも、恐らくロシア人の方がタタール人に多くの影響を与えた。（当時の）ロシア人の中にいたタタール人よりも、タタール人の中にいた、タタール化したスラヴ人の方が多かったことは、確かである。

タタールの影響を否定することはできない。宮廷生活において（例えば、ツァーリの前で平伏すること）、行政において（例えば、タタールから奪った領土で、奴隷化されていた住民が解放されなかったこと）、また戦争や、多くの粗野な風俗習慣に、はっきりとタタールの影響（例えば犯罪者にしるしをつけるといったタタール式の罰）が認められ、その影響は言語においても、タタールの言葉の借用語に現れている。概して、タタールの支配は、ロシア人の発展を阻んだか、あるいは少なくとも遅らせた。

タタールの影響よりも重要なのは、私の意見では、ポーランド・リトアニアと、スウェーデン・ドイツの影響である。北と北西においてロシアは、東と南東におけるのと同様の圧迫を受けていた。この敵に対する団結を誘う戦略的な理由に、文化的な影響も加わった。即ち、ロシア人は、軍事においても行政においても、ドイツ騎士団とスウェーデン人とポーランド人から、タタール人からよりも多くのことを学ぶことができたのである。

南と南東から来た圧迫に、北からのこの圧迫も加わり、ロシア人の政治的関心は北に——海に向かう。北の方向へ、キエフからの植民も進んだのだし、それは今日でもまだ北と北東（シベリア）へ向かっている。北方人はより豊かでより暖かい南に向かう。侵略と植民はしばしば北から来て南に押し入る。この規則はロシアでも当てはまるが、修正もされる。北方人は確かに、キエフの創設者だったか、少なくとも共同創設者だったし、彼らは後には南ルーシを圧迫した。しかしながら、ある時期には、南と南西からも敵（ペチェネグその他）がキエフを襲った。そうして、抑えられたロシアの力が北に向かうのが見られる。北と北東には自由になる土地があった。——そこで、自発的な植民も強制的な植民も、そちらの方へ向かったのである。逃げて移住する住民を北と北東の植民に向かわせたのは、ペチェネグの襲撃と後のタタールの襲撃だけではなく、それ以上に、小さな分封公・暴君から受けねばならなかった圧迫もそうだった。

キエフの支配がより北方のモスクワに移ったように、後にはモスクワからより北方のペテルブルグに移り、そしてその後、もっと南部の地方と全土が、北から中央集権化された。

ここで重要なのは、キエフより南と東の土地は、当時スラヴないしロシアのものではなかったということである。ここでタタールの支配はより簡単に固めることができた。

歴史家たちの中には、小ロシア人〔ウクライナ人のこと〕と大ロシア人の相違に注意を促す者もいる。モスクワの大ロシア人は、より柔和で平和的な小ロシア人よりも強くて戦闘的で粗野な性格を持っていたというのである。しかしながら、諸民族の性格的な特質は、現在までのところ正確に確かめられていないし、我々は、そのような特質は変化するということ、まずそれを説明する必要があるということを、忘れてはならない。キエフのロシア人は今日の小ロシア人の性格的な特質を既に持っていたのかどうか、「モスカリ」〔他のスラヴ人が用いるロシア人の卑称〕は今日彼らが持っているような特質を既に当時持っていたのかどうかが、問題である。そしてもちろん、明らかに、単なる力も、戦闘の勇気も、粗野さも、大国家を中央集権化するためには十分なものではなく、そのためには一定の行政能力こそが必要である。またここで、まず問題なのはロシア民族ではなくてロシア国家だということに、注意を促しておかねばならない。

既にキエフの公たちが中央集権化の試みを始めたことは、確かである。例えばウラヂーミル・モノマフ（一一一三～一一二五）は、分封領の大部分を統一したし、アンドレーイ・ボゴリュープスキー（一一七四没）は、モスクワのツァーリたちよりも前に絶対主義的なツァーリの例となっている。

商業もまた、ロシアの領土の統一に非常に貢献した。経済的により進んだ異国との交易は、既にキエフにとって大きな意味を持っていた。モスクワにおいて商業の意味は、広大な森の伐採と共にあらゆる地域で農業がほとんど均等に発展していったのに比例して、増大していった。まさに農業の全般的な普及にとって、分封公国は役に立った。なぜなら、個々の統治者たちが、自分の領地において、土地の耕作と農民の定住に、より熱心に配慮することができたからである。手工業製品の輸入はますます必要になっていったが、より大きく、中央集権化され、統一的な行政が行われていて、個々の国家の関税障壁によって制限されていない領土においては、交易は、国内の者にとっても国外の者にとっても、より収益が多かった。例えばドイツが政治的統一の前に関税同盟を実施したように、ロシアの原始的な状況において、「関税同盟」が図られて実現された。交易が中央集権化を促進し、中央集権化が交易を促進した。首都そのものも、また他の城塞都市も、交易に依存していたし、逆に交易は、安全でより統一的な行政と裁判制度を必要とした。交易はとりわけ軍需品と戦略物資を供給し、それは国内における手工業の発展を促進した。交易はまた、多くの宮廷とその贅沢な要求を満たさねばならなかった。

中央集権化の重要な経済的原因と条件は、農業の普及と改良であり、それは、他の諸国にもましてまさにロシアにおいて、住民の定住を意味した。まだヘルベルシュタイン〔ロシアを訪れたオーストリアの外交官。一四八六～一五六六。ヨーロッパ人による最初のロシア案内となった『モスクワ事情』を書いた〕は（ということは十六世紀の初めにおいて）、モスクワ公国はヨーロッパよりも穀物の消費が少ない、と記している[7]。

上に挙げたすべての力の作用が、モスクワ公国の成長を促進したということは、特に強調する必要がない。より詳細な分析は、更に個々の要因の調査（例えば、農業経営の様々な方法の研究など）をしなければならないであろうし、その際、土壌の形成（肥沃度、水利など）を考慮しなければならないであろう。

私は、モスクワの決定的な中央集権化の力を、大公が教会に依拠したということ、即ち、大公の絶対主義が教会とその首長たる総主教によって認可されたということに見る。

アジア的東方との信仰上の相違、それにもまして、カトリック的、後にはプロテスタント的西方および北西方との信仰上の相違は、モスクワを宗教的、文化的に非常に強くし、それによって政治的にも強くした。教会の中央集権化は、既にキエフの府主教座から始まり、府主教座がモスクワに移ると、モスクワに継承された。

ｈ）外的な中央集権化は、内側での厳しい中央集権化をも意味し――大公たちは絶対君主、即ちツァーリとなった――、イワン雷帝の新たな称号は、国家法的意味において変化した国家を意味した。そのことは、ウラヂーミルの王朝〔キエフ大公ウラヂーミル、即ちリューリクの王朝〕の断絶（一五九八年）後、新たなツァーリは由緒あるリューリクの血統から選ばれなかったが、それでも自らの絶対的権力を実に容易に行使したという事実から、明らかである。

既に分封公たちは大貴族たちの権力を弱めており、比較的小さな国家において、公は大公よりももっと強く、あるいはもっと暴力的に、振る舞うことができた（典型的なのは、例えばガリツィアにおける大貴族の弱体化である）。モスクワはこのプロセスを完成した。しかし、まだイワン雷帝の時代には、両勢力間の闘いは終わっておらず、それは、国家が大貴族の土地とツァーリの土地（ゼームシチナとオプリーチニナ）に分割されたことに示されている。イワンに対するクールプスキー〔アンドレーイ・ミハーイロヴィチ・クールプスキー。一五二八～八三。公、大貴族。イワン雷帝の寵を受けたが、後に雷帝の迫害を恐れて、敵国リトアニアに亡命し、ロシアとの戦争に参加した〕の反乱は、いかに公の血統の子孫が、できればツァーリと対等の立場に立ちたいと思っていたかを証している。

大貴族たちに対するツァーリの最終的な勝利をもたらしたのは、大国とその行政に必要な事柄の発展だった。大貴族が主として元来の軍事的意義を持っていた間は、公も大公もツァーリ自身も、同類に過ぎなかった。中央集権化は、モスクワにおいて公の一門が、王朝との縁戚関係のために大貴族の上に立つという変化をもたらした。大貴族はより勤務に縛られるようになり、また勤務は自由なものではなくなった。なぜなら、大貴族は分封公たちの時代のように一人の公から別の公へ移ることができなくなったからである。初めのうちは、仕官している大貴族よりも仕官していない大貴族（「大貴族《ボヤーリン》」という言葉は、自由な大土地所有者を意味していた）の方が威信があったが、次第に仕官する大貴族の権力が増大したために、彼らの威信が増してきた。十六世紀には既に、大貴族は公より優位に立っている。――もちろん、ツァーリにとって、公たちをこの単なる名誉称号へと追いやることが問題だった。直接に宮廷に勤務する者が、この時代以降、最高の威信を持つようになった。このために、ロシア語には、貴族を表す「ドヴォリャニーン（宮廷人）」という言葉があるのである。専制君主は、独りでは、中央集権化した大国を統治することはできない。それ故に、君主は貴族会議（ドゥーマ）において自らの助言者と援助者を調達したのである。恐らくしばしばメンバーが交替したであろう、古い貴族の助言機関は、モスクワにおいて恒常的な国家的助言機関のようなものに変わった。[8]仕事は増えていって、恒常的な事務所が必要になった。慣習法と、何よりもまずもちろん文字を知っている「書記」、秘書（ドゥームヌイ・ヂヤーク＝貴族会議書記）が必要になった。この書記たちは、初めは従属的な地位にあったのだが、絶えず貴族会議の代表者として仕事をしなければならなかったために、大臣のような威信のある人物になってゆく。[9]同時に、貴族会議のメンバーも増やし、彼らの所轄官庁を分ける必要があった。イワンの時代には、初め、貴族会議のメンバーは二十一人だったが、フョードル・アレクセーエヴィチの時代には百六十七人だった。十七世紀に、とりわけ司法制度が完全に別個の部門となり、既に外交政策のための役所も生まれる。これは、ツァーリの私法的な地位が既に国家法的な地位になったという、最良の証拠である。モスクワの貴族会議の威信と意義は、上述のフョードルが大貴族と公の古い門地制度を廃止した（一六八一年）ということにも由来する。この制度によれば、最も重要なポストは家系図に従って与えられていたが、それはもちろん、行政と特に軍事行政を損なうものだった。――ロマノフ家の初期のツァーリたちは、端的に官僚制度を生み出したのである。

立法権は、モスクワにおいては完全にツァーリの手中にあったが、しかしながら、統治は（ツァーリが不在の時などに）、ツァーリから独立して発布されねばならない、貴族会議のありとあらゆる決定を必要としたので、ツァーリは大貴族に一定の場合に全権を委ねたり、あるいは暫時的に委ねたりした。

ピョートルは貴族会議を解散した（一七〇〇年）が、問題は残った。ピョートルは自分の周りに、最初は完全に個人的なものではあったが、顧問を置く必要に迫られた。彼の頻繁な不在は官僚的な統治を強め、貴族会議とその諸部門は元老院および参議会となって再び復活した。

モスクワ国家の中央集権化と官僚主義化と共に、一種の封建主義も発展した。自然経済のために、モスクワの君主は、分封公やキエフ大公よりもしばしば、報償として封地を与えることができた。中央集権化は、反抗的な、あるいは人気のない公とその大貴族たちの領地の没収によって補完され、奉公する大貴族と公は土地で報いられた。こうして、西欧の完全私有地（アローディウム）と同種の、家族の世襲領地（ヴォートチナ）と並んで、専制君主によって与えられた一種の封地としての知行地が生じた。[10]

しかしながら、封地の授与は、その土地が例えばドイツにおけるよりも遙かに耕されていなかったという、既にそのことの故に、ヨーロッパにおけるのとは別の意味を持っていた。ゲルマン人は、西欧において、農民によって既に開墾され耕作された土地を見出した。フランク人にとってはローマ人、ケルト人、西スラヴ人が既に以前に行っていた最初の開墾作業を、ロシア人は自ら行わなければならなかった。まさにロシアにおいて、土地は遙かに少ない価値しか持たず、全く価値を持たないことさえあった。もっと後の時代になってからも、ロシアにおいては、封地としての土地の授与は、西欧とは異なっていた。役職は土地からは比較的独立していて、公の家臣はもっと自由であり、一人の公から別の公に移ることができた。というのも、支配と土地の分割が、このことを要求したからである。分封公たちは、ヨーロッパの臣下の封建君主に対するそれとは異なる関係にあった。

大きなモスクワ国家におけるこの行政の発展は、モスクワのみならず他の諸都市においても、以前には不可避的なものだった人民の会議を廃止した。十四世紀に民会（ヴェーチェ）の機能が停止する。しかし、モスクワ大公たちは、他の諸都市においても、とりわけノヴゴロド（一四七八年）とプスコフ（一五一〇年）において、民会を廃止した。――中央集権化は、よく考えた上で計画的に実施された。

それでも、首都の人民は、どこでもそうであるように、まさに人民であるという事実によって、特に非常時には一定の特権を有していた。例えば、既に一六八二年に、総主教の指導のもとで、イワンとその兄弟のピョートルが（未組織の！）人民によって選ばれた。

中央集権化された大国の、新しく難しい行政的課題は、貴族会議と並んで、特別な国民会議（ゼームスキー・ソボール）の制度を生み出した。一五六六年に最初のゼームスキー・ソボールを召集したのは、イワン雷帝だった（彼がそれ以前に開催した会議は、恐らく単なる集まりに過ぎなかった）。その機関は、一六五三年までしか維持されなかった。

この国民会議は、政治的機関ではなく、政府と専制君主の純粋に行政的な協議会だった。それは立法議会ではなく、人民の代表機関でもなく――個々のメンバーは単に私人として参加した――、民会の継続でもなかった。協議会の結果は貴族会議と君主によって最終的に法的に定式化されたが、この結果に従うかどうか、どこまでどのように従うかは、君主の意思に任されていた。拡大貴族会議は中央官庁だったので、大国にとっては、それでも不十分だった。モスクワは地方行政の改革にも着手しなければならず、この必要からソボールが生まれたのである。国家から召還された顧問たちは、郷里に帰ると、一種の地方行政の検査官、あるいは直接の執行者だった。国民会議が貴族会議を支えたり、貴族会議が無力なときに代理をしたり、ということがしばしば必要だった。――国民会議の機能は、その時の状況次第だった。クリュチェーフスキーによれば、国民会議の構成員は、貴族会議のメンバー、高位聖職者、モスクワの高級官僚、それから仕官貴族、商人階級から成っていた。農民が国民会議のメンバーになったのは、一度だけ（一六一三年）だった[11]。

我々は、国民会議の発展を詳細に辿ることはできない。行政のヨーロッパ化と官僚制化の進展と共に国民会議の威信が衰えてゆくということから、国民会議の意義が明らかになる。ヨーロッパ化を支持したアレクセイ・ミハーイロヴィチ帝の時代に、国民会議の威信は消えた。しかしこの皇帝は、小ロシアの併合を承認するために、最後の国民会議を召集した[12]。

国民会議のメンバーが君主によって任命されたのか、それとも選出されたのかは、はっきりしない。恐らくは任命された（場合によっては招聘された）のだろう。選挙は国民会議の議員選挙ではなくて、地方的な理由からどこかで行われたに違いない。国民会議のメンバーの職務は名誉職ではなくて、当時非常に大変なものと感じられていた義務だった。なぜなら、場合によっては政府から補助金をもらうこともあったが、各人が自分で費用を出さねばならなかったからである。

それぞれの国民会議が比較的大きな政治的意味を持つ場合、それは所与の状況によって、しばしば全般的な無力によって、説明できる。例えば一五八四年の国民会議はフョードル・イワーノヴィチを選び、最初のロマノフも国民会議によって選ばれている（一六一三年）。

国民会議の召集が規則的で毎年のものではなく、ただ例外的なものだった点を除いても、それは、ヨーロッパにおける等族と同じく、立憲議会には似ていない。ほとんどすべての国民会議がいつも、課せられた課題とその時々の状況に従って、多少とも別な仕方で組織された。つまり、例えば一六四八年に国民会議が二院として組織されたとしても、立憲議会との類似は外面的なものだけである。

i）モスクワ大公の権力の増大と共に、また、大国の中央集権化と共に、貴族の地位のみならず、他の住民、とりわけ農民の地位も変わってくる。

農民は、モスクワにおいては、初め、キエフにおけると同じくらい自由だった。しかし農民は、ロシア語の「ムジーク（小・男）」という言葉が表しているように、貴族の脇にいて、まさに取るに足りない「百姓《ムジーク》」だったし、現在でもそうである。「黒い人（チェールニ）」というのが、既にモスクワにおいて、農民やその特殊な階級のための、別の特徴的な表現である。農民の公式の表現は、「クレスチヤーニン」（キリスト教徒）である（我々の「キリスト教徒」という言葉のためには、ギリシャ語に従って「フリスチアニーン」を用いる）。

キエフと同様に、モスクワにも、自由な農民と並んで半自由や不自由な農民がいた。しかし、公国の中央集権化と共に、不自由農民の地位と社会的意義が変化する。戦争捕虜は既に、公国どうしが闘っていた時代ほど多くの不自由農民を供給しなくなり、経済的重圧が、不自由の最も効果的で最も決定的な原因と動機になる。負債を抱える農民はしばしば自ら、富裕な領主に身を委ねる。十五世紀末以降、モスクワには「カバラー」（カバーリノエ・ホロープストヴォ）（債務奴隷）が生じる。――タタール語で「カバラー」は負債を意味する。負債者は利子を支払うために働くが元金はなくならない。それで負債者は生涯不自由になり、その子孫もそうなる。十七世紀中葉頃、貧窮して食べ物に困っている農民たち（しばしば繰り返し起こる飢饉が、モスクワにおいて農民たちを非常に没落させた）が自発的に自分の自由を放棄する、という事例が増える。

中央集権的行政が、経済的な状況によって始まったことを完成した。――事実上、私法的な経済に公法的な経済が加わった。新しい国家は、その機構のためにより多くの資金を必要とし、人口の希薄な土地は労働力を必要とし、軍隊は兵士を必要とした。こうして、それまでは自分の領主を替えることのできた農民が土地に「縛り付けられる」ことになった。「縛り付け」（プリクレプレーニエ）は、隷属と土地への緊縛を示すロシア語の表現であり、また、隷属からじきに発展した農奴制を示す表現である。

ボリス・ゴドゥノフは法律によって農奴制を決定的に導入した（一五九七年）。国家の行政官としてのこの賢い大貴族は、こうして、自分の身分と教会（修道院！）の経済的な利害のことも考えていたのである。農民は、自分の領主と国家にもっと奉仕するために、もはや自由に移住してはならなくなった。

農奴制が事実上いかにして、いつ導入されたのかという問題に対して、ロシアの歴史家と法学者たちは今のところ完全な答えを出していない。私は、この制度が法制化から、純粋に法的に、また国家の介入で生じた、とは思わない。それは徐々に発展してきたものであり、法制化は、既に存在していたものを法的に確定しただけだろう。――もちろん、その後の発展は、もっと熟慮されて、より意識的に、より早く進んだ。すべては様々なやり方で説明されているが、私は、新国家の国家的、行政的な中央集権化を強調する。そしてそれ故に、貴族と農民の並行的な発展を指摘したい。即ち、キエフにおいては、農民が自由だったように、貴族もまた自由な臣下であり、両者とも自由に動くことができた。貴族は自分の公から離れて別の公に仕えることができたが、同様に農民も別の領主に仕えたり集落を作ったりするために移住することができた。モスクワにおいて自由な奉公が終わり、貴族は突然奉公に「縛り付けられ」、ついには官僚に変わる。同じ頃、自由な農民が土地に縛り付けられ——公とその子孫が官僚となり、農民とその子供が農奴となる。この特別な国有化の過程は、一五九七年には終わらない。第二代のロマノフの時代に、農民と領主との従来の契約は、農民の義務が徴税台帳に記されて国家的に管理されることによって、国家的なものとなる。

農民たちはじきに、自分たちの新しい立場の結果を理解した。勇敢なステンカ・ラージンの指揮下に、コサックとプロレタリアの革命が組織された（一六七〇年）。ピョートルとその後継者たちは、農奴制における農民の隷属の度合を高め、農民は人格的に領主に依存するようになった。ピョートルはもちろん同時に、貴族の仕官を義務化することによって貴族を更に官僚化した。

農奴制と、自由な仕官の終焉は、同時に、ロシア人はより確固とモスクワに根を下ろしたという事実を表しており、そしてそれは人口の絶対的および相対的増大と関係している。

農民の隷属は、現実においても法的にも、どこでも同じだったわけではない。モスクワ国家は、未開墾の、また開墾された、厖大な土地を有していた。国有地（御料地）および皇帝領における農民と、大貴族の領地における農民が多少とも異なる地位にあったというのは、自然なことである。——大貴族に対する皇帝の関係は、農民たちの状況にも表れる。立法はもちろん、直接には御料地の農民の方に配慮したが、次第に、両者の範疇における相違は法的にも確定されていった。実際の相違は、御料地の農民の方が裕福だった、ということに現れた。同様に、大領主の農民の方が、小領主の農民よりも良い経済的地位にあった。後者は、自分の少ない農民をより激しく抑圧することによって自らの貴族的要求を満たしたのである。

実際の相違は、賦役義務の形態によっても規定されていた。賦役（バールシチナ、「ボヤールシチナ＝大貴族」から、貴族への奉仕）は、年代的にもたぶん奉仕の原初的形態であり、それは、御料地において一般的だった現物年貢あるいは金納年貢（オブローク）よりも過酷なものだった。この形態は、移住の自由のようなものを可能にしていた。農奴は町に移住してそこで仕事を見つけることができ、手仕事や商売をしたり工場に雇われたりなどすることができた。このような農奴の方が主人よりも富裕になる場合も少なくなかった。

農奴と並んで、半自由農民と自由農民がいた。御料地農民は、前述のように、他の農民よりも自由な地位を享受していた。奉仕において功績を上げた農民や裕福になった農民は、事実上、そしてしばしば法的にも、自由だった。十六世紀以降、即ち農奴制の導入以降、特別な範疇を成していたのが、国家の南方および東方の国境沿いの農民だった。彼らには、国境を守るために土地が小作地として与えられた。こうして、土地が小作地として与えられ、それが次第に彼らの世襲の私有財産となることによって、彼らの勤労意欲が高まり、保たれた。この自由農民は、ちょっとしたgentry（郷紳）であり（農奴を所有することができた）、オドノドヴォーレツ、即ち郷《ごう》士《し》と呼ばれた。彼らは、自分自身、農場と地所の、共同ではなくて専有の保有者だった。国家が当時の国境を越えて拡大した時、この「オドノドヴォーレツ」は、軍事的な役割を失った。ウクライナは同じ目的のためにコサックを有していた。[13]

　ロシアの農奴制は、より古いミール（農村共同体）の機構が保存されたという点で、ヨーロッパの農奴制と異なっている。しかし、ミールとその農業的共産制は、別の経済的および法的意味を持つようになった。大公とツァーリの増大する権力の影響下に、すべての土地は大公ないしツァーリの財産であり、大公ないしツァーリが土地を領主の使用に供し、領主を介して農民の使用に供されるのだ、という観念が根付いた。事実上、領主は大公と並んで土地――自分の家族の地所でも、農民の地所でも――の所有者だった。領主は自分の思い通りに、農民を村から出したり、村に入れたりすることができた。

　中央集権化した国家は、ミールを財政的に利用したが、それは個々の農民からではなくて村全体から税を取り立てるというやり方だった。この連帯責任体制は、ミールを強固にし、個人を越えた一種の権力を与えた。しかし、ミールがそもそも連帯責任体制から発生したとする説は正しくない。

　農業が変化するに従って、ミールの権力と威信が増大した。当面は土地の不足はなかったものの、住民の定住性と増大する人口密度のために、土地はより価値あるものとなった。十六世紀には、休田方式の代わりに、より収益性の高い三圃式農業が導入された。そしてまた、それによって土地は経済的にも精神的にもより価値のあるものとなる。

　定住性はもちろん、村の中で解決されねばならない多くの争いを引き起こした。――ツァーリは遠くにいて、ツァーリの役人も近くにいなかった。土地をめぐる争いは、土地を分割し直すということで、いちばんうまく解決された。――これらの放っておかれた文盲者たちにとっては、土地登記簿と土地台帳は存在しなかった。

　中央集権的行政は、あらゆる関係に秩序と安定性をもたらし、以前の自由さがなくなった。行政単位は（十四世紀以降）、個々の村ではなくて、多少とも多くの農村の集合であるヴォーロスチ（郷）だった。モスクワは、個々の村のすべてを直接に監視しうるほど十分な役人と資力を持っていなかった。ヴォーロスチは幾つか集まってより大きな郡となり、郡は、事実上ほとんどすべての行政が集中するヴォエヴォーダ（長官）の支配下に置かれて監視される。この行政は実際には財政的性格を持ち、秩序は軍事的に維持されねばならない。

　都市とその住民はもちろん農奴制を免れていたが（農奴は町で仕事を探すことができた）、しかし、都市はしばしば郡役場の所在地だったということによって、国の財政も行政もより容易に都市とその住民を管理した。農奴としての農民の明確な区別は、他の諸身分の同様な区別を引き起こした。モスクワ国家は身分制国家となり、その中では個々の諸身分が、高い身分も低い身分も、自分たちの権利と特権を持って、同業組合的、カースト的性格を持った。そして身分は、貴族、聖職者、市民、農民の四つだった。それぞれの身分は、次第に、更に諸階級に、事実上は副次的身分に、分裂していった。それはとりわけ市民に当てはまり、市民の中では商人が、特に首都においては、秀でた地位を占めた。行政的中央集権化は、モスクワを、商業と工業――もちろん原始的なものではあるが――の中心地にした。モスクワと並んで、より小さな商業的中心地（ヤロスラーヴリ、トゥーラ、スモレンスクなど）が生まれた。

内的にも外的にも商業が強くなり農業が向上するにつれて、古い自然経済が貨幣経済に移行し、古い封建国家が変化し、多数の小領主と商人階級が、官僚・軍人・聖職者と並んで、威信と権力を獲得する。古い封建的な諸階層は、新しい身分的階層に変わる。

この内的な発展の過程は、同時に、十年以上続いた混乱と革命を伴って行われた。それは、ウラヂーミルの後継者が絶えた後に起こり、最も重要な問題においては比較的弱小な貴族と比較的富裕なブルジョアジーの勝利によって終わった。ミハイール・フョードロヴィチ・ロマノフが、一六一三年に、不穏なコサックの影響も多少あって、国民によって、即ち貴族会議によって、貴族の中から選ばれた。彼の父である総主教フィラレートは、自分の息子と並んでもう一人のツァーリとして十四年間（一六一九～三三年）統治し、教会の権威全体によって、新たな王朝を支持し強化した。

2

ロシア教会は、ビザンチンによって創られ、ロシア国民の圧倒的多数はビザンチンからキリスト教を受け入れた。ギリシャの司祭と高位聖職者は、文化的、社会的、政治的にロシア人よりも遥かに進んでいた。そしてそれ故に、古代ルーシにおいて、自らの文化的、社会的制度によって影響を与えたのである。教会が国民の精神的指導を引き受け、その教育者となり、公には命令が残った。――しかし、教会の教育は生徒をこの命令に向けて準備した。

同じ時代（九世紀以降）、ビザンチンはスラヴ諸民族に圧迫されていたのみならず、間もなくアラブ人とトルコ人にも圧迫された。このことが、必ずしもキリスト教化そのものではないにしても、キリスト教化的政策の誘因だった。ロシアにおいては、最初からビザンチンの高位聖職者が登場し、彼らは宗教の面だけでなく教会組織の面でもロシア伝道を主導した。しかし、ビザンチン教会は強力な社会的組織であり、それ故に、ロシアにおいても大きな政治的また社会的な影響力を獲得した。古代ルーシに関する社会学的説明は、社会に対するこの直接的および間接的影響をあまりにも看過している。確固たる秩序の上に打ち立てられた聖職者階級と、彼らの教会や修道院の存在が、いかなる隠然たる力を持つかを考えると、この影響力は小さいものではない。しかしながら、ロシアにおける教会は非常に早いうちから――西欧の諸民族におけるローマ教会と同様に――意識的で熟慮された政治的および社会的影響力を行使した。なぜなら、正統な国家教会としてロシアに入ったのであり、この方向で影響を与えたからである。ロシア人はキリスト教化後非常に早くから、全く意識的にローマと決別したギリシャ人によって教育された。異教的なロシア人は何度かビザンチンを襲ったが、それ故に尚更、これらの敵対するスラヴ人のキリスト教化は政治的に重要だった。なぜなら、アラブ人とトルコ人もまたビザンチン帝国を圧迫し始めたからである。ブルガリア人に対する過酷な抑圧は、ビザンチンがスラヴ人に対していかなる立場に立っていたかを、非常にはっきりと証明している。ビザンチンは絶えず自らの勢力の拡大を考えていたということを忘れてはならない。東ローマ帝国は、ロシア人が洗礼を受け入れた時には、小アジア全体と黒海のみならず、イタリアのかなりの部分を支配していたということが忘れられている。ビザンチンは自らの崩壊までこの政策を放棄しなかった。コンスタンチノープルの総主教庁は、この世界政策に参与していた。

キエフにおけるビザンチンの神父たちは、国家の中の国家を成していた。キエフの府主教はコンスタンチノープルの総主教によって任命されたが、ビザンチンでは主教は同僚たちによって選ばれた。キエフはまさにビザンチンの付属施設だった。――キエフの府主教はギリシャの主教たちの間で七十一番目に位置した。ロシアの高位聖職者はずっとギリシャ人だった。タタールの支配以前の二十三人のキエフ府主教のうち、三人だけがロシア人で、三人が南スラヴ人で、その他（十七人）がビザンチン人だった。司祭と修道僧の中にも、多くのギリシャ人がいた。

年代記作者と一般に文字を知っている者たちすべての影響は、特に高く評価しなければならない。彼らの大部分が、ギリシャ的教養の持ち主で、ビザンチンの理念と理想を広げ、根付かせた。

比較的教養のある高位聖職者によって運営されていた教会とその組織は、公の行政にとっては、じきに、模倣すべき模範となった。ビザンチン人はロシアに法律と法典の概念と実践をもたらし、秩序だった裁判と訴訟の手続きをもたらした。とりわけ教会の中央集権化は、公たちの政治の模範となった。じきに教会は大公の同盟者となった。大公はしばしば、府主教の手の中の単なる道具だった。後者はもちろん、その狡猾さにもかかわらず、多くの公の強硬な頑迷さに従わねばならなかった。そして、彼らが従ったのは、ビザンチンに大金をもたらすことのできる場合だけだった。なぜなら、教会はロシアにおいて、西欧におけると同様に、財政的な施設となり、そしてそのことが今度は、教会の政治的権力を強めたからである。そのことは、ロシア人がギリシャ人の司祭と高位聖職者をあまり好かなかったという事実を変えるものではない。既に十二世紀に、ロシア語において「グレーク（ギリシャ人）」という言葉は、「いかさま」といった意味だった。

中世のローマ教会とビザンチン教会は、そもそも、皇帝の帝国と並ぶ社会政治的機関として捉え、評価しなければならない。中世は西方ではローマの、東方ではビザンチンの、神権政治を創りだした。皇帝と教皇、皇帝と総主教、教会と国家は、両者とも政治的組織の機関である。神学が社会秩序の基礎にして紐帯であり、玉座は祭壇の上にあり、祭壇が玉座を支える。——国家と教会は一体である。今日に至るまで、ほとんどすべての国家は神権政治的である。教会の教義——神学——は公的、国家的な世界観である。そもそも社会が何らかの見解の上に組織されるものだとすれば、中世は神権政治を創りだし、この社会的な神権政治的秩序が、様々な形態と程度において、現代に至るまで維持されているのである。

東方では、神権政治において首位にあるのは皇帝である。コンスタンティヌス（二世）帝は、正しく次のように言うことができた。「わが意思は、教会にとって法なり」——これは、精神と肉体、総主教と皇帝の「調和」に関する神学的教義の本当に実際的な意味である。調和は、完璧な皇帝教皇主義の導入によって達成された。ロシアの神権政治もまた、この方向に発展した。

それ故に、国家に対する教会の権力は、東方においては、教皇が首位を保った西方におけるよりも、大抵小さい。教会の権力と影響力は、皇帝、教皇、総主教、すべての者の信仰と敬虔さにかかっていた。

分封公間での国家の分割が始まった時、府主教は自分の職務の名で、まさに府主教として、大きな政治的権力を行使した。なぜなら、地方諸教会は彼に従属していたからであり、教会はそれまでのところ公に依存しておらず、総主教に従属し、また総主教を通して事実上、正教会の最高の守護者としてのビザンチン皇帝に従属していたからである。ロシアの地の中央集権化は教会から始まった。個々の公国において、公が教会を従属させた。ノヴゴロドにおいては、人民の会議が大主教を選んだ。

先見の明のある、政治的に思考する公は、自分に提供される外国のあらゆる助力によって自分の権力を——中央集権化を——強化するための、あらゆる機会を捉えた。大公たちは、同様に教会を政治的に利用した。

つまり、ロシアにおける教会の発展のみならず、ロシアの実際のキリスト教化についても語るならば、キリスト教化はあまり集中的なものではなかったということがすぐに想起されねばならない。それは、部分的には、教会がギリシャのものであり、首長が外国人だったから、既にそうなのである。スラヴ的多神教が、ウラヂーミルによって国家宗教に高められた（九八八年頃）公的なキリスト教と同時に、それと並んで、またそれの中に生き続けている。ロシアは「二重信仰

（ドヴォエヴェーリエ）」の国と民族にとどまる。――これはたぶん今日でも当てはまる。

ロシアのキリスト教化は、南スラヴ人よりも百年遅く、そして西欧の諸民族よりも遥かに遅く行われた。

ロシア人は精神的にキリスト教を理解できなかった。――そのためには、彼らには教養が不足していた。ビザンチンやローマにおいては、教養のある、哲学的に訓練された民族がキリスト教化されたのであり、後の西欧諸民族はローマ文明に参加していた。ロシア人は全く準備ができていなかった。ビザンチンの神学的教義と神学的な宗教哲学が、ロシア人にとって何を意味しえただろうか？　それ故に、ロシア人はビザンチンから、主として崇拝と教会的戒律を受け入れたのである。これらのキリスト教徒の道徳は、非常に外面的なもののままであり、単に外面的な調教によってのみ広げられ強められた。独立した裁判制度を持つ教会が課すことのできた罰は、「言葉」よりも強く作用した。最も強かったのは、禁欲と修道院制度を持つ修道僧の道徳の影響だった。修道僧は、時が経つにつれて最も強く作用した、生ける実例だった。

ビザンチン人は、愛の福音を伝えたが、人間性はあまりもたらさなかった。新たに導入された罰においては、ビザンチンの慣習が適用された。即ち、目潰し、手の切断、その他同様の残酷さであり、それは後にタタールの慣習によってもっと多くされ、強化された。

神学と神学的文学は、もちろん、ビザンチン人によって配慮された。この文学はまた、教会スラヴ語で書かれたとしても、当時ビザンチンのものだった。ギリシャ人はロシア語を習得しはしたが、彼らの見解と習慣はビザンチンのもののままだった。府主教の施設と多くの修道院には、事実上、ビザンチンからの絶えざる移住によって維持されていたビザンチンのコロニーがあった。

ビザンチンは、創設した教会に自らの言語を押しつけることができるほど、ローマのように強くはなかった。ロシア人は、南スラヴ人と同様に、古代教会スラヴ語を維持した。このことによって、南スラヴ人、とりわけその位置によってビザンチンの影響により近いブルガリア人が、ロシア人の間におけるキリスト教と文化の普及に参加した、ということが説明される。

教会のビザンチン化に対してロシア側からの抵抗が強まった、ということは理解できる。この抵抗は、首都キエフそのものにおいて行われたように思われる。既に十一世紀に、そして十二世紀には確実に、洞窟修道院において行われたのである。大公たちは、府主教とも洞窟修道院ともうまくやるように努めたが、修道院の方を贔屓にした。

ビザンチンと並んで、ノヴゴロドも影響した。そして、キエフにおいては西欧の文化的影響も作用した。聖ウラヂーミルは、ドイツ、ローマ、ポーランド、チェコと関係を結んだ。恐らくは、ノヴゴロドとキエフにおける最初のキリスト教はローマのキリスト教であり、キエフ国家のノルマンの創設者たちはローマのキリスト教徒だっただろう。キエフの古代ルーシに西欧がこのような方法でいかにどの程度影響を与えたかという問題は、歴史家たちによっていまだ解決されていない。

ロシアの文化、ロシアの人生観および世界観は、ビザンチンのそれよりも劣っていた。つまり、文化程度が低く、今日の言い方で言えばロシア人は文明化されておらず、文盲で、道徳的にも粗野で、一夫多妻制などの中に生きていた。しかし、自然で、簡素で、純朴だった。そして、その粗野さにもかかわらず、多くのビザンチン人よりも遙かに人間的だった。この古代ロシア人の粗野さは古代ゲルマン人の粗野さよりも悪いものではなかった。注意深い研究者は、古い文化的記念物と古い制度の中に、ラテンとギリシャの要素と並んで、ゲルマンとロシアの要素をも見出す。そして、外国の影響がいかに受け入れられ加工され、しかしまた拒否されて捨てられているかを見る。

キエフ時代の文学的記念は、我々に古代ルーシを、ビザンチン人の記録よりも良い光の中に示している。例えばモノマフの『教訓』を読んでみたまえ！　モノマフ（ウラヂーミル・モノマフ、一一一三～二五）の著作もビザンチンの影響を示してはいるが、キリスト教はより人間的に捉えられており、道徳は禁欲主義的ではなく、自然であり、著者である公は、近しき者、特に貧しい者と身分の低い者への愛と同情を勧めている。著者自身の行動はもちろん、彼自身の言葉と必ずしも合致するわけではないが、それは、王冠を戴いた首長にも戴いていない首長にも、しばしば起こることである。

いわゆる年代記作者ネストル（十二世紀初頭）も、同様の自然で新鮮な印象を与える。彼は、作家としてはロシア最初のリアリストであり、諸民族と諸地方に関する彼の知識は非常にしっかりしたものであり、人生と歴史的出来事に関する彼の把握は、少しも修道僧的ではない。もしも彼が、言われているように本当に修道僧だったとしたら、それは、当時キリスト教は修道院においても純粋に外面的に捉えられていたという、もう一つの証拠となる。その時代と系列に属するのは、また、叙事詩『イーゴリ遠征物語』と、十九世紀になってから収集された豊かな民衆叙事詩（ブイリーナ）と民衆詩一般の名残である。そして、これらすべての記念物から、最古の古代ルーシがゆっくりと、そして内的な抵抗と共に、ビザンチン主義によって教育され改造された様が分かる。モスクワ公国が明確にビザンチン的になった最初の国だったが、それにはタタールの影響もあった。

しかし、キエフの地はモスクワの「大ロシア」から分離され、ようやく十七世紀になって再び結合された。この時代以後、政治的、社会的、人種的に、南の影響が再び現れるようになる。

3

「西と東の二つのローマが倒れ滅びたが、モスクワが第三のローマになる運命を定められている。しかし第四のローマはないであろう」――この言葉によって、あるロシアの修道僧〔フィロフェイ〕は、ビザンチンの崩壊後キエフに代わってロシアの支配者となったモスクワの、世界史における地位を祝福し性格づけている。

ビザンチンがトルコの絶えざる侵攻によって威厳と権力と影響力を失ってゆくにつれて、モスクワの威厳と権力が増してきた。それは、ビザンチンに勝利した仇敵がモスクワに敗北したということによって尚更増した。ついに、ビザンチンの崩壊後間もなく起こった、タタールのイスラム教徒に対するモスクワの勝利は、キリスト教的西欧には、尚更輝かしいものに見えた。

ロシアの国土の政治的中央集権化とモスクワ大公の権力にとって、教会の中央集権化は支柱となった。大公がツァーリ（皇帝）として戴冠したのに続いて、モスクワの総主教座が創設された（一五八九年）。

東洋と西洋に対する、つまり異教的でイスラム教的なタタール人と同時にカトリックとプロテスタントの諸民族に対する、モスクワの絶えざる闘いは、ロシア人の教会的・宗教的な自覚を非常に強めた。恐らく、ビザンチン教会がヴァリャーグ人の西方キリスト教に勝利したことが、既にそのように作用していた。最初にビザンチン、後にローマが神権政治的形態で実現したローマ帝国の理念を、第三のローマもビザンチンから譲り受けた。モスクワは、ビザンチン的な皇帝教皇主義を譲り受け、第三のローマは完璧な神権政治となった。

ロシアの皇帝教皇主義の土台となった人生観・世界観は、モスクワにおいて、西方におけると同様に、厳格に正統神学的なものとなった。ただし、東方において、とりわけモスクワにおいて、教会の教義はより排他的な支配を獲得した。モスクワには古典古代の伝統がなく、様々な民族の競合がなかった。当時少なかった学者の、特徴的な称号は「クニージュニク（愛書家）」だった。知識の頂点は神学と神智学だった。この教会の教養は、十四世紀末と十五世紀初頭に――ヨーロッパにおいて壮大なチェコの教会革命が近代を開始し、ローマがあらゆる面で後退し始めた時代に――頂点に達した。

まさにギリシャ人が教義も道徳も作り出したにもかかわらず、ビザンチン教会は硬直した。ビザンチン人はほとんど機械的な伝統に満足し、宗教はもっぱら祭儀の執行だった。ロシア人はビザンチンから、教義と祭儀と道徳と教会戒律を既成のものとして受け入れた。ロシア人は教会的、宗教的生活の更なる発展のために働くことをしなかったので、硬直は更に甚だしかったと言える。

前述のことは聖職者にも当てはまる。民衆は、教会の戒律の受動的な受容と、程度の低い神秘的世界観に条件づけられた、奇跡への盲目的な信仰に満足していた。

ビザンチン人はスコラ学的な教養を持ち、ギリシャの哲学的伝統は一種神智学的なグノーシス（神秘的直感）の中に維持されていた。ロシア人はこの点でも自分の教師に追いつこう努めたが、むしろ祭儀の方に宗教的満足を見出した。神秘主義はモスクワにおいて、神智学的世界観というよりもむしろ遙かに、実践的な秘義伝教だった。

この宗教性は道徳と鋭く異なり、道徳は宗教の従属的要素である。聖性と道徳性の概念は同じものではない。宗教的に最も重要なのは、人間の人間に対する道徳的関係ではなくて、祭儀とその個々の実践である。既に十三歳で殺人を犯したイワン雷帝は、敬虔だった。

批判と教養の欠如のために、最も原始的な諸民族におけるように、神経と精神の病的な状態が神の啓示としての内的な宗教的経験の表現として尊敬されるということがありえた。しかもそれは、幾つかの否定された分派教会のみならず、一般的にそうなのである。今日に至るまで、ユローヂヴイ（佯狂行者）（精神病質的な弱者のこと——辞書はこの言葉を愚者、狂者などとも訳している）のことを、神によって遣わされた人々として見ているのは、農民だけではない。

これほどたくさんのロシアの分派の歴史は、この宗教的感覚の低さと同時に、公的な教会の欠陥を示している。ヨーロッパ人はしばしば、モスクワのロシア人を、キリスト教徒としてではなくて多神教者として見ていたが、しかしロシア人自身は自らの地を「聖なるルーシ」として褒め称えた。

教会は、禁欲を伴う修道僧的道徳を導入した。熱狂者たちは、最も罪のない喜びを禁じ、笑いさえをも禁じ、非神学的な詩を迫害した。この道徳の本質は既に、女性と家族に関して支配的だった見解によって判断できる。ドモストローイ（家庭訓）（一五六〇年に修道院に追放されたシリヴェーストルの家政）やストグラーフ（百章）（一五五一年に制定された、百の章から成る教会法）の教えを、モノマフの『教訓』と比較してみれば、モスクワが厳格な教会戒律の支配の時代に、いかに不自然になったかを確信される。女性は、タタール式にハーレム（チェーレム、即ちタタール語で宮殿、とりわけ女性の居所）に預けられ、家族は父——家父長——に従属したが、それは農民が領主に従属し、領主がツァーリに従属するのと同様だった。社会的および政治的隷属は、家族の道徳的隷属の中に最強の支柱を見出した。

修道院は精神的にルーシを支配した。高位聖職者は、修道院の聖職者の中から選ばれ、世俗的な（白い）聖職者は修道院の（黒い）聖職者に完全に従属していた。それ故にまた、独身の修道僧の道徳が、妻帯した世俗の司祭の道徳に勝利した。

この世からの逃避を教え、にもかかわらず人々を支配した修道院は、この禁欲主義にもかかわらず、あるいはまさにその故に富み、土地によって富んでいるということによって、大きな社会政治的権力を発揮した。修道僧自身、非常にしばしば、禁欲主義とはほど遠い生活の非常に鮮明な例を示した。

このように世界と人生を見ていた人々は、神と神の事柄を、全く擬人観的に、また擬社会観的に捉えた。教会の敵に勝利し、内部の敵を自らの専制に従属させたツァーリの権力は、教養のない民衆と教養のない司祭たちの目には、神の権力のように見えたに違いない。

十五世紀に修道僧の理想を乱暴で強硬に復興したヨーシフ〔ヨーシフ・ヴォロツキー。俗名イワン・サーニン。一四三九～一五一五。ヨーシフ派＝所有派の指導者〕は、ツァーリの神権政治的地位に関するこの全般的な見解を、ツァーリは顔かたちでは人に似ているものの、自らの権力によって天上的な神に似ている、という風に定式化した。

ニール・ソールスキー〔俗名ニコライ・マーイコフ。一四三三～一五〇八。ニール派＝非所有派の指導者〕によって指導された、ヨーシフとその一党（ヨーシフ派）に対する反対者は、司祭の尊厳を皇帝の尊厳の上に置き、精神的および教会的な事柄に介入する皇帝の権利を否定したが、この見解は浸透しなかった。

大公と皇帝には、教会とその教義の純粋さを擁護することが、最も重要な義務として課せられた。この擁護は、国外の異教徒の敵に対してのみならず、国内の異端と分派に対しても、行われねばならなかった。この点で、ノヴゴロドの大主教ゲンナーヂー（一四八五～一五〇四）は、これもまた強硬な人物だったが、修道僧の支配に対する抗議と見なしうる分派であった、ユダヤ教のシンパたちの合理主義的分派との闘いにおいて、スペイン王の例に従うように働きかけ、正教のロシアが抜本的に浄化されるように望んだ。イワン雷帝は、自分の敵対者であるクールプスキーに、ツァーリの最も重要な課題は、人々が唯一かつ正統かつ三位一体の神と、神によって人々に遣わされたツァーリを信じるように、臣民を宗教的に教育することである、という教訓を与えた。ヨーシフの追随者が多数を占めた一五五一年の古代ロシアの公会の議事録であるストグラーフ（百章）において、ツァーリの神権政治的地位とロシアの神権政治の神学的基礎一般が決定的に法典化された。総主教フィラレートが、最初のロマノフである自分の息子ミハイールと並んで共同統治者に定められたということによって、神権政治はその真の本質を外面的にも明示した。

4

ビザンチン帝国の弱体化と最終的な崩壊は、第三のローマの精神生活に重要な影響を与えた。というのも、それによってビザンチンの文化的影響が制限されて、モスクワは自立的にならざるをえなかったからである。ノヴゴロドとキエフの古代ルーシは、ビザンチンのみならずヨーロッパとも交流を持っていた。モスクワはビザンチンの影響によってヨーロッパから離れていたが、ビザンチンの崩壊後、ようやくヨーロッパに目を向けるようになった。

モスクワがヨーロッパの精神的支援を必要としているということは、フィレンツェにおける東西教会合同の試み（一四三九年）へのロシアの参加が証明した。最初の完全なロシア語聖書（上述のゲンナーヂーの）は、部分的にウルガタ聖書に従って翻訳された。キエフと南西ロシアがリトアニアとポーランドに併合された時、ロシア領のポーランド化と共に、部分的で、もちろん強制的なブレストの教会合同もまた実施された（一五九六年）。ポーランドとリトアニアにおけるプロテスタンティズムとの闘いに呼び招かれたイエズス会士たちは、モスクワに対しても影響力を持った。ポーランド・カトリックのスコラ学の文化的圧力のもとで、リトアニアとポーランドのロシア人たちが精神的にも覚醒し、彼らの正教の「兄弟団」は、比較的栄えた学校を幾つか創設した（例えばオストルクなどに）。キエフには、（まだポーランドの支配の時代に）神学アカデミーが創設されたが（一六一五年）、それはロシアの正教にカトリックとイエズス会のスコラ学を教えるはずのものだった。キエフ・アカデミーの寄宿生と教師たちは、モスクワにもまた支部を、「スラヴ・ギリシャ・ラテン」アカデミーを創設した（一六八五年。ラテン語だけでなくギリシャ語も教えていたので、もともとは冗語法的なヘレネス・ギリシャ・アカデミーという名前を持っていた）。フョードル・アレクセーエヴィチ帝の計画に従えば、この学校は正教の強化と普及に奉仕するはずだった。そして、それを部分的に達成しもしたが、しかしラテン語とローマのスコラ学の助けによってだった。

モスクワは、全力をもって厳格に、キエフのスコラ学者たち（その中にはとりわけメドヴェーヂェフがいた）のカトリック化の傾向を拒否したが、しかし完全には成功しなかった。カトリシズムを拒否することによって、モスクワはプロテスタンティズムに傾いた。

既にチェコの宗教改革、フス運動、更には兄弟教団も、ポーランドとリトアニアで信奉者を得たし、ドイツの宗教改革は既に一五三八年頃にリトアニアで広がった。リトアニアとポーランドから、ドイツ人と共に、プロテスタンティズムがロシアの中心部にまで入り込んだ。スウェーデンとバルト地方から、更に強力にプロテスタンティズムの影響が作用した。

ミハイール・フョードロヴィチの時代（一六一三～一六四五年）、ロシアのすべての大都市には、多くの外国人が住んでいた。モスクワにも、十七世紀末に、独立した、人口の多い、ドイツ人の郊外地区（スロボダー＝都市近郊の村）があった。これらの外国人、主としてプロテスタントの影響は、非常に大きかった。それはもちろん何よりもまず文化的および社会的な影響だったが、しかしそれによってプロテスタント的性格、プロテスタント的敬虔さが、広範な人々に比較考慮を促した。非常に早く、このプロテスタントの影響は、教会的、宗教的にも現れ、ロシアの神学者たちは、プロテスタントの神学を学びに学校に通った。間もなく文学的、更には芸術的にも現れたこの影響（ドイツ人の牧師はモスクワ人に、最初のヨーロッパ演劇を見せた）は、プロテスタントはカトリックほど危険ではないと見られたために、尚更強いものだった。一六三一年に軍隊の再編のためにヨーロッパから教師たちが招聘された時、ツァーリは、フランス人と一般にカトリックは一人も雇ってはならないと言明し、スウェーデン人、オランダ人、イギリス人、デンマーク人その他が雇われた。

ヨーロッパからの、宗教改革とルネサンスの巨大な運動の影響は、言うまでもなく、まず教会の分野に現れる。イタリアでサヴォナローラの説教を聞き、人文主義者ラスカリス〔アンドレアス・ヤノス・ラスカリス。一四四五頃～一五三五。ビザンチンの文献学者〕とマヌティウス〔アルドゥス・マヌティウス。本名アルド・マヌツィオ。一四四九頃～一五一五。イタリアの出版者〕と交流のあったマクシム・グレク（ギリシャ人）が、モスクワで大公の望みに従って翻訳の仕事を主導するために、一五一五年にアトスからモスクワに派遣された。モスクワでマクシムは単に典礼書の翻訳者・修正者になったのみならず、改革者にもなった。――彼の宗教的理想と彼の生活は、ロシアの教会的および社会的生活に対する告発となった。その代わり、まもなく彼はモスクワの府主教と大公によって過酷な反対者に引き渡されて、修道院制度の反対者だった彼が、転々と修道院に幽閉された。ヨーロッパ的教養を持った学者が自分の豊かな学識を三十一年間（一五二五～一五五六年）眠らせることを強いられ、彼を裁いた公会は彼に著作活動を禁じた。

マクシムによって始められた、ロシアの典礼書の批判の、熱烈な公的継承者となったのが、総主教ニコンだった。ロシア教会において典礼が持った大きな意義にかんがみれば、能力の低い翻訳者と機械的な書写者が広げたテキストの中の多くの誤りが、教養のある聖職者にとっても俗人にとっても、次第に耐え難いものになっていった、ということは理解しうる。教会の中には常に、これらの誤りを見て取ったに違いない多くのギリシャ人（マクシム自身もそうだった）がいた。こうして、十七世紀に、典礼書の改訂が教会の非常に重要な問題となった。ニコンの時代の一六五四年に公会は、テキストを修正すると決定した。

ニコンは、ツァーリの権力に依拠しつつ、改革の仕事に取りかかり、同時にその他の儀式上の新機軸と改革を導入した〔聖歌その他において〕。しかし、彼の改革は聖職者と俗人両方の抵抗にあい、その抵抗はラスコール＝分離にまで発展した。ニコンはギリシャ教会から多くの改革を取り入れたが、そのことが、正統信仰に関してギリシャ人は当てにならないと思っていた古ロシア人の抵抗を強めた。修正の仕事にはキエフの多くの学者が参加したので、改革の仕事はカトリック化と見られた。ニコン自身、自らの先行者マクシムとは違って、改革者というよりもむしろ教会政治家だった。彼の専横的な性格は、多くの敵を作ることになり、ついには、彼の言うことを盲目的に聴いていたツァーリの寵愛を失った。ニコンは、総主教制を「民族的教皇制」（サマーリンの表現）のようなものにしようと努めた。一六六〇年に最初にニコンは公会によって有罪とされ、一六六六年に二度目の、より厳しい宣告が続いた（ニコンは一六八一年に死んだ）。これによって、司祭の権力は直接神に由来し、ツァーリの権力はその後司祭の権力から引き出されるというニコンの理論に従って皇帝の権力を総主教の権力に従属させようと努めた教皇主義的な潮流は、ついに抑圧されて僅かな少数派となった。

このような状況のもとで、保守的な古信仰、実際には旧習の墨守は、教会的、政治的ラスコール（分離運動）となった[14]。西欧の宗教改革とは異なり、モスクワにおいて改革を行ったのは支配的な教会の方であり、少数派が古い習慣に固執したのだった。その後の発展によって、分離派の少数派は異端的であるが必ずしも宗教改革的ではない見解へと、押しやられたのである。

モスクワの全般的な道徳的、社会的状態にとって特徴的なのは、十七世紀初めに、千年王国説的なユートピア主義が強力に広まったことである。ウェストファリア講和の年に出た『信仰についての書』（クニーガ・オ・ヴェーレ、一六四八年）では、世界の終末が宣言され、反キリストの到来が予測されている。イエズス会のカトリシズム（ウニオーン）の圧力は黙示録的に解釈され、教皇は反キリストの先行者として描かれており、反キリスト自身、教皇の姿で現れるとされている。ニコンの改革は、この黙示録的な歴史哲学における転換点を成した。即ち、以前には反キリストは西欧に現れることが期待されていたのだが、今や反キリストの活動舞台は直接「聖なるルーシ」に移されたのであり、保守派にとってニコンが反キリストとなったのである。ロシアが、ロシア教会そのものが、反キリストの活動舞台となるやいなや、そこにはもう正統信仰の教会はなくなり、高位聖職者と司祭はいなくなる。――この黙示録的な論理は、分離派はその司祭が死に絶えることによって無司祭派になることを強いられた、という現実と一致していた。これは、急進的な宗教改革と奇しくも似ている。即ち、西欧では司祭制度が克服されたが、ロシアではそれが物理的に滅んで、分離派は状況に強いられて無司祭のセクト（ベスポポーフツィ）となったのである。同時に、無司祭の分離派は国家権力に対立し、ツァーリは反キリストの道具にして奉仕者と宣言され、分離派教徒はいかなる形でも国家生活に参与することを禁じられ、法律、裁判その他は、悪魔の仕業として非難された。国家に敵対的なこの分離派の態度は、反キリストの権化と宣言されたピョートルの時代に更に強まった。分離派教徒は、プガチョーフの乱にも非常に熱心に参加した。

国家にとって危険なこの分離派は、すぐに長司祭アヴァクームにおいてラディカルな表現を得た。彼は恐れを知らぬ力強い言葉によって、ニコンの後援者だったアレクセイ帝を指して、きっとネブカドネザル王のように「神は我なり！」と言うのではないか、と言っている。この分離派の宗教的父は、ニコンの死から一年して、自らの勇敢さを火刑での死によって贖うことになった。

分離派教徒のこのラディカリズムは、じきに僅かな少数派に限られることになった。分離派の歴史哲学は、実際にはラディカルなものではなかった。我々は本当に終末の時代に生きているのだから、皇帝でも誰でも勝手にさせておけ——このような結論に、分離派の教師たち自身が至ったのである。この結論は、世界の終末を先延ばしにして、黙示録的年代を数え直すように強いられたことによっても、弱められはしなかった。分離派にとっては、司祭なしで済ませることも困難だった。それ故に、比較的穏健な分離派教徒は、国家教会との和解を求めた。プガチョーフの乱が鎮圧されると、分離派はもはや積極的な反乱を行わず、せいぜい消極的な抵抗を試みただけだった。既に一七八八年に司祭派（ポポーフツィ）（司祭を擁した分離派教徒）は教区を作り、国家教会がそれを認可し、分離派は国家教会の高位聖職者を認めた。一八〇〇年に法律によってエヂノヴェーリエ（同一の信仰の信奉）が取り決められた。しかし、教会の分裂は今日に至るまで解消していない[15]。

5

宗教・教会上の利害が「聖なるルーシ」に、ヨーロッパから文明を借り入れることを強いたとすれば、国家とその外交および内政の実際的必要は、ロシアを直接ヨーロッパへとせき立てた。ロシアがヨーロッパの敵に勝たねばならないとすれば、軍隊をヨーロッパの模範に従って訓練し武装させることが不可避的に必要だった。軍隊は新しい兵舎と要塞を必要とし、ロシアは自らの海軍も持たねばならなかった。——このすべては、知識を広げることなしには不可能だった。たとえロシア人がこれらすべてをヨーロッパ人から既成のものとして得ることができたとしても、この物質的な文化をただ維持するためにも、ヨーロッパ的な教養を持った労働者や建築家や技術者等々が必要だった。それ故に、熟練したヨーロッパ人がロシアに移植される必要があった。

しかしロシア人は、必要な改革を次第に自分たちで実施できるようになることを考えねばならなかった。それ故、ロシア人は教えを求めてヨーロッパに行ったり、国内に学校を創ったり、書籍を翻訳したりしたのである。大砲、艦船、稜堡等々は、数学、機械工学、物理学、化学なしでは、自然科学と技術なしでは、不可能だった。それ故に、既に十六世紀にモスクワ国家は実際的な知識を求め、支援し、次の世紀にはもっとそうするのである。

しかし、これらの物質的また精神的改革のためには、お金が必要だった。原始的な経済は改良されねばならず、そしてそれは、国家行政全体が改革された時にのみ可能だった。農業のみならず、原始的な国内産業もまた改良を（より良い機械を）必要とした。そしてもちろん、新たな貿易経路と交易関係を見つける必要があった。既にイワン雷帝は、イギリス人と交易を結んだ。そしてバルト海に向かったのは彼だった。より南の海は、ロシア人に、ヨーロッパとのより近い結びつきを可能にするはずだった（ロシア人は北海を握っていて、アルハンゲリスクからの道はノール岬を回って行くものだった）。というのも、地上の道を通るには、ロシア人は敵対的な隣人の住む国境地方を通って行かねばならなかったのである。

そして最後に、宮廷と貴族も贅沢品を必要とし、そここで多少の芸術も必要とした。——第三のローマは、生活のあらゆる実際的および理論的分野においてヨーロッパと繋がることを強いられた。

こうして、モスクワにおいて、既にピョートルよりも遥か前に、ドイツ人コロニーが創られた。にもかかわらず、分封公領に外国人がほとんど完全に自由に出入りできたことを考えると、モスクワ・ロシアは外国人にとって簡単に出入りできる所ではなかった。

思考するロシア人たちは十六世紀に自ら、徹底的な改革が必要だと公然と宣言した。正しくも最初の西欧派（ザーパドニク）と呼ばれた、著名なクールプスキー公は、モスクワの道徳的、文化的貧困を明瞭に説明した、最初の人々の一人である。クールプスキーはマクシムの弟子であり、彼がイワンと交わした書簡（一五六三年の最初の手紙）は、モスクワの悲しむべき状況についての、しかしまたロシア人の優れた精神的能力についての、雄弁な証言を提供している。

十七世紀の同様の資料もある。コトシーヒンは、改革の不可避性を切々と訴えるために、モスクワ公国を見事に叙述している。コトシーヒン自身、もちろん、性格的には全く自分の時代の息子だった（酔って犯した殺人のために、一六六七年にストックホルムで斬首された）。

クロアチア人クリジャニッチ〔ユライ・クリジャニッチ。一六一八～八三。カトリック神学者で政治著作家〕の証言も挙げられるべきだろう。イタリアで教養を身につけ、自分の目で当時のヨーロッパ全体（コンスタンチノープル、ローマ、ウィーン等々）を知った、このカトリックの司祭は、最初の汎スラヴ主義者となった。フィレンツェにおいてロシア公使館は（一六五七年に）、彼にモスクワへ移り住むという考えを吹き込んだ。旅の途中で彼は、ポーランドとウクライナを熟知した。彼がウクライナについて率直に公然と書いた著作は、シベリア追放の原因となった。彼はモスクワに到着する（一六六一年）やいなや、トボリスクに送られたが、そこでは自由に活動してよかったようである。そこでクリジャニッチは幾つかの著作、とりわけ『政治』を書いたが、その中で彼は、モスクワの文化的状況を厳しく批判し、ヨーロッパ的改革を支持している（クリジャニッチは一六七六年になってモスクワに戻ることを許され、恐らくはヨーロッパで死んだ[16]）。

宗教と教会の面での閉鎖性にもかかわらず、モスクワは——これは重要なことなのだが——内的にも、自ら改革とヨーロッパ化へと促された。ヨーロッパ化ということで、単にヨーロッパの模倣とヨーロッパからの借用のみを考えてはならない。ロシア国家は最初から、それ自身の基礎から発展し、この発展はヨーロッパの発展と平行的に進み、それに似たもので、多くの点で一致していた。ロシア人はゲルマン人やラテン人と同様にインド・ヨーロッパ人であり、ゲルマン人やラテン人がローマ人を教師としたように、ロシア人はビザンチン人を教師とした。そして最後に、相互的な閉鎖性にもかかわらず、一定の文化的交流があった。

こうして、ピョートルの改革は、内的にも外的にも準備された。ピョートルと彼の父アレクセイは、既に全般的な改革活動を発展させ、彼の祖父ミハイール・フョードロヴィチは、モスクワに外国の職人や工業資本家を連れて来て、彼の先行者たちも、ヨーロッパと文化的、商業的交流を結ぶように努めていたのである。

第2章　ピョートルの改革。ロシアとヨーロッパの結合

6

ロシアの歴史哲学と宗教哲学の叙述のために最も重要な歴史的事実を挙げるべきだとすれば、ピョートル大帝の改革に暫く目を向けねばならない。なぜなら、ピョートルの改革は、ロシアを哲学的に考察する際の重要で主要な要素だからである。

ピョートル大帝とその改革の仕事！　私は、何かの古いピョートルの歴史の中で、ツァーリがメーンシコフ（アレクサンドル・ダニーロヴィチ・メーンシコフ。一六七三～一七二九。軍人・政治家。ピョートルの寵臣）と歓談する様子を読んだことを思い出す。両者それぞれが（自分自身の！）シラミを机の上に放して、二人の間に引いた線までどちらのシラミが先に行き着くか競争させたというのだ……。

ピョートルは自分の先行者たちの改革を継続しただけである。「ヨーロッパへの窓」は既に一つならず開かれていた。ピョートルはモスクワという建物のその他の窓とドアを開き、開いたまま閉ざさなかったのである。

ピョートルは改革に体系を導入した。それは、ピョートルがしばしば無計画に行動しはしなかった、という意味ではない。そうではなくて、一つの新しい世代の、全体とそれに続く第二の世代の半分が育ちうるだけの、非常に長い時代の間に（ピョートルは一六八九年から一七二五年までの三十六年間統治した）、ピョートルが自分の中に体系を見出した、ということである。彼自身教養の必要性を感じ、他人のみならず自分をも教育した。ピョートルはまた、ロシアには新しい制度だけでなく新しい人々も必要であることをも理解した。

ピョートルはあらゆる外国人に帝国への自由な出入りを（一六九六年に）許し、国内でも適切な人物を捜した。ピョートルには、先行者（ニコン！）がいたのみならず、既に同じ道を歩んでいた同時代人もいた。キエフ・アカデミーとその教師たち、および、彼が帝位に就く直前に創設されたモスクワ・アカデミーも、卓越した助力者を彼に提供した。民衆出身の独創的な思想家ポソシコーフ（イワン・チーホノヴィチ・ポソシコーフ。一六五二～一七二六。経済学者、評論家）は、広範な「改新」の必要性を表明した。ピョートルは多くの助力者を擁しており、幾つかの分野では彼自身よりも優れて賢いような助力者さえ擁していた。ピョートルは自分が専門知識のない所で改革を妨げることはせず、逆に新機軸を好んで支援した。

ピョートルの主要で恒常的な配慮は、陸軍と海軍の必要性に向けられていた。「家畜の群」（ポソシコーフは古いモスク

ワの陸軍をそう呼んだ）は、ヨーロッパ的な連隊へと改造されねばならず、水兵を訓練し、陸軍と海軍に新しい武器を調達する必要があった。これらすべては、実際的および理論的知識なしには不可能だった。ピョートルは自らみんなに模範を示して、ただの労働者として学ぶためにヨーロッパに行った（最初の旅行は一六九七年）。

初期の敗戦にもかかわらず、帝国は拡大した。なぜなら、ピョートルはじきにヨーロッパ人にも勝利するようになったからである。一六九六年に彼はアゾフ海に到達して、最初の海軍を創設した。一七〇三年にロシア人はバルト海沿岸に確固とした地盤を築き、ペテルブルグが創設された。ポルタワの会戦における勝利は、スウェーデンを弱体化させ、ロシアはバルト海沿岸の文明化された地域に接近できることになった。ポーランドはピョートルの決定的な影響下に置かれ（ピョートルは自分の息子のためにポーランドを占領することを考えた）、トルコは次第にロシアの脅威にさらされるようになった。南方の海に、ピョートルは自分の帝国を拡大することができなかったが（アゾフ海はトルコ人の手に戻った）、しかし北方の海では自分の支配を固め、ロシアは永続的にヨーロッパと結ばれた。

新しい陸軍と海軍は資金を必要とした。そのために、国家行政全体をしかるべく改革する必要があった。

帝国は県（最終的には十一の県）と郡（四十三の郡）に分けられ、県知事の脇には、貴族によって選ばれたラントラート（郡長）（ドイツ語の称号が保たれた）が置かれた。行政を管理するべき一種の省が置かれた（十の省の中には教育省が欠けていたが、ピョートル自身がその役割を果たした）。古い貴族会議の代わりに元老院が設置された（一七一一年）。非常に注目すべきことは、司法を行政から分離しようという試みである。警察はヨーロッパ化された。

官僚は数の上で増えたが、その地位と権限は規制された。既にピョートルの父の時代（一六八一～八二）に、勤務のために貴族の家柄の序列（いわゆるメーストニチェストヴォ・門地優先制）が適用されなくなり、新しい勤務貴族制が導入された。ピョートルはそれぞれの官吏に個人的な貴族の称号を与え、それによって世襲貴族は単なる社会的地位になった。官吏は給与を受け、年貢賦課権付与（コルムレーニエ＝飼育という副次的な意味を伴った扶養）は行われなくなった。あらゆる官僚は、十四の官等に分けられた。

一七一九年以降、住民のより厳密な統計的調査が行われた。都市には、自治と裁判権のための新しい規範が与えられた。全く新しい、ある意味で最初のロシアの都市であるペテルブルグはとりわけ、都市行政の改革に影響を与えた。ペテルブルグの市庁は直接に元老院に従属した。ロシアの諸都市は新しい要素を得た。即ち、国家によって直接に創設されたか、あるいは支援された工場における、産業である。これに伴い、商人階級は特別な身分へと転化された。その身分は、自分たちの市庁裁判権を持ち、ギルド的に組織されていた。

7

この実際的な改革のために、ロシア人は、すべてのものの基礎として理論を身につけねばならなくなった。——ピョートルの、最初のヨーロッパ旅行の十九年後の第二のヨーロッパ旅行（一七一六年）は、もっと学問と芸術に当てられた。当時彼は、例えばライプニッツが勧めた、アカデミーを創設する計画を取り上げた。オックスフォード大学がピョートルに名誉博士号を与え、パリ学士院が彼を会員にしたのだとすれば、つまり彼は、学問の公の代表者たちからのこのような認知に十分に値したのである。

ピョートルは積極的に学問と芸術を支援した（自分の宮廷に外国人を呼び招き、重要な書物を翻訳させるなどした）。彼はより実際的なアルファベットを導入し（自分自身、生涯アルファベットにてこずった）、キリスト教の暦、ユリウス暦の導入を決めた（それまでは、世界の創造の時から暦を数えていた。新年は九月から一月一日に移された）。美術その他のコレクションが創られ、学校と最初の新聞（一七〇三年）が創られた。あらゆる分野で同時に、集中的に改革の仕事が為された。ピョートルはまさにこの方法論的なやり方において、自らの改革者的な果敢さを示した。

ピョートルは、徹底した改革の道徳的な課題も忘れなかった。何よりもまず、古いロシアの家族を変えようとした。女性は、ヨーロッパ風に解放されて社会に戻されねばならず、それによってまた家族に戻されねばならず、アジア的な女性の隔離は廃止された。古いロシアの相続権も変更された。子供たちの平等の代わりに西欧的な長子相続制が導入され、年下の兄弟たちは自分で自分の面倒を見なければならなくなった。

農奴の運命も、「奴隷」をバラ売りにすることが禁止されて、家族単位でのみ売ってよいことになった、という程度には緩和されねばならなかった。

ピョートル自身一度デンマーク公使に、野獣を人間にしたいのだと、自分の改革の事業を特徴づけた。実際には、彼の改革は、覚醒しつつある啓蒙と人間性の世紀によって綱領を与えられた革命だった。ピョートルはロシアの旧式の教育を受けたので、倫理的な面では彼自身も人道主義の必要を感じていた。彼の私生活と家庭生活は非常に革命的であり、偽善者にとっては躓きの石だった。しかしながら、ピョートル自身しばしば無軌道で、改革者としての彼の革命には多くの誤りがあったということを、厳しい批判者と共に認めねばならない。ピョートルは不必要なものや性急な思いつきも導入した。ピョートルはしばしば、改革者的というよりも専制者的に、外面的な事柄（服装その他）に重きを置き、あるいは少なくとも、正しい手段を用いなかった（例えば顎鬚に対して三十〜百ルーブルを払わねばならなかった、などなど）。

ピョートル自身、まだ野蛮人だった（この言葉は、彼がロシア人について使った言葉よりも適切である）。啓蒙と人道の新しいアダムになるべきで、なることを欲した、古いロシアのアダムだった。ピョートル自身、当時のロシアの過渡期の人間の典型である。スウェーデン人に対する勝利の後で、人々の前でテーブルの上に乗って踊り、人々がそれに歓喜するという、後の皇帝を想像してみよう。それは野蛮ではないだろうか？　しかし、ローマの皇帝たちやもっと後のヨーロッパの勝利者たちの凱旋行進は、ピョートルのナイーヴさよりも野蛮ではなく、本質的により立派だろうか？　しかし、近代ヨーロッパ人は言う――ピョートルはそれでも野蛮人にすぎなかった、と。彼は有罪を宣告した者たちを自ら拷問台で苦しめなかっただろうか？　彼は自ら自分の子供たちの刑吏にならなかっただろうか？　自分の最初の妻をいかに扱い、自分の息子アレクセイをいかに扱ったか？　もちろん、ピョートルは野蛮人だった。私はこのことを全く率直に言い、この言葉をそれ本来の意味で捉えている。ただし私は、だからといって、フェルディナントやルイのフランス的ないしスペイン的な「教養」の方を高く見るわけではない。彼らは、自分が命じたあらゆる迫害と異端審問的蛮行とその他のあらゆる非人間的行為を自分の責任で行えるだけの、図太い神経の持ち主ではなかったのである。この繊細な野蛮人たちは、そのような行為のために、良心と実行者を雇っていたのである。

ピョートルが総主教を当てこすって教皇制を嘲笑するために開催した、酔っぱらいたちの気違いじみた会議の愚かさとシニカルな軽薄さは、部分的に彼の改革事業の一部でもあった。このような手管において、このナイーヴな野蛮人は、同時に非常に狡猾だった。現実には、ピョートルは外交においても内政においても狡猾という以上だった。彼は例えば、いかに計算して、自分の教会上の反対者であるヤヴォールスキー〔ステファン・ヤヴォールスキー。一六五八～一七二二。教会活動家・著作家〕を宗務院総長に選びなどしたことか。

8

ピョートルの改革は、彼の侵略政策の成功と結びついて、政治的および社会的には絶対主義の強化を意味した。ピョートルがついにビザンチン皇帝の称号を受け入れた時（一七二一年）、彼はそれによって、改革的絶対主義の巨大な権力を正しく特徴づけた。イワン雷帝のようなモスクワのツァーリたちは、絶対的で絶対主義的だったが、ピョートルの絶対主義は質的に遙かに高い所に達した。ピョートルはヨーロッパによって認知され、ピョートルはロシアをヨーロッパの列強と並べ、ロシアをヨーロッパの強国に高めた。ピョートルはスウェーデンの強国としての立場をポルタワの会戦で打ち砕いた。東方でロシアがこのように高揚しつつある同じ時代に、西方では大国だったスペインが決定的に没落した。ロシアは大国として、また世界の権力として、フランス、イギリス、オーストリアに続いて第四の地位を占めた。ポーランドはもう、東方のスラヴの強国としては数えられない。

国内的にも、ピョートルとその国家は、モスクワの国家組織よりも高い地位を占めた。

ピョートルは国家組織を官僚化した。即ち、専門的な教養を身につけた官僚層を行政の基礎とした。ロマノフ家の二代目だったピョートルの父が既にこのプロセスを始めたが、ピョートルは国家の官僚的な機構を改良し完成させたのである。

貴族会議が廃止され、その地位に、一種の行政・財政監督機関（ブリージュニャヤ・カンツェリャーリヤ）が置かれた。皇帝に対するその関係は、純粋に個人的なものだった。この機関はうまくいかなかった。それ故に、最高の行政機構として元老院が設置された。

行政改革は、次第に、より良い国家組織を作り出した。しかし、この国家の背骨になったのは、新たに創られた軍隊――ピョートルの改革事業の最も本質的な分野――だった。軍事国家とその軍事的成功は、外的にも内的にも、ピョートルの権力の支柱だった。

全権を手にしたピョートルは、国民会議の開催については、彼の二人の前任者たちほど考えなかった。単に統治するだけでなく、新しい機構を創造する必要もあったが、この目的のために、国民会議はあまり適さなかった。まさにヨーロッパ化がロシアにおいて絶対主義を強化した。皇女ソフィアを裁くために（一六九八年）会議のようなものが国民の全階級から召集されたが、しかしそれは、責任を他人に転嫁する目的だけのためだった。モスクワの専制主義に対するピョートルの啓蒙専制主義の特徴は、ピョートルが国民会議を召集せず、貴族会議を廃止した、ということである。ピョートル自身、事情を非常によく自覚していた。――生涯疑い深くて人を信じず、それ故に、警察の助力を拒まなかった。

ピョートルは、モスクワの絶対主義をヨーロッパ化した。彼がルイ十四世の同時代人だったということを、思い出そう。そもそも彼の外交にも内政にもルイとの類似が一つならず見出されるように、ピョートルはこの模範も頭にあったに違いない。

ピョートルの絶対主義は、貴族に対する彼の関係から明らかである。彼はもちろん、自分の目的のために貴族しか使えなかった。それ故に、貴族に新たな義務を課したのである。即ち、貴族は新国家のために勤務せねばならず、更に、勉学をすることが義務づけられていた。モスクワ時代は、貴族は生まれによって官職を保証され、家系によって位階を保証されていたが、自由な仕官の特権があった。[1] ピョートルは貴族をより高いレベルに引き上げようと努め、そしてそれ故に、貴族を官僚と結びつけたのである。即ち、官僚は貴族の身分に上げられ、貴族は官僚化された。その際、彼には、先行者たちのように貴族を弱体化させることは問題ではなかった。それどころか、彼は、貴族を強化することに成功するだろうと期待していた。それを目指したのが、一七一四年の、西欧の模範に従った近親年長者相続制の導入である。近親年長者相続制あるいは長子相続制の勅令は、土地が勤務とは関係なく、所有者に財産として認められるという、重要な意義を持っていた。この処置は、貴族の威信を高めた。

それ故に彼は、新しい、ヨーロッパ的な貴族制を導入した。ロシア最初の伯爵の称号は、一七〇六年にシェレメーチエフ〔ボリース・ペトローヴィチ・シェレメーチエフ。一六五二〜一七一九。軍人〕に与えられた。初めピョートルは自ら、神聖ローマ皇帝に伯爵の称号の認可を求めたが、後にその考えを捨てた。

ピョートルは、古い公爵の位を称号として与えた、ロシア最初の君主だった。そして、この称号もまたヨーロッパ的なものだった。メーンシコフ（一七〇五年に最初の公爵）は神聖ローマ帝国の公爵となったが、幾つかの公爵の称号を神聖ローマ皇帝がロシア人に与えたのである。(2) 男爵位は、新しく獲得された地域と共に、古い制度として受容された。

ピョートルの絶対主義は、農民に対する彼の関係からも明らかである。土地税の代わりに人頭税とそれに基づく税金が導入されたことによって、農民は過酷な境遇に置かれた。―彼らには、税金の重荷が重くのしかかった（人頭税の新しさと重さは、すべての農民に課せられたということにあった）。貴族、国家の聖職者、貴族身分の官僚、更に学術的な地位と幾つかの特別な身分は、税金の重荷を免れていた。

ピョートルの財政政策の不完全さを特徴づけるのは、この人頭税という不完全な悪しき制度を導入したことである。ピョートル自身は商業にしか関心がなかった。彼は重商主義的原理を身につけ、彼の侵略政策と特に海を利用しようとする努力は、彼をそのような原理に実践的に導いた。ピョートルはバルト海とカスピ海を結びつけるために、ラドガ運河を造った（一七三二年完成）。商業の支援、またそれ故に工業の支援――当時は穀物の輸出は考えられなかった――は、高い身分と商人階級に与えられた、特権の体系を導き出した。

国家予算は一七一五年には約八百五十万ルーブルだったが、ピョートル以前の税収は約百五十万ルーブルだった。

独学の国民経済学者ポソシコーフは、ピョートル時代に農民が置かれていた、悲しむべき状態を、鮮明に感じ取った。彼は貴族に対立して専制君主の側に立っていたとはいえ、絶対主義の過酷さのすべてをも見て取り、国民委員会（ナーロドソヴェーチエ）を提唱した。自分の意見を、彼は死ぬまでペトロパーヴロフスクでの監獄生活で贖うことになった。

ピョートル時代の末期には、ロシアの人口は約千三百万人だった。

9

ピョートルの絶対主義が最もよく現れたのは、教会行政の改革においてだった。宗教的な面では、ピョートルはかなり啓蒙的だった。彼は神学的な奇跡信仰の弱点を理解し、そのような信仰を弱めるように努力した。なぜなら、彼の改革事業は、神学的見解に対立する科学的な世界観に必然的に基づかざるをえなかったからである。それを彼は、哲学者や思想家たちから感じたというよりも、むしろ西欧諸国の実際的な成果から感じ取ったのである。

具体的には、モスクワのコロニーや、西の隣国やヨーロッパから彼が受けたのは、プロテスタントの影響だった。ほとんどすべての彼の顧問や友人や教育者はプロテスタントだった。プロテスタンティズムの影響は、概して教養人たちの間に現れたが、大衆の中にもまた非常に強く現れた。それは、フェオファーン・プロコポーヴィチ〔一六八一〜一七三六。神学者〕によって代表される神学や、プロテスタンティズムへの傾斜を持っていたトヴェリチーノフ〔本名ドミートリー・エヴドキーモヴィチ・トヴェリチーノフ。一六六七〜一七四一頃。宗教思想家〕の民衆的運動に現れた。

キエフ・アカデミーの学生で、後には教師になったフェオファーン・プロコポーヴィチは、ヨーロッパで神学と哲学を学んだ。ベーコンとデカルトの賛同者であり、神学的にプロテスタンティズムに傾斜し、自分の見解を説教でも著作でも表明した。ピョートルは彼をペテルブルグの自分のもとに呼び寄せて、彼の主導で教会の最高機関である最高宗務院を創設した。ピョートルはフェオファーンを一七一六年になってからペテルブルグに呼び寄せた、ということを強調する必要がある。それまでフェオファーンは（一七〇四年にヨーロッパから帰って以来）、君主の直接的な権力の域外で、ピョートルと並んで、同じ精神で活動していたのである。

ピョートルの教会政策は、高位聖職者の威信を弱め、彼らを皇帝の権力にはっきりと従属させ、権力に奉仕させることを目指していた。そのことを、ピョートルは早くから明らかにした。一七〇〇年に総主教アドリアンが死んだ後、彼はもう誰も総主教座に就くことを許さなかった。アドリアンはピョートルの敵対者だった。ピョートルは長いこと空位に満足していたが、一七二一年になってから宗務院が創られた。フェオファーンはピョートルのために、宗務院法とその他の教会改革を根拠づける聖職規則（ドゥホーヴヌイ・レグラーメント）を作り、それをピョートル自らが手直しした。

君主制的家父長制とは異なり、宗務院は、西欧の合議的統治のシステムに合わせられた。聖職規則の中では、教皇制度がいかに世俗権力をあまりにも越えるものとなったかと、教皇制度にはっきりと言及が為され、またモスクワ総主教の同様の干渉が非難され、そしてそれ故に、「このような悪は、合議的な宗教行政には属さない」と宣言された。宗務院のメンバーは、次のように勤務上の宣誓をしなければならなかった。「この宗教的合議団体の最高の審判者は、全ロシア人の君主御自らであることを認め、誓います(3)」。

フェオファーンに支援されて、ピョートルは専制を文字通りに、その最も厳密な意味において理解した。――高位聖職者によって指導される教会が、皇帝に従属したのである。高位聖職者の代表団が彼に、総主教を任命するように頼みに来た時、「ここに汝らの総主教がいる」とピョートルは言って自分の胸を叩いた。フェオファーンは、自分の庇護者である皇帝を「救世主」、ギリシャ語で「クリストス」と呼んだ。ピョートル以前は、教会の選挙権がピョートル以後よりも広範だったことは確かである。

聖職者と並んで、世俗的なツァーリの代理人である宗務総監も席を持つ宗務院の合議的機構は、通常プロテスタント的な制度と見られているが、それは完全には正しくない。宗務院は、教会の古い主教組織に相当するものである。プロテスタント的性格は、ただ、教会行政に世俗的要素と宗務総監の職務が導入されたことだけである。多分ピョートルとその同時代人たちには、プロテスタントの民族的あるいは国家的な教会の模範も影響を与えた。

教会の教義においては、ピョートルはあえて改革を行なわなかった。それどころか、ピョートルは信仰の問題では寛容で、モギラ府主教〔ペトロ・モギラ。ウクライナの神学者、キエフ府主教。一五九六～一六四七〕の正統信仰を自分の権威によって強めた。「人間の良心はただただ神にのみ従うものであり、いかなる君主も、人間の良心を他の信仰へと暴力的に強制することは、ふさわしくない」――これはピョートルの言葉である。

ピョートルとフェオファーンがプロテスタンティズムに近かったとすれば、もう一人の同時代の秀でた教会司祭であるヤヴォールスキーは、保守的な神学者たちと教会政治家たちのカトリック化の方向を代表していた。フェオファーンはイエズス会の学校とアカデミーで学んでカトリシズムを憎むようになったが、ヤヴォールスキーは逆にプロテスタンティズムを憎んだ。(4) しかし、彼が総主教代理となった時（一七〇〇年から）、彼のヨーロッパ的教養は彼をして、ピョートルの政策の賛同者たらしめた。もちろん、世俗的な事柄においてのみではあったが。宗教的、教会的に、ヤヴォールスキーはカトリック派だった。一七一三～一八年に書かれた、プロテスタンティズムに反対する彼の主著『信仰の石（カーメニ・ヴェールィ）』は、ピョートルの死後（一七二八年）にやっと出版を許された。ヤヴォールスキーは国家に対する教会の優位を宣言し、教会の二つの剣に関するボニファティウス八世の教義を受け入れたが、成果は上がらなかった。ピョートルは、この反抗的な教会司祭を、自分の教会政策のために非常に巧妙に利用した。聖職規則に署名することを彼に強い（聖職規則は帝国の高位聖職者全員によって個人的に署名された）、彼を初代の宗務総監にさえした。

教会行政におけるピョートルの改革の意義、およびピョートルの改革一般の意義は、分離派教徒を捉えた深い動揺によって浮き彫りにされた。分離派教徒はピョートルを反キリストと宣言したが、この点では、保守主義者や反動主義者も、また、来るべき反キリストについての本を書いたヤヴォールスキーも、内面的に賛同していた。ピョートルに関する保守主義者たちの考えがいかなるものだったかは、最後の総主教アドリアンの、顎鬚に関する著作に、非常に明瞭に示されている。即ちその著作では、顎鬚を剃ることは死罪に値すると宣言されているのである……。予想が外れて一六六六年に世界の終末が訪れなかった時、黙示録的な年代学者たちは、自分の数字を数え直して、一六九九年を見つけ、世界の終末は一七〇二年に訪れることになった。ピョートルは、反キリストの予想された到来の日のまさに数日前に最初のヨーロッパ大旅行から帰国したので、予想された当の者であると宣言された……。

分離派教徒がモスクワの伝統の番人だったということで既に、ピョートルは分離派教徒に対して決して寛容な態度は取らなかった。分離派教徒の宣伝は死罪をもって罰せられた。彼らは、正教の教会に通い、子供を正教で洗礼させることを強いられた。分離派教徒はあらゆる公職から排除され、彼らには宣誓することが許されなかった。顎鬚を生やすことに対して二倍の税金を払わねばならず、特別の料金を払い、特別の服装が定められた。

ピョートルの保守的な反対者たちは、一つの——形式的な——事柄において正しかった。即ち、宗務院の創設は教会法に合わない、あるいは独裁的だ、ということである。宗務院は確かに聖職者から構成され、ピョートルは自分の改革の事業をロシア人とギリシャ人両方の高位聖職者に承認させたが、しかしながら、明らかにロシア人高位聖職者は承認を強制されたのだし、東方の総主教たちのうち承認しにペテルブルグにやって来たのは僅か二人だけであり、それも既に宗務院が活動を始めてから、遅れてやって来たのである。

10

ピョートルとその助力者たちの改革は、神権政治的なロシアをかなりの程度に世俗化した。——このように、ペテルブルグ時代とモスクワ時代のロシアの違いを一言で表現することができよう。モスクワの教養と世界観は全く教権主義と教会主義に浸されていた。ピョートルは、国家を、政治と文化の決定的な機関とした。ピョートルが自分の軍事的改革を「我々は闇から光へと出たのだ」という言葉で賞賛したとすれば、この言葉によって、新しいロシアの意味がかなり正しく特徴づけられたのである。中世的なロシアの神権政治は新しい元首を戴き、国家は新しい中心を得、新しいペテルブルグが古いモスクワに代わり、海浜の町が内陸の首都に替わった。

世俗的、非神学的な性格は、十七世紀の文学にも現れ、神学的な文献にさえ現れる。ピョートルには、自国の文学にさく時間があまりなかったが、しかし、彼の改革の方向は、文学が向かった方向と同じだった(5)。

ここでは特に、既に何度か言及したポソシコーフを強調する必要がある。彼は、農民として、学校教育を受けずに著作家になった。分離派から国家教会に改宗したこの男は、確かにまだ神学的な雰囲気を持っているが、しかし、彼の関心は、軍隊と行政全体の世俗的な改革に向かっている。道徳的な『父の遺言』において、家族のより高い徳性を求めており、彼の著作『貧困と富裕について』（一七二一～一七二四年）は、実際的な観察のセンスを示し、同時代の状況の鋭い批判と社会生活の全領域における健全な改革の綱領を提示している。

ピョートルの改革の事業は、全体として判断すると、ロシアにとって大きな意義を持っている。それは、既に以前の発展が向かっていた方向での自然な進歩である。ロシアの発展のすべてを君主個人に擬人化したロモノーソフがやったように（「彼は汝の神である、汝の神、おおロシアよ……」）、ピョートルを神と宣言する必要はないが、ピョートルと彼の同僚が行った改革は、その欠点にもかかわらず堂々たるものである。

ピョートルとその改革が後に——スラヴ派によって——非民族的、非ロシア的だと言明され、モスクワがペテルブルグに対立させられ、モスクワ・ロシアがヨーロッパ人に対立させられたとすれば、それは誇張であり非歴史的な把握である。ヨーロッパもまた、ピョートルの改革よりもっとずっと深くにまで達した自分たちの革命的な改革を実施しなければならなかった。詳細に歴史的分析を行えば、十七世紀末の改革的努力は先行する発展によって十分に条件付けられていることが、ますますはっきりと証明される。

11

ピョートルの改革が必然的なものだったことは、彼の後継者たち、実際には女帝たちが、その方向と基礎を保ったということ、もっと正しく言えば、それを安定させたという事実が、証明している。なぜなら、彼女たちが行政のあれこれの分野において試みた変革は、ピョートルが築いた基礎を変えはしなかったからである。

女帝たちと、単なる影法師だった皇帝たちの時代には、復興された絶対主義が必然的に必要とする枢密院の制定に関して、絶えざる揺れが見て取れる。エカテリーナ一世は「最高枢密院」を創り、既にアンナの時代には「内閣」が創られたが、それはエリザヴェータの時代にはピョートルの「元老院」に席を譲った。

これらの変革は、貴族に対する君主の関係において絶えず続いていた不確定性と結びついている。貴族は、ピョートルによって確かに高められたが、勤務を強制されて皇帝の権力に従属させられており、自分たちの覇権を固めようと努めていた。一七三〇年に、アンナは、ドルゴルーコフとその同盟者たちの「大憲章」を受け入れ、実質的な権力は最高枢密院の手に委ねられた。しかし、フェオファーンは「ヴェルホーヴニク（最高の者）」（枢密院議員）に対する「中位の人々」の党を組織し、貴族の地位の変更を要請した。——この正教の教会司祭は、絶対主義者たちの代弁者であり、ルター派シンパの道具だった。ロシア人の「枢密院議員」はドイツ人に替えられ、専制政治がビロン〔エルンスト・ヨハン・ビロン。一六九〇～一七七二。女帝アンナ・イワーノヴナの廷臣〕とその仲間たちの暴力的な行為によって復活された。十八世紀にペテルブルグで大きな影響力を持っていたスウェーデンの例が、適用された（スウェーデンの寡頭政治は一七二六年に勝利した）。

絶対主義は固められた。新しいロマノフ王朝は男系ではじきに絶えたが、外来で王座に就いた皇帝たちは、引き続き独裁を行うことができた。悪名高き尻軽女でも喜んで認められ、精神病質の暴君だけが、家族と宮廷の革命によって、アジア的に除去された(6)。

ピョートルが自分自身の息子アレクセイによって示した実例は、継承された。イワン六世は、シュリッセリブルグに幽閉され、精神病者だったとはいえ、殺害された。精神薄弱のピョートル三世の運命も、それよりましなものではなかった。彼の妻エカテリーナ二世は彼から簒位し、四日後に痔疾と脳疾患で死んだことにした。そして、同じ運命が、エカテリーナ二世の息子で、発狂したパーヴェル一世を襲った。アレクサンドル二世を暗殺したテロリストたちは、多くの栄光ある教師たちを持っていたわけである。当時もちろん、ヴォルテールのような人たちも、自分の夫に対するエカテリーナの行動に、単に「家庭の問題」しか見なかった。

専制は強化されたが、それと共に、貴族にも自らの権力を強化する可能性が与えられた。ピョートル三世の時代に、勤務の義務が廃止された。

ピョートルの後、文化的、政治的、戦略的にロシアのヨーロッパ化が続いた。アンナ・イワーノヴナの時代に、ロシア軍は初めてヨーロッパのドイツに進軍した（一七三四年のダンツィヒ包囲）。このヨーロッパ遠征は、エリザヴェータ時代の七年戦争の時に、また後にはフランスに対して、続けられた。エリザヴェータ時代に（一七四三年）フィンランドがキメネ川まで占領された。ロシアにとって特に重要となったのは、ポーランド併合である（第一次分割が一七七二年、第二次が一七九三年、第三次が一七九五年）。

エカテリーナ時代の末期には、ロシアは既に三千六百万人の人口を擁していた。

文化的、外交的に、ロシアは隣国プロイセンとオーストリアに頼っていた。一つにはスウェーデンとの敵対、また一つにはトルコとの敵対のために、ロシアは、弱体なドイツ帝国の中の二つの主力国に頼ることになった。特にプロイセンはロシアを強く惹きつけた。なぜなら、プロイセンはじきにポーランド人とリトアニア人に敵対して、ロシアと同様の利害を持つようになったからである。「フリードリヒ大王の猿真似」ピョートル三世の政策は、エカテリーナ二世時代に両国が隣国となって以来一世紀にわたって固められてきた平常の状態を、単に一時的に先鋭化したものにすぎなかった。プロイセンと並んで、北方のより小さな公の家も、ロマノフ朝の断絶後、ロシア人に女帝や皇帝を供給した。

　内的には、ヨーロッパ地域の併合を更に進めたことによって、ヨーロッパ化が進んだ。ポーランドはヨーロッパ的、カトリック的であり、ヨーロッパとロシアの間の矛盾がロシアそのものの中に、またその絶対主義的統治の中に、移し入れられた。実際には、その矛盾は強められただけだった。なぜなら、ルター派のバルト海地方は、既に以前から、ロシア帝国に、ヨーロッパ的教養を身につけた高級官吏や軍人や政治家を供給していたからである。

　ヨーロッパ地域の影響は、様々な制度と立法、とりわけ都市行政や商業などに関する法律に強く現れた。このヨーロッパ化と平行して、アジア化が進んだ。シベリアの占領は中国へのより近い関係を創りだし（ピョートル二世時代の通商条約）、クリミア半島が併合され（一七八三年）、黒海に至ろうとする努力がロシアをトルコとの戦争に巻き込み、まもなくペルシャとも接触した。帝国のこの広範なアジア化が文化的にも影響を与えた、ということは理解できる。モンゴルの支配の時代にモスクワに定着したアジア的な文化的要素は、ペテルブルグのロシアにも浸透した。

12

　エカテリーナ二世は、ロシアの文化的発展、学問と文学の発展に熱心に介入し、自ら著述家として登場し、文学的論争に係わった。エカテリーナは学校の向上に努め、特に女性の教育を支援した。自分の友人の公爵夫人ダーシコワをアカデミー総裁に任命さえしたが、この選択は褒められてしかるべきである。

　エカテリーナは十五歳の皇女の時、キケロとプラトンを読んでいた。フランス人ヴォルテールとディドロは彼女の友人であり、この君主の時禱書であったモンテスキューの著作は彼女の文学的・哲学的なお気に入りだった（「もしも私が教皇だったなら、私は彼を聖者と宣言したでしょう」）。ロックやその他の急進的な思想家たちをも、彼女は知っていた。「自由よ、あらゆる事柄の魂よ」というのは、この専制女帝が自分の臣下とヨーロッパの感嘆者たちの共感を引いた、多くの言葉のうちの一つにすぎない。彼女はある機会に、自分を「共和主義者」と言明さえした。

　貴族階級は、エカテリーナの時代に、一種の憲法、実際には身分制憲法のことを絶えず考えていた。スウェーデン公使だったパーニン伯爵は、既に一七六二年にスウェーデンの模範に倣った草案を提出したが、それはあまり注目されなかった。もっと後に――八〇年代初頭に――パーニンは新たな草案を作り（パーニンの秘書だったD・I・フォンヴィージンによって起草された）、それはパーヴェルと何人かの大貴族によって承認された。この草案には、自然法的な契約理論が適用され、後になって実現されるはずの農奴の解放も考慮されている。しかしながら、当面、「基本法」は貴族にのみ当てはまるもので、貴族は、立法権を持つ選出された元老院における統治に参加することになっていた。その傾向は、絶対主義を制限しようとするものだった。

フランス革命以前の時代のジャーナリズム的文献は、自由な思想と計画に満ちており、それらの思想と計画は、ヨーロッパの状況と政治文献に関する知識を証すもので、国内の専制政治に対する反発に由来するものである。エカテリーナ自身十分に賢かったので、ヨーロッパとアジアにおける新たな領土の併合によって拡張するロシアを、行政改革によって固めなければならないということを認めた。国家の均一化のために、有名な「立法委員会」（一七六七年）が帝国全体から（シベリアからも）召集され、二百回の会議が行われ（委員は五百六十四人だった）、多くの滑稽な事柄と並んで、多くの良い事柄が審議された。エカテリーナが委員会のためにモンテスキュー、ベッカリア、その他の著作から編んだ『訓令（ナカーズ）』において、「ロシアはヨーロッパの国家である」と宣言されている。一七六八年に委員会は停会され、ディドロの勧めにもかかわらず、もう召集されなかった。諮問議会のメンバーが貴族だけから選ばれていたにもかかわらず、エカテリーナは事実上、諮問議会を必要としなかった。

一七六八年に、アダム・スミスの講義を聴いたモスクワの大学教授デスニーツキー〔セミョーン・エフィーモヴィチ・デスニーツキー。一七三〇～八九。法律家〕が女帝に、従来の元老院から、制限された立法権を持つ、選ばれた諮問機関を作る、という案を提出した。デスニーツキーは同時に、行政全体を改良しようとした。女帝は長い間、元老院の同様の改革を考えていた。彼女は自ら英国憲法を研究し、ブラックストンその他を読んだが、実現には至らなかった。歴史家シチェルバートフ〔ミハイール・ミハーイロヴィチ・シチェルバートフ。一七三三～九〇。歴史家、元老院議員〕は英国憲法に賛成を表明した。

女帝は貴族を宥めようと努め、一七八五年に貴族に対して特許認可状を出した。階級としての貴族は、かなりの自治を得（貴族会議、貴族長の選挙等々）、国家勤務と税金から解放され、肉体的な刑罰が廃止され、農民はもっぱら領主の臣民になった。こうして、啓蒙専制主義は、農民を犠牲にして、貴族に支えを見出そうとしたのである。

既にプガチョーフの乱（一七七二～一七七五年）は、農民がいかに重圧を感じていたかを示している。もちろん、不満を持っていたのは農民だけではなかった。――反乱を鎮圧したA・I・ビービコフ将軍は、次のように言った。「重要なのはプガチョーフではなく、ロシアの全般的な不満である」(7)。エカテリーナ自身、後ろめたかった。一七六五年に、彼女の発案で「自由経済協会」が創設され、この協会は、女帝との合意のもとに、間もなく農奴解放の問題を検討し始め、所与の問題の解決のために賞を与えたりなどした。他方、女帝は、行政の改革をも忘れなかった。ロシアは五十の県に分割され、政治的、司法的な組織が創られた。諸都市は、一種の行政的、司法的自治を伴う、それ自身の憲章を得た。

商業と手工業は、全力で支援された。

エカテリーナは、ヨーロッパの啓蒙絶対主義者たちと同様に、非常に功利主義的な傾向を持っていた。教会――高位聖職者――の権利は絶えず保たれていたにもかかわらず、同時に、困窮の時（一七六四年）に、教会の財産が没収された。[8]ピョートル二世とアンナとエリザヴェータの時代にピョートルの模範に従って弾圧された分離派教徒に対しては、彼らがプガチョーフの乱に参加したにもかかわらず、挑発を避けるために、より緩やかな対処が為された。分離派教徒は公職に就くことが許された。

ヨーロッパにおいてエカテリーナは驚嘆の的だった。ヴォルテールは、ピョートルを賞賛する歴史を書き、エカテリーナのことを「人類の恩恵者」にして「聖者」として讃え、彼女を聖母とさえ比べた。この賞賛者にとって、彼女の専制は経綸の頂点でさえあった……。リガで女帝とロシアを観察する機会を持ったヘルダーは、エカテリーナの改革に完全に魅了された。彼がリガからヨーロッパへの旅行（一七六九年）において自分の日記に思いのまま記した、ロシアの偉大な文化的役割への彼の感激だけを、ここでは指摘しておこう。彼は、古いヨーロッパ文化の再生を期待していた。ロシアが文化的生活における指導権を握り、ヨーロッパに第二のルネサンスを恵む、というのである。ヘルダーによれば、ウクライナは新たなギリシャになるだろう……。ヘルダーは、ロシア人の誤りと欠陥に盲目ではなかったが、しかし、ロシア人に（例えば、彼らの模倣の努力に）善に対するセンスを見たのである。ピョートル大帝とエカテリーナ二世は彼にとって、ロシアの野蛮人から独自な民族を創り出す――もちろん、ヘルダーが女帝の愛顧を得るために書きたいと思っていた政治教育的著作の指示に従ってだが――、偉大で理想的な人物だった。

このような、そして更に誇張されたお世辞はもちろん、時代の様式に合ったものだったが、しかし、エカテリーナはこのような追従を非常に巧みに引き出すことができ、このような宣伝に好んで報いたのである。[9]

13

ピョートルの改革は主として実践的な性格を持っていたが、いかなる実践も理論なしには済ませられないので、実際的な必要が理論的な基礎を要求した。また、個々のヨーロッパ人をロシアに移住させたり、ロシア人をヨーロッパに留学させたりするだけでは不十分であり、国内に必要な学校と教育手段を整える必要があった。ピョートル自らアカデミー創設の計画を立て、そして彼の死後間もなく、この計画は彼の未亡人によって実現された（一七二六年）。――読み書きもできないスウェーデンの酒保の女主人が、アカデミーの忠実な守護者となったのである。アカデミーは初め、実際的な性格が強かったが（印刷所その他の工房）、ますます理論的な性格を強めていった。アカデミーに最初の大学——もちろん、やや原始的なものだったが——が付設され（一七四七年）、最初のアカデミックなギムナジウムが既に一七二六年に創設された。一七五五年にモスクワの大学が続いた。[10] 最初のアカデミー会員と大学とギムナジウムの教授は、ドイツ人だった。

しかし、主要都市における高等学校が教養の栽培地になったのみならず、社会自身も勤勉に教養を身につけていった。そしてそれは首都においてのみならず、十八世紀後半からは、地方においても教養階層が急速に成長していった。これは、十八世紀のロシア人の教養の本質にとって特に重要なことである。

当時のロシアの貴族的性格と呼応して、教養もまた貴族的だった。最初に高等学校と中等学校が創設されたが、国民学校は、既にピョートルがそれについて考えていたとはいえ、今日までほとんど存在しない。[11]

ロシア人は、ピョートルのように、西欧の教養を身につけようと、自ら精力的に努力した。ピョートルよりも長生きしてピョートルの事業を継承した一連の人々がいた。その中で、ロシア文学のピョートルたるロモノーソフと、カンテミールがモスクワのアカデミー出身であることは、偶然ではない。何よりもまず、自然科学と技術と歴史が育成された。法学的、国家法的教養はドイツに求められた。

ピョートルは何よりもまずゲルマンの影響、オランダとドイツの影響を受け入れたのだが、ロモノーソフもそうだった。しかし、フランスの文化的、政治的優位のために、既にエリザヴェータの時代に、宮廷と貴族階級がフランス化した（民衆は文化生活に参加しないまま、農奴制の中に生きていた）。フランス語が非常に徹底して広く受け入れられたために、非常に多くのロシア人は、まだ十九世紀前半にはロシア語よりもフランス語の方を上手に話した。ロシア語を全く身につけないロシア人さえいた。例えばプーシキンは完璧なフランス語の使い手として知られ、最初のうちはフランス語で詩作をしていた。レールモントフも同様だった。トルストイの比較的初期の作品にはフランス語法が見出される、などなど。多くの作家、例えばゲルツェンは、ロシア語と共にフランス語を使った。

ロシア貴族のこのようなフランス化は、ポーランドとヨーロッパの貴族のフランス化と平行して進んだ。——当時フリードリヒ大王も、ベルリンに自分のフランス・アカデミーを持ち、ヴォルテールの言語で書いていたのである。ドイツの詩人の作品は、ウィーンの宮廷のためにフランス語に訳す必要があった。

その意義が主として社会的、政治的（外交）だったフランス語と並んで、教育言語としてドイツ語が用いられた。ドイツ語は話されなかったが、間もなく、ますますドイツの著作家たちが研究されるようになった。

この二つのヨーロッパの言語の影響は、もちろん、その個人的な担い手なしには、即ちロシアに招聘された生粋のフランス人とドイツ人なしには、考えることはできない。バルト地方が帝国に編入された時、ドイツ人の男爵たちが国家行政に加わり、ドイツ人に続いて多くのスウェーデン人と後にはフィンランド人（とポーランド人）も加わった。フランスからは、宮廷生活と貴族にとって必要な階層（医師、俳優、語学教師、舞踏家など）がやって来た。後には、革命の圧力のもとに、貴族の亡命者の一部がやって来た。ドイツからはもっぱら学者、教師、職人、商人がやって来た。確かにロシアは、社会の支配的な部分を成す公的なロシアは、十八世紀に言語的にヨーロッパ化した。――ヨーロッパとロシアは、フランス化した宮廷および貴族と、ロシアの農民および聖職者という形で、対立していた。両者は互いに異質で交流がなかった。ドイツ人はアカデミーと学校にいた。

ロシアがフランス化したことによって、ロシアのサロンと書斎に、前革命期また革命期の文献が持ち込まれた（それはもちろん非常に少なかったが）。ヴォルテール、ルソー、モンテスキュー、ディドロ、ドルバック、モレリ、マブリーなどが、ペテルブルグではちょうどフランスにおいてと同じように読まれていた。そして、ペテルブルグには、ほとんどパリと同じ政治的雰囲気があった。フランスにおいてもまた、革命は貴族と中流階級によって始められたということ、農村住民、事実上農民は、革命が始まった後に加わったということを、忘れないようにしよう。ロシアにおける発展も似ていた。――貴族階級は、フランスとドイツの啓蒙哲学に熱狂し、民衆は自分たちの貧困のために政府に対する反乱を起こした（プガチョーフ）が、しかし民衆の人生観と世界観は同時に彼らを啓蒙主義者に対立させた。フランスでもそうだったし、今に至るまでどこでも大体、特にロシアでは、そうである。

文化的な面では、これは、ヨーロッパのすべての民族において再生を求める努力を啓蒙と人道の名の下に特徴づけた、十八世紀の大きな運動だった。人文主義的なルネサンスと教会的な宗教改革の自然な継承であるこの努力が、ロシアにも浸透したが、それはドイツとフランスの啓蒙主義的な努力がロシアに根付いたエカテリーナ二世の時代だった。

ヨーロッパ的教養の組織者にして人道主義的な理想の熱心な唱道者であるフリーメーソンが、ピョートルの新しいロシアにとって特別な重要性をもった。フリーメーソンの支部が、一七三一年頃からペテルブルグに、後にはモスクワと地方にも、広がった。政府は彼らに（一七四七年から）警察の監視をつけたが、彼らを許容し、援助さえし、彼らの集会はおおっぴらに行われていた。最も先進的なフリーメーソンの一人がノヴィコーフであり、彼の伝記からロシア啓蒙主義の歴史を研究することができる。[12]

フリーメーソン結社とその個々の代表者たち（とりわけノヴィコーフ）は、ロシアにとって大きな文化的意義を持っている。それは何よりもまず、支部が啓蒙主義的理念を体系的に絶えず宣伝したことによってである。この結社は、その儀式によって、ロシア人にとって教会の代わりとなった。彼らは教会に慣れていたが、ヴォルテールとその他のフランスの哲学者たちの影響によって教会から（内面的に）離れていた。もちろん、ロシアのフリーメーソンは実際には、宗教的、形而上学的に自由思想家ではなく、それどころかヴォルテール主義を忌避し、政治的にも保守的だった。特にロプーヒン〔イワン・ウラヂーミロヴィチ・ロプーヒン。一七五六～一八一六。政治活動家、神秘主義者〕は、革命を拒否したのみならずフランス人とその教養一般を拒否し、農奴制の保存を訴えた[13]。

フリーメーソンが教育的な影響を与えた、更にもう一つの方向があった。それは、政治的秘密結社を準備したということである。政治的秘密結社は、初めのうち明らかにフリーメーソン支部的性格を持っており、デカブリストの中にはフリーメーソン支部のかつてのメンバーや、メンバーの息子たちがいた。

フリーメーソンだけでなく十八世紀の哲学と文学が宣言した、啓蒙と人道の理想は、ロシアでは不可避的に、農奴制の問題を、あらゆる理論的、実践的思考の前面に押し出した。プガチョーフの乱は、注目を引かずにはおかなかった。エカテリーナ自身が、私たちが農奴を失うよりは自発的に彼らを解放してやった方が良い、と言った。

西欧と同様にロシアにおいても、人道的な動機と並んで実際的な動機も、農奴の解放を強いた。――ロシアも、より集約的な農業経営を必要とし、国家支出とフランス化した貴族の洗練された趣味が、ますます多くの金を飲み込んだ。それ故、農民は、このような財政的理由からもまた解放されねばならず、より収益の多い仕事のためにせめて少しでも教育されねばならなかった。ヨーロッパはロシアに先行して良い模範となった。即ち、オーストリアではマリア・テレジアとヨーゼフ二世の時代に、御料地における世襲農奴制が廃止された。フリードリヒ大王はプロイセンにおいて、あまり成功しなかったとはいえ、同様の改革を実施した。フランスは解放（一七八九年、端緒は一七七九年に為された）を一気に、非常にラディカルに行い、領主は全く補償を与えられなかった（一七九二年、一七九三年）。

フランス革命時代の最も進歩的なロシア人の典型的な代表者は、ラヂーシチェフだった。彼は本質的にドイツ的な教養を持ち（一七六六～一七七一年にライプツィヒの大学で勉強した）、その政治的な志向においてはフランスの思想家たちに依拠した。ヘルダーとライプニッツと並んで、ルソー、マブリー、レナル、百科全書派とヴォルテールが彼の教師だった。その優れた著作『ペテルブルグからモスクワへの旅』はスターンの形式を借りているが、内容は純粋にロシア的なものであり、人間と制度の卓越した写実的描写と、自由なフランスの理念の熱狂的な宣伝を含んでいる。この本は一七九〇年に出された。エカテリーナはすぐに作者を裁判にかけて、死刑を宣告した！　これが、フランスではルイ十五世によって禁止されたほどの、一七六六年の『訓令』を書いた、あのエカテリーナなのだった。ラヂーシチェフは恩赦によってシベリア流刑にされ、パーヴェル一世の即位までシベリアで耐えねばならなかった。

ラヂーシチェフの『旅』は、もちろん勇敢な本である。そして何よりもまず、これは、十八世紀の意味を理解し感じ取った、数少ない、本当に徹底して教養のある人間の信条だった。ラヂーシチェフは、『旅』に加えられた素晴らしい頌詩の中で、血塗られ、狂った、しかし賢明な十八世紀に呼びかけ、血塗られ狂った賢明さ、即ち革命の権利を、自然法的根拠によって証明している。エカテリーナは激怒した。ラヂーシチェフは彼女にとって、プガチョーフよりも悪質な革命家だった。なぜなら、農奴制を廃止しようとしたのみならず（「農民は法的には死んでいる」）、身分制憲法と広範な自由（出版の自由など）を要求したからである。

神秘主義に対する啓蒙主義的な反対者だったラヂーシチェフは、不死に関する論考をシベリアで書いた。彼は、エルベシウス、ドルバック、ラ・メトリーに反対して、不死の可能性と蓋然性を証明しようとした。ラヂーシチェフはパーヴェルの時代にシベリアから戻ることを許され、アレクサンドル一世の時代に再び職務を与えられたが、神経を病んだこの男は、自分の人生を時期尚早に毒を仰いで終わらせた（一八〇二年、まだ五十三歳だった）。

ラヂーシチェフと並んで、当時、農奴制の最も熱心で最も重要な反対者だったのは、詩人・作家プニーンだった。ラヂーシチェフがより多くルソーの精神において奴隷制に窃盗を見たのに対して、プニーンは、フランス憲法に教えられて、より多く私有財産の有益な帰結を見ようとし、ロシアの農民も所有者になることを望んだ。プニーンは、農奴の解放は一般に支持された啓蒙の不可避的帰結であると、非常にうまく説明している。

社会的反動主義者たちの先頭に立っていたのが、詩人のスマローコフである。女帝自らが、「自由経済協会」を介して（匿名で）一七六六年に、次のような問題に対して懸賞論文をつのった。それは、農民が土地を所有する場合と、動産だけを所有する場合と、どちらが社会にとってより有益か、そして両者の場合に農民の権利はどこにまで及ぶか、という問題である。スマローコフは協会に対して、貴族の独占的な土地所有権については全く疑いがありえないという、好戦的な手紙で答えた。「カナリアにとっては籠がない方が良く、犬にとっては鎖がない方が良いだろう。しかし、カナリアは飛び去り、犬は人を噛むだろう。このように、農民にとって必要なものと貴族にとって必要なものとは異なるのである」。

立憲主義、あるいはもっと正確には絶対主義の制限という政治的理想は、社会に一般に受け入れられていた。フェヌロンの『テレマック』（最初の翻訳は一七四七年）の模範に従った、良き君主に対するビザンチン的に献身的な賛美でさえ、批判的で自由思想的な努力の支えだった。賛美された君主の理想と徳行は、比較を促すものだった。フェヌロンの多くの模倣者たちのうちで、少なくともヘラースコフとその小説を挙げておこう。エカテリーナ二世が自由主義的な努力を抑圧し始めるまで、彼は自由主義的な考えを持っていたが、フランス革命に対する反動が起こるようになると、ヘラースコフも「共和国」とフランス哲学の反対者になった。

ヴォルテールの精神――コンドルセによれば、「理性と寛容」がヴォルテールと百科全書派と啓蒙哲学者一般のスローガンだった――は、ヨーロッパにおいてと同様にロシアでも、教会と教会宗教に対立した。ヨーロッパにおいてと同様にロシアでも、一七六〇～一七七〇年に非常にたくさん翻訳された。例えば彼の『カンディード』は、一七六九年から一七九八年まで四つの版で出た。『カンディード』だけでなく、ヴォルテールのすべての著作が、ペテルブルグ、モスクワ、地方都市において、ただ読まれたというのではなく、むさぼり読まれたのである。迷信、聖職者の支配と修道院制度、公的な道徳と政治の不合理に対する彼の批判は、ロシアにおいて人々を燃え立たせた。このことは、ヴォルテールとフランス人を真似したロシア人の模倣者において見て取れる。彼らは特に教会と司祭と修道僧に反対して書き、奇跡信仰を却け、一般に理神論と自由思想の意味における自然宗教を要求しているのである。[14]

しかし、ロシアの啓蒙主義はもっぱら合理主義的なものではなかった。西欧においてと同様に、啓蒙主義、特にヴォルテール主義に対立して、しかしまた公的な教会主義に対立して、強い神秘主義的潮流が作用した。この潮流はフリーメーソン（マルティニスム）とより広範な教養層を支配した。既にラヂーシチェフにおいて見たように、ヴォルテールと百科全書派と並んで、ルソーとその宗教的理念が多くの賛同者を得た。

14

ヨーロッパの自由思想的理念の伝播は、もちろん、良い結果だけでなく悪い結果をももたらした。一知半解の教養と道徳的放縦が急速に広がり、その結果、古くて粗野な慣習が理想的なもののように見られた。もちろん、ラヂーシチェフのような、全く卓越した頭脳と誠実な性格を持つ、有為の士もいた。しかし、大部分の貴族は中途半端な教養の持ち主で、宮廷は背徳的で、好色と野蛮と残忍が入り交じっていた（『淫売宿の悲劇』ゲルツェン[15]）。

フォンヴィージンの喜劇（『旅団長』一七六六年、『親がかり』一七八二年）と中途半端な教養への風刺は、エカテリーナ時代のいわゆる上流社会の全般的な状態を誇張なしに描写したものである。

この中途半端さはもちろん、行政にも現れた。例えば、エカテリーナは死刑を廃止したが、その代わりに笞刑を導入した。フォンヴィージンと政治家たちだけでなく、ジャーナリストと歴史家たちも、自分の同世代人たちの中途半端さについて考えるように強いられた。ロシアの分裂はあまりにも明瞭であり、古いロシアと新しいロシアの間、農民と貴族の間の相違は、あまりにも甚だしかった。

ピョートル後の最初の歴史家たちは外国人、とりわけドイツ人であり、それは良いことだった。なぜなら、彼らはヨーロッパ人として、ロシアの特別な性格をうまく強調することができたからである。彼らはもちろんそれを一面的に行い、彼らのロシアとヨーロッパとの比較は、十八世紀の歴史および歴史哲学の状態からして、かなり貧相なものである。ドイツ人として、彼らは特に、古いスラヴ人およびロシア人の野蛮さを強調し、それに対してゲルマン的なヴァリャーグの文明化の影響と国家形成的才能を賞賛した。

このようなドイツ的理論はロシア人の中に反発を呼び起こし、それに対して、特に古代ロシア人の生活と古代ロシアの制度の道徳的価値が強調された。

シチェルバートフ公は、最初のロシアの公たちが外国人、恐らくはドイツ人だったことには拘泥せず、古代ロシアの素朴さを擁護した。特別な著作の中で彼は、ピョートルの改革と、続く時代における改革の継承を批判した。シチェルバートフのこの論文（「ロシアにおける風紀の退廃」）は、次の点で尚更興味深い。即ち、その著者は確かに貴族的に保守的だったが、ヨーロッパ的教養の持ち主であり、合理主義的自由主義への強い傾向を持っていたことである。シチェルバートフは、身分制憲法と絶対主義の制限の最も熱心な擁護者の一人だった。彼は、ロシア人はピョートル以来、社会的、国家的に進歩したことを認めたが、この進歩は道徳的な退廃によって贖われた、とした。シチェルバートフは非常に徹底していたので、ピョートルの改革ばかりでなく、エカテリーナと彼女の生活をも非難した。新機軸に対しては、古代ロシアの、ピョートル以前の道徳を、向かうべき理想として示した。(16)

シチェルバートフは、孤立した批判者ではなかった。彼の卓越した反対者である歴史家ボールチンは、一七八三年にロシアに招かれた医師ルクレールがフランス語で書いた著作『古代と現代のロシアの歴史』の批判において、外国人、とりわけフランス人がロシア人に関して非難している欠点は、彼らにもまた現れていること、より甚だしく現れていることも稀ではないことを示そうと、事実に裏付けされた初めての徹底した試みを行った。実際ボールチンは、ヨーロッパ史から、野蛮さの証拠を一つならず提出した。外国のものと新しいものの一面的な過大評価を警告し、ピョートル以前の風紀と制度を、新機軸より上に置いた。ボールチンもまた保守的で、専制政治を擁護し（専制政治は当時のヨーロッパにもあった！）、人道主義者たちが要求している農奴の解放に感心できなかった。彼は、農民の面倒を見る領主の権力が法律によってはっきりと制限されれば十分だと考えた。

二人の古代ロシアの賛美者、シチェルバートフとボールチンは共にヴォルテール主義者だった。これは、我々が古いロシアと新しいロシアとの間の相違を考える上で教訓的なことである。ピョートルに対して、宗教的な分離派が古いロシアを擁護した。――十八世紀末に、改革を求める自由主義陣営において、新旧の矛盾が歴史哲学を基礎に定式化され、古いものが新しいものに従属させられた。エカテリーナ二世の品行は、公や将軍たちにもあまりにもだらしないものに見えたが、彼らが、彼女の政治・社会的な反動を支えたのである。

第3章　フランス革命後の神権政治的反動と、セヴァストーポリに臨んでのその敗北。政治的、哲学的革命の始まり。(エカテリーナ二世――ニコライ一世)

15

革命ととりわけジャコバン派のテロルが、ヨーロッパと同様にロシアでも、啓蒙主義的および自由主義的な努力を冷却させた。フランスのみならずプロイセンとオーストリアにおいても反動がやって来た。フランツとフリードリヒ・ウィルヘルムが、フリードリヒとヨーゼフに取って代わった。イギリスは、その保守的な政治のために、大陸の反フランス同盟を利用した。

ロシアでは、フランス語で教育を受け、フランス語を話す貴族と宮廷が、フランスの反動的貴族と結んだ。エカテリーナはすぐにヴォルテールの翻訳の印刷を禁じ、フリーメーソンの支部は閉鎖され、ラヂーシチェフはシベリアに行かねばならなくなった。皇帝パーヴェル一世は、フランスのもので王権主義的、ブルボン朝的な徴を帯びていないものは何も許容しないことによって、エカテリーナの反動を強めた。非公的な印刷所が禁止され、外国の書籍が輸入できなくなり、検閲が再組織された(一七九七年)。それ以外に、十八世紀に整備されないままだった宗教的な検閲が、初め一七九六年にモスクワで、後には一七九九年に帝国全体で組織された。即ち、「神の法(＝聖書)、国家秩序、良風俗、良き文学」が、この検閲の原理となった。これらの原理が実際にどのように適用されたかは、想像しうる。公的には、「citoyen(市民)」・「société(社会)」という言葉を使ってはいけなかった。ロシアはもちろん、反フランス第二同盟に参加した(一七九九年)。皇帝パーヴェルは、次のように宣言した(一七九八年、一八〇〇年)。「神から与えられた、専制君主の最高の権力は、教会にも関係する。あらゆる聖職者は、宗教的な事柄にせよ世俗的な事柄にせよ、あらゆる事柄において、神に選ばれた教会の首長としての皇帝に従属する義務がある」。

パーヴェルはもちろん、既に精神病になっていた。あらゆる反革命的反動、あらゆる正統主義、検閲法も、パーヴェルを宮廷革命から守ってはくれなかった。パーヴェル自身の息子が、宮廷革命を防ごうとしなかったのである！　アレクサンドル一世(一七七七年に生まれ、一八〇一～一八二五年に統治した)は、祖母エカテリーナによってルソーの原理に従って教育された。共和主義者で、後にスイス共和国の指導者の一人となったラアルプ〔フレデリック・セザール・ラ・アルプ。スイスの政治家〕が(一七八二年から一七五四～一八三八。

九五年まで）皇太子とその弟コンスタンチンの教育を引き受けた。この二人の兄弟の教育は、全く当時の宮廷の中途半端な教養の精神で為された。その教育は浅薄で一貫しておらず、皇太子たちはラアルプだけでなく、彼らが生きていた社会によっても教育されたのである。

人道主義者にして啓蒙哲学者ラアルプの教え子は、皇太子の時に、非常に広範な改革を約束した。農奴制の廃止に熱意を示し、自分の友人のコチュベーイ〔ヴィークトル・パーヴロヴィチ・コチュベーイ公爵。一七六八～一八三四。ロシアの政治家・外交官〕にまさしく次の通りに書いた（一七九六年）。「我が国の行政には信じられないような無秩序が見られ、あらゆる面で窃盗が為されている。すべての省の運営が悪い。秩序は至る所で崩れているように見えるが、帝国はこれを気にかけず、自分の拡大だけを求めている」。同年、アレクサンドルはチャルトルィスキー公〔ポーランド名アダム・イェジ・チャルトリスキ。一七七〇～一八六一。ポーランド、ロシアの政治家〕に、自分は革命の極端さを却けるけれども、フランス共和国の繁栄を望む、と告白した。彼が帝位に就いた時、彼は、自分の祖母の自由思想的伝統に従って行動し、万人にとっての唯一の法の不可侵性を樹立したい、「法とエカテリーナの心に従って」統治したいと、公的に約束した。

ロシアは、喜びと熱狂に満ちていた。皇帝は実際に、希望を強める幾つかの行動を行った。ラヂーシチェフは、立法の仕事に招かれた。皇帝はA・スミス、ベンサム、ベッカリア、モンテスキューその他の同様な著作家たちの翻訳を支援し、ペスタロッチに熱狂し、自分の資金的援助でロバート・オーウェンの社会主義的試みを支援した。しかし、これらすべてからは何の成果も生じず、皇帝はまだ一八二〇年頃に――とりわけ外国人の前で――自由主義的な見解を表明したとはいえ、一種の動揺の時期（一八〇一～一八一二）の後に反動が始まった。

アレクサンドルは、フランスにおける復古とその他の国における反動を経験し、まさにこの経験の方が、彼の教育者の教えよりも強い影響を彼に与えた。オーウェン、フーリエ、サン・シモンその他の後に、バーク〔エドマンド・バーク。一七二九～九七。アイルランド生まれの英国の政治家・著述家〕、ド・ボナルド〔ルイ・ガブリエル・ド・ボナルド。一七五四～一八四〇。フランスの反革命的思想家〕、ゲンツ〔フリードリヒ・ゲンツ。一七六四～一八三二。ドイツ・オーストリアのジャーナリスト・政治家〕その他が登場した。ド・メーストルはペテルブルグに滞在して、アレクサンドルに直接影響を与えることができた。シャトーブリアンは、ペテルブルグのサロンでもロマン主義的なキリスト教への熱狂を呼び起こした。アレクサンドル一世の時代に、宗教的神秘主義が社会にかなり広がった。ロプーヒンはエックハルツハウゼン〔カール・フォン・エックハルツハウゼン。一七五二～一八〇三。ドイツの神秘主義者〕の神秘主義的著作の知識を広め、ほとんどすべての彼の著作が翻訳された。ユング＝シュティリング〔ヨハン・ハインリッヒ・ユング＝シュティリング。一七四〇〜一八一七。ドイツの医師、著述家、神秘主義者〕と、ギュイヨン夫人〔ジャン・マリー・ギュイヨン・デュ・シェノワ。一六四八〜一七一七。神秘的思想家〕、スウェーデンボリー〔エマヌエル・フォン・スウェーデンボリー。一六八八〜一七七二。スウェーデンの神秘家〕、タウラー師〔ヨハネス・タウラー。一三〇〇頃〜六一。ドイツの神秘思想家〕その他のもっと古い神秘主義者たちの著作もまた、翻訳された。これらの神秘主義者たちの関心を最も惹いたのは霊界であり、彼らは、魔術のより高く深い真実を十分に理解していた。

ラヂーシチェフの運命は、アレクサンドルの発展をよく示している。アレクサンドルはラヂーシチェフを流刑から解放したが、しかしまさに、この卓越した人物とこの高貴な性格の悲劇的な最期は、アレクサンドル一世の始まりつつある時代の最も鋭い批判だった。ラヂーシチェフは、彼の理想が実現しないことを見て、絶望したのである……。

即位の十日後に、アレクサンドルは自分の書き物机の上にカラージン〔ワシーリー・ナザーロヴィチ・カラージン。一七七三〜一八四二。気象学者、政治的、教育的改革者〕の手紙を見つけたが、それは立憲君主制の草案だった。この草案は、実際には非常に非立憲主義的であり、憲法は一種の立憲的陰謀によって導入されるはずだった。カラージンは、一時期、若い皇帝の個人的友人だったが、じきに愛顧を失い、同じ運命が立憲主義をも襲った。

ロシアの立憲主義化の問題は、アレクサンドルとその後継者たちの支配の時代全体にわたって議事日程から外されなかった、と言うことができる。この問題におけるヨーロッパの事例は、すべてのロシア人に、自分たちが抑圧されているという感覚を不可避的に呼び起こし、持続させた。この感覚は、絶対主義者たちが革命の恐怖を指し示したことによって弱められはしなかった。――憲法は次第に他の諸国で確立されていったが、特に絶えず影響を与えていたのはイギリスの例であり、それも保守的な意味で、即ち憲法は革命を防ぎうるという意味でだった。

どこでもそうだったように、ロシアでも、アレクサンドルの時代、まさにイギリスの模範が強い影響を与えた。アレクサンドルの友人コチュベーイはロンドンで教育を受け、アレクサンドルの即位以来この改革において重要な役割を果たしたノヴォシーリツェフ〔ニコライ・ニコラエヴィチ・ノヴォシーリツェフ。一七六八〜一八三八。政治家〕は長くロンドンに暮らし、スペラーンスキーはベンサムの弟の友人で、イギリス人の妻をめとった。そして、まさに官界において、もっと多くのイギリスへの賛同者と更には礼賛者さえ挙げることができる。アレクサンドルは即位の直後に、非公式の特別委員会に、国家行政全体の抜本的改革案を練るという課題を課し、自らこの審議に参加した。委員会は二年間仕事をした。

アレクサンドルは一八〇四年に、ローゼンカムプフ男爵〔グスターフ・アンドレーエヴィチ・ローゼンカムプフ。一七六二〜一八三一。法律家〕に、ロシアのために憲法案を作るように指示した。しかし、既に翌年、自由主義的な志向を監視する枢密院を設置した。この委員会は一八〇七年に恒常的な機関となり、一八二九年まで続いた。

皇帝はスペラーンスキーの立憲案を、より真剣に受け取った。この政治家は、疲れを知らぬ精力をもって、立憲案をかなり頻繁に――一八〇三年、一八〇八年、一八〇九年、一八一三年――改良した。スペラーンスキーは、一八〇六年から一八一二年まで、皇帝と個人的に接触した。アレクサンドルは特に、一八〇九年の、彼の熟考された「国法集成への序」に賛成した。しかし、ナポレオンに感嘆するこの皇帝は意志薄弱で、それを実施する決心がつかなかった。歴史家カラムジーンが一八一一年に、当時習慣だった建白書の形で提出した反立憲的反論（「古いロシアと新しいロシア、およびその政治的、市民的関係について」）の方が、皇帝において勝利した。

スペラーンスキーは有能な行政官であり、哲学的に教養のあるジャーナリストだった。彼の立憲的な見解と草案は、当時の状況で達成可能な目的を目指す、全く実践的な政治家を示している。彼は神学校の数学教師から、アレクサンドルの強力な助言者へと出世した。彼はその教養によって、十八世紀の啓蒙主義的理念と非常に密接に結びついていた。ヴォルテール、ディドロ、モンテスキュー、ルソー、ブラックストンのようなイギリスの立憲主義者、哲学者ロック――まさに進歩的な十八世紀全体がスペラーンスキーの教養を形成し、ロシア人の中ではラヂーシチェフおよびラヂーシチェフと方向を同じくする人々と共に進んだ。

スペラーンスキーはじきに、自分のフランスおよびイギリスの模範たちの教えをロシアの状況に適応させようと努め始めた。彼の要求は決してラディカルではなく、それどころか穏健であり、極めて穏健でさえあった。スペラーンスキーの見解が発展していったのが、見て取れる。彼の最初の計画（一八〇二年の建白書）においては、後の仕事におけるよりも、外国の影響がより直接的に現れている。そこにはルソー、モンテスキューとイギリスの模範が見られる。ルソーの一般意志は、ここでは貴族の意志となっており、貴族の家族においては、イギリスの模範に従って、遺産の特権は長男にのみ受け継がれることになっており、年少の子孫は平民に属する。スペラーンスキーは、農奴の全面的な解放は考えていなかった。一八〇九年の案でも、農奴の解放は勧められていない。奉公人、日雇い人、労働者、職人は、確かに市民権を持つべきだが、政治的権利は二つの身分にのみ属する。即ち、貴族と、商人・町人・郷士の中級身分および何らかの財産を持っている者すべてである。

スペラーンスキーの草案において特徴的であり、まさにロシアにとって非常に重要なのは、所与の独裁の改革として「真の君主制」、即ち立憲君主制を求めていること、しかも国家機構全体の抜本的な改革との関係で求めていることである。ピョートル、エカテリーナ、その他が行政のために実施し定めたことを、スペラーンスキーは統一的にまとめ、更に有機的に構築しようと努めた。何よりもまず、それぞれの官庁ははっきりと定められ制限された任務を持たねばならない。スペラーンスキーは、政治権力のすべては国民に由来するという原則から出発するが、しかし、国民とはまさに高い身分の者だけのことである。君主は責任を問われないが、君主でさえ、責任のある大臣やすべての市民と同様に、普遍的な基本法に反して行動してはならない。――この憲法的な基本法の維持を、スペラーンスキーは最も重視した。この基本法は、彼の自然法的見解によれば、本当の基礎であり、憲法の防塁である。特に重要なのは、スペラーンスキーが議会を他の自治的な代理機関と有機的に結びつけていることである。立憲制の細胞のようなものを成すのは、郷（ヴォーロスチ）の共同体とその選ばれた代表、郷議会である。郷議会から、最も近い上位に置かれた代表団体である郡議会が選ばれ、これが県議会を選び、それが最後に国会を選ぶのである。国会は立法の権力を持たないが、それのみが法律を公布する。政府は条例だけを出してよい。政府によって基本法が侵害された時、例外的にのみ、国会が主導権を握る。スペラーンスキーのこの草案によれば、一院だけがある。枢密院は、三つの権力――立法、司法、行政――の諸問題について、とりわけその代表者たちのあらゆる提案についても審議する。君主に対する個人的な報告は廃止される。

これはスペラーンスキーの草案の基本的輪郭にすぎないが、それでもそこから、その草案がいかに熟慮されたものであり、いかにして一見目立たないように絶対主義的独裁に終止符が打たれることになっていたかを、知ることができる。アレクサンドルはこの計画を承認したが、しかし実施には至らなかった。その代わり、顧問たちは皇帝にスペラーンスキーを、外国の公使やスパイとの許可されていない接触の罪、更には直接に国家反逆罪で告発し、彼をシベリアに送った。――アレクサンドルは、告発を信じていなかったにもかかわらず、スペラーンスキーを擁護しなかった。

スペラーンスキーは、自分の以前の仕事において、ロシアの独裁の批判を何度か提出している。この批判は、彼が提起した要求によって、遙かに雄弁になっている。なぜなら、これらすべての要求が目指しているのは、ロシア国民が公的活動の全範囲において政治的自主性を育成されることだからである。彼は、ロシアには二つの身分しかないこと、彼の表現によれば皇帝の奴隷と領主の奴隷しかいないことを知っていた。立法機関（皇帝――枢密院――議会）とその主導権に関する規定が曖昧ではあるけれども、郷（ヴォーロスチ）の主導権は非常に明確に定式化され、概してすべての要求は皇帝の主導権の制限に向かっている、ということを想起する必要がある。皇帝に提出されるのは委員会の決定だけであり、裁判官はすべて選挙され、外交は執行権力に委ねられ、貴族は皇帝から独立するはずだった、等々。スペラーンスキーは、国家と国民をはっきりと区別しており、彼にとっては、国家は、国民の政治感覚に後れをとるか、あるいはそれにあまりにも先行するならば、健全ではない、ということは明白だった。

スペラーンスキーの憲法は、国民にとっての熟慮された政治学校だった。この業績に対して、以前のラヂーシチェフと同様に、彼はシベリアに追放された。しかし、既に二年後には帰還を許され、様々な官職に就き（一八一九～一八二一年には、シベリア総督を務めた）、ニコライの時代には法典編纂を主宰した。この後期の時代にスペラーンスキーは自分の見解を変えて、以前の自分の反対者に近づいた。

その時代にしては壮大に作られたスペラーンスキーの計画に反対して、カラムジーンは五十人の良き県知事を任命することを勧めた。カラムジーンは、皇帝には先祖伝来の絶対主義的権利を狭める権利はないということを、証明しようとしさえした……。もちろん、一つの問題において、スペラーンスキーはカラムジーンと近かった。即ち、いかに農奴制が絶対主義の力を維持しているかを、よく理解しなかったのである。

アレクサンドルはポーランドに憲法を発布し、それ故に、立憲絶対主義者として、引き続きロシアの憲法について考えるべき理由を持っていた。一八一五年以降（この年にポーランド憲法が発布された）、彼はロシア憲法の構想を抱いていた。一八一八年のポーランド議会の開会に際して、皇帝は、ロシア全土に憲法を施行するという、約束のようなものさえした。「このように重要なものの基礎が十分に熟した暁にはすぐに、年来私が自分の祖国のために準備しているもの、祖国の利益になるであろうものを、私が祖国に発布する道を、あなた方は私に開いてくれた」。この演説は、ロシアにおいて大きな希望を呼び起こした。ロシア人はポーランド人に遅れをとりたくなかった。皇帝はノヴォシーリツェフにも、新しい草案を仕上げるように指令した。アレクサンドルはそれを調べ承認したが（恐らくは一八二一年）、しかし、スペラーンスキーに依拠しているこの新しい草案も実施されなかった。部分的に、恐らく皇帝を尻込みさせたのは、彼の命を狙った計画（一八一七年）や彼の逮捕を目指した計画（一八一八年）についての知らせだった。

皇帝と同様に、貴族の多く――大部分――もまた、ヨーロッパの諸国家の例にもかかわらず、立憲主義を信頼しなかった。まさにこの疑い深い社会の典型として挙げられるのは、前述のカラムジーンである。彼は後に、一八一六年の講演や、更に後、特にアレクサンドルのワルシャワ演説の後で、非常に精力的に憲法制定に反対を表明した。彼は、大帝国に不可欠なのは専制君主であって決して国民議会ではないと証明しようと努めながら、次のように述べた。「我々のツァーリは諸民族の代表者ではなく、ツァーリの帝国を統べ給う神の代理である」。カラムジーンは、こうして、神権政治的皇帝教皇主義の意味を全く論理的に定式化した。別の講演で、彼は立憲主義者を共和主義者として公然と告発し、人権や市民権の理論に反対を表明した。

アレクサンドルが自分の憲法制定の約束を果たさなかったのと同じように、この皇帝は農奴解放問題においても弱腰で反動的であることを暴露した。彼は一八〇六年に、ゲッチンゲンで書かれたカイサーロフ（一七八二～一八一三。〔アンドレイ・セルゲーエヴィチ・カイサーロフ〕〔ジャーナリスト〕）の農奴制に反対する学位論文の献呈を受けた。このテーマは、ラヂーシチェフ、プニーン、ノヴィコーフ、ポレーノフその他の農奴制の反対者たち以来、ずっと緊急の問題だった。皇帝はもちろん、非常に名望の高い対立者たち——スマローコフ、シチェルバートフ、ボールチンその他を引き合いに出すこともできた。文献だけでなく、ヨーロッパの実例と彼のヨーロッパの領土の実例も、アレクサンドルにこの課題を突きつけた。バルト地方では、農奴は解放された（一八一六～一八一九年）。ロシア貴族の中心には絶えず、この人道的で、そして……実際的な改革の熱烈な宣言者がいた。作家として尊敬されているヴャーゼムスキー公爵は——ノヴォシーリツェフの草案をフランス語からロシア語へ翻訳したが——、農奴解放に従事する協会を設立する考えを持ち、皇帝に覚え書き（一八二〇年）を提出しもした。その覚え書きの中で、彼と彼の友人たちも、農奴と奉公人の解放が公正かつ賢明でもあることを示しながら、解放を要求した。アレクサンドル自身の大蔵大臣（カンクリーン、一八一八年）がこの改革のために口添えしたが——無駄だった。

対立する側の見解を述べたのは、同じカラムジーンだった。先に我々が彼の反立憲主義を確認したところの講演において、彼はまた農奴制の神的および道徳的権利を説明した。即ち、専制君主がその臣下全般のために必要なのと「ほとんど」同じく、大領主は農村の農民住民の幸福のために必要なのだというのである。大領主は、最高の権力が農民の面倒を委ねたところの、世襲の官吏だという。国家との関係において、大領主は、「小型の総督」である。「ロシアの大領主は、世襲的に委ねられたそれぞれの領地における、大皇帝の代官にほかならない」。この際カラムジーンは人道的でもあり、「小型の総督」は彼によれば、もちろん、農奴の父である。カラムジーンは、「ubi bene, ibi patria（人が幸福となる所、そこに彼の祖国あり）」だけが通用する資本家の振る舞いと、農奴を奴隷として酷使することの間の、中道を行こうと望んだ。

良く注意しよう。即ち、ツァーリが神の代理人であり、領主がツァーリの代官にして、ついには神の共同代理人であるとすれば、カラムジーンが農奴制を擁護する時、彼はこの貴族主義の論理に厳密に従っているのである。この点でカラムジーンと一致している者の中には、全く自由主義的な人たちもいる。スペラーンスキーの弟子にして友人であるモルドヴィーノフ（一七五四～一八四五。〔ニコライ・セミョーノヴィチ・モルドヴィーノフ。経済学者、政治家〕）だけを挙げておこう。一様々な官庁の大臣や官吏としてある時期皇帝にもかなり大きな影響を与えた、この教養ある政治家にして、A・スミスの熱烈な賛同者は、イギリス的な意味での政治改革に夢中になった。しかし彼は、社会的には古代ロシアの反動主義者のままであり、自分の農奴を手放すとしても、土地なしで、しかも非常に高い代償でだったろう。

御用詩人デルジャーヴィンは、ロシアの青年のための読本に載せられる、大げさな神への頌詩を作った。——詩において彼は神の味方であり、政治においては農奴制の味方だった。カラムジーンの口を借りて、自分の目的のためにヨーロッパの封建主義的な国家法説を利用する、頑迷な農業的貴族が語っている。この問題において、ほかの理由からの場合もあるが、自由主義的な人々をも含めた、非常に多くの人々と作家たちが、カラムジーンを正しいとしている。カラムジーンは例えば、農奴制に直接に自然の必要性さえ見ている。農奴は——と、彼はある時書いた——、もしも羊が無事で同時に狼が満腹していることが可能であるならば、解放されうるかもしれない。前述の建白書の中で、このロシアの専制的絶対主義の賞揚者は、敢えて次のようにさえ述べた。——国家の堅固な存続のためには、人間の奴隷状態の方が、彼らに不適切な時期に自由を与えるよりも危険が少ない……。もしも解放が避けられない時は、土地の分与なしに解放するように……。

カラムジーンは一つの典型であり、一つの流派である。若い頃カラムジーンは、彼の『ロシア人旅行者の手紙』から分かるように、ヨーロッパとその進歩的理念に熱狂的に感嘆した。カラムジーンはロベスピエールに熱狂的に感嘆し、その死を深い悲しみの中で悼んだ。しかし、彼がその詩作品において赴くままに発露させていたロマンティックな感傷は、消え去ってしまった。彼はプラトンの共和国の理想を放棄した。彼はその『ロシア史』において、歴史家として、ロシアということで国家を、また国家ということで絶対主義的君主制を理解した。カラムジーンは確かにヨーロッパの影響に反対してはいないが、モスクワ・ロシアをピョートルの新しいロシアよりも上位に置き、彼にとってイワン三世はピョートルよりも偉大だった。「国家の力は人民の服従の力の中にある」——これが、ロシアの復古時代の最初の歴史家の政治的な説である。

にもかかわらず、アレクサンドル時代の初期には、幾つかの改革が実施された。体罰が緩和され、拷問が廃止された。もっと後になって、明らかな教権主義的反動の時代に、例えば鼻をそぎおとす刑が廃止された（一八一七年）[1]。検閲は数年間緩和され、中等学校と初等学校が創設され、四つの大学（タルトゥー、ペテルブルグ、ハリコフ、カザン）が創設された。農民の運命も緩和された（一八〇三年）。しかしながら、絶対主義をより能率的なものにするために、主要な配慮は行政と軍隊の改良に向けられた。ここには各省の創設が属するが、その中には一八〇二年の文部省の創設（「国民啓蒙」省が公式の称号だった）、法制審議会の創設（一八一〇）、国境地帯屯田兵制度の創設もあった。

ピョートルによって創設された新しい強国は、フランス革命と後にはナポレオンによって、ヨーロッパの政治に引き入れられた。ヨーロッパの反動は、アレクサンドルを君主制の守護者と見たし、ロシアにおけるナポレオンの没落はアレクサンドルに絶対主義への信仰を固めさせた。(2) ヨーロッパに対する配慮、外交に対する配慮、ロシアとヨーロッパの戦場でロシアの将軍たちが獲得した栄光は、アレクサンドルが帝国の内的な弱さを十分に自覚しないように作用した。アレクサンドルはほとんど、ロシアにいる時よりもヨーロッパにいる時の方が、居心地が良かった。彼を絶えずペテルブルグから ヨーロッパへ駆り立てていたのは、特殊な不安だった。反動的なヨーロッパ、とりわけメッテルニヒは、アレクサンドルに運命的な影響を与えた。こうしてアレクサンドルは反動の体制を開始したが、それは不可避的に破局に終わらねばならなかった。

完全に復古と反動の精神において、アレクサンドルはますます宗教的感傷性と、それと共に教権主義に陥っていった。この事実の説明のためには、全ヨーロッパに広まっていた中世の宗教的ロマン主義で多分十分だろう。しかし、アレクサンドルの場合には、この確かに強力な原因に、より強力な個人的動機が加わった。即ち、アレクサンドルは、謀反人たちが彼の父の暗殺を準備していることを知りながら、この計画の実施に対して沈黙していたのである。良心のとがめは彼をますます、教会的反動の道へと追いやった。既に彼の生前から言われていたように彼がカトリックになることを欲したというのは真実ではないが、彼が教皇から自分の罪の許しを得ることを期待したというのは正しい。第三のローマの正教徒の皇帝が、ローマ教皇の赦罪を願ったのである……。

アレクサンドルの年若い妻エリザヴェータ・アレクセーエヴナは、パーヴェルの死を是認する勇気を持っていた。暗殺の三日後に、この皇妃は次のように書いた。「私は狂人のように革命を説きました。私が望んだのは一つのことでした。いかなる犠牲を払ってでも、不幸なロシアが幸せになるのを見ることでした」。我々には想像できる、皇妃がただ政治的な犯罪によってしか自分自身の夫を父の暴虐から解放することを期待できなかった時、ペテルブルグの宮廷がどんな状況だったか……。しかし、解放は達成されず、ロシアは幸福にならなかった。父に対して為された犯罪のために、アレクサンドルは自分の妻からも離れた。そして、嫡嗣なしに死んだのである……。

アレクサンドルに接近したのは、宗教的傾向を持った真面目な哲学者、作家、政治家だけではなく、ありとあらゆる宗教的夢想家たちもそうだった。彼はカトリックとプロテスタントのセクトや狂信者と接触した。ロマン主義者のバーダー〔フランツ・クサヴェル・フォン・バーダー。一七六五〜一八四一。ドイツの哲学者、医師、自然科学者〕がアレクサンドルに自らの宗教的希望を託した。ユング＝シュティリング、クエーカー派、ヘルンフート派を彼は知っていた。彼が首長となった神聖同盟創設の計画の概略を彼に吹き込んだのは、クリュンデナー男爵夫人〔バルバラ・ユリアナ・フォン・クリュンデナー。一七六四～一八二四。ロシアの神秘主義者〕だった。(3) 宮廷と貴族の中には、当時、ありとあらゆる種類の多くの神秘主義があった。キリストの精神的な模倣を宣言したアーヴィング派の信奉者もいたし、セリヴァーノフ〔コンドラーチー・セリヴァーノフ。本名アンドレイ・イワーノフ。？～一八三二。分派の指導者〕の去勢派（スコプツィ）の信奉者もいたし（アレクサンドル自身、ナポレオン戦争の前に、去勢派のこの教皇のところへ巡礼を企てた）、クリュンデナー男爵夫人、タターリノヴァ〔エカテリーナ・フィリッポヴナ・タターリノヴァ。分派の指導者〕にも信奉者がいた。一八一二年から聖書協会が栄え、多くのフリーメーソンの支部で宗教的夢想が育てられた。この運動には、教会の卓越した人たち、例えばフィラレートなども参加した。しかし、教会の公的な守護者たちはじきに、差し迫った危険を意識した。それはとりわけ、これらのあらゆるロマン主義者たちに反対した、教会的狂信の一典型であるフォーチー（フォティウス）・スパースキー〔本名ピョートル・ニキーチッチ・スパースキー。一七九二～一八三八。教会活動家〕だった。

迷信的な反動がますますはっきりと現れてきた。——それをアレクサンドルが時として見抜かなかったと主張することはできない。しかし彼は、自分の助力者たちのその他の行き過ぎに対するのと同様に、消極的に振る舞った。この弱腰は、陸軍大臣アラクチェーエフ〔アレクセイ・アンドレーエヴィチ・アラクチェーエフ。一七六九～一八三四。政治家〕、ベンケンドルフ〔アレクサンドル・フリストフォーロヴィチ・ベンケンドルフ。一七八一～一八四四。伯爵、将軍、政治家〕、検閲官マグニーツキー〔ミハイール・レオーンチエヴィチ・マグニーツキー。一七七八～一八五五〕、ルーニチ〔ドミートリー・パーヴロヴィチ・ルーニチ。一七七八～一八六〇。政治家〕その他多くの者たちに本来の統治が委ねられるという結果を引き起こした。

アレクサンドルが自分の意志の弱さにもかかわらず、極めて過酷な処置を精力的に実施するだけの十分な力を持っていた、ということを見るのは、心理学的に教訓的である。前述のように、彼は農民の負担の軽減に同意したのだが、その後、悪名高き軍事的植民地を作り、それによって、軍隊的な正確さをもって、安くて大きな軍隊と、大規模な農業経済の統制を達成しようと欲した。彼はあやうくスペラーンスキーを銃殺するところだったが、彼は自分の忠実な助言者に対してそのような憎しみを抱いたのである。

この反動の精神を特徴づけているのは、マグニーツキーが病理学の標本を墓地に埋葬させたという事実である。ペテルブルグ大学の自由主義的教授たち（一八二一年には四人いた）が解任され、一八二四年には学生たちに、キリスト教と政府の恒常的な体制、とりわけロシアの体制に反対する本を読むことが禁止された。不従順な大学生とギムナジウムの学生たちがシベリアに追放され、フリーメーソンの支部が閉鎖された（一八二二年には二千人の会員がいた）。神聖同盟やクリュンデナーやあらゆる神秘主義的反動主義者を擁護する者たちは、フォーチーの精神的軛のもとに置かれた。

この無教養で、心は粗暴でエゴイスティックな農民の息子が、宮廷を支配した。――狂信家と禁欲主義者の強い意志が、自分の目的を知らない宗教的夢想家たちのロマン主義に勝利したのである。宗務総監でありアレクサンドルの長年の強力な友人だったゴリーツィン公爵。〔アレクサンドル・ニコラーエヴィチ・ゴリーツィン。一七七三～一八四四。政治家〕でさえ、フォーチーに屈さねばならなかった。アレクサンドルの恋の取り持ち役であり、宗務総監に任命されてから初めて福音書を読んだゴリーツィンは、その職務を解かれた。一八一七年に文部省に付属して創設され、ゴリーツィンが代表していた宗教問題局は、宗務院の利益のために廃止された。「我々の大臣は、ただ主なるイエス・キリストのみ」――こうフォーチーは友人に書いた。実際には、アラクチェーエフ伯爵がこの大臣であり、彼は、フォーチーが宗教的なアラクチェーエフだったように、世俗的なフォーチーだった。アラクチェーエフとフォーチーは、アレクサンドルの統治末期には、神権政治的皇帝教皇主義を代表しており、彼らは玉座と祭壇であり、それをフォーチーが革命から守ったのだった。フォーチーは飽くことなく、反キリストの到来を予言した。ロシアと全世界における最終的革命、「全破壊」を一八三六年と宣言した。彼は黙示録の数字を自分で解釈して、この年代に至ったのである。――フォーチー自身、この年に死んだ。この正教的信仰の教条的狂信者を特徴づけているのは、皇帝の道徳的な放縦を非難したが、同時にアラクチェーエフの弱点を大目に見たことである。というのも、アラクチェーエフが彼の権勢欲を援助したからである。彼は、アラクチェーエフの情婦（その残酷さのために殺害された）がルター派だったにもかかわらず、彼女のために葬儀のミサを行いさえした。フォーチーの大臣は、実際にはキリストではなく、アラクチェーエフその人だった。アレクサンドルの宮廷におけるフォーチーは、教会の狂信的な信仰と道徳は全く異なる二つの概念であるということの、最も雄弁な証拠である。

16

アレクサンドルの反動は反対を呼び起こし、それは明らかな革命へと高じていった。

十八世紀の伝統と進歩的で民主主義的なヨーロッパの模範は、ロシアにおける最も優れて高貴な頭脳の持ち主たちを、反体制の方向へと動かした。皇帝の弱腰と動揺が、急進的な潮流を強めた。――フランスでさえ、反動は絶対主義の復興にまではあえて行き着こうとせず、立憲君主制で満足していた。プロイセンは徹底的な改革を実施し（シュタイン、フォン・ハルデンベルグ）、都市の自治を導入し、農民と手工業者を解放した。幾つかのドイツ国家は、身分制憲法を導入した。ノルウェーは非常に民主主義的な憲法を採用し、スペイン、ポルトガルは絶対主義を放棄し、スイスはその憲法を修正したが、オーストリアとプロイセン——そしてトルコ——だけは、政治的な絶対主義にとどまった。これらのあらゆる経験を、アレクサンドルの同時代人たちは共有した。皇帝自身があれほど長い間、立憲的な意図を持っていて、公に憲法を約束したという事実が、反動に対する不満を必然的に非常に高めた。これに、ポーランドとフィンランドが憲法を得たという事実が加わり、このことをロシア人は必然的に侮辱と感じないわけにはいかなかったし、実際にそう感じた。進歩的で反体制的な哲学、国家学的、政治的なジャーナリズムと文献が、広範に広まっていた。コンスタンやベンサムの著作、デステュット・ド・トラシーのモンテスキューへの注釈、モンテスキュー自身、そして十八世紀の哲学者たちが、絶えず読まれていた。イギリスとアメリカの憲法がどのようなものかは、もう本を読んで知ることができたし、多くのロシア人がヨーロッパ諸国とその制度を知っていたことは明白である。既に見たように十八世紀のロシア文学、更には新しい文学、初期のプーシキンや手稿で広まったグリボエードフの喜劇、ヨーロッパの文学が、反体制的精神を活性化させた。復古と反動の時代の国家学的、政治的文献（例えばゲーレス、ド・ボナルドなど）はもちろん、ロシア人にも知られていたが、反体制的精神を強化しただけだったというのは、理解できる。

どこでも急進的な党派は、復古と反動に対して再び革命を準備した。特にフランスは、大革命の後も、革命の古典的な国にして模範であり続けた。フランスに加わったのは、青年イタリア、青年ドイツ、青年ヨーロッパであり、そしてそれ故に青年ロシアもそうだった。ロシアで大きな影響を与えたのは、ギリシャの反乱だった。それは、部分的にはバイロンが表明したギリシャへの関心のためであり、部分的には教会の共通性のためだった。メッテルニヒは、ロシアの公式筋にいかなる共感の表明もさせないことに成功した。セルビアの反乱の影響は、もっと少なかった。

ロシア人はヨーロッパから、既にフリーメーソンによって教えられた秘密結社をも学んだ。秘密結社の最も重要な指導者のうちの多くは、フリーメーソン会員だった。一八一六年の末に（あるいは一八一七年の初めになってから）最初の政治的秘密結社が創られた。即ち、「救済同盟、あるいは祖国の真の忠実な息子たちの同盟」であり、それは一八一八年に「福祉同盟」に変わった。これは、ドイツの「道徳会」に真似て作られた。このドイツの結社は、何人かのデカブリストには、非常に良く知られていた。カルボナリ秘密結社と光明会（イルミナート）を非常に良く知っている者たちもいた。皇帝は秘密結社の存在に気づいていて、それらの規約をも知っていたが、あらゆる秘密結社を禁止して、警察の監視を強めることで満足していた。——ベンケンドルフらの助言に従ってもっと精力的に対処するには、彼はこの問題においてあまりにも良心の呵責があったのである。「福祉同盟」の解散後、新しい協会（「北方結社」と「南方結社」）が創られた。一八二五年には秘密結社「統一スラヴ結社」も生まれたが、それはあらゆるスラヴ人の解放と連邦を目指した。この結社は南方結社に合流した。ポーランドの秘密結社「祖国（民族）結社」とも、申し合わせと結びつきができた。もっと小規模の、どちらかと言えば文学的な結社は、この時代、様々な都市に、比較的たくさんあった。

これらすべての秘密結社のメンバーは貴族、しかも最も重んじられている家柄の貴族であり、同時に大部分は将校、とりわけ近衛将校だった。陸軍と海軍は必然的に最もヨーロッパ的で最も進歩的な組織であり、将校は当時、とりわけ自然科学的に最も教養のある人々だった。――それだから尚更、反動と衝突せざるをえなかったのである。その上、彼らの多くは、ナポレオン戦争の時にヨーロッパとあらゆる分野におけるヨーロッパの成果を見てきた人たちであり、敵の前に立った人たちだった。そして、将校たちが一年半ヨーロッパに滞在してからロシアに戻って来た時に、最初の秘密結社が生まれたのである。

これらすべての結社の目指すところは、初めのうちはやや曖昧だった。人道主義的な博愛と、啓蒙主義的哲学および文学と、自由思想的な政治・社会的計画との混合のようなものだった。次第に計画は明確になってきて、暴君殺害と反乱への決意が成長し、ついに一八二五年十二月（ロシア語で十二月のことをデカーブリと言うので、彼らは「デカブリスト」と呼ばれる）、革命が勃発した。これは新しいロシアにおける最初の大規模な革命の試みだったが、もちろん差し当たっては貴族の革命だった。ナポレオンに対する戦いは、力と独立の感覚が全般的に強まる、という結果をもたらした。こうして、アレクサンドルの統治の末期に反乱が起こったのである。

デカブリストの政治的および社会的理想は、今までのところ正確には知られていない。――ようやく最近になって、彼らの著作や回想が出版され、彼らの裁判が文献的に点検され、彼らの伝記が書かれている。デカブリストは、自分の階級の偏見や慣習を簡単に捨てられなかった貴族たちだった。彼らの大部分は、西欧の身分制憲法の意味における憲法を目指し、議員の選挙に当たっては制限選挙も導入されること、議員は貴族と市民から選ばれることを望んだ。農民の解放は全く望まない者たちもいたし、あるいは土地の分与なしの解放を望んだ者たちもいた。なぜなら、大部分のデカブリストが熱心だったのは政治的改革に対してであり、社会的改革に対してではなかったからである。

もちろん、憲法と共にしかるべき行政改革も実施されるべきだった。つまり、何よりもまず裁判制度と刑罰制度の改革（訴訟手続きの公開、陪審員制度、法定弁護人の導入など）、検閲の制限と軍事行政の改革だった（すべてのデカブリストは屯田兵制度に反対だった。二十五年の兵役期間は短縮されるべきであり、体罰は緩和されるべきだった。――緩和であって廃止ではなかった)。

デカブリストの政治的仕事の大部分は、今日判断できる限り、完成されておらず、実際に単なる見取り図にすぎない。そこからは、それが会議における議論から生まれたものであり、議論のためのものだったことが分かる。アレクサンドルの死と特殊な空位期間が、十二月十四日(一八二五年)の反乱を引き起こしたのである。その反乱とその結果によって、始められた仕事の文献的仕上げも不可能になった。予審判事に対する供述の未整理の資料と、後に監獄とシベリアで書かれた著作は、多分、デカブリスト関係の断片的資料を補足して有機的なまとまりにすることだろう。

デカブリストの幾つかの憲法草案が残されている。フリーメーソン結社員ノヴィコーフの甥であるニコライ・ノヴィコーフは、共和制的憲法の草案を作った。もっと完成されたものは、ニキータ・ムラヴィヨーフのものだった(デカブリストの中には七人を下らないムラヴィヨーフがいた)。彼の草案は二つの版で保存されており、多くのデカブリストが彼の草案を知っていて、それについて熱心に議論がなされたために、重要である。ムラヴィヨーフの憲法もまた事実上共和制的であり、少なくとも君主には大体大統領のような役割が与えられている。そもそもムラヴィヨーフは、皇帝が彼の案を受け入れない場合には、皇帝一家を追放して共和国を宣言することを考えていた。合衆国の模範に従って作られた彼の草案によれば、ロシアは十三の州(アメリカの当初の州の数)と二つの準州に分割されることになっており、帝国(スラヴ・ロシア帝国)は、連邦制に構成されることになっていた。外務省、陸軍省、海軍省、大蔵省の四つの省だけが、全部の州に共通のものだった。モスクワが首都になることになっていた。制限選挙のための資格は非常に高かった。——実際のところ、ムラヴィヨーフの理想は富豪の憲法だった。農奴制は確かに廃止されることになっていたが、解放された農民には土地が与えられないことになっていた。そしてそれ故に、もちろん国民の大部分は選挙権のないままになるはずだった。

デカブリストの最も強力で政治的に最も教養のある思想家は、ペステリだった。彼の綱領は最も進歩的で最も民主主義的だった。ペステリは反乱を指導もしなかったし直接に準備もしなかったにもかかわらず、政府は彼を死刑にすることによって、彼の卓越した人格と反体制運動に対する彼の影響を認めた。

ペステリはドイツ系だった。ドレスデンで教育を受け、後に、多くの戦闘において勇敢な軍人として——ヴィリニュスで負傷した——、また軍隊の精力的で巧みな組織者として、軍隊で頭角を現した。ペステリは「福祉同盟」の共同創設者であり、後には「南方結社」の指導者となった。彼は自分の見解を、大部な著作である『ロシア法典(ルースカヤ・プラーヴダ)』(古い法律集の題名)と、もっと小さな論文・論説において説いた。彼の主著は未完に終わったが、それは国家の改造を行うべき暫定政府のための指針として考えられたものである。デカブリストの雰囲気と政治的見解にとって特徴的なことに、ペステリはこの国家改造の時期を十年と見積もっていた……。

革命への反動的な非難に対して、ペステリは、ブルボン朝の復古において、復古された王権が革命によって創られた制度を残したということから、革命は健全なものであり必要なものだったことを証明しようとした。ペステリはまた、革命のない国家においては古い悪弊が世襲的に維持されていることを見抜いた。それ故に、ロシアの絶対主義は彼を、信念の固い革命家・共和主義者にした。ペステリは即ち、政治的発展についての自分の更なる研究と分析によって、立憲制は中途半端なもので絶対主義の隠れ蓑にすぎないという確信に至った。それ故に、彼にとって、あからさまな独裁制の方が議会制よりも良かった。なぜなら、絶対主義は公然と知られたその暴力によって、より早くよりラディカルな改革を強いるが、それに対して、立憲議会制は悪をより遅く除去するだけだからである。それ故にペステリは、立憲君主制が長続きしうるとは信じておらず、彼には、時代の政治的課題は立憲制化にあるのではなくて国家の民主主義化にあるように思えた。「現代の主要な努力は、人民大衆とありとあらゆる貴族――財産に基づく貴族であれ血筋に基づく貴族であれ――との闘いに向かっている」。この理由から、ペステリは農奴の解放を非常にはっきりと宣言した。なぜなら彼は、ツァーリと民衆を分け隔てている壁を、即ち貴族階級を、破壊したかったからである。ペステリは社会主義に共感を寄せていた。ゲルツェンは彼を、「社会主義以前の社会主義者」と呼んだ。

ペステリが農民の自由な土地を共有財産にしようとしたこと、共有財産が以前には存在しなかったところでもそうしようとしたことは、注目に値する。しかし、土地の半分は農民の私有財産にしようとした。

労働は貧民の資本であるというペステリの見解は、社会主義的に聞こえる。富者は自分の資本で暮らすことができ、労働せずに景気の改善を待つことができる。貧民は待つことはできず、自分に与えられた条件を受け入れねばならない。自分の労働で暮らす人々が少なくなればなるほど、つまり日雇い労働者が少なくなればなるほど、不幸な人間はより少なくなる。「しかし、最良の法律と制度があったとしても日雇い労働者は常に存在するだろうから、彼らを富者の恣意から守ることが政府の義務である。また、不幸な貧者もまた病気になって、仕事ができなくなり、年老いるということ、ついには自分の貧しい生計を立てることができなくなるということを、忘れないことが政府の義務である」。

ペステリは自分の世紀の性格を、封建的貴族に対する、始まりつつある闘いに見ていた。この闘いにおいて、彼の見解によれば、「財産の貴族」が発生するのであり、それは社会的には封建的な貴族よりも悪いものである。なぜなら、後者はそれでも世論に依存しているが、一方富者は自分の財産によって世論に反して国民全体を従わせるからである。

ペステリの見解は次第に発展して、より徹底した自由思想的、民主主義的見解に至っている。例えば、初めのうち彼は、比較的緩い検閲と、比較的緩い制限選挙資格を認めていた。後には制限選挙資格、即ち不平等な資格評価をなくした。なぜなら、ペステリによれば、ロシア人は誰でも、どこでもいつでも一片の土地を見つけることができるようになり、最低限必要なものを保証されるようになるだろうからである。初めのうちペステリは君主制に賛成していたが、ようやく後になって共和制に賛成することを決意した。その共和主義にもかかわらず、教育に関する若干の問題においては、貴族制的絶対主義から抜け出せなかった。例えば、軍隊に体罰を残したり、間接選挙制度を残したりしたことなどである。もちろん、私に入手できる資料からは、ペステリが秘密結社のメンバーとしてどの程度まで自分の同志たちの決定と見解に依拠したかを判断することはできない。

しかしながら、ペステリが自分の時代の最も重要な政治的、社会的諸問題をいかに考えたか、ロシアの改革をいかに有機的に行おうとしていたかは、分かる。彼は憲法に満足せず、制度だけではなくて人間のより深い内的な改造を考えていた。それ故に、彼の企画は、単に立憲制的で共和制的であるだけでなく、民主主義的で社会主義的でもあった。ペステリは、相続権と一般にあらゆる規定を社会主義的に捉えて、自分の社会主義を貫徹した。

しかしこの点でも、ペステリは自分の時代の多くの偏見を持っていた。国家の中央集権主義が彼の気に入っていて、彼が連邦制の信奉者に対して中央集権主義を非常に強調したことには、驚かされる。国家を、その単一性と不可分性を、ペステリは非常に重んじた。この単一性を、ペステリは帝国全体の言語的な結合によって達成しようとした。ポーランド人を除いて、ロシアに住んでいるすべての人種と民族は、彼の表現によれば「唯一の国民へと合流」すべきである。この合流は単に言語的なものだけではなく、文化的なものにもなるべきである。そしてそれ故に、ペステリは容赦なく完全なロシア化を要求した。単にロシア語が帝国全体で支配的な言語になるべきであるだけでなく、従来の諸民族の名称も廃止されるべきである。

このロシア化計画は、何よりもまず、フィンランド人とドイツ人という、文化的民族に関係している。前述のように、ポーランド人だけが除外されている。ポーランド人に対するペステリの立場は、彼の時代とその後の時代にとって、政治的な意味を持っている。

アレクサンドルの時代、ロシア領ポーランドは、帝国から政治的、文化的に完全に分かれており、帝国と結びつけられていなかった。皇帝自身、単に政治体制を尊重しただけでなく、かつてのポーランド諸領をポーランドに返すことさえ考えた。しかしながら、この計画に対して、非常に影響力のある政治家やジャーナリストが反対を表明した。例えば、カラムジーンと、我々がまもなく立憲主義者として知ることになるデカブリストのニコライ・トゥルゲーネフがそうだった。デカブリストのオルローフ公爵と、彼の友人ドミートリエフ＝マモーノフは、ポーランドという名称が廃止されることを要求し、プロイセン領ポーランドとオーストリア領ポーランドもまたロシアに統合されるべきだとした。それに対して、ペステリは、ポーランド問題においてアレクサンドルと意見を同じくしていた。ペステリは、独立した国家として存在しうるほど十分に大きな諸民族だけに民族的権利を認めた。より小さな諸民族は、国家の利益のために自分たちの民族的権利を犠牲にする義務がある。それ故に、ロシアはポーランドを独立国家として認めねばならないが、両方の国家は「友好同盟」を結ぶべきであり、ポーランドはロシアと同じ統治形態と行政を持つべきである。封建主義的なものであろうと、金権政治的なものであろうと、あらゆる貴族制は廃止されるべきである。

「統一スラヴ結社」と「南方結社」の合流が他のスラヴ諸民族を問題にする契機となったかもしれないのに、ペステリは他のスラヴ諸民族のことは取り上げていない。ただモスクワの領土とロシア民族だけを「スラヴ」と呼んでおり、五つの方言と民族的「ニュアンス」を区別している。即ち、ロシア人、小ロシア人、ウクライナ人、カルパチア・ウクライナ人、白ロシア人である。「統一スラヴ結社」の綱領は、スラヴ諸民族の連邦を目指し、八つのスラヴ諸民族を認めた。即ち、ロシア人、セルビア・クロアチア人、ブルガリア人、チェコ人、スロヴァキア人、ソルブ人、スロヴェニア人、ポーランド人である。オルローフとドミートリエフ＝マモーノフは、ポーランド全体とロシアとの結合だけでなく、他のスラヴ人とロシアとの結合をも考えており、「ハンガリー、セルビア、そしてあらゆるスラヴ諸民族の結合」を考えていた。

ユダヤ人問題については、ペステリは詳細に扱っている。ロシアとポーランドのユダヤ人に、国家の中の国家を見て、それ故に、ユダヤ人の特殊な強い結束を打ち砕こうとした。この目的のために、最も学識のあるラビと最も有能なユダヤ人が、政府と合同で計画を考えるべきである。ペステリは既に「大規模な」シオニズム的企画も提案しており、そのためにはもちろん、「本当に天才的な進取の気性」が必要である。即ち、二百万人のロシアとポーランドのユダヤ人が、小アジアのどこか一部に独立国家を創設することになるのである。「祖国を探し求めているこのような多数の人々にとって、トルコ人が突きつけるあらゆる障害を克服することは、難しくないだろう……」。

ペステリには、更に別の、かなりユートピア的な規定も見出される（例えば、ニージニー・ノヴゴロドが首都になることになっている）。しかし、全体として、ペステリの仕事は非常に立派なものであり、特に、そこには秩序づけられた民主主義国家のあらゆる制度が有機的に含まれているが故に優れている。ペステリは、前述の例外を除けば、自由思想的で進歩的である（自殺者に対する処罰の無益さや私生児の同権に関する、彼の見解を参照せよ)。しかしながら、彼の国家中央集権主義は、前の時代の啓蒙主義的絶対主義に劣らぬほど絶対主義的である。これは、とりわけ宗教と教会に関する規定から分かる。この点でペステリは、ピョートルと同じだった。即ち、聖職者は特別な身分であってはならず、自分の、もちろん特別な使命だけを果たすべきであり、それ故に統治機構の一部に改造されるだろう。提案された改革は、これを目指している。聖職者が教養を高め収入を増やすべきだという要求以外に、ペステリはまた聖職者から本当にキリスト教的な生活を要求し、修道院制度と在家の聖職者(白僧)に対する修道僧の支配とを廃止することを要求している。ペステリは非常に賢明なので、この目的を一気に達成するのではなく、徐々に達成することを望んだ。とりわけ彼は、誰も六十歳前には修道僧になるべきではなく、四十歳前には在家の聖職者になるべきではない、と提案している。外国の宗派に関しては、いかなる聖職者も、国家の官吏であるので、他国の権威に服従してはならない。外国の修道会はロシアでは許されない、なぜなら正教の精神に反するからである。

この規定はもちろん、何よりもまず教皇とカトリックに向けられたものである。教会に対するペステリの立場はまた、なぜ彼がポーランドとポーランド地域をロシアから分離することを欲したかを、説明している。

ペステリが宗教の問題においていかに考えていたかは、これからもっと詳細に研究されねばならない。ルター派として、彼はもちろん、正教徒よりも進歩的だった。プーシキンはペステリとの談話の後で、次のようなペステリの言葉を書き留めている。「我が心は唯物論者なり、されども我が理性がそれを拒む……」。

ペステリの政治の詳細な分析は、我々の課題ではない。また、他のデカブリストたちの著作や草案を詳細に扱うことはできない。ニコライ・トゥルゲーネフについてだけ、更に論評することにする。[4]

デカブリストの運動を、その政治的な意義において高く評価しないわけにはいかない。この運動はかなり広がった。(旧暦で)一八二五年十二月十四日以後、千人以上が逮捕され、最高刑事法廷は百二十の判決を下した。二〇年代の文学史は、デカブリストの中に、ルィレーエフ、ベストゥージェフ(=マルリーンスキー)、キュヘリベーケル、オドーエフスキー公爵のような人々を挙げている。デカブリストと非常に近い関係にあったのは、グリボエードフである。プーシキンもまた、ある時期デカブリスト的方向に進んだ。精神的、道徳的に、デカブリストは当時のロシア社会のエリートたちだった。このことは、今日我々が知っている、シベリア追放者たちの苦悩の物語と文学的研究と論文が証明している。この男たちに、彼らと追放生活を共にした勇敢な妻たちの名前が威厳をもって加わる。

後の時代のほとんどすべての政治的潮流は、理論的なものでも実践的なものでも、デカブリストに先駆者を持つ。もっと急進的な潮流、何よりもまずゲルツェンもまた、デカブリストの理想に直接に繋がっている。

若干のデカブリストたちが、後に非常に保守的な見解を表明したとしても（何人かはアレクサンドル二世の改革まで生き延びた）、追放生活がいかに彼らに影響したかということを記憶にとどめておかねばならない。デカブリストたち（例えばヤクーシキン）の回想から、我々は、有罪判決を受けた者たちが耐えねばならなかった殉難の苦しみを知ることができる。

17

十二月十四日の反乱の指導者たちは、新しい皇帝によって非常に過酷に罰せられた。百二十一人の被告のうち、ペステリと詩人のルィレーエフを含めた五人が四つ裂きの刑、三十一人がギロチン、残りの者たちはシベリアに追放、将校たちは様々に降格、などといった判決が下された。しかし、皇帝は法よりも恩赦を優先し、五人の首謀者が絞首刑にされた。

革命が首都で、そして更に軍隊内で鎮圧されたかと思うと、国外と国内でも再び新たな革命の波が起こった。ニコライは生涯革命におののいていた。自分の家族の中には、自分の義姉であるアレクサンドル一世の哀れな妻の例があった。彼女の死後（一八二六年）、ニコライは自らの手で彼女の日記を燃やした。父の死と兄の罪の記憶は、ペステリの絞首刑によっても消すことができなかった。デカブリストの乱から一八四八年まで、ニコライは七月革命、ポーランド反乱、フランスにおける小規模の反乱、そして最後には一八四八年革命を経験しなければならなかった。ポーランド人に対しては、革命の間、過酷にも、憲法と議会と国民軍が停止されただけでなく、すべての財産と領地が差し押さえられ、ヴィリニュスの大学が閉鎖された。

ニコライ帝は、二人の兄とは全く違った教育を受けた。彼は年少で（一七九六年生まれ）、彼の教育は、既にアレクサンドルが統治していた時に始まった。ニコライが皇帝になれるとは、誰も思っていなかった。しかし、アレクサンドルが（嫡出の）子孫を残さないことが明らかになると、コンスタンチンは帝位への要求を放棄するように強いられた。ニコライは粗暴なラムスドルフ将軍によって教育されたが、その主要な教育手段は体罰だった。皇太子が比較的強い興味を示したのは軍隊に対してだけだった。厳格な服従、絶対的な従順、それがニコライの方式だった。彼の心理学によれば、人間は単なる機械、せいぜい魂のある奴隷だった。――「私は人間生活全体を勤務と見なす」と、ある時ニコライは言った。こうして、フリードリヒ・ヴィルヘルム四世がニコライを名付けたように、この「狭隘な世界の最高の主君」によって、ロシアとニコライの反革命的使命が始まるのである。二月革命の勃発をパリで経験した詩人で、次の皇帝の教育者であるジュコーフスキーは、その手紙の中で、帝位継承者に雄弁に自覚を促している。即ち、ロシアは大洪水の中で救いの箱船であり、それは自分にとってだけではなくて、他の人々にとってもそうなのです、と。ジュコーフスキーは、統治する皇帝が自分の国をヨーロッパの悪から守ることを期待したのである。全般的な伝染から守る万里の長城を巡らすことが、どうしても必要である。明らかな神慮のしるしに従って、ロシアは完全に孤立し独立した世界にとどまる必要がある……。

アレクサンドルと同様に、ニコライもまた、自分のヨーロッパ政策において正統主義の擁護者となった。彼はルイ・フィリップの公然たる反対者で、市民によるルイ・フィリップの選出と即位を非合法のものとして嘲笑した。この精神に貫かれて、彼は一八四九年にハンガリーの革命に反対する救援隊を派遣した。彼はセルビアに対して、ガラシャニン（年長の方）首相がコシュートとマッツィーニの弟子だというので、彼を解任するように強いた（一八五三年）。ニコライは、オーストリアとドイツにおけるメッテルニヒの内政が気に入っていて、ナポレオンに含むところがあったが、ナポレオンのクーデターは容認した。メッテルニヒはその後、彼もまた最大の敵と見なした革命に対する擁護者を、ニコライに求め、見出した。メッテルニヒはドイツとイタリアを従えるために、オーストリアとロシアの接近を実現した。ヨーロッパにおいてすべての保守派と反動主義者たちがニコライに感嘆し、彼の義兄フリードリヒ・ウィルヘルム四世のように、多くの者たちが彼を直接に崇拝した。「ニコライ帝の死に際して私が深く悲しむのにふさわしいものと神が認めてくださったこと、私が最も美しい意味において彼の友人となり、忠実に友人であり続けるのにふさわしいものと神が認めてくださったことに対して、私は神に跪いて感謝します」。ニコライ自身、プロイセン王を非常に愛しており、プロイセン的な厳格さと秩序好きをよく思っていた。それ故に、軍隊においても行政においてもドイツ人を優遇したのである。

ニコライによって、「一八二五年から一八五五年まで続くペスト地帯」（ゲルツェン）が始まる。反動は熟考された警察体制となり、ツァーリ自身が最高警察監督者となった。なぜなら、一八二六年の悪名高き「皇帝直属官房第三部」の創設が意味するのはほかの何物でもなかったからであり、この第三部は一八八〇年までロシアを精神的に縛り付けておこうと努めた。この機関の長官には悪名高きベンケンドルフが任命されたが、彼は特にデカブリストの弾圧に際して自分を皇帝に売り込んだ。後に憲兵隊長にもなり、自分の全精力を弾圧に捧げた。

この概略では、ニコライの公然たる反動の身の毛もよだつような無意味さと煽動的な過酷さを特徴づけることは難しい。最良の人々が、公的な綱領に反する自由主義的思想を表明したために、単純に精神病と宣言された。そういう運命になったのはチャアダーエフだけでなく、革命的な理念に身を捧げようとした多くの将校たちもそうだった。ある場合に、ニコライは死一等を減じて終身懲役にしたエンゲリガールト（アレクサンドル・ニコラーエヴィチ・エンゲリガールト。一八二八〜九三。化学者・農学者〕という人物を死んだものと公表させ、彼の妻は喪服を着なければならず、墓地の墓の番号まで正式に登録された。一八四七年にスラヴ主義的なキュリロス・メトディオス団への参加のために友人と共に有罪宣告を受けた詩人シェフチェンコに対して、皇帝は刑を重くした。——ニコライは自ら書いた書面によって、シェフチェンコに詩を書くことと絵を描くことを禁止したのである。この詩人は日記の中で嘆いている、異教徒アウグストゥスはオウィディウスに書くことと描くことを禁止しなかったのに、キリスト教徒が私に禁止した、と……。前述のようにツァーリ自身が警察の最高長官になったが、また直接に刑罰の私的な執行者にもなった。一八二七年にオデッサで、二人のユダヤ人が疫病を恐れて国外に逃げ出そうとしたというので、死刑を宣告された。ニコライは次のような理由で死刑を変更した。「罪人は千人の列間笞刑〔鞭を持って二列に並んだ兵士の間を通り抜けさせて鞭打つ刑〕を十二回受けるべし。ありがたいことに我が国には死刑は存在しなかったし、私は死刑を導入したくない」。——これは同時に、神権政治的な陛下がいかに自己欺瞞的でいかに残酷であるかという、多くの証拠の一つである。デカブリストを四つ裂きの刑にしようとして恩赦でただの絞首刑にしたのは、誰だったか？　一八三八年に学生のソチーンスキーが外科アカデミー校長に平手打ちを食わせた。これに対して、五百人の列間笞刑三回の宣告を受けた。ニコライは刑を変更した。「法務長官の決定により、アカデミーの全学生の面前で執行されるべし。また、シベリアの代わりにクロンシュタットの懲罰部隊に鎖付きで十年間送られるべし」。言うまでもないが、このように罰せられた者たちは、兵士たちの鞭の下で死を見出したのである——死刑なしに……。

ニコライは、本当に信じがたいほど強硬だった。自分の夫に従ってシベリアに赴いたデカブリストの高貴な妻たちは、夫の死後、戻ることを許されなかった。生き残ったデカブリストたち自身、ようやく恩赦を得たのはアレクサンドル二世の時代になってからだった。健康な人間を精神病者と宣言させたり、ドストエフスキーとペトラシェーフスキー・グループに死刑宣告の苦しみをなめさせたりというのは、ニコライのような人間にだけできたことである……。ゲルツェンと彼の知人たちも、サン・シモン主義の嫌疑をかけられて逮捕され、彼らに初め死刑が宣告され、その後皇帝の恩赦によって懲役にされ、最後には追放にされた……。

更に、ニコライ帝の心理学に——もちろん精神病学にも——役立つものがある。若いポレジャーエフ〔アレクサンドル・イワーノヴィチ・ポレジャーエフ。一八〇五〜三八。詩人〕が、風刺詩の中で当時の学生生活を描いた。その詩が手書きの写しで出回り、皇帝の手にも渡った。皇帝は、特に教会と政治制度に関する意見表明に立腹した。皇帝は詩人を呼びつけて、文部大臣の前で作品を朗読させた。ポレジャーエフの詩はデカブリスト的思想の産物だという烙印を押した強い説諭の後で、ニコライは自分の犠牲者の額に接吻し、罰として前線に勤務するという判決を与えて彼を去らせた。――大臣の口添えが、それ以上悪い結果を防いだのである。皇帝は罪人に、皇帝に手紙を書いて、いかに正しい道を歩み続けているかを報告することを許した。ポレジャーエフはこの許しを利用して、恩赦かせめて刑の軽減を願った。彼の願いは聞き入れられず、彼の伝記作者たちは、この哀れな男がいびられ、絶望の中で酒に溺れ、ついには肺結核で倒れた様を語っている（一八三七年に三十二歳で死んだ）……。読者は、ポレジャーエフの詩から、思考する人々にとってニコライの時代が何だったかを知ることができる。

ニコライの時代には、本当の改革については語ることもできない。もちろん、秩序を打ち立てるためにいろいろなことが為されたが、それは何よりもまず軍隊のためだった。こうしてスペラーンスキーの指導のもとに「ロシア帝国法典」が編纂され（一八三三年）、新刑法が発布され（一八四五年）、国有財産省が創設された（一八三七年）。中央集権化を強めるため、一八三九年に郷（ヴォーロスチ）の代わりに行政単位が村落共同体になった。

ニコライの時代（一八四五年）に公式に棍棒が廃止されて笞に替えられたことに言及しておかねばならない。もちろん、この際、人道的理由だけで決められたわけではない。棍棒で罰せられた者は、もう軍務を遂行できなくなったからである(5)。

有益な制度もあった。例えば、ユダヤ人には学校改革が強制され、それによって彼らの一部は普通教育を受けるようになった。

ニコライの反動は、もちろん、精神的に国家教会に依拠していた。オーストリアやプロイセンと全く同様に、そしてド・メーストルやド・ボナルドやゲーレスやゲンツやその他多くの反革命的復古と反動の理論家たちの教説に従って。

自立的な思想はすべて容赦なく抑圧され、高度な教養は実際的に必要な最低限の知識にまで下げられ、哲学と文学、全般的な教養と哲学的な世界観および人生観の試みは、すべて萌芽のうちに摘み取られねばならなかった。一八三三年に文部大臣になって一八四九年までその職を続けたウヴァーロフ伯爵は、視学官たちに自分の就任を次のような言葉で告げた。「……我々の共通の課題は、国民の教育が正教、専制、国民性の結合された精神において行われるように努めることである」。同年、ウヴァーロフはこの三位一体の教義を「社会的な教育システムの最も主要な基礎」としてより詳細に次のように定式化した。「ヨーロッパにおいて宗教的および市民的制度が急速に崩壊し、革命的理念が全般的に広がってゆく中で、祖国を確固たる基礎の上に固めることが我々の義務だった。正しい行動を育てる基礎を見出すこと、ロシアの独自の性格を形成しロシアだけに適した力を見出すこと、我々の国民性の聖なる遺産を一つの全体へと総合して、それを我々の救済の基礎とすることが、我々の義務だった。救済の基礎――それなしには正しく行動することもできず、強くなることもできず、生きることもできない救済の基礎——への熱烈な信仰をロシアが保ったというのは、なんという幸福だろうか。自分の祖国に忠実なロシア人は、モノマフの王冠から一つの真珠も盗み取られることを許さないのとちょうど同じように、我々の正教的信仰のいかなる教義をも取り去ることを許さない。専制は、ロシアの政治的存在の主要な条件である。この二つの国民的基礎と同じ線上に、同様に重要で同様に強い第三の基礎、即ち国民性がある」。

正教、専制、国民性という反動の公的な綱領が定式化された。これは、国家の公的な知恵のアルファでありオメガでもある綱領である。これは、皇帝の意志を神の啓示だと宣言し、官僚制の政治と行政をこの神の啓示から引き出すところの、ロシアの専制の綱領である。国家基本法の第一条（一九〇六年版では第四条）は、一八三二年に、次のような専制の定義を提示した。「全ロシアの皇帝は、独裁的で無制限の専制君主である。恐れからのみならず良心からその最高の権力に従うことを、神自らが命じている」。そして、教会に対するツァーリの神権政治的関係は、このように規定されている。「ロシア皇帝は、キリスト教的統治者として、ギリシャ・ロシア的信仰の教義の最高の守護者であり番人である。神聖な教会における正統信仰とあらゆる良き秩序の監督者である。この意味において教会の首長と呼ばれる」（一九〇六年の国家基本法、第六四条）。

アレクサンドル二世時代の権威ある教会教師フィラレートは、まさにこのように皇帝の神的な使命を「百章（ストグラーフ）」の意味で再定義した。「あらゆる創造物に対する自らの支配の観念に従って、神は我々に独裁的なツァーリを与えたもうた」。

ピョートル大帝は、アカデミーのために自然法の講座を提案した。しかるに、ニコライの時代には（一八四九年）、カザン大学教授ソーンツェフが、権利の基礎を福音書からではなく健全なる人間の理性から引き出したという理由で、法廷に立たされたのである。

ピョートルは教会を目的達成の手段として利用しただけで、それ以外には、自分の臣民の内的な信念をあまり気にかけなかった。ピョートルの後継女帝の時代も全体としてそのままであり、エカテリーナ二世の反動も根本までは至らなかった。アレクサンドル一世の時代に、学校と教育と文学がもっと厳しく監視され始め、ヴォルテール主義を根こそぎにしようとする努力が為された。しかし、ニコライ一世になると、彼は教会を自分の目的のために完全に利用するために、自分から内的に宗教に従った（もちろん、万事においてではないが！）。当時、宮廷にはクリュンデナーのような人間もその他の予言者もいなかった。フォーチーが思想を支配するはずだった。ニコライ自身はフォーチーが好きでなかったし、また間もなくアラクチェーエフを罷免した。——ニコライは、自ら一人でフォーチーとアラクチェーエフの役を果たしうるほど内的に十分に強かった。彼の強い意志も、彼の人格が天性の支配者の人格と見なされることに、確かに役立った。

宗教はニコライにとって、何よりもまず主への畏怖だった。――主という概念は、擬人観的に、同時に神とツァーリとして理解された。士官学校で司祭は生徒たちに、キリストの偉大さは何よりもまず、支配に対する従順と、「忠誠と規律の模範」だったことにある、と示唆しなければならなかった。従軍司祭は新兵たち（二十五年間の兵役に就いた！）に、こう説教した。「神は自らの意志に従ってあらゆる職業のために人々を選びたもう。汝らもまた、神の意志に従って兵役に選ばれ定められたのである……。汝らが兵役において神と我らの偉大なる皇帝に仕えることは、神の意志である……。汝らが生まれる前から、あらかじめ神は汝らを戦士に定めたもうたのである」等々。

規律は、学校においてもまた、全く軍隊的に育成された。騎兵隊将軍プロターソフ伯爵は、一八三六年に宗務院の「宗務総監」になり（一八五五年まで）、神学校にも規律を導入した。「私が知っているのは皇帝のみ」というのが、彼のスローガンだった。にもかかわらず、神学校と神学大学に「革命的な」自然科学を導入した。――彼は軍人として、自然科学に対するセンスがあったのである。

ニコライは、ウヴァーロフの定式を完全に真面目に実施しようとした。ロシアは宗教的にも統一されるべきだった。なぜなら、ロシアは唯一正しい信仰を持っているという点で、ヨーロッパよりも優位に立っていたからである。この教会政策の結果は、分離派と分派（例えばドゥホボール派）に対する過酷な警察的処置であり、更に東方帰一教会と正教会との強制的な合同（一八三九年）だった。[6]

これらすべてのことから、ニコライとその忠実な助力者たちが、チャアダーエフの抗議をいかに受け取ったかは、容易に想像できる。チャアダーエフはその『哲学書簡』（一八三六年）において、ウヴァーロフの定式とロシアの神権政治全体を否定したのである。しかも宗教の名において否定したのである！

18

ニコライは皇帝になるとすぐに、モスクワ大学の哲学講座を廃止した。一度モスクワ大学のそばを馬車で通ったとき、真剣な面もちで「ここがあの狼どもの巣だ」という言葉と共に建物を指さした。それから、未発達の諸大学を、このような評価に対応するように取り扱った。そもそも諸大学の正常な活動は、アレクサンドル一世の自由主義的な時期に、一八〇四年の学制と共に始まったが、その時も警察的な処置が取られなかったわけではなかった。しかしながら、ウヴァーロフは自分の綱領の精神において諸大学を再編成した（一八三五年）（すべての学部で神学と教会史を必修科目にしたことなど）。一八四八年革命の恐怖から、一八五〇年には幾つかの学問（ヨーロッパの国家法）が有害なものとして大学から追放された。哲学は論理学と心理学のコースに縮小され、それは神学者によって講義されねばならず、その理由として「ドイツの学者たちの仕事による、これらの学問の非難すべき発展」が挙げられた。歴史家グラノーフスキー。一八一三～五五〔チモフェイ・ニコラーエヴィチ・グラノーフスキー〕は、宗教改革について講義してはならなかった。学生の数が厳密に定められた（三百人）。大学の課題は、「正教会の忠実な息子、皇帝の忠実な臣民、祖国の善良で有益な国民を育成すること」だった。このような、またその他の、反動的な処置は、ようやくアレクサンドル二世の時代になってから変更された。それでも、ニコライの時代にキエフ大学が創設されることになった（一八三三年）。行政と軍隊は、「狼の巣」なしには、まさにありえなかったのである。

ギムナジウムのしかるべき改革が、大学の制限に加わった（一八四七年）。共和国について書いたギリシャの著作家たちが若者を損なうことのないように、古典語教育は外された。もちろん、この点では、ヨーロッパの模範が指摘されるべきだろう。即ち、ナポレオン三世は、まさに同じようにギリシャの著作家たちを判断し、ニコライは自分の見解を彼から引き出すことができたのである。しかし、ロシアにおける反動は、場当たり的に仕事をし、考えた。既に一八五四年には古典研究が再び半分導入された。――ギリシャとローマの教会の教父たちが、反抗的な若者たちに、公的な綱領への必要な敬意を吹き込むべきだとされたのである。

近代ロシア文学の歴史は、既にアレクサンドルの時代に、それ以上にニコライの時代に、最も偉大な詩人たちが被らねばならなかった抑圧についての情報に満ちている。グリボエードフ、プーシキン、レールモントフ、ゴーゴリは、ありとあらゆるやり方で創作を妨げられた。特にしばしば用いられたのは、流刑だった。作家の仕事は検閲によって歪められ、雑誌は弾圧された。例えば、ルィレーエフとマルリーンスキーによって発行された反体制的機関誌『北極星（ポリャールナヤ・ズヴェズダー）』が弾圧された（このタイトルは、後にゲルツェンが自分の文集のために選んだ）。反体制運動はポレヴォーイが継承し（一八二五年から『モスクワ通信』において）、一八三四年までジャーナリズムにおいて自由思想的理念を擁護することに成功したが、しかしウヴァーロフが「デカブリストどもの雑誌」を廃刊にした。この文部大臣にして科学アカデミー総裁が、ロシア文学が全く存在しなくなればよいという強い願望を表明したのは、悪い冗談ではなくて事実だった……。ほとんどすべての作家が、ニコライ時代に苦しまねばならなかった。チャアダーエフとシェフチェンコについては、既に言及した。ベリンスキーはその最初の劇作を刊行することができなかったし、プーシキンは皇帝その人の最高の検閲のもとに置かれた、などである。

ポレヴォーイの機関誌の発禁に、プーシキン自身、近視眼的な喜びを覚えた。プーシキンの貴族的気紛れが、しばしばいただけない愚行を演じた。ポレヴォーイはプーシキンにとって、あまりにも「ジャコバン的」だったのである。ポレヴォーイは、非貴族的な雑階級知識人（ラズノチーネツ）（23節参照）の代表者だった。皇帝は一八四五年に、雑階級知識人がギムナジウムに入学しにくくするように、指令した。

そして、一八四八年はニコライを非常な不安に陥れた。本当の反動の狂乱が始まった。ペトラシェーフスキー派は大弾圧にあい（ドストエフスキー兄弟、プレシチェーエフ、ドゥーロフなど）、サルトゥイコーフは罰せられ、オストローフスキー、トゥルゲーネフ（ゴーゴリの追悼文のせいで！）、キレーエフスキー、ホミャコーフ、ゲルツェンなどが、次々と逆鱗に触れた。ベリンスキーの名前は公に口にされてはならず、様々な暗示の助けを借りて示す必要があった。

検閲制度はとてつもなく発達した（ブトゥールリン委員会！）。二十二の特別な検閲機関があり、政府と官庁の批判は一切禁じられた。ブルガーリンのように以前は反動の支柱と見なされていた人々も革命家だという嫌疑をかけられ、ポゴーヂンも同じ運命を辿り、更にはウヴァーロフでさえも、もっと反動的な反動家たちに屈しなければならなかった。「進歩」という言葉で終わっている、何かの省の報告に対して、ニコライは次のような所見をしたためた。「進歩だって？　どんな進歩だ？　この言葉を官庁語から抹消せよ」。

もちろん、反動が可能だったのは、社会が——即ち今のところ依然として貴族階級が——デカブリストの乱に至った啓蒙主義的、人道主義的理念を完全に放棄したからだった。ニコライ一世のような人物がありえたのは、ヴャーゼムスキー公爵やプーシキンのような人々が、「ジャコバン主義」を恐れたからであり、ゴーゴリが自分を苛めて正教に回帰しえたからだった。[7]

19

アレクサンドルとニコライの時代に、ロシアの国民意識が目覚め固まった。しかり、それは強力なショーヴィニズムにまで発展した。ウヴァーロフの綱領は、このショーヴィニズムの表現だった。

ロシアの国民意識の発展は、十八世紀に始まる。改革に反発して、また外国人にあらゆる優遇を行った宮廷に反発して、歴史家・作家のトレヂアコーフスキー、ロモノーソフ、スマローコフ、リヴォーフ、批評家ルキーン、シチェルバートフ、ボールチンその他が、外国の影響に対してロシアの独自性を擁護した。とりわけ過度のフランス心酔に対する全く自然な反動が発展し、それはその後ますます、フランスの共和国と帝国に対する闘いにおいて、ナポレオンに対する闘いにおいて、高じていった。フランス化した貴族は、国王弑逆者たちに背を向け、作家たちはフランス文学と哲学への嗜好を失った。ドイツにおいてと同様に、言語を育成し、言語をフランスの影響から純化することによって、国民感情が強まった。こうして、ドイツでもロシアでも、フランス一辺倒に対する反動が起こった。

ロシア人にとって、とりわけ正しい文章語の問題は特別な意義を持っていた。即ち、ようやくピョートルの改革と共に、またその後に、文学においてロシアの民衆語が用いられるようになるが、それまで文章語は古い教会語だった。新しい民衆的な文章語は、こうして教会の権威に対立して浸透した。保守的な作家たちは教会語とそのスコラ学的で仰々しい文体に執着していたが、ヨーロッパ化した進歩派は民衆語で書いた。こうして、古いロシアと新しいロシアは言語的二元論となって現れたが、その二元論はまた教会スラヴ語のアルファベットとピョートルによって導入されたアルファベットとの相違としても現れた。多くの作家は、両方の言語と文体を混合した。しばしばカラムジーンの功績として、彼がシシコーフの反対を却けて、初めて文章語としてのロシア語の全面的で排他的な使用を達成したということが挙げられるが、これは事実の上でも年代的にも正しくない。近代的な文章語は、既にフォンヴィージンのような作家たちに見られるのである。しかしながら、もちろん非常に重要なのは、文学と言語がロシアにおいてまさに十九世紀前半に非常に例外的な意義を獲得するという事実である。

フランス語に対する反発が強まると共に、ドイツの影響が好まれるようになる。ちなみに、スタール夫人（一八一〇年）や後にはバンジャマン・コンスタンその他の作家たちが、フランス化したロシア人の注意をドイツに向けさせた。ドイツの文学と哲学は、イギリス文学、とりわけバイロンと同様に、非常な尊敬を集めた。フランスの影響は、その古典主義と共に、ゲルマン的ロマン主義に屈せねばならなかった。ドイツの影響が、特に哲学において支配的になった。エカテリーナと更にはまだアレクサンドルの時代のロシアがフランス的だったとすれば、ニコライの時代のロシアはドイツ化した。ドイツ語は受け入れられなかったとしても、ドイツの理念が受容された。

この影響にもかかわらず、あるいはまさにドイツのロマン主義によって、民族的なロシア主義が強まった。ヨーロッパのロマン主義者たちが中世と古代ゲルマンの時代を賛美したのと同様に、古代ルーシが賛美された。

それ故に、フィヒテが「ドイツ国民に告ぐ」を書いていた時代に、ロシアにおいてシシコーフがフランスの影響に反対し、彼が虎と猿の合いの子と見たフランス人に反対して熱弁をふるったことは、時間的な偶然の一致ではなかった。「祖国愛についての考察」（一八一一年）という著作のためにシシコーフはアレクサンドルによって政治的に重んじられ、スペラーンスキーに代わってその地位に就いた。シシコーフは文部大臣になり（一八二四年）、この役職において、「信仰と素朴さ」（シシコーフは農奴制を擁護した）を欠いた学問は国民を害するとか、学問的教養の過度の普及と同様に、国民全体を教育することは益よりも害が多いというような綱領を定めた。フィラレートの教理問答さえ、シシコーフの検閲にひっかかった。というのも、聖書からの引用が教会スラヴ語ではなくてロシア語だったからである……。

シシコーフと並んで、多くの作家たちが古いルーシの理想化において競い合った。一般に最初のロシアの歴史家として認められているカラムジーンは、古い皇帝制と貴族制を賞揚した。デルジャーヴィン、ザゴースキン、マルリーンスキー、後のポレヴォーイ、また前述のフランス心酔への反対者たち――彼らはすべて、西欧とは異なるロシアを賛美した。十二世紀の作品である『イーゴリ遠征物語』の発見（一八〇〇年）は、この方向で詩と空想を強めた。非常に早く、ロシアの民族感情は非常な強さに達したので、ポレヴォーイはチュルゴーの「**du patriotisme d'antichambre**（召使いの愛国主義について）」という言葉を「クワスの愛国主義[8]」というロシア語に訳すことができた。

このロシア主義の強化には、西欧自身もかなりの程度に貢献した。ロシアはヨーロッパ人にとって興味深く新しいものとなり、間もなくロシアに驚嘆する人々が現れた。ヨーロッパを訪れただけでなく探索した最初の皇帝であるピョートル自身、ヨーロッパ人の驚嘆と尊敬の的だった。前述のように、エカテリーナは更に認知され賞賛された（ヴォルテール、ヘルダー）。クロプシュトック（フリードリヒ・ゴットリープ・クロプシュトック。一七二四～一八〇三。ドイツの詩人）はアレクサンドル一世を謳い上げ、スタール夫人は、彼に直接「神意の奇跡」を見た。そして、それに続いて、他の多くの作家たちが、フランスとヨーロッパの擁護者を賛美した。ロシアはヨーロッパにとって興味深いものだったし、そうあり続けた。単に興味深いというだけでなく、ロシアは、文明化し文明化しすぎたヨーロッパ人に感銘を与え、ヨーロッパ人のルソー主義はまさに文明化していないロシアに望ましい自然状態を見出したのである。

つまり、西欧においてはド・メーストルだけでなくルソーもまた西欧文明に死を宣告したということを忘れてはならない。文明に敵対的なルソーの理念は、非常に広まっていた。ロシア人たちも自分の教師たちからそのような理念を受け取ったということは、驚くには当たらない。こうして、反動主義者だけでなく進歩主義者たちもが西欧の「腐敗」を宣言したということが、説明される。

ある程度まで、ロシア人の民族感情は西スラヴ人と南スラヴ人の覚醒した民族感情によって強められた。スラヴ主義あるいは汎スラヴ主義が、ロシアにも広まった。公的なロシアにではなくて、知識人の一部と更には民衆の中に広まったが、しかしながら民衆の中には、トルコの軛からの解放を求める正教の南スラヴ人に対する宗教的共感としてのみ広まったのである。

トルコの分割もアレクサンドル一世の計画の中に入っており、ロシアのキリスト教の揺籃地であるコンスタンチノープルはロシアのものになるべきだったが、ナポレオンがこの計画を妨げた。

しかしながら、まさにナポレオンが第三のローマであるロシアによって粉砕された。文化的のみならず政治的にも、民衆感情は、革命の祖国としてのフランスに対立し、アレクサンドルは神聖同盟の首長にさえなった。

アレクサンドルとニコライの時代の反動の発生のみならずその伝播と強さと継続を理解しようと思ったら、この民衆感情の強まりを考慮に入れねばならない。他方、このロシア主義に、農民への愛着が結びついたことが分かる。即ち、真のロシア的存在は、農民において、農民の中に、民衆の中に現れるのである。それ故に、民衆という概念も国民という概念から区別される。ここに、民主主義的および社会主義的な要素が働く。民衆は、上流階級、貴族、インテリゲンチャ、ブルジョアジーの対立物として、更には国家の対立物として、理解される。

20

民族的なショーヴィニズムと排他性の反動的な高まりにもかかわらず、アレクサンドルとニコライはロシアを経済的にヨーロッパ化することを迫られた。農業は模範をヨーロッパに求めねばならなかったし、工業は更にそうだった。「みんな金持ちになりなさい」というスローガンがどの反動にも当てはまる限り、反動はある程度このヨーロッパ化を直接に支えた。

商業は、既に古いキエフとノヴゴロドのルーシにとって意義を持っていた。モスクワ帝国においては、とりわけ首都そのものにおいては、商業が家内工業とマニュファクチャーの組織化と普及を主導した。十七世紀と十八世紀まで、外国貿易は天産物（蜂蜜、蠟、毛皮など、また亜麻布と麻布の織物）の輸出から成っていた。輸入されたのは、ヨーロッパのマニュファクチャーの製品だった（武器、繊維製品、芸術品と奢侈品、ワインなど）。一六五三年に、アルハンゲリスク経由で輸入された製品の価格は、百万ルーブル以上だった。もちろん、貨幣の購買力は、今日よりも遥かに大きかった。既にモスクワにおいて、ヨーロッパ人による輸入が始まっていた。外国貿易が僅かだったことは、部分的に、ヨーロッパの商人と職人が直接モスクワに定住したということによっても説明される。

ピョートルは、商人によって主導された産業の発展を精力的に支援した。こうして、いわゆる「人工的」産業が発生した。これは、国家の援助を受けた産業、特に軍需産業を意味する。

工場の企業家は、ピョートルの時代、主に商人と一部領主であり、両者とも労働者を農奴から取った。もちろん、貴族の領主は、労働者としての農奴が完全に自分のものだという点で有利だった。それに対して、「所有工場」の所有者は、自分の工場のために領主から労働者を買わねばならなかった。ピョートルは確かに、工場への農奴の譲渡を可能にした。しかし、十八世紀には、特に国家が一般に貴族を庇護したために、つまり貴族の産業的事業をも庇護したために、世襲領地内の貴族の工場の数が増えた。

工場労働者の発展にとって比較的好都合だったのは、農奴農民のオブローク（年貢）関係だった。オブローク（領主によって提供された土地の利用に対する年貢）を払っていた農民は、賦役を負っていた農民よりも自由に自分の運命を決めることができたのである。

農奴の労働者と並んで、じきに自由民の労働者が増え、十九世紀初頭には全労働者の半分を占めるようになった。自由労働者が企業家にとってより好都合で有利だったことは、理解できる。そして、それによって、産業の強化への配慮が農民の解放を支援したということが説明される。

アレクサンドルの時代に産業が発達し、ヨーロッパの技術的成果が工場に浸透するに従って、農業と工業との対立と、同時にまた相互依存が明らかになってきた。今に至るまで、農本主義にも工業中心主義にも、それぞれの擁護者と理論家がいる。西欧と同様にロシアにも、保護貿易主義者と自由貿易主義者がいるが、両者とも農奴制の維持に賛成した。アレクサンドルは、その外交政策と一致して、大陸封鎖政策に与したが、しかしロシアの状況、絶えず増大してゆく、国内では十分に満たされない工業製品の需要が、より自由な関税政策を強いた。同時に、同じ方向に、ロシアの工場も変化した。農民と都市民のより自由でより移動し易い階層からの労働者が、ますます新規採用された。一八二五年には、五四％が自由契約で賃金をもらう労働者だった。

ニコライ一世の時代に、工業がかなりの程度に強化された。とりわけモスクワと周辺の地域は、成長する工業化と資本主義化の中心地となった。この地域は、繊維産業の所在地だった。ニコライ自身が、ロシアには農奴制があるので産業と商業が十分に開花できないと言明した。彼はこの見解を、彼の国民経済学の教師で、ロシアにおけるアダム・スミスの最も優れた信奉者だったシュトルヒ〔ハインリッヒ・シュトルヒ。一七七六～一八三五。ドイツ出身の政治経済学者〕から引き出した。ツァーリがシュトルヒの見解に賛成していたにもかかわらず、彼の主要な学問的著作（彼の『講義』）がロシア語で出版を許されなかったということは、政治的状況にとって意味のないことではなかった。即ち、国民経済学の公式的な潮流は、既に長い間、産業の農本主義的評価に基づいていたのである。まだ相変わらず、農業は国民の安寧の自然な源泉であり、工業はその人工的な源泉である、と考えられており、これに従って、工業は何とか大目に見られただけなのである。このことはもちろん、既にニコライの時代に工業が大いに発展することの妨げにはならなかった。

工場制工業と共に、比較的長い間、いわゆる家内工業もまた発展した。この工業の一部は国内の日常的な需要を満たしていたが、一部は工業的企業の一形態にほかならなかった。ようやく近代的機械と鉄道網の導入によって、またこうして可能になった製品の輸入と輸出によって、家内工業と巨大工業の平行的な発展が崩された。時間的には、この発展段階は、ニコライの後で農民の解放が準備された時期と見なすことができる。(9)

21

アレクサンドルとニコライの時代の反動は、近代ロシア文学とジャーナリズムの発展を押しとどめることはできなかった。

ヴォルテール的古典主義に取って代わったロマン主義的な感傷性と神秘主義は、その最も重要な代表者たち——カラムジーンとジュコーフスキー——において全般的な反動の体系に順応した。しかし、最も強力な精神の持ち主たちは、好むと好まざるとにかかわらず、政府と社会の反動の原理を否定する道を進んだ。

この時代のしるしは、プーシキンといわゆるプレイヤード〔プーシキンと同時代の詩人群〕において表現を得た、強い叙情主義である。政治的活動から排除されて、人々はもっと自分自身の内面に注意を向けるようになり、こうして内省的で、分析的で、批判的な叙情詩が生まれた。そして、特徴的なことはまさに、この詩情は韻文において最も強い表現を得たことであり、いわゆる近代的な散文——小説——は、もっと後に生まれることになる。プーシキンと並んで、バーチュシコフ、ヴェネヴィーチノフ、バラティンスキー、ヤズィーコフ、ルィレーエフといった優れた詩人たちが登場する。重要なことは、これらの詩人たちの詩は凝縮した思想であり、概して思考と哲学が叙情的に行われたことである。人生とその条件の詳細な分析と批判が始まった。グリボエードフの『知恵の悲しみ』（一八二二～一八二三年）は、アレクサンドル時代の透徹した批判を提供している。グリボエードフの風刺と並んで、独自のやり方で社会の傷を探った寓話作家クルィローフを挙げねばならない。そしてとりわけプーシキンが、『オネーギン』（一八二三～一八三一年）において自分の時代を鏡に映した。

若い文学の最良の代表者たちは、より直接的か間接的かの相違はあれ、デカブリストの乱と関係していた。詩人でもあり市民でもあろうとする努力によって絞首刑にされた詩人ルィレーエフのみならず、マルリーンスキーとりわけグリボエードフもまたそうだった。プーシキンは、デカブリストの乱にできれば参加したかどうかというニコライの直接の問いに対して、もちろん明確に然りと答えるほかなかった。

文学のこの特殊な分析的方向——「告発的」と言われた——は、ニコライ時代に続いた。ゴーゴリの『検察官』（一八三六年）と『死せる魂』は、プーシキンの分析を継続するものであり、ゴーゴリにレールモントフが加わった（『現代の英雄』一八四〇年）。『検察官』の上演を許可して、涙の出るほど笑ったツァーリは、この戯曲の風刺の引き立て役として打ってつけだった。

ニコライの時代には、プーシキンとゴーゴリと並んで、その他のロシア文学の偉大な代表者たちが成長し、ニコライ時代の末期に登場した。——ドストエフスキー、トルストイ、トゥルゲーネフ、ゴンチャローフ、オストローフスキー、更にネクラーソフ、グリゴローヴィチ、ピーセムスキーなどである。

アレクサンドルとニコライの反動の時代に、文学と並んで、全く独自なロシア批評——ベリンスキー——が発展した。ニコライの時代にはまた、初めて、政治的、国家学的ジャーナリズムが現れた。概して、近代ロシア文学と呼ばれ、世界文学の一部として一般に認められているものは、アレクサンドルとニコライの時代に準備されたのである。現在に至るまで、年代的にはやや不正確なことに、ロシアでは好んで「四〇年代」とか「四〇年代の理想主義者たち」と言われている。そして、ロシア文学において、そのリアリズムが特殊性と優越性として賞賛されているとすれば、その発展には部分的に、アレクサンドルととりわけニコライの、実践を目的とした反動体制も一役買ったことをここで認めねばならない。

ゲルツェンはニコライ時代を、人々が外面的には隷属化されたが内面的には解放された、驚くべき時代として特徴づけている……。後に見るようにスラヴ派が賞賛し、一部西欧派も信奉したこの内面的な解放は、もちろん、ある程度、絶対主義が人々に強いた政治的禁欲の結果だった。続く時代のロシア文学において非常に大きな意味を持つ「余計者」は、ニコライの時代、更にはもっと前に生まれた。

22

現在に至るまで生きており更に発展している哲学的および政治的理念と潮流の芽が、まさにウヴァーロフの体系の神権政治的圧力のもとで植えられたという事実は、ニコライ時代のロシアにとって特徴的な意味を持っている。フランスに背を向けて、教養を求めるロシア人はドイツにやって来て、ドイツの学問と哲学がフランスの啓蒙主義を深めた。政治的に言うならば、ロシア人は小難を避けて大難にあった。しかし、ロシア人が陛下の同意を得て参加することのできた、ベルリンにおけるシュライエルマッハーやヘーゲルやヘーゲルの弟子たちの講義と、ドイツ文学と哲学一般の知識が、ヴォルテールについての知識よりも永続的な影響を与えるということを、ニコライとウヴァーロフ流の助言者は全く理解しなかったことだろう。

既に十八世紀に、ロシア人はドイツの大学に通い始めた。ロシアに招聘された教授や学者たちは、もちろん自分の弟子たちをドイツに送った。ドイツの大学でロシア人は個々の専門分野で教養を得、とりわけ当時公的に要請されていた国民経済学（当時の「財政学」）、法学および技術の教養（特に鉱山業の知識）を身につけた。大きな影響を与えたのは、とりわけハクストハウゼンであり、彼は一八四三年にロシアを訪れてミールの共同体制度と経済状況一般を調査した。専門的な知識と並んで、ロシアの若者たちに影響を与えたのは、哲学と文学、そしてもちろんまた、諸大学と教養ある社会で支配的だった政治的方向と潮流だった。カントとフィヒテの哲学の直接な影響はロシアでは少なかったが、しかしシェリングとヘーゲルの影響は際立っていた。それから、ドイツ哲学は、その基本的な認識論と道徳的な真面目さと、道徳と実践一般を示したことによって、影響を与えた。特にシェリングは、その美学によって、若い文学批評に影響を与えた。シェリングとヘーゲルはその歴史哲学によって、ロシアの歴史哲学の創設を早めた。

最大の影響を与えたのはヘーゲル左派であり、とりわけフォイエルバッハは、後に見るように、ロシア人を幻惑したと言ってよいほどである。

ドイツの哲学者たちと並んで、ドイツの詩人たちも非常に強い影響を与えた。即ち、レッシング、シラー、ゲーテ、更にホフマン（E・T・A・）その他は、ドイツ哲学と共に、「青年ロシア」を直接に革命化した。トゥルゲーネフの言葉によれば、インテリゲンチャは哲学的な「ドイツの海」にまっしぐらに飛び込み、同じトゥルゲーネフは、「青年ロシア」の実際的な必要を全く正しく次のような言葉で特徴づけている。「当時私たちは、哲学の中に、純粋な思想のみならず、世界のあらゆるものを探した」。

モスクワのシェリング派サークルでは、当時オドーエフスキーが友人と共に（一八二四年）、最初のロシアの哲学雑誌『ムネーモシュネー（ムネモジーナ）』を創刊したが、それはデカブリストの乱によって早くも廃刊になった。

ヘーゲル左派は、進歩的なロシア人たちの注意を、新しいフランスに向けた。一般に、フランスとの交流は相変わらず非常に密接であり、フランス語の知識はフランス哲学と文学の影響を可能にしていた。強い影響を与えたのは、フランスの社会主義だった。サルトゥイコーフは四〇年代末に（一八四六～一八四七年）、フランスの影響を次のように描いている。「フランスから、もちろんルイ・フィリップとギゾーのフランスではなくて、サン・シモンとカベとフーリエとルイ・ブランと特にG・サンドのフランスから、我々のもとへ人類への信仰が流れ込んだ。そこから我々に向かって、黄金時代は過去にあるのではなくて未来にあるという確信が輝き出した」。

当時サルトゥイコーフだけがヨーロッパの社会主義者に学んだわけではなかった。批評家のアンネンコフは、ロシアの若い世代に対するフランスの社会主義の強力な影響について同様の情報を提供している。作家J・I・パナーエフ、文学史家A・P・ミリュコーフその他も、同様のことを言っている。ジャーナリストのブタシェーヴィチ＝ペトラシェーフスキーの周りに、一八四五年から作家のグループが集まり、ペトラシェーフスキー・グループとして知られるようになった。

このサークルで、ドストエフスキー、ベリンスキー、プレシチェーエフ、アポロン・マーイコフ、詩人の兄弟で批評家のワレリアーン・マーイコフ、後のスラヴ派ダニレーフスキーなどが交流した。文学的、ジャーナリズム的自由の要求および司法制度の改革と並んで、農奴制の廃止が、熱い議論の恒常的なテーマだった。ペトラシェーフスキー自身、フーリエとサン・シモンの熱狂的な信奉者だった。[10]

文学のこの社会化は同時に、しばしば言われるように、文学とジャーナリズムがより民主的になることに現れた。確かに、作家たちはもはや以前のようにもっぱら貴族階級だけからではなく、民衆的な中間層からも出てきた。作家となったのは、貧しい、あるいは貧窮化した貴族、聖職者、役人、商人であり、既にプロレタリアートの作家もいた（例えばポレヴォーイ）。文学のこの民主化については、ポレヴォーイのみならずマルリーンスキーやベリンスキーにおいても見受けられるように、その代表者たちが十分に自覚していた。[11]

文学とジャーナリズムのこの民主化は、ロシアにとって更に、その影響によって特殊な身分と階級としての「インテリゲンチャ」が作り出されたという、特別な社会的意味を持っていた。インテリゲンチャの概念の定義は、現在に至るまで、ロシアの批評と哲学の未解決の課題である。――しかし、最初から、反体制的なインテリゲンチャが想定されていた。

当時最も影響力が弱かったのは、イギリスの哲学思想だった。既に見たように、確かにイギリスの立憲主義は既にデカブリストとその先行者たちに影響を与えたし、またロシア人は一八三二年の議会改革と更にはチャーティスト（人民憲章）運動を関心をもって見守ったが、しかしイギリス哲学がより強い影響を与えたのはもっと後の世代に対してだった。ようやくカーライルが知られるようになっていた。それに対して、既に以前からバイロンが強い影響を与えていた。

23

文学的な反体制運動と革命は、反動の圧力のもとに、全く独特な形で発展した。

学校、とりわけ大学は、もちろん若者たちには不十分なものであり、彼らの嫌悪をかった。若者を導いたり、少なくとも教育したりできたのは、ごく僅かの教授たち、特定の個人だけだった。もちろん、進歩的な思想を持っていたのは、若者の少数派だった。にもかかわらず、学問する若者たちは、最初から反体制運動と革命の中核部隊を成した。絶対主義にとって、とりわけロシアの絶対主義にとって特徴的なのは、まさに学生たちがあらゆる形態のロシアの反体制運動と革命において非常に顕著な意味を持った、ということである。

絶対主義の圧力下での大学と教育手段一般の不足は、じきに独学が進歩的綱領の本質的な一部になる、という結果を引き起こした。既にアレクサンドルの時代に、そして更にニコライの時代に、大学と緩く結合しながら、同じ思想を持った、あるいは少なくとも同様の傾向を持った人々の文学的サロンとサークルが幾つか生まれた。そしてそこで、最も重要な理論的問題、またその後まもなく政治的、社会的問題が、熱心に検討された。これらの自習的なサークルは、フリーメーソン支部と秘密結社の自然な継承であり、後の革命委員会への過渡的形態だった。(12)

現在に至るまでロシア文学は、西欧文学よりも多くの文学的独学者の典型的な代表者を持っている。例えば文学批評を反体制運動と革命の武器としたポレヴォーイやその後のベリンスキーなど、この独学者たちがまさにアレクサンドルとニコライの反動の時代に大きな意味を獲得したというのは偶然ではない。この批評とジャーナリズム一般は、最初から、進歩的理念を宣伝することを課題とし、それ故に、新聞と並んで評論雑誌が大きな影響力を持った。哲学と新しい思想を大衆的に広めることが、このジャーナリズムの目的であり続けた。

反動が高じるにつれて、民主主義的な文学的反体制運動は革命的なものへと先鋭化していった。国内でも国外でも非合法文学が生まれた。最初のうちこの文学は手書きだったが（例えばグリボエードフの喜劇は、ニコライがそれを許可しないうちは写本で、しかも何千という写本で、回覧された）、後に国内に秘密の印刷所が創られ、外国には印刷所と出版社が創られ（ゲルツェンは最初のロシア語印刷所を一八五三年にロンドンに創った）、外国で印刷されたロシア語の著作のロシアへの非合法的な輸入が組織された。

この機会に、反体制的新聞雑誌と反体制文学の暗示的性格について手短に指摘しておこう。即ち、比較的古い、ロシアで刊行された雑誌、小説、書籍においては、行間から非常に多くのものを読みとらねばならないのである。通常、この方法は、自由な言葉よりも挑発的に作用する。絶対主義は単に野蛮なだけではなく、常に愚かでもある。その上、反動的な文学と新聞雑誌は、ペテルブルグでもモスクワでもあらゆる点で進歩的なそれよりも劣っていたということを強調しておく必要がある。

非合法文学と結びついているのは、亡命である。そもそも移住は、ロシアの恒常的な制度である。古代ロシアにおいて、分封公たちの支配の時代には、移住はまだ一種遊牧民的性格を持っていたが、モスクワ時代には既に政治的性格を持つようになった（例えばクールプスキー）。十八世紀の反動は、多くの人々に亡命を強いた。デカブリストの乱の鎮圧後、亡命が特に増大した。ロシア政府は、ついには経済的にも誤った抑圧によって、ヨーロッパにいる多くのロシア人を強制的にヨーロッパ化し、彼らを革命に向けて育成した。

立憲主義と農奴解放が、デカブリストの乱鎮圧後、自由思想的な反体制運動の政治的理想であり続けた。この政治的自由主義の代表者として、N・I・トゥルゲーネフを挙げることができる。トゥルゲーネフ（一七八九年生まれ）はゲッチンゲン大学で学んで、政府によってシュタイン（ルートヴィヒ・シュタイン。一八五九〜一九三〇。ドイツの哲学者、社会学者、政治家〕のもとに派遣され、彼のもとで自分の政治的、行政的教養を補った。トゥルゲーネフは『税理論に関する試論』（一八一八年）によって非常に有名になった。「福祉同盟」とデカブリスト運動への参加のために欠席裁判で死刑を宣告され、その刑は恩赦によって終身懲役へと変えられたために、彼は死ぬ（一八七一年）までヨーロッパにとどまった。後にアレクサンドル二世によって市民権が回復されてから、時々ロシアを訪れた。フランス語とロシア語で書かれた多くの論文と著作において、トゥルゲーネフはデカブリストの立憲主義的な理想の実現に努めた。彼の残された広範な著作のうち、今に至るまで最も重要な部分でさえ満足に公刊されていない。彼がデカブリストとどのような関係にあったのか、どの程度までこの運動に参加したのかは、これから批判的に検証されねばならない。

　その三巻本の主著『ロシアとロシア人（La Russie et les Russes）』（一八四七年）において、トゥルゲーネフはデカブリスト運動への自分の参加を描いており、ロシアの国家行政を詳細に批判し、最後に必要な改革を提案している。この著作から、著者がイギリスとフランスとプロイセンといった西欧の著作と制度を知っていたことが分かるし、またスペラーンスキーの草案を知っており、スペラーンスキーよりも更に進んで農奴解放を精力的に要求したことが分かる。国民会議（ゼームスキー・ソボール）の招集を主張し、それに立法権を持たせようとした。同時に彼は、非常に精力的に、小区画の土地を持たせて農奴を解放することを主張した。彼は、少なくともヨーロッパにおける社会運動の意義を理解しているように見えるとはいえ、一八三三年にパリに住んだ時により詳しく知った社会主義、あるいは更に共産主義に対しては、否定的だった。同様に、主著においてはミール（農村共同体）に反対したが、後にはそれを擁護した。ロシアのためには労働の組織を望まず、立憲主義で十分だとした。ロシア貴族はイギリス貴族ほどの意義を持たないという理由で、彼の主張した国民会議（ゼームスキー・ソボール）は一院制だった。選挙権は普通選挙権ではなかった。トゥルゲーネフはもちろん、立憲主義化と同時に不可欠な行政改革、とりわけ司法改革の実施を求め、体罰の廃止や地方自治の導入などを求めた。政治的著作家として、トゥルゲーネフは全面的な教養を持ち、進歩的な文献も反動的な文献も全体的によく知っていた。ニコライ時代、トゥルゲーネフは、ゲルツェンの登場以前、最も有能で事実上唯一の政治的論敵だった[13]。

24

　ニコライが農奴制にいかなる態度を取ったかについて、まだ特に論じる必要がある。この皇帝は政治においては非常に強い意志を持っていたが、この社会問題においてはアレクサンドルによく似た動揺を示した。早くも一八二六年にこの問題を検討するための秘密委員会が創設されたが、続く時期に新しい秘密委員会が設けられた以外、何も実施されなかった。一八四一年とその後、農民の利益のために幾つかの法的、行政的指令が出されたが、しかしそれはほとんど実効を持たなかった。なぜなら、そのお粗末な規則を領主たちは麻痺させたり、あるいは自分の利益のために利用することさえできたからである。それでも、領主の処罰権の目録を作る試みが行われ、農奴を家族から引き離したり土地なしで売り渡したりすることが許されなくなった。

ニコライは、農奴制の影の面を理解していた。一八四七年に大領主たちに、（貴族は）土地への権利は持っているが、人間への権利は持っていないと言った。人間を物として扱うこの権利は、一面では策略と詐欺によって、他面では粗野な無教養によって生じえたのだ、そしてそれはロシアが工業も商業も持たない原因であると、ニコライは言った。そして、ニコライは死に際して、農奴の解放を課題とすることを息子に勧めたと、言われている。

ニコライの動揺と不決断は、非常にはっきりした理由を持っていた。即ち彼は、自分の絶対主義が農奴の運命と結びついていることをも理解していたのである。このことはまた、ウヴァーロフ伯爵が農奴制を専制の基礎と宣言した時に、非常に明確に表明したことである。ウヴァーロフの政論によれば、専制、更には君主制も、農奴制の権利と同じ歴史的根拠を持っている。ピョートル以前にあったものはすべて消え去り、農奴制だけが残った。それ故に、建物全体が激震を被るべきでないならば、農奴制は変更されるべきではない。ウヴァーロフは、農奴制が決して制限されることのないように警告した。さもなければ、貴族の不満が爆発して補償を求めるだろうというのだった。そして、その補償を、貴族は専制の領域以外のいかなる所にも見出すことができないと、ツァーリに忠実なこの貴族は結論した。

奴隷制と専制と皇帝制とのこの密接な関連については、他の者たちも気づいており、農民に好意的な領主たちさえも気づいていた。例えばキセリョーフ〔パーヴェル・ドミートリエヴィチ・キセリョーフ伯爵。一七八八～一八七二。ロシアの政治家・外交官〕がそのような領主であり、ツァーリはこの問題についてしばしば彼に相談した。キセリョーフは感情的また理性的な理由から農奴解放に賛成していたが、しかし解放が民主化に至ることを望まなかった。農奴が土地付きで解放されるべきか、それとも土地なしで解放されるべきかという問題において、キセリョーフは中道を勧めた。即ち、農奴は人格的に解放されるが、彼らに小区画の土地が貸与される代りに、一定の制限された奉仕が彼らに要求されるべきだとしたのである。そしてこの提案をキセリョーフは、農奴を土地なしで解放することは彼らから大量のプロレタリアートを作り出すことだけを意味する、しかしながら土地付きで解放することは「貴族の独立性を破壊して民主主義を作り出す」ことを意味する、と根拠づけた。

君主制、とりわけ絶対君主制は、まさに貴族制の一部にすぎない。ツァーリは、あらゆる絶対主義にもかかわらず、同類の中の同類にすぎず、忠誠は、ウヴァーロフがはっきりと示したように、結局は解約通知に対する忠誠にすぎない。

このことをニコライは理解しており、そしてそれ故に、この人道的なうわべを持つ金銭的問題における彼のアレクサンドル的な動揺があったのである。民主主義に対するキセリョーフの恐れは、伯爵の称号によってねぎらわれた。慎重さと計算高さから、ニコライは貴族の利益を支持した。ニコライの時代に信託遺贈領地が創設されたし（一八四五年）、特徴的なのは、ニコライが公爵の称号を最も多く与えたという事実である。[14]

しかしながら、農民たちもまた、自分の領主たちの動機を察知した。こうして、進歩的な貴族の哲学的、政治的な反体制運動と並んで、「正教の」ロシア――農民たち――の社会的反体制運動が目覚めた。

農民の間には貴族の大領主に反対する運動が発生したが、それは単に革命的な性格だけでなく明らかに社会的な性格を持っていた。アレクサンドル一世とニコライの時代に、農民たちの中には恒常的な騒動があったと言うことができる。農民たちが自由主義的な反体制運動と革命にしばしば共鳴したということは疑いない。このことは、確かにデカブリストの乱にも当てはまる。インテリゲンチャと貴族の反体制的気分は、農民にもまた影響を与えたが、しかし主として、農民は自分たちの経済的、社会的貧困に不満の原因を持っていたのである。年中、いろいろな所で、農民によって多くの領主が殺害されたり彼らの家が放火されたりした。[15]

農民の騒乱に、軍隊の絶えざる反乱も加わった。アレクサンドル一世が新たに導入した国境地帯屯田兵制度はうまくいかなかった。兵士と多くの将校がしばしば反乱を起こし、注目に値するのはまた、兵士たちが貴族としての将校に対して反乱を起こしたという状況である。

この積極的な反乱と並んで、農奴の消極的な反抗も発生した。即ち、公式には「突然死」として記録された、多くの自殺である。[16]

そして最後に、ニコライ時代には既に、深刻な労働者の騒乱にも至っている。労働者の騒乱は既にエカテリーナ二世、パーヴェル、アレクサンドル一世の時代に発生しているが、ニコライ時代により大規模なものになった。[17]ニコライ時代の一八四五年に最初の反ストライキ法が発布され、ニコライの政府は、増大する労働者プロレタリアートをしっかりと見張った。しかしながら、ヨーロッパにおいてと同様に、労働者の数の増大を押さえるために新たな工場の設立を防ごうとしばしば努めた警察と行政の政治的懸念に、国家自体と資本家の工業的利害の方が勝った。国家自体が、その貴族的・農本主義的努力としばしば鋭く矛盾して、新たな工場を設立して工業を支援することを強いられた。

フランス社会主義によって教育されたインテリゲンチャが、革命化する農民に共鳴した。一八四八年のフーリエ主義的なペトラシェーフスキー結社は、もしかしたらニコライとその顧問たちの目を開かせたかもしれなかった。しかし、ニコライは、ドストエフスキーとその仲間たちを処刑場に引きずっていって最後の瞬間に彼らに恩赦を与えてシベリア送りにすることによって彼らを驚かせることで、事足れりとした。

25

アレクサンドル一世とニコライ一世の神権政治と反動の最終的な結果は、セヴァストーポリの陥落だった。ハンガリーの革命を克服した六年後に、神聖同盟の以前の同盟国は、既にアレクサンドルが片づけたいと思っていたトルコの側についた……。

この敗北が神権政治的な権力者たちにいかに作用したかは、想像に難くない。それはかつて十字軍の遠征が中世の人々に作用したのと同様であり、その時と同様に、キリスト教徒とそのキリスト教は仇敵に対して弱いことが分かったのである。こうして、ロシアの神権政治、正教・専制・国民性が、「腐敗したヨーロッパ」に屈しなければならなかったのである。

実際に、神権政治の基礎たる正教は、正教の皇帝・教皇に対するその影響から考えると、非常に脆弱なものだった。ニコライは、ちょうどアレクサンドル一世と同様に、公的な信仰に十分な慰安を見つけられなかった。医師たちの証言によれば、彼は自殺を考えた。そして、それを実行しなかったとはいえ、病気になったときに医師の助けを無駄にして、自分の死を早めた。皇帝の周囲の人々は、皇帝の死の知らせを受けても、カルタ遊びを中断しなかった……。

死の時だけでなく、生前も、ニコライは、自分の国家教会とその宗教から道徳的な原理を少ししか受け入れなかった。それとも、彼の残忍さと独裁はキリスト教的なものだったのだろうか？　そして彼の私生活はキリスト教的だったのだろうか？　愛人ネリードワに対する彼の関係は？　ポーランド貴族の領地と城館の没収は、何だったのだろうか？[18]

外面的に取り繕うことに慣れていた政府筋の貴族と宮廷は、自らの伝統的な外交と軍国主義の崩壊を経験した後、内面的な状況について考え始めねばならなかった。絶対主義的なオーストリアが一八五九年と一八六六年にそうだったし、フランスが一八七〇～一八七一年にそうだったし、今は再びロシアがそうである……[19]。セヴァストーポリの敗北は、粗悪な軍備と指導および軍事訓練の不足の結果だった。ロシア人の敵は、長い砲身と銃身の大砲と小銃を持っており、ロシア人は旧式の武器（ヨーロッパの武器の射程が千二百歩だったのに対してロシアのそれは三百～四百五十歩だった）と艦船（蒸気船に対して帆船）を持っていた。ナポレオンの時代には敵と対等だったのだが、今やロシアには不十分な学校しかなかったので、不十分な技術しかなかった。近代においては、内的行政が粗悪であれば、どの軍隊も没落を避けられない。——戦争は戦場における勇気だけでなく、教養のある将校と兵士をも必要とし、改良された武器と防御装置を必要とし、パンを必要とし、薬とあらゆる種類の糧秣を必要とし、先見の明を必要とする。クリミア戦争の歴史は、軍事行政において、まさに神権政治的な蒙昧主義の内的な腐敗をも暴露した。その腐敗については、ベリンスキーがニコライ一世の体制全体について「支配する泥棒と盗賊の団体」と言ったことが当てはまる。

ニコライとその先行者たちの反動の時代全体を見ると、ロシアの反動主義者たちの無能に驚かざるをえない。彼らが自分自身の利益において、ロシアの発展を歴史哲学的観点からせめて部分的にでも理解し、自分と自分の国をより有機的に世界との大きな関連の中に入れることを、いかに少ししか為し得なかったことか、驚かざるをえない。ニコライは生涯、革命を扇動の産物として、何人かのデマゴーグと秘密結社の仕業と見ていたし、彼の顧問たちも同様に考えていた。王冠も政府も警察の弾圧で満足し、反動的なヨーロッパを機械的に真似ていた。ニコライはすべてにおいてメッテルニヒとその反革命的反動の矮小な例に従い、そして同じ結果を招いたのである。

第４章　一八六一年の農奴解放と行政改革

26

セヴァストーポリは、一八六一年の改革とそれに続くものがそう呼ばれているところの大改革の時代をもたらした。憲法は導入されなかったが、農奴は解放され、行政は改革されることになった。同様にオーストリアでは一八四八年が農民の解放をもたらし、憲法は短命なものにとどまった。同様に、プロイセンはイェーナの戦いの後にその行政を改革し、憲法はもっと後に導入された。

人民の大部分は、実際に奴隷の枷に縛られていた。なぜなら、エカテリーナの時代に完成された、領主の土地への農民の緊縛は、それ以外の何物をも意味しなかったからである。

今日では、ロシアの農奴制に関して、概略的にでも正しい観念を作り出すことはできない。我々がこの制度の歴史を知っているとはいえ、我々は通常、ただその法的、経済的側面だけを考える。しかし、農奴制の道徳的、社会的意味を、その具体的な生活において理解しなければならない。農奴は実際に心身共に不自由だったという事実、領主は自分の農奴を売ることができたという事実、一八三三年まで、農奴の家族の成員の誰かを好き勝手に売ることで、死によるのと同様に家族を解体することができたという事実を理解しなければならない（農奴は土地を離れてはならず、例えば貴族の夫人がシベリアに追放された夫のあとに自分を犠牲にしてついてゆくことができたように、農奴が売られた者についてゆくことはできなかった）。農奴、それは自然経済の貨幣だった。領主は自分の「魂（農奴）」をカルタで負けて失うことがあったし、愛人に贈ることもできた。領主は自分の農奴を思いのままにすることができ、自分の奴隷の才能のある息子を料理人にするか楽師にするか医者にするかは、領主次第だった。しかし、領主は自分の奴隷の妻や娘をも好きにすることができ、どの男女が結婚しなければならず、どの男女が結婚してはいけないかを決めた。領主の館は、しばしば単なるハーレムだった……。最良の作家たちが農奴制を思い出して描いている光景は、恐ろしいものである。比較的古いロシア文学を注意深く読む者は、至る所に、この道徳的、社会的な背景を見出す。ロシアの農村と田舎の生活を観察し描いた者は、はっきりとこのことを指摘している。「『グルィズローフよ』、とD・Sが言った。『マリーヤ・フョードロヴナがモスクワに行く準備をしていて、お金がいる……。私が村を通ったとき、あそこにたくさんの子供を見た。屑がたまっていた。――処分せよ！』これは、グルィズローフがD・Sの村を回って、余分な少年少女を捕まえて、彼らを売って金を領主のところにもって来るように、という命令を受けたという意味だった……」（グリゴローヴィチ『文学的回想』）。一八六一年以前の新聞には、どこでも次のような広告を読むことができた。「旅行用軽馬車と二人の少女を売りたし」……。イワーノフカ村の少女売却市場は有名だった。そこにはロシア全土から少女たちが連れてこられ、アジア人商人にも売られた。

最近クロポトキンは、その『回想』の中で、ロシア貴族に対する農奴制の影響を見事に描いている。それぞれの奴隷制の種類と程度において、実際に奴隷への影響のみならず、奴隷所有者への影響も問題になる。あらゆる奴隷制はどこでもいつでも二種類あって二重である。——主人がかくあれば奴隷もかくあり、奴隷がかくあれば主人もかくありで、奴隷的精神は奴隷もその主人も両方持っているのである。これがまさに奴隷制の呪いである。ツァーリから始まって最後の農村の旦那に至るまでの人々は、自分の身近な人間を機械として使うことができるので、働きたがらないし働くことができない奴隷のヒエラルキーなのである。

「洗礼を受けた財産」とゲルツェンは農奴のことを呼んだ。ゲルツェンの前にゴーゴリは「死せる魂」について語った。——それでもゴーゴリは、全精力を傾けて、聖書から、キリスト教的奴隷制の権利を証明しようとしたのである。絶対主義的検閲もまた非常にキリスト教的で聖書に精通していたので、ロシアの読者が黒人奴隷と農奴との間の類似に気づかないように、『アンクル・トムの小屋』〔アメリカの女流作家ハリエット・ビーチャー・ストーが黒人奴隷を描いた一八五二年の作品〕の翻訳を許可しなかった。ジュコーフスキーは、ニコライとの近しい関係にもかかわらず、シラーの『信仰の三つの言葉』——人間は自由たるべく創られ、枷を付けられて生まれたとしても自由である——の翻訳の許可を得られなかった。ロシアにおいてこの道徳的、精神的自由がどのような状態にあったかは、詩人シビリャコーフの悲しい事例が示している。シビリャコーフは枷を付けられて生まれ、彼の主人は彼の詩才を重んじず、彼に習わせた菓子作りの技能を重んじた。そして、ジュコーフスキーやその他の者がこの詩人に関心を持ったとき、身請け補償金として一万ルーブルを要求した。

この全体的な社会的、道徳的状態の感覚は、啓蒙主義者と人道主義者たちに、奴隷制の廃止を第一の義務として課した。しかしながら、経済的計算もまた、不自由な強制労働がいかに非効率的なものかを絶えず示していた。そしてついに、ロシアの貴族と領主は、慢性的な農民暴動と多くの火事と殺人が何を意味するかを理解しなければならなかった。

農奴解放は、十八世紀の人道主義者、フリーメーソンと政治的秘密結社、とりわけデカブリストの、「敬虔なる願望（pium desiderium）」だった。ペステリの死、シベリアであえいでいた追放者たちの苦悩は、無駄ではなかった。一八五六年に流刑からの帰還を許されたデカブリストのオボレーンスキー公爵〔エヴゲーニー・ペトローヴィチ・オボレーンスキー。一七九六〜一八六五。デカブリストの指導者の一人〕が、この問題においてロストーフツェフ〔ヤーコフ・イワーノヴィチ・ロストーフツェフ。一八〇三〜六〇。軍人〕に決定的な影響を与え、ロストーフツェフがアレクサンドル二世の親密な顧問であり、改革の主要な擁護者の一人だったというのは、偶然ではない。

セヴァストーポリの陥落後、ウヴァーロフの農奴制の哲学も陥落した。

アレクサンドル二世の時代に宣言された農奴制廃止の歴史は、長いものではないが、内容豊富なものである。反対者も賛成者も、進歩派も穏健派も、激しい闘いを行った。その闘いにおいて、とりわけ宮廷は二人の例外（皇帝の弟コンスタンチンと叔母エレーナ・パーヴロワ）を除いて改革に反対だったために、皇帝は難しい立場にあった。

講和が締結され、一八五六年に平和宣言が出された後、皇帝は身近な機会を利用して、モスクワ貴族の代表団に、農奴解放の可能性について考えるようにという課題を課した。そして、自分の父が辿った道を進んで、一八五七年に秘密委員会を招集した。しかしながら、アレクサンドルは、この秘密主義が何の成果ももたらさないことを理解し、ついにこの問題を布告の中で公にした。この布告は、リトアニアの領主が農奴解放を求めた最初の請願に対して発布されたもので、県の「準備委員会」を創設するように勧めている。進歩的なジャーナリズムがすぐにこのテーマに飛びつき、同時に、この問題全体の解決のために中央委員会が創られ（一八五八年）、一八六一年の二月十九日――アレクサンドルが戴冠したのと同じ日付――に、ついに解放令が発布された(1)。

ロシア貴族主義、数世紀にわたって組織された労働忌避は、打ち砕かれた。光と闇との闘いは光の勝利によって終わった。この闇の時代は、プーシキンや、更にはゴーゴリのような、偉大な人々をも混乱させたのである。しかし、ロシア文学の最良の代表者たちに農奴制の最も強力な反対者たちがいたということは、ロシア文学の名誉である。近代文学は、ロシア精神の最も深い内部において奴隷制と闘ったのである。農民と農村生活は、四〇年代末に、文学の人気のあるテーマとなった（グリゴローヴィチ『村』一八四六年、『不幸者アントン』一八四八年、トゥルゲーネフ『猟人日記』一八五二年）。

トゥルゲーネフはその文学的回想において、自分を清めて生まれ変わるために「ドイツの海」にまっしぐらに飛び込んだことを語っている。――自分の国ロシアでは我慢ができなかったのである。「私は自分の敵から遠ざからねばならなかったが、それはまさにこの遠さからより激しく敵に飛びかかれるようにするためだった。私の目には、この敵ははっきりした形を持ち、知られた名前を持っていた。即ち、この敵は、農奴制だった。この名前のもとに、私は自分が最後まで闘うことを決意したすべてのもの、私が決して和解すまいと誓ったすべてのものを集めた……。これは私のハンニバルの誓いだった。そして、当時誓いを立てたのは私一人ではなかった。そして私は、自分の誓いをより良く果たせるように、ヨーロッパにも行った」。アレクサンドル二世は、トゥルゲーネフの『猟人日記』を読んだことが農奴制を廃止しなければならないという確信を自分の中に呼び起こした、と断言している。アレクサンドルはこのような事柄においてしばしば好んで自らを欺いているが、しかし、もしも彼と彼の顧問たちが実際的な理由から農奴制の廃止が必要であることを理解したとしても、この問題自体における彼の功績は小さくならない。「農奴制が下から廃止されるのを待つよりも、我々が農奴制を上から廃止した方がよい」。——モスクワ貴族に向かって言われた解放者ツァーリのこの言葉は、エカテリーナを想起させ、トゥルゲーネフを引き合いに出すよりも尤もらしく聞こえる。

27

農奴解放の好ましい結果は、もちろん、農民にも領主にもすぐには現れなかった。詩人ネクラーソフは、張りつめた鎖のイメージを使ったが、その鎖は切れて一方の端で領主を打ち、もう一方の端で農民を打つのである。領主にも農民にも解放は思いがけずやって来たものだった。農民も領主も、一方は命令することに慣れ、他方は仕えることに慣れていて、すぐにはどうしてよいか分からず、また非常にしばしば両方の側で解放の最初の経済的、財政的結果は過酷なものに感じられた。このような解放はすべて一定の混乱を呼び起こすものであり、それを常にあらゆる種類の投機家が利用したのである。ある場合には比較的短く、ある場合には比較的長い時期の後でようやく、改革の根拠とされた理想と計画がある程度実現するのである。

ロシアでも同様だった。ロシアにおける農奴解放の本質を正しく評価するために、ロシアの耕作地の広い地域における農奴の地位はどこでも同じというわけではなかったということを、まず再び思い出さねばならない。租税関係は実に様々に調整され等級づけられていた。全体として、次の二つの範疇だけがあったが、しかし、様々に形成され等級づけられていたので、より詳細な記述には少なくとも二十の範疇を挙げなければならないだろう。農民は領主に個人的な奉仕と賦役（バールシチナ）を行うか、それとも年貢（オブローク）を支払った。賦役も租税も、場所と条件によって異なっていた。年貢は二十から五十ルーブルだった。いわゆる半農民（領主に収穫の半分を支払った）などがいた。年貢は、物品か貨幣で支払われた。領主の租税のほかに、農民は更に地方税と国税（人頭税）を支払わねばならなかった。

国有地農民と領主農民との違いにも配慮せねばならない。一七九七年に国有地から、皇帝の家族のための皇室領が分離された。この領地の農民は、国有地農民と同様の地位にあった。

一八六一年以前には、極貧の農奴も、比較的富裕な農奴も、更には非常に富裕な農奴もいた。非常に貧しい領主もいたし、非常に富裕な領主もいた。農奴が富裕な商人や製造業者になることも珍しくなかった。——既にそのことによって、比較的貧しい、あるいは全く貧しい領主に対する彼の関係は曖昧になった。数千人の農奴――更には十万人の農奴――を所有する領主もいたし、数百人の農奴しか持たない領主、また一人、二人、三人の農奴しか持たない領主もいた。領主全体の三分の二は、銀行に借金があった。――農奴制は、農民のみならず領主をも荒廃させた。

　一八六一年以前の状況は、国有地農民と皇室領農民が領主農民とは全く別の地位にあったことによって、ますます複雑だった。しかし、国有地農民の中にも、様々な範疇があった（特殊な地位にあったのは、前述の郷士《ごうし》である）。また、既に一八六一年以前に、全く独立した、自由な農民もいたことを忘れてはならない（皇室や所有者によって解放された者、補償金を支払った者など）。

　一八六〇年に、ヨーロッパ・ロシアにおいて（五十の県において）男性の農奴の数は以下の通りだった。

国有地農民	一〇、三四〇、〇〇〇人
領主農民	一一、九一〇、〇〇〇人
皇室領農民	八七〇、〇〇〇人

　人口百人に対して、三八・一%が領主農民、三七・二%が国有地農民と自由農民、三・四%が皇室領農民だった。

　土地は、一八六一年以前とその後、次のような比率で分けられていた。

	解放前	解放後
国有地	六四・五	四五・六
領主地	三〇・五	二二・六
皇室地	三・三	一・八
自由農民地と植民地	一・七	三〇・〇

十四万人の領主だけが解放の年に農奴を所有しており、そのうち三千から四千人が全く土地を持たず、即ち彼らの農奴は召使いにすぎなかった。

　しかしながら、今、不自由農民は既に一八六一年以前にも、自分と自分の家族のために一片の土地を耕していたということに注意しなければならない。その利用に対して、領主に支払いをしたか賦役をした。一八六一年に農民に配分された土地の規模は、全体として一八六一年以前よりも約五分の一少なく、とりわけ土地が肥沃でより大きな価値を持った所でそうだった。平均して（男性の）農民は、三～四デシャチーナを得た。北部では七デシャチーナ、ステップ地帯では十デシャチーナ、黒土地帯では僅か二デシャチーナだった(2)。

　自分に割り当てられた分割地（「贈与地」ないし「零細地」）の四分の一で満足する農民はすぐに領主から完全に解放されるという規定によって、数十万人の農民プロレタリアートの社会的危険分子が創り出された。より詳しく見ると、この零細地は、より古い解放案、何よりもまずN・トゥルゲーネフの案の実施だということが分かる。

　農民が解放に対して何年間も支払いを続けねばならなかったということを考えれば、農民が不満だったとしても驚くにはあたらない。

最後に、農民は土地を私有財産としては所有できず、共有財産として所有できたという事実をも指摘しておかねばならない。ある意味で一八六一年以後、ミール（農村共同体）が税金に対してだけではなく、償却分割金に対しても責任を負わねばならなかったということによって、農民に対するミールの権力が増大した。

農民に償却金支払いの義務が課せられたことによって、農民は再び領主に縛りつけられ、この状態は償却金を払い切るまで続いた。こうして、解放は多くの場合、遅らされた。それ故に、政府は、解放の結果として、大きな農民騒乱を予期して、軍事的措置を取った。実際、ニコライ時代にしばしば発生した農民暴動は鎮まらなかった。一八六一年から一八六三年までの二年間に、二十九の県で、千百の農民暴動があった。その多くは、軍隊によって鎮圧された。

それ故に、解放令の発布直後から、農民はあまりにも小さな土地しか得ておらず、不当に高い償却金を支払わねばならないという専門家たちの声が高まった。農民の土地の不足を指摘したのは、チェルヌィシェフスキー、ドブロリューボフなどの急進的なジャーナリストたちだけではなかった。穏健な著作家たち（例えばカヴェーリン）も、差し迫った農業危機が存在することを指摘し、農民にもっと多くの土地を与えるように要求した。一八八一年（十二月二十八日）に、農民の償却金を引き下げねばならず、一八八二年には、農民土地銀行が設立されて農民のための新たな緩和策が実施された。もちろん、同時に領主の利益にも配慮され（一八八五年の貴族土地銀行の創設）、領主のために農民の権利は制限された。

解放に対する公然たる反対者たちは、二月布告でひるみはしなかった。それどころか、自分たちの力を組織して雑誌『通信（ヴェースチ）』を創刊し、解放の事業にありとあらゆる障害を置き、国家の助力を獲得しようとして領主の扇動を行った。解放への敵対にもかかわらず、これらの社会的反動主義者たちの一部は憲法に賛成だったが、彼らはもちろんそれを貴族的な身分制憲法として想定した。

実際に実施された農奴の解放は、農奴制の反対者と賛成者との間の妥協、様々な党派の矛盾した諸案の妥協の結果だった。農奴は、もちろんのこと、自分たちが耕している土地付きで解放されることを望んだのに対して、この計画を出したのは領主のごく少数派にすぎなかった。領主の中の最良の者たちは、耕作地を解放するとすれば、それに対して農奴ないし国家ないしその両者が代償を支払うように提案した。農奴が土地を借りることしかできなかったバルト地方で実施されたような土地なしの解放には、恐らく多くの領主が賛成だったことだろうが、そこにも様々な潮流があった。ある者は土地なしの農奴解放を想定したし、他の者は農奴に建物と庭を与えるのはやぶさかではなかったし、また他の者は自由な移住の権利を与えて農民の権利を確立することを望んだ。一八六一年の事業は、できるだけ領主の望みにかなうことを目指したものだった。

農奴制は廃止されたが、農業危機が起こり、事実上そのまま続いた。

28

農奴解放は、国家行政全体の改革を必要とした。

領主は、その家父長的で世襲的な意味を失い、農奴を直接間接に指導し支配し経済的に搾取する、ツァーリの特権的で世襲的な名誉官吏であることをやめた。デカブリストが農奴解放と並んでその立憲草案において要求し、理論的に根拠づけたところのもの、N・トゥルゲーネフとペステリの要求、そのすべては、アレクサンドルの時代に部分的に実現された。

解放の最初の行政上の効果は、体罰が緩和されたことだった。既に一八六三年には、鞭打ちと犯罪者の烙印が廃止された。枝打ちは残され、一九〇四年になって郷（ヴォーロスチ）の裁判から消えたが、監獄では依然として残った。女性に対しては、シベリア流刑者を除いて、体罰は廃止された。

一八六四年に、新しい裁判制度と地方自治機関（ゼームストヴォ）の自治が導入された。

一八六四年以前にも既に国家裁判は存在したが、しかし裁判官はまさに貴族と領主であり、警察が予審判事だった。裁判がどのように行われたかは、容易に推察できる。改革は何よりもまず、裁判制度の公開性をもたらした。司法は行政から分離され、裁判官は罷免できないものとされた。調停判事と陪審員の制度も導入された。[3]

裁判制度の改革が全般的にどのような影響を与えたかは、最初の新しい審理（例えば一八六六年四月十七日のペテルブルグのもの）が社会全体によっていかなる歓呼をもって迎えられたかという情報から分かる。改革は少しずつしか根付いていかず、一気に導入されたわけではなかったというのは、理解しうることである（例えばキエフではようやく一八八一年になってから実施された！）。

地方自治機関（ゼームストヴォ）もまた次第に導入されていった（三十四のロシアの県においてのみ）。しかし、最悪だったのは、まさにここにおいて、国家の絶対主義と中央集権主義が、習慣化した支配を維持し拡大しようと努めた、ということである。権限が適切に分けられていなかったということが既に、そのための格好の機会となった。

都市に対しては、農村よりももっと後になってから一定の自由が与えられた。ようやく一八七〇年になって、新しい都市制度が許可された。政府は、都市住民の自由思想的傾向を非常に恐れていたのである。

更に後になってから、農奴解放の精神において、軍隊制度が多少人道化された。農奴農民は全く領主の恣意で軍隊に取られ、そこで二十五年間勤めて教練を受けねばならなかった。しかし、教練は殴られることを意味した！　領主は、自分の気に入らない農民の息子を選んで、新兵にした。富裕な農民や市民は、もちろん、お金で自分の身を購うことができた。

アラクチェーエフの屯田兵制度は、既に一八五七年に廃止された。一般兵役義務が一八七四年になってから導入され、勤務期間は十五年に短縮されたが、そのうち七年間は前線に勤務しなければならなかった。兵役年齢に達した者の中から、籤で兵士が選ばれた。知識階級は兵役を免除された。

ついに財政においても一層の秩序が確立された。一八六二年以来、財政計画と予算が公表されるようになり、それによって、一般の関心が、完全に紊乱した国家財政の健全化の問題に向けられた。一八六六年から、会計報告も公表された。

若干の税制改革が導入された（一八六三年に有害な火酒専売委託制度が廃止され、一八八〇年には塩税が廃止された）が、しかし税負担は重くされた。

にもかかわらず、アレクサンドル時代に赤字を組織的に解消することはできなかった。露土戦争には多くの戦費がかかったが、しかし鉄道建設も早められねばならなかったし、学校と新しい施設に資金を回さねばならなかった。一八五五年に、通常の国家歳入は二億六千四百万ルーブルで、一八八八年には既に六億五千百万ルーブルだった。エカテリーナ時代の末期には、国家の負債は約二億千五百万ルーブル、アレクサンドル一世の時代の末期には既に十三億四千五百万ルーブルになり、ニコライとその後継者たちの時代には、比較的良好な財政にもかかわらず、この負債はとてつもなく増大した。

学校制度もまた、一連の改革の中に含められた。一八六三年に、大学に新しい教育制度が導入され、大学評議会により大きな自治と教育の自由が認められた。アレクサンドル二世の即位後すぐに、大学においてニコライ的体制が廃止された。一八五六年の秋に、例えば法学部に、排除されていたヨーロッパ国家法が再び認められ、哲学をより熱心に研究することが許された。純粋に実際的な理由から、教育政策は、より有能な官吏と教師の養成を目指さねばならなかった。学生たちにもまた、より大きな自由が与えられた。例えば（一八六一年に）制服が廃止された。しかし、学生の団体は、新しい条例によっても許可されなかった。アレクサンドル二世の時代に、二つの新しい大学が、一八六四年オデッサに、一八六九年ワルシャワに創設された。

中等学校その他の学校は、ニコライ時代よりももっと援助を受けた。ロシアが最も必要としていた国民学校は、あらゆる方面から要求されていたよりも、また政府から要求されていたよりも、少ししか配慮を受けなかった。それは部分的に資金不足から起こったことだった。新たに創設された地方自治機関（ゼームストヴォ）が、より精力的に国民学校の問題に取り組んだ。国民学校と民衆教育への全般的な関心については、ピロゴーフ〔ニコライ・イワーノヴィチ・ピロゴーフ。一八一〇～八一。医師〕、ウシーンスキー〔コンスタンチン・ドミートリエヴィチ・ウシーンスキー。一八二四～七一。教育学者〕、ストユーニン〔ウラヂーミル・ヤーコヴレヴィチ・ストユーニン。一八二六～八八。教育学者〕、ヴォドヴォーゾフ〔ワシーリー・イワーノヴィチ・ヴォドヴォーゾフ。一八二五～八六。教育学者〕、

N・A・コルフ〔ニコライ・アレクサンドロヴィチ・コルフ。一八三四～八三。教育学者〕、そしてまたL・N・トルストイその他のような著名な教育家や作家たちの登場が証明している。そして、実際にロシアの国民学校ができたのは、農奴解放後のことだった。解放前は、国家が世話していたのは、貴族と官吏の教育だけだった。――若干の、特に神学的な著作家たちは、ピョートル以前のロシアにおける民衆教育を賞賛しているが、それは誤りである。

軍隊学校もまた改良された。

この時代、全く新しかったのは、女子のための公教育だった。増大してゆく教養ある階層の娘と貴族の娘は、農奴制の廃止後、より良い教育を受けねばならなかった。女教師や女医の需要、一般に性にかかわりなく教養ある労働者の需要が、ますます増大した。中等女学校が創設され（一八六九年にギムナジウムと下級ギムナジウム）、より高い教程とついには大学入学許可によって、女性に高等教育と大学教育が開かれた（一八七八年）。しかし、反動が女性教育の分野においても非常に早く現れた。

概して、これらすべての「大改革」は、致命的に中途半端なものだった。中央集権主義と官僚制の権力は崩されず、古い身分は時代の要求に従って変えられなかった。そしてそれ故に、農奴の解放は、進歩的な人々が期待したほど良い成果をもたらさなかった。モスクワ国家において作られた古い同業組合的階級は、廃止されなかった。――社会にはまだ長い間、数世紀来の慣習が残ることになった。

第5章　束の間の自由主義の後の、ニコライ体制の復活と継続。——テロリズム的ゲリラ革命の発展と、その犠牲者としてのアレクサンドル二世。——強化された神権政治的反動とその反テロリズム。日本との戦争における神権政治的反動の敗北

29

ロシアではいまだに「六〇年代」について非常に好んで語られ、その際ふつうまた「四〇年代」についても回想される。確かに、農奴解放によって民衆の力が解放され、あらゆる分野において強力な努力と志向が見られた。

一八六一年の変化と改革は、もちろん文学とジャーナリズムの隆盛に見て取り、それによって測ることができる。検閲が緩和され、官僚は一定の課題を解決しなければならず、軍隊はやはり改革によってしか敗北から立ち直れなかった。全般的に、思想と綱領と仕事と行動が期待され、要求され、部分的にまた供給されたのである。

今日ヨーロッパで世界的なロシア文学に数えられている作家たちは、その最も重要な作品をアレクサンドル二世とアレクサンドル三世の時代に生み出した。ドストエフスキーとトゥルゲーネフはその巨匠的な作品をアレクサンドル二世時代に創り、同じ時代にサルトゥイコーフ、ゴンチャローフ、ピーセムスキー、レスコーフ、ネクラーソフ、オストローフスキー、L・N・トルストイが活動し創作した。

農民改革と全く有機的に関係しているのは、いわゆる民族誌学的な文学、とりわけ民衆の生活の詩的な分析の発生である。それは、四〇年代末にトゥルゲーネフとグリゴローヴィチから始まった。グレープ・ウスペーンスキーとズラトヴラーツキーと並んで、民族誌学的・社会的に極めて多彩なロシアの様々な地域の生活を観察した、一連の小説家の名前を挙げなければならないだろう（レヴィートフ、ヤクーシキン、メーリニコフ、レシェートニコフ、ポミャローフスキーなど）。

上述の者たちは、すべて傾向性のある作家である。全般的に感じられていたひどい貧困が、思考する人々すべてをして、旧来の悪を克服し新しい悪を批判するように強いたのである。それらの作家たちと並んで、アレクセイ・トルストイ、アポロン・マーイコフなど、いわゆる「芸術のための芸術」を追求した少数の比較的著名な作家がいる。

国家と教会両方の検閲は、ニコライの死後、より緩やかで

自由になった。農奴制を自分の身で経験した作家で検閲官のA・ニキテーンコは――彼は、ジュコーフスキーその他の推薦で公的にデビューした後に、自分の主人であるシェレメーチエフ伯爵によって解放された――、その非常に有名な『日記』の中で、アレクサンドル二世の即位（一八五五年二月十八日）をもって、検閲における新時代を画する境界石だとした。そして、ニキテーンコはロシアの検閲をよく知っていた。政府はもちろん、その自由主義を慌てて進めることはしなかった。首都における大部の書籍に対する予防的検閲は、ようやく一八六五年になってから廃止された。しかし、解放に向けた準備と、新体制の最初の十年における解放の実施によって非常に多くのことが為されたので、続く反動は自由思想的努力に対して闘うことができたものの、もはやそれをニコライ時代のように弾圧することはできなかった。

出版と文学がかなり自由だったために、とりわけ、ロシアとその課題についての把握と議論において様々な潮流の歴史哲学が、アレクサンドル二世時代に以前よりも自由に発展して、表現されることができた。ニコライ時代に私的なサークルで語られていたことが、アレクサンドル二世時代には活字になった。

アレクサンドル二世時代にはまた――それはもちろん、続く時代にも当てはまるが――、文学批評が自由を政治的・社会的理念の宣伝のために利用した。文学にとって、小説が社会とその発展の社会学的分析の公開討論場となり、詩は散文の前に後退した。

進歩的な文学批評は、ベリンスキーが獲得した意義を維持し、更に公的なロシアに対する反対運動を続けた。ヨーロッパでは知られていない多くの名前をここで挙げる必要があるだろう。コント主義者のマーイコフ、ミリューチン、それからドルジーニン、アンネンコフなどがいるが、大きな影響力を持ったのは、六〇年代のリアリストたち、とりわけチェルヌィシェフスキー、ドブロリューボフ、ピーサレフである。彼らの後でミハイローフスキーが登場し、彼は批評家として三十年以上活躍することになる。

保守的で反動的な批評は、量的にも質的にも、いかなる点でも、進歩的批評よりかなり劣っていた。

この時代に特徴的であり、その一部となっているのは、歴史哲学の分野での研究である。その内容と目的は、それに属する小説の題名『何をなすべきか？』によって表現されている。その哲学的な成果の叙述が、この本の内容である。我々の歴史的概観において、若干の潮流を指摘しておこう。

ロシアとヨーロッパ、古いロシアと新しいロシア、モスクワとペテルブルグとの間の矛盾を代表しているのは、二つの潮流、即ち、スラヴ派（キレーエフスキー、ホミャコーフなど）と西欧派（チャアダーエフなど）である。それに続いて、中間派として土壌主義者（ポーチヴェンニク）、即ち何らかの土台（ポーチヴァ）を持つことを欲した者たちがいる。それからじきに、この土台を人民とその独特な制度（農村共同体ミールと共同組合アルテリ）の中に求めたナロードニキが現れた。

社会主義的な西欧派に至ったのはチェルヌィシェフスキー、それからまたゲルツェンである。ゲルツェンは、外国で影響力の大きな雑誌『鐘（コーロコル）』を出した。ゲルツェンと並んで、時には彼と共に、バクーニンが革命的社会主義と無政府主義を代表した。

ジャーナリズム的にはカトコーフ主導の、保守的で反動的な潮流は、ポベドノースツェフと、それに劣らずドストエフスキーに代弁者を見出した。

ニヒリズムの登場と、この特殊で急進的な思想潮流に関する議論において、古いロシアか新しいロシアかという問題が、実践的にも理論的にも先鋭化していった。ニヒリズムは特に、六〇年代と続く七〇年代の改革の時代を特徴づけている。ドストエフスキーの哲学的な意味は、ニヒリズムに対する彼の闘いにある。この闘いについては、本研究の特別な巻〔第3巻〕において独立に論じる予定である。

これとの関連で、哲学的運動は神学にも浸透したということも、述べておかねばならない。典型的な徴候は、後に有名なジャーナリストになったエリセーエフ〔グリゴーリー・ザハーロヴィチ・エリセーエフ。一八二一～九一。ジャーナリスト〕が、既に一八五四年に神学の教授をやめていることである。この時代の最も重要な自由主義的神学者の一人は、ブーハレフ〔アレクサンドル・マトヴェーエヴィチ・ブーハレフ。一八二四～七一。神学者〕だった。彼は、一八四六年から僧侶であり教授であり、一八六三年に僧侶と司祭をやめて結婚し、ジャーナリズムの仕事によって貧しく暮らした。彼の人生のこの外面的な物語に対応しているのは、豊かな精神的生活、教条主義的信仰に対する闘い、僧侶に禁じられた世界と世俗的文学への愛好である。ブーハレフの上司と宗務院は彼の傾向を論難し、また反動的な著作家たち、とりわけ悪名高きアスコチェーンスキー〔ヴィークトル・イパーチエヴィチ・アスコチェーンスキー。一八二〇～七九。作家〕も彼を論難した。

既にアレクサンドルとニコライの時代にロシア人に非常に強い影響を与えた西欧の哲学と文学は、更に影響を与え続け、その影響はイギリス哲学のより強力な刺激によって強められた。

とりわけ実証主義は、ロシアで多くの共鳴者を見出した。そして、主として、ゲルツェン、ベリンスキー、バクーニンに決定的な影響を与えたフォイエルバッハの実証主義は、フランスとイギリスの実証主義の影響、とりわけオーギュスト・コントとJ・S・ミルの哲学の影響によって意識的に補強された。コントとミルに、まもなくスペンサーとダーウィン、進化論一般が加わった。

ドイツ哲学は一八四八年以降、引き続きヘーゲルとフォイエルバッハによって、また反・反動的な唯物論（フォークト、ビュヒナー、モーレスコット）によって、影響を与えた。この時代にロシア人に対する大きな影響力を獲得したのは、ショーペンハウエルである。

三〇年代、四〇年代のフランス社会主義は、一八四八年以降、ドイツの社会主義によって、いわば厳密化された。へーゲルからラッサールが出、へーゲルとフォイエルバッハからマルクスとエンゲルスが出た。そして、これら三人の思想家と社会主義的組織者は、急進的なロシア人に決定的な影響を与えた。それは特に、ロシア人が社会主義的組織を外国で観察し研究する機会を持ったためである。ロシアの亡命者たちは、インターナショナルを知り、後にはラッサールとマルクス主義の労働組織を知り、部分的にはそれらの組織の中で政治的教養を身につけたのである。

マルクスとエンゲルスと並んで、シュティルナーも一定の影響を与えたが、もっと大きな影響を与えたのはフランスの社会主義である。

青年ドイツ派一般の影響、ドイツ文学（とりわけハイネ）の影響がここでしかるべく強調されねばならない。青年ドイツ派と並んで、いわゆる「青年派」すべてが青年ロシア派に影響を与え、規定した。即ち、青年イタリア派、青年ポーランド派、マッツィーニの青年ヨーロッパ派の組織、またフランス、ベルギー、スペインその他における同様の組織である。既に一八四八年以前に、しかしとりわけその後の反動の時代に、ロシアの政治的亡命者は、スイス、パリ、後にはロンドンにおいて、ドイツその他の亡命者と知り合い、結合した。

これらすべての影響は、確かに相変わらずまだ貴族において作用していたが、しかし決定的なのは、増大するブルジョアのインテリゲンチャだった。しかしながら、インテリゲンチャは農民に影響を与えたので、農民もまたインテリゲンチャと同じないし類似の思想潮流を経験した。農民もまた保守的であるか、あるいは進歩的であるが、しかしその多くの反乱が証明しているように、常に反体制的だった。農民は確かにたいてい文盲だったが、ここでは読書だけが決定的なわけではない。――農民は観察し考え、そしてしばしば、学校で訓練された彼らの教師たちよりも良く考え観察する。農民は、科学によって可能にされた技術的な変化と改良を見、役人や将校や商人や仲介業者の話を聞き、「ピーテル」（＝ペテルブルグ）で何が起こっているかを聞き、物を読み、読んだことを更に伝えた。村の仲間が町から帰って来、農民は労働者や兵士として世の中に出てゆき、自分自身の体で役人の専横や教区司祭の冷淡さを感じ、飢え苦しみ、苦しみ飢え、反体制的で革命的になっていった。

それ故に、七〇年代初めにインテリゲンチャが教師や書記や労働者などとして「人民の中へ」行って実際に啓蒙的宣伝を始めたとき、既に土壌は準備されていた。これらの「ナロードニキ」の覚醒者的活動が何にもならなかったというのは、正しくない。

インテリゲンチャのみならず、ロシアの農民もまた自分たちの危機を経験したが、それはもちろんもっぱら宗教的なものとして現れた。反体制の意味で相変わらず影響を与えていた古い分離派に、より新しい時代にはヨーロッパのプロテスタンティズムの影響が加わり、それは農民の相当な部分に影響を与えた。六〇年代に南方で時禱派（シュトゥンディズム）が広まり、七〇年代にはシュトゥンドバプティズム（現在の若年時禱派）が起こる。同時に、民衆の中に同様の宗教的運動が起こる。ペテルブルグではレッドストック卿〔G・レッドストック。一八三一～一九一三。イギリスの神学者〕ととりわけパシコーフ〔ワシーリー・アレクサンドロヴィチ・パシコーフ。?～一九〇二。宗教的分派の指導者〕が賛同者を得る。トルストイとその宗教的努力は、これらすべての潮流を一つの焦点にまとめ、まさにトルストイにとって、他の多くの者たちにとってと同様に、農民が教師になるのである。

　こうして、農民の宗教的合理主義が、インテリゲンチャの実証主義とニヒリズムと並び立つ。ステプニャーク〔本名セルゲイ・ミハーイロヴィチ・クラフチーンスキー。一八五一～九五。革命家、作家〕はその小説『時禱派パーヴェル・ルデーンコ』において、この関係を非常にうまく理解し捉えた。即ち、信仰する時禱派農民が、革命家の学生に近づき、協力するのである……。

30

　アレクサンドル二世時代に、進歩派の努力は、政治的には憲法の導入に向けられていた。この努力は、N・トゥルゲーネフやゲルツェンなど、亡命者たちのジャーナリズムが維持していたデカブリストの伝統と合致していた。一八四八年は、知られているように、ロシアにおいても、急進的な政治的希望を呼び起こしたが、それは続く反動によって圧殺されることはなかった。それどころか、ヨーロッパの事例が、更に人民の代議制への希求を高めた。なぜなら、五〇年代末に、反動的オーストリアでさえ、立憲制に移行しなければならなかったからである。一八四八年は、フランス人のみならず、ニコライとその後継者がひいきにしたプロイセン人とドイツ人もまた革命を行ったことを、ロシア人一般に示した。メクレンブルクのような幾つかの重要性の低い珍しい例を除けば、農奴解放後、ロシアとその公的な宿敵——トルコ——だけが、絶対主義的な国にとどまった。

　六〇年代初頭に、国民のあらゆる階層において、国内の状況への不満が現れる。農奴解放は、かなりの動揺を引き起こし、まさにその不完全さがこの動揺を高じさせた。相対的に大きな自由というもので人々が満足しなかったというのは、心理的には非常によく分かる。あらゆる行政分野における、まさにこの小さな自由が、大きくて完全な自由への希求を育てることになった。

　不満はまず、大学生の中で爆発した。最初の政治的な学生デモがペテルブルグで一八六〇年に、俳優マルティーノフの墓のもとで行われた。同様のデモが、他の大学でも行われ、そのため、解放の年にペテルブルグ大学は閉鎖された。非常に多くの放校処分になった学生たちが、急進主義へと駆り立てられた。文学者のミハーイロフが逮捕され、作家のアヴデーエフがペテルブルグから追放され、興奮が高じた。

一八六一年に、最初の立憲主義的秘密結社「大ロシア人(ヴェリコルース)」が生まれ、それは自分たちの秘密印刷所で幾つかの新聞を出した。一八六二年には秘密結社「土地と自由(ゼムリャー・イ・ヴォーリャ)」(後により有名になる秘密結社の名前)が生まれる。「青年ロシア」と「若き世代に告ぐ」という宣言が出され(既に一八六一年に流布された)、その中で革命と社会主義的共和国が宣言される。作家のチェルヌィシェフスキーとピーサレフが投獄された。

この運動は、疑いなく、ポーランド反乱に向けた準備と結びついていた。

貴族もまた、幾つかの県で立憲制の宣言者として公然と登場し、国民会議の招集を要請する建白書をツァーリに提出した(例えば、一八六二年にトヴェーリ県の貴族がそうした)。

ポーランド反乱の弾圧は公然たる反動の開始であり、カトコーフがその反動の教養ある精神的指導者となった。ポーランド人は憲法上の権利を制限され、それまで独立していた行政がロシアの行政と結合された(一八六四年以後)。同時に、ポーランド貴族に対抗して、農民が公然と援助を受けた。多くのロシア人が反乱に参加したこと、その中でゲルツェンもバクーニンの影響でポーランド人の側についたことが、反動を強めることになった。

ポーランドで始められたロシア化は、まもなくまた他の非ロシア地域、とりわけバルト地方にも広げられた(一八六九年)。

行政改革が行われることは決定したが、その実施はあまりにも早くこの反動の精神と一致した。その反動の方向と決意を特徴づけるのは、最も人気のある進歩的作家チェルヌィシェフスキーが有罪判決を受けて(一八六四年)、シベリアに送られたことである。ピーサレフは、有罪判決を受けて要塞監獄に投獄された。カラコーゾフの周りに秘密結社が創られ、一八六六年に最初のアレクサンドル二世暗殺が企てられた。反動はより厳しくて巧妙なものとなるが、しかし反体制運動もより精力的でますます急進的になる。ツァーリ自身軟弱で、彼の専制的思想を自由主義的な言辞で隠すことはもはやできないことが、ますます明らかになってきた。一八六九年に、バクーニン派のネチャーエフが無政府主義的な陰謀を行ったが、それは自分たちの同志である学生イワーノフの殺害に終わった。進歩的で革命的な若者の大衆は、彼の後に続かなかった。それに対して、七〇年代初めに、啓蒙的結社の宣伝活動が始まる。特に良く組織されたのは、チャイコフスキー主導の最初のグループである。西ヨーロッパが、政治的にますます強い影響を与え始める。即ち、パリ・コミューンの事例、社会主義と無政府主義の発展、外国から持ち込まれた「非合法」文学による大量扇動が、挑発し刺激する。これに加えて、若者たちがヨーロッパとその大学を知るようになった。アレクサンドル二世の政府は、若者たちに、西欧の大学への訪問を、ニコライよりも自由に許可し、若者たちはこの許可を大いに利用した。こうして、数百人というロシアの学生と女子学生がチューリッヒに行った。一八七三年に、突然、帰国命令が出された。——こうして、ロシアは数百人の教養ある反体制派を擁することになった。一八七二年から、農民の間での集中的な宣伝が始まる(「人民の中へ」)。それより少し前に(一八七一年から)労働者の間での宣伝が始まった。

この宣伝は、綱領的に決して一つではなく、個々のグループ(「自己教化と実践活動のための結社」)はバクーニン、ゲルツェン、ラヴローフ、トカチョーフの信奉者から成り、しばしば同じグループのメンバーが、ナロードニキの教義、社会主義や共産主義、自由主義や無政府主義を広めた。

一八七四年から、政府は公然と運動全体を弾圧し始め、数百人の男女の若者が投獄された。通常数年間続く未決拘留の後で、大量の裁判が行われた(「五十人裁判」や「百九十三人裁判」など)。

一八七六年に、革命党「土地と自由(ゼムリャー・イ・ヴォーリャ)」が組織される。トルコ人との戦い(一八七七年)が革命思想を強め、絶対主義の無能とその腐敗が日々明らかになってきた。ちょうどロシア軍がイスタンブールの前に進んだ時(一八七八年)に、ヴェーラ・ザスーリチの勇敢な行為が起こり、それが公然たる闘いの合図となった。このペテルブルグ特別市長官トレーポフ将軍狙撃事件は、陪審裁判となって、ザスーリチが釈放されたために、なおさら大きな衝撃を与えた。一月のトレーポフ狙撃に続いて、八月にはステプニャーク(クラフチーンスキー)によって殺害された憲兵司令官メゼンツォーフ(ニコライ・ウラヂーミロヴィチ・メゼンツォーフ。一八二七〜七八。政治家、将軍)の死が続いた。

翌年(一八七九年)、「土地と自由」党は、公然たるテロリスト党「人民の意志(ナロードナヤ・ヴォーリャ)」と、農民と労働者の間の政治的・社会的宣伝の党「土地総割替(チョールヌイ・ペレデール)」に分かれた。テロリズム党は、しばしば上述の執行委員会(イスポルニーテリヌイ・コミテート)によって指導されていた。

トルコとの戦争における軍事的、外交的失敗は、絶対主義に転換を迫った。ますます増える公然たる政治的デモと、更には、高官とツァーリ自身に対する、多くの勇敢な、犠牲に驚かない暗殺が、反動側に、転換と緩和を迫った。一八七八年以降、政府は革命の弾圧に一連の専横的な行為を行い、行政的追放、幾つかの地方への軍法会議の導入、都市の全住民に対する監視(家屋管理人は警察の機関となった!)、県知事の臨時全権、独裁的な権力を持つ特別な県知事の任命など、挑発的な抑圧手段に取りかかった。皇帝は特別なアピールを出して、テロリストに対する闘いに協力するように、あらゆる身分に呼びかけたが(一八七九年十一月二日)——無駄だった!

ロリス＝メーリコフの内務大臣任命（一八八〇年）によって、反革命的抑圧の緩和が始まった（ニコライの第三部の廃止、検閲の緩和など）。ロリス＝メーリコフは、農民の利益を図る積極的な改革と行政改革をも考えたが――あまりにも遅すぎた！

一八八一年三月九日にツァーリは、内務大臣に宛てた勅令の形で、いわゆるロリス＝メーリコフ伯憲法を承認したが、しかし勅令の公表を三月十二日まで延期した。新たな陰謀の情報が皇帝に伝えられると、皇帝は三月十三日の朝、勅令を官報で公表するように指示した。――ロリス＝メーリコフの草案が国営印刷所に手渡された時に、「解放者ツァーリ」は農民の息子ルィサコーフの爆弾によってバラバラにされた。

ロリス＝メーリコフが憲法を与えたくなかったことは確かである。彼の「心の独裁」は、抑圧が合法的に行われ、官僚制の改良と純化によって絶対主義が強化されることを目指していた。それ故に、「準備委員会」は、行政の個々の部門を調査し、後に「全般委員会」によって承認されるべき案を作るはずだった。この「全般委員会」には、皇帝が「準備委員会」の一定数のメンバーと、それと並んで大都市の地方自治機関（ゼームストヴォ）の代表（ペテルブルグとモスクワは二人の代表を出すことになっていた）と、そのほかに地方自治機関を持たない県から任命される更に何人かのメンバーを、任命することになっていた。「全般委員会」は一定期間だけ開催され、諮問機関になるはずだった。その草案は、第三審級として枢密院が承認することになっていた。

即ち、確かに憲法ではなく、体制の穏健な支持者への保守的な譲歩である。同じような案はヴァルーエフ伯爵が既に一八六三年に作ったし、海軍大将コンスタンチン・ニコラーエヴィチ大公が作ったし（一八六六年）、一八八〇年初めに皇帝が再び何人かの顧問と協議した結果拒否されていた。アレクサンドル二世にとってまさに致命的となったのは、即位以来何らかの譲歩の必要性を認めていながら決して実行しなかったことだった……。

31

アレクサンドル三世は初めに、父帝の指令を何も変えないように、そしてロリス＝メーリコフの「憲法」が実施されるようにという命令を出した。しかし、すぐに自分の決定を覆して、あらゆる分野で嘆かわしい反動が開始された。この反動は、アレクサンドル二世の死に対する復讐という性格を持った（「白色テロ」）。

革命執行委員会は、アレクサンドル二世の死後すぐに、どんなに強硬な王朝派でも認めねばならなかったような、形式的にも内容的にも卓抜な書簡をツァーリに送った。そしてその中で、憲法をロシアの安定化の唯一の手段とした。この書簡に対する返答として、三月十八日に、ペテルブルグ市長官の役所に付属して、「代議士会議」が設けられた。これは短命のもので、「去勢雄羊議会」と呼ばれた（市長官はバラーノフという名前だった。バラーン＝雄羊）。「教育を削減せよ」が、文部大臣に与えられたツァーリの簡潔な命令だった。

カトコーフは、アレクサンドルが神によって彼に任された専制を維持し強化すると約束したマニフェストを、「天のマンナ（神与の糧）」と宣言した。即ちそれは、「神によって権力を与えられ、神にのみ責任を持つツァーリを、ロシアとロシアの専制に戻すものである」[1]。この意味で、最初に行政が、独裁的な絶対主義の利益になるように中央集権化された。

調停判事の選挙が廃止され、陪審裁判が制限され、地方自治機関（ゼームストヴォ）は地方官吏の監督下に置かれて、その上貴族色を濃くされた。同様に、都市行政も変更された。

アレクサンドル二世の時代に導入された警察的絶対主義は、「国家機構の防衛と社会の安定の確保のための措置について」という政令（一八八一年八月）によって強化され、組織化された。この「防衛」には二種類あって、「強化」防衛と「臨時」防衛があった。臨時防衛は半年と決められ、通常防衛は一年と決められた。しかし、内務大臣は、省の委員会によって両者を延長することができた。実際に、一八八一年から、ロシアは非常態勢に置かれたのである！

行政的な抑圧は、皇帝が望んだ教育の削減によって組織的に支持された。カトコーフはポベドノースツェフから力を得、一九〇五年まで宮廷における影響力を維持したポベドノースツェフは、全力を挙げて革命に皇帝教皇主義を対置した。ポベドノースツェフは、アレクサンドル三世を教育した（アレクサンドル三世はニコライ二世の教育を指導した）。宗務総監ポベドノースツェフの精神が、反動の思想的方向を性格づけた。

ポベドノースツェフは、教会学校の精神的父だった（一八八四年）。カトコーフの絶えざる非難を受けて、大学に新しい規則が定められたが（一八八四年）、それによって学問的研究、とりわけ哲学と国家学の研究は最小限にまで縮小され、事実上は完全に抑圧された。哲学のうちで許可されたのは、例えばプラトンとアリストテレス（そしてその先行者たち）についての講義だけだった！　進歩的な教授たちは追放され、政府にとって都合の良い別の教授たちが採用され、学生の制服が再び導入された。それでも、シベリアのトムスクに大学ができた（一八八八年）。

中等学校は、厳しい監督下に置かれた。アレクサンドル時代の反動は、この領域においても始まった。トルストイ伯爵（一八六五年宗務総監、一八六六年から一八八〇年まで文部大臣）は、一八七一年から一八九三年まで続いた、有名な古典主義的改革を行った（実業学校に対する闘い）。古典主義を革命的精神に対抗させようとする、古い試みが復興された。女子学校もまた抑圧された。なぜなら、反動的なパーレン伯爵（コンスタンチン・イワーノヴィチ・パーレン。一八三三～一九一二。政治家）が、革命的宣伝を最も広げているのは女性だと見た（既に一八七四年に）からである。一八八一年の皇帝暗殺にソフィア・ペローフスカヤ〔一八五三～八一。ナロードニキ革命家〕が参加したことが、反動家たちに決定的な証拠を与えた。幾つかの商業および工業の実業学校が創設された。

闘いは、進歩的、自由思想的努力の哲学的基礎に向けられていた。ニヒリズムは保守派と反動派にとって、「enfant terrible（恐るべき子供）」であり続けた。政府はこの闘いにおいてより自由な行動が取れるように、他の分野において若干の譲歩を行った。ポベドノースツェフの時代に分離派に対する弾圧が緩和され、一八八四年から分離派の礼拝が公的に許可されたということは、特徴的である。それに対して、ユダヤ人とカトリック教徒に対しては、非常に非寛容な態度が取られた。

国境地帯のロシア化が続けられたが、行政と軍隊も精力的に国民化された(2)。

社会的領域においては、一八八一～一八八三年に、（南方で）多くの反ユダヤ的ポグロムが見られた。

革命家に対しては、アレクサンドル三世の時代に最も厳しい態度が取られた。処刑の執行は比較的少なかったものの（アレクサンドル三世の十三年の治世の間に二十六名のみ）、しかしその代わり、囚人と流刑者は全く非人間的に扱われた。重大政治犯のためにシリッセリブルグ要塞が整備されたが（一八八四年）、その内部の有様については多くの記述から一般に知られている。廃止された鞭が、再び、以前と同じように、裁判の人気のある助っ人になる。政治犯とシベリア流刑者は最も過酷な方法で抑圧され、彼らの人間的感情は容赦なく侮辱された。一八八八年には大量の虐待が行われ、一八八九年には虐待された者たちがヤクーツクで反抗し、ヨーロッパの抗議を呼び起こし、それによって恐怖は部分的に止められた。

革命家たちは何度か暗殺を実行し、二度ツァーリ襲撃をも試みた。しかし、全体として、アレクサンドル三世時代には、ロシアにも、また国外で活動し国外から影響を与えていた革命党にも、かなりの政治的低下と沈滞が見られる。このことは、「人民の意志（ナロードナヤ・ヴォーリヤ）」党にも当てはまる。革命家たちは幻滅した。多くの者はテロリズム的、ニヒリズム的原理への信仰を失い、根深い反動を経験した。この方向にかなりの程度影響を与え始めたのはドストエフスキーであり、トルストイの非暴力主義の教義も影響力を持った。インテリゲンチャは宗教的問題に向かい、しばしば非常に曖昧な倫理的アナーキズムに陥った。

この時代に、自由主義的秘密組織は一層弱体化した(3)。

この反動の時代、しかしまた内的な転換の時代に、革命家たちは衰えたように思われる。一八八四年以後、彼らの活動は数年にわたってほとんど皆無に等しい。この危機にとって典型的なのは、革命家たちの指導者チホミーロフ〔レフ・アレクサンドロヴィチ・チホミーロフ。一八五二～一九二三。政治家〕であり、彼はカトコーフの陣営に移ってしまう。これには、マルクス主義の理念の普及も影響した。既に一八七八年に、メゼンツォーフを刺殺したステプニャークは次のように書いている。――我々は国家と闘っているのではなく、ブルジョアジーと闘っているのだ。――マルクス主義は、確かにテロリズムを弱めた。一八八三年には、最初のはっきりとマルクス主義的な党（「労働の解放」）が、当面は国外（ジュネーヴ）に設立される。しかし、それは国内のインテリゲンチャおよび労働者と活発に交流した。

マルクス主義が彼らに呼び起こした諸問題は、八〇年代とそれに続く時代から今日に至るまで、ロシアの教養層全体の関心を惹いてきた。とりわけ関心を惹いたのは、ロシアの経済的、資本主義的発展をめぐるナロードニキとマルクス主義者との論争である。ナロードニキの影響でロシアの修正主義（ストルーヴェ）も作られたことは否定できない。修正主義によって、唯物論から哲学的観念論への回帰が為された。観念論は今や、あらゆる方向から聞こえてきた。唯物論対観念論である！

この呼び声は、修正主義者のみならず、法学者たち（ノヴゴロートツェフ）や、とりわけ文学的観念論の擁護者たちからも発せられた。文学的観念論という名称によって、最近、ドストエフスキーと哲学者ソロヴィヨーフに結びついた神秘主義的な宗教運動が示されている。ここで特別な位置を占めているのは、独自な神政主義者レオーンチエフである。

社会の政治的、社会的倦怠にとって特徴的なのは、アレクサンドル三世の時代に自らの発展を経験した作家チェーホフである。文学的デカダンスが「新観念論、新ロマン主義」として広がるが、その代表者として挙げられるのは、詩人・随筆家としてはメレシコーフスキー、批評家としてはヴォルィンスキーである。

特別なのは、スラヴ派（とりわけＩ・アクサーコフ）とドストエフスキーによって鼓舞された「学究的新修道主義」の神学的潮流である。これは、宗教のために教会が国家から解放されることを求めた。

32

反動は、ロシアが経済的、財政的に向上しなければならないという認識に目をつぶりはしなかった。まさに経済改革こそが、反動を支え正当化もするはずだった。ツァーリ・アレクサンドル三世は、先行者たちよりも簡素な暮らしをし、倹約で、近親者たちの奢侈に介入することをためらわなかった。大臣のブンゲ〔ニコライ・フリスチアーノヴィチ・ブンゲ。一八二三～九五。政治家、蔵相〕、ヴィシネグラートスキー〔イワン・アレクセーエヴィチ・ヴィシネグラートスキー。一八三一～九五。政治家、蔵相〕、ウィッテ〔セルゲイ・ユーリエヴィチ・ウィッテ。一八四九～一九一五。政治家、蔵相〕は、国家財政を整えるために、税金の引き上げと保護関税の導入によって歳入を増やした。鉄道の国有化が多くの金を必要としたにもかかわらず、赤字をなくすことができた。ニコライ二世の時代に、大量の金の購入によって金本位制が実施された（一八九五～一八九七年）。

精神的に閉鎖的な神権政治的ロシアは、外国の非キリスト教国の資本をロシアに導入するように努めねばならなかった。反動家のツァーリは、保護関税的政策にもかかわらず、否応なくヨーロッパ的外交を始めねばならなかった。アレクサンドル三世は、彼の父によって指導された露土戦争の失敗のために、イギリスとドイツに好意的ではなかった。ビスマルクは、今日我々が知っているように、ベルリン会議の後で、誤って不倶戴天の敵と見なされた（「コンスタンチノープルへの道はブランデンブルク門を通る」）。一八九一年に始められたドイツとの関税戦争は、自律的な関税率が廃止されることによってじきに終わり（一八九三年秋）、ベルリンで最恵国待遇条約が締結された（一八九四年一月）。フランスとは同盟が結ばれ、ツァーリの絶対主義がフランスの共和国と結びついた。なぜなら、パリの取引所が（一八九二年）ロシアの証券を保護したからである。

ロシアの外交は、経済政策と容易に矛盾するに至った。ドイツはまさに隣国であり、それ故にロシアに最も多く供給でき、ロシアから最も多く買うことができた。そして実際にドイツとの外国貿易が最も盛んで、ドイツの次はイギリスであり、フランスは第三位だった。フランスよりも中国とアメリカ合衆国の方が、ロシアとの取引が多かった。経済的な要素は、国際関係において非常に物を言う。

ロシアは、平野に住む農業人口を持っている。都市と工業は、最近になって急速に発展してきた[4]。

アレクサンドル三世とその後継者の時代に、農民の負担が軽減された。例えば、一八八三年以降、人頭税が漸次的に廃止された（シベリアでは一八九九年になってから）。それに対して、アレクサンドル三世の時代には、間接税が非常に増大された。一八八二年に創設された農民土地銀行が、農民が土地を得るのを助けた。しかし、それ以上に貴族銀行が貴族を助けた。貴族の領主が、既に一八六一年以前に始まった大きな危機を、一八六一年以降経験したことは確かである。なぜなら、農奴の所有者のほとんど三分の二がひどい負債を抱えていたからである。

アレクサンドル三世の時代には、貴族の財政援助と強化に向けて十分に意識的な政策が取られた。例えば、一八八三年には、あらゆる慣習と法律に反して、相続人のない土地に関する新しい法律が発布された。そのような土地は、以後、今までのように国家のものになるのではなく、貴族協会のものになることになった。――一八八五年に設立された貴族銀行は、布告が述べているように、軍隊と地方行政と裁判における貴族の指導的地位を確保し、貴族がその模範によって信仰と忠誠の規則と国民の啓蒙の健全な基礎を広げることを目的としていた。この精神において、またこの意図をもって、貴族には財政的な特権が絶えず提供され、一般に改革が実施された。――それでも、ツァーリと政府の最良の意図にもかかわらず、事実上貴族を助けることはできなかった。そしてまた、農民も助けられなかった。[5]——農民は痛切に土地の不足を感じ、農民の土地は大土地所有者の土地と同様に負債を負っていた。

人口の増大によって、農民の土地財産は減少した。男性農民一人当たりの土地は平均で、一八六〇年には四・八デシャチーナ、一八八〇年には三・五デシャチーナ、一九〇〇年には二・六デシャチーナだった。

土地不足が絶えず増大し、土地価格は解放以来二倍以上になった。一デシャチーナの土地の平均価格は、以下の通りである。

一八六八〜一八七七年	一九・一ルーブル
一八七八〜一八八七年	二六・五ルーブル
一八八八〜一九八七年	四二・五ルーブル

個々の地域における農民の財産の現状を挙げるのは、容易ではない。所与の条件から、農民の家族が一二・二四デシャチーナで平均的にまともな暮らしができたと仮定すれば、約七五％の農民の家族は土地が不足していたという結論になる。

土地不足に更に、ロシア農民においては、慢性的でしばしば急性でもある飢饉が加わる。ロシア農民のこの飢饉を示すのは、次のデータである。即ち、七〇・七％は自分の土地から、生存に最低限必要なもの以下しか収穫することができなかった。二〇・四％は自分を養うことはできたが、家畜を養うことができなかった。家庭の必要を越えた分を売ることができたのは、八・九％だけだった。信頼しうるデータによれば、南方の肥沃な黒土地帯の五人家族にとって、税金を差し引いた後、丸一年用の生計に八十二ルーブル以上は残らないのである。

ウィッテによって一九〇三年に設立された農業委員会は、次のように確認した。「平年作の時に、農民が摂取する栄養量は、成人の農業労働者の力の維持に生理的に必要な最低限度を、平均して三〇％下回っている」。一人当たりは、次の通りである。

	ロシア（単位キロ）	ドイツ（単位キロ）
穀物	二四六	三一六
ジャガイモ	一三一	六二〇

ロシアにおける急性の飢饉の事例は、中世や古代にあったような、しかし現在ではインドのような国にしかないような状況を示している。西ヨーロッパでは、飢饉はもう大分前から知られていない。そして、この飢饉のロシアが、穀物を輸出しなければならないのだ！

一八九一年と一八九二年の大飢饉は、現在まで人々の記憶に残っている。一八九二年には、コレラも流行した。

六〇年代には、国家が困窮する国民の扶養のために、年間七十九万七千ルーブルを支出し、一八七〇〜一八八〇年には百七十八万ルーブルを支出した。一八八一〜一八九〇年には、豊作だったのと、耕作地が増大したために、支出は約百万ルーブルに減少した。それに対して、一八九一〜一九〇〇年の支出は、年間千九百十万ルーブルに増大した。不作のために、一九〇一～一九〇五年の期間に全体で一億千八百五万七千ルーブル、一九〇六年だけで一億五千万ルーブルの援助金を支出しなければならなかった。

六〇年代に国家の援助を必要としたのは八県で、七〇年代には十五県、八〇年代には二十五県、九〇年代には二十九県、一九〇〇年以後には既に三十一県にのぼった。

このデータは、ロシアの農業は全体としてヨーロッパ諸国の農業に遙かに遅れていたとはいえ、一八六一年以降土地の収穫高が上がり続けたということを考慮に入れれば、尚更驚くべきものに思われる(6)。

飢饉の時に、アレクサンドル三世の政府は、その惨めさをさらけだした。――権力者の疚しい良心は、教養があり富裕な階層の慈善的援助さえをも疑って抑圧した。こういう場合に「人民の中へ」行く時でさえ、政府は喜ばなかったのである。

ますます多くの農民がシベリアへ移住したが、それは、土地の不足が感じられていたことの、また別の証拠である(7)。

慢性と急性の飢饉は、もちろん、土地の不足のみによっては説明できない。土地が余っている地方があるのである。私が言っているのは遊牧民や半遊牧民のことではなく、例えば北コーカサスのことである。そこでは一人当たりの土地がしばしば二十デシャチーナ以上に達している。しかし、ここでも、シベリアやすべての地方（北部地方を除いて）と同様に、農民は土地の不足を嘆いているのである。慢性的な飢饉の多くの原因のうち、ロシアの農民の後進性も指摘されねばならない。

ロシア大蔵省によって公表された（一九〇七年）比較統計によれば、ロシアの農業は、一デシャチーナ当たり小麦四二プード〔一プードは一六・三八キロ〕産するが、それに対してイタリアは五〇プード、北アメリカは六〇プード、オーストリアは七五プード、ハンガリーは七七プード、フランスは七八プード、ドイツは一二〇プード、イギリスは一三七プードである。

ロシアの土地のこの収穫性の低さは確かに、農民だけのせいではない。耕地の散在と耕地の農家からの遠さも、常に考慮する必要がある。しかし、にもかかわらず、我々は常に、不公平な耕地の分割と並んで、農業危機の原因は、農民の不十分な教養と低い労働能力と農民一般の低い文化水準だという結論に至る。

解放後、工業は比較的盛んに発展した。工業は解放の原因の一つだったが、他方、農民の解放が工業と商業の発展に寄与したのである。

解放された農民は都市と工場に押しかけ、ロシアの工場は、ヨーロッパ的なタイプ、それどころかアメリカ的なタイプにさえ達した。即ち、労働者は自由な契約に従って賃金を得、工場は機械を装備し、工業は外国資本の寄与で大工業となり、資本主義的な企業心に富むものとなった。古いロシアは経済的、社会的に変化した。資本家階級と労働者階級が、古い階級と身分の分解を引き起こした。同時に、商業も変わった。蒸気機関車と蒸気船が六〇年代初頭から、ヨーロッパへの穀物の輸出を可能にした。

ロシアの工業は急速に発展し、資本主義的生産方式を大変熱心に受け入れたので、早くから社会的な労働者問題が農民問題に加わった。歴史哲学者と作家たちは、工業が引き起こす強力な変化に注目し観察することを強いられた。——貪欲な外国資本の攻撃から、家内工業しか知らない古い農業的ロシアを好んで擁護したナロードニキと初期社会主義者の社会主義的、半社会主義的な理論が生まれた。

ロシアの労働者の地位は、概してヨーロッパの労働者よりもかなり悪い。労働者の保護は今に至るまで十分に為されておらず、社会的立法は多くの欠陥を持っている。既に六〇年代末に、フレローフスキー〔本名ワシーリー・ワシーリエヴィチ・ベールヴィ。一八二九～一九一八。社会学者、経済学者〕の本（『ロシアにおける労働者階級の地位』一八六九年）は、不十分な統計によっているとはいえ、農民と労働者の絶望的な地位を正しく描いている。その後、我々はもっと良いデータを持っている。例えば、ロシアの工場においては、西欧におけるよりも遙かにしばしば事故が起きている。若干の工場では、二二%にも達している。この悲惨な状況は既に以前から、労働者の民謡によって表されている。[8]

33

アレクサンドル三世は、ロシアが世界の最大・最強の君主国だという確信を持って死んだ。ロシアを第六番目の大陸とする言い方は、アレクサンドルに由来し、彼については次のような逸話が語られている。かつてフィンランドで釣りをしている時に、当時の外務大臣ギルスが、ヨーロッパが答えを待っている何かの質問をして邪魔をしたら、ツァーリは、ロシアのツァーリが釣りをしている間、ヨーロッパは待つことができる、と答えたという……。

日露戦争の前には、ロシアは日本より十倍強い陸軍を持っており、ロシアの海軍は日本の三倍だった。極東の防衛のために、アレクサンドル三世の時代に始められたシベリア鉄道は完成していた。

日露戦争は、軽率に始められたものである。戦争を最もせき立てた一味は、クロパートキン〔アレクセイ・ニコラーエヴィチ・クロパートキン。一八四八～一九二五。軍人、政治家〕の記述から明らかなように、矮小で汚い動機に導かれていた。ニコライ二世が皇太子の時に日本とシベリアを訪問し、自分の公式の旅行記作者に、ロシアのために汎アジア主義的綱領を宣言させていたにもかかわらず、「黄禍」という標語で総括された大きな問題を、ロシアの公式筋は一度も意識しなかった。

私は読者に、一八九〇～一八九一年に当時の皇太子ニコライが東アジアを旅行した時のことをウフトームスキー公爵〔エスペル・エスペロヴィチ・ウフトームスキー。一八六一～一九二一。詩人、旅行記作家、出版者〕が記述したものを、読むことを勧める。そこには、公的な正教のロシアがアジア主義と更には汎アジア主義を国民的綱領としていることが、明瞭に見て取れる。

ビザンチンの正教から汎アジア主義へ！　ウフトームスキーの空想によれば、アジアのすべての民族は、白きツァーリの支配を喜んで受け入れるだろう。なぜなら、彼らは、ロシア文化、ロシア国民の性格に、自分たちの世界観と人生観に内的に対応した要素を見出すだろうから……。ウフトームスキーは、スラヴ派が本当にロシア的で正教的な基本的性格として描いたのと同じ神秘的信仰、同じ宗教的瞑想を、アジアの諸民族の中に見ている。

モスクワがタタールに対する勝利によって強力になって以来、アジア諸民族に対する支配とアジアにおける支配とが、意識的にも無意識的にも目指された。現在の帝国の南と東はアジアであり、事実上北もアジアだった。一歩一歩、アジアに対する支配が広げられていった。シベリアはピョートルの時代（一七〇一年）にその全体が併合され、二つの最大のイスラム教の帝国であるトルコとペルシャとの、現在に至るまで終わっていない闘いが始められた。クリミア、コーカサスがロシアとなり、中央アジアとアムール地方が占領され、そしてそれによって、ロシアはアジアの領土において自分のヨーロッパの競争者たちに近づき、眠っている中国を目覚めさせ、用心深い島国のエネルギーを解き放ったのである。(9)

つまり、アジアがロシアにとって大きな意義を持っているということは、疑いえない。その点ではウフトームスキーの綱領は驚くべきものではないし、もしも次のツァーリの顧問たちがこの問題を熟考するならば、汎アジア主義のユートピア的ロマン主義も我慢しうるものだろう。しかしながら、ウフトームスキーの著作を特徴づけているのは、支配者たちがアジア、とりわけ日本を見る、とんでもない皮相さである。次のツァーリが自分の汎アジア主義について夢想していた時に、日本人はヨーロッパから学べる物を学び、ヨーロッパの助けを借りてロシアにポーツマス条約を押しつけることに成功したのである。

満州で敗北したのはロシアの兵士ではなく、ロシアの軍事行政、ロシアの参謀本部、ペテルブルグの宮廷とその外交、ロシアの官僚、一言で言えばポベドノースツェフの全体制だった。非キリスト教的で、懐疑的な日本が、正教の、信仰する「聖なる」ルーシを破ったのである。

私が思うに、日本人は何かの尋常ならぬ戦略的な偉業を成し遂げたわけではない。戦争遂行のための日本人の財源も、恐らくそれほど豊かだったわけではない（ヘルフェリヒ『日露戦争における資金』一九〇六年、参照）。だから尚更、ロシアの敗北は悲惨なものである。しかしながら、ロシアの側からは、しばしば、そして恐らくは正しく、もしも国内の革命が勃発しなかったならばロシアは敗北を喫しても戦争を成功裡に継続しそれを終了することができただろう、と主張されるが、それはまさに、ロシアの政治と行政に対する最大の非難である。しかり、ロシアは東アジアの地で、自らの内的な、最も内的な敵によって――日本人によってではなく――打ち負かされたのである。そして、そのロシアの敵とは、皇帝教皇主義的絶対主義なのである。

最新のロシア文学は、日露戦争を扱った多くの作品を生みだした。ヨーロッパにおいて知られているのは、アンドレーエフの『赤い笑い』である。戦争をうまく分析しているのは、自ら戦争に参加したベロレーツキー〔グリゴーリー・プロコーフィエヴィチ・ベロレーツキー。本名ラリオーノフ。一八七九～一九一三。作家〕である。一連の作品において、ロシア軍の全体的な雰囲気が描かれており、これらの短編を作者は『理念なくして』という表題のもとにまとめている。様々な性格の人物たちが戦争の「理念」を理解しようと努めるが、しかしついに一人の将校がこう言う。「……どんな意味か？　重要なことは、まさに意味がないということなのだ。これには全く意味がないのだ……」。

第6章　最初の大衆革命と憲法の始まり。反革命

34

アレクサンドル三世の治世の末期に、憲法を求める世論が高まった。ツァーリの生涯の末に、憲法の草案が広まった。アレクサンドル三世の死後、幾つかの地方自治機関（ゼームストヴォ）が声高に憲法を求めた。新しいツァーリ・ニコライ二世は、機会を利用して、彼の結婚を祝福した貴族高官たちに向かって、自分の父と同じように精力的に専制の基礎を守るつもりだと、宣言した。

二日後に、ペテルブルグで、ニコライ二世のこの綱領に対する返答として公開書簡が広められたが、その書簡の中で、自由思想的努力に対するこのような闘いの宣言が次のように受け止められた。「闘いを始めたのはあなただ。闘いは手間取りはしないだろう」。

そして実際に、闘いは手間取らなかった。

アレクサンドル三世の抑圧政策が、もっと先鋭化されて続けられた。しかしながら、父を暗殺されたアレクサンドル三世には抑圧の権利のようなものが与えられたが、アレクサンドル三世の過酷ではあるが認められた権威が、ニコライ二世には欠けていた。農業問題にせよ、腐敗した行政の必要な改革の問題にせよ、大きな社会的課題の解決のためには、何事も行われなかった。労働者の数がますます増えるが、政府は労働者の立法には配慮しなかった。学校と学問的団体と出版が、抑圧された。自分の父の正反対であるこのツァーリは自分の意思というものを持っていないこと、ポベドノースツェフと、ベゾブラーゾフ、サーハロフ、アレクセーエフその他、かつてカトコーフの新聞を機関としていた汚い一味がツァーリを操っていることが、非常に早く一般に感じられるようになった。

インテリゲンチャのみならず、労働者と農民においても、気分はより苛立ち、革命的になっていった。一八九五年以来、大きな労働者のストが発生した（例えば、一八九六年には、ペテルブルグの繊維工業労働者のストには三万人が参加した）。ユダヤ人の労働者さえ社会民主主義的な「ブント」に組織され、一八九八年にはミンスクにおいて「ロシア社会民主労働党」が設立された。

注目すべき、そして純粋にロシア的な現象は、諸大学における反体制運動である。一八九九年以来、すべての大学は直接に革命化した。政府の抑圧的な処置（自由思想的な運動に参加する学生は、罰として軍隊に入れられた）が、騒擾と興奮を高めた。

進歩的な教授や作家たちも、勇気を出して、反対運動の先

頭に立った。一九〇一年三月十七日の大衆に対する警察とコサックの野蛮な行為に対する作家たちの抗議を指摘しておこう。

社会民主主義者は確かに個別的な革命に反対して党の強化と経済的組織化に努めたが（「経済主義者たち」）、増大する組織労働者は、大衆の政治革命の思想を生んだ。様々な反政府的な党が接近し、特別な政治的混合主義が生まれた。とりわけ立憲的自由主義が、それ以前における闘いにおけるよりももっと、労働者および再び目覚めたテロリズムと近づいた。テロリスト的な「人民の意志（ナロードナヤ・ヴォーリャ）」の組織は、既に解体していた。「人民の意志」は、一九〇一年に「エスエル党（社会主義者革命家党）」において蘇った。この党は社会民主党とは異なり、闘争手段としてテロリズムを推奨し、その「闘争組織（ボエヴァーヤ・オルガニザーツィヤ）」は「執行委員会」の伝統を受け継いだ。特に農民の間に宣伝を行い、この党の圧力で、社会民主主義もまた、テロリズム的暗殺を一定の場合の例外的な手段と宣言した。様々な革命党ではどこでも、共通の大衆的行動に向けた結合の志向が現れた。すべての革命党は社会主義的だったが、大部分は、ロシアにおいては社会革命が政治革命によって準備されねばならないという点で一致していた。ここには、ロシアのマルクス主義者、とりわけ修正主義者が影響を与えているのが分かる。修正主義者はまさに、正統的なマルクス主義と経済的な唯物論を緩和し、経済的な生産関係と並んで憲法を同等の要因と認めた。「純粋な」政治からのマルクス主義的離反をやめ、ブルジョアジーに対する経済的闘争を中断して、労働者と資本家と大領主が一致して政治改革を求めた。

ブルジョアジーと自由主義的貴族が、先頭に立った。実際には、労働者と農民の大衆によって前に押し出されたのである。社会民主主義的修正主義者ストルーヴェは、一九〇二年にシュトゥットガルトで、雑誌『解放（オスヴォボジュデーニエ）』を創刊した（一九〇五年十月まで発行された）。立憲主義者たちは一九〇四年（一月）に、「解放同盟（ソユーズ・オスヴォボジュデーニヤ）」を創設した。この同盟は、すべての急進的で革命的なロシアの諸党を共通の行動へと組織するはずだった。それは容易なことではなかった。というのも、ロシアの様々な民族は自分たち独自の綱領を持っていたからである。しかし、共通の貧困が、少なくとも一時的に、共通の行動を強いた。[1]

「解放同盟」は、一九〇五年（九月初め）に「カデット（立憲民主党）」に変わった。[2]

ツァーリに対して宣告された闘いは、一九〇一年に、文部大臣ボゴレーポフの殺害によって始まった。一九〇二年には、三十カ月の在任期間中に政治的理由から六万人を逮捕させた内務大臣シピャーギンが倒れた。シピャーギンの後にはプレーヴェ〔ヴャチェスラーフ・コンスタンチーノヴィチ・プレーヴェ。一八四六～一九〇四。ロシアの政治家・内務大臣〕（一九〇四年）、プレーヴェの後には大公セルゲイだった。――ポベドノースツェフの暗殺は成功しなかった。

これらの個々のテロリズム的闘争と並んで、組織された労働者たちが大衆闘争を行った。ニコライ二世の即位以来、政治的反体制運動の絶えざる盛り上がりが見られるが、ついには一九〇五年の大衆革命の試みに至る(3)。

ツァーリの政府と統治者たちは、迫り来る嵐に気づいてはいたが、相変わらず、小さな譲歩によって絶対主義を守れるものと期待していた。ツァーリは、宣言（一九〇三年三月）の中で、幾つかの曖昧な約束を与え、ポーランドではポーランド語で宗教を教えることが許された（一九〇三年六月）。しかし、行政は変わらず、不満はロシアのみならずポーランド、フィンランド（ボーブリコフ総督が一九〇四年六月十六日に殺害された）、コーカサス、その他至る所で増大した。プレーヴェの後任であるスヴャトポールク＝ミールスキー（一九〇四年九月八日任命）は「社会の信頼」を得ようとしたが、モスクワの地方自治機関（ゼームストヴォ）大会における彼の振る舞いは、彼の自由主義がいかに弱いものであるかを示した。この地方自治機関大会は、スヴャトポールク＝ミールスキーによって許可されたが、ポベドノースツェフと何人かの大公の策謀で再び禁止されたにもかかわらず実施され（一九〇四年十一月十九～二十日）、そこで憲法と、行政および社会事業の最も重要な改革が要求され、国内に強い印象を与えた。

大衆革命の始まりは、司祭ガポンが指導したペテルブルグの労働者たちの請願行進に遡る。そして注目すべきことに、ガポンは、モスクワでズバートフがやったように、ツァーリに従順な労働者たちを組織し、この労働者たちは、社会民主主義者の同志たちに加勢されて、冬宮に向かう素朴な大衆行進を実行したのである。

この大衆行進は、確かに、皇帝の軍隊によって阻まれ、粉砕されたが、しかし一九〇五年一月二十二日の血の日曜日は絶対主義の敗北だったし、そうであり続けた。労働者たちが冬宮に平静に進んでいたことが確認されている。ただワシリエフスキー島で幾つかのバリケードが作られ、武器庫が略奪されただけだった。丸腰の人民の虐殺は、全般的な憤慨を引き起こした。町でも村でも、至る所で、ストライキが起こった。ブルィーギンの政府は、国内を鎮めようと努め、三月初めに、大臣のための勅令（法案審議のための議員の招集）と元老院のための政令（閣議の請願権）を伴った宣言が出された。しかし、国内は鎮まらなかった。もっと良い印象を与えたのは、四月に宗教的自由が与えられたことだった。ブルィーギンの計画は既に時代錯誤であり、政府はそのことを、全ロシア農民同盟の組織の準備とその大会（モスクワで八月十四～十六日まで）から認識すべきだった。

そして実際に、一九〇五年夏には、既に全土が騒乱状態になった。ロシアとロシアの主要都市のみならず、ポーランド、バルト地方、とりわけラトヴィア、フィンランド、コーカサス、そしてシベリアもそうだった。それ故に、日露戦争直後（ポーツマス条約、一九〇五年八月十六日）の八月十九日に、三月の公布に基づいて憲法が与えられ、国会制定に関する法律と選挙に関する法律が発布された。しかし、人民とその代議員に審議権のみを認めたこのブルィーギンの憲法は、実施されなかった。地方自治機関大会はその憲法を拒否し、労働者と社会全体の考えがいかなるものであるかを、十月の大きなストが示した。しかしながら、このストは単に労働者だけのストではなく、社会全体のストということができる。それには、雇用主や商人や役人も参加した。また、決定的な鉄道のストは、労働者だけではなく、技師も行った。十月のストは、ツァーリズムに対する団結したロシアの壮大な抗議だった。(4)

革命家の真剣さを証明しているのは、彼らが十月十三日からペテルブルグで五十日にわたって運動を指導した「労働者ソヴィエト」を組織したことである。この「会議」も労働者と社会民主主義者に限定されたものではなくて、あらゆる反体制的、革命的勢力の計画的統合の試みだった。

十月のストの後で、十月憲法がやって来た。十月三十日（旧暦十七日）にツァーリは自分の絶対主義を放棄し、国会（ドゥーマ）は法律を出す権利を認められ、基本的な憲法の諸権利、個人の尊厳と良心の自由と言論の自由と集会・結社の自由が認められた。

ポベドノースツェフは十一月一日に年金生活に退いた。この宗務総監は時代の徴候を理解したのである。憲法が発布された後、モスクワの府主教は彼の司祭たちが反動の意味において説教をするように要求したが、しかしモスクワの聖職者たちは自分の上司に反対して公の声明を出していた（十月二十九日）。

絶対主義に対する闘いは、あらゆる身分、あらゆる潮流を結びつけた。

最初のロシアの大衆革命の核は、都市と地方の産業中心地の労働者たちだった。様々なタイプのマルクス主義者たちが、エスエル党員と手を携えて進んだ。

農民は十月ストと憲法発布の後に労働者と連帯し、地方自治機関のラディカルなインテリゲンチャに従った。農民の間の運動は一九〇五年末に緊迫した様相を呈し、一九〇六年の間に領主に対する暴行と無数の局地的暴動へと高じた。それ故に、領主と貴族は間もなく革命に背を向けて、その間に強くなった政府と結んだ。

中流および上流のブルジョアジーは自由を求める闘いに参加し、工場主と企業家たちはストを行っている自分の労働者たちに賃金を支払い、私企業の管理職は労働者および農民と共に、革命委員会の決定を実行した。絶対主義に勝利する権力としての急進主義を、穏健な諸党派も一時は認めた。

あらゆる大学、学生と教授が立ち上がり、作家とジャーナリストはロシアの文学およびジャーナリズムの最良の伝統に従った。

聖職者階級の中にも、新しい精神が動き出した。祭壇は、動揺する玉座の重荷をもはや持ちこたえられなかった。聖職者の自由主義的グループが「教会復興擁護者協会」を設立し、宗務院をして政府に宗教会議の召集を要求するようにさせた。要求は認められ、必要な準備を行うための委員が任命された。

ツァーリズムは、内部から崩壊する恐れがあった。日本と戦った指導的な将軍たちは、勝利した敵に直面して、奸臣たちに対抗することを強いられた。傷つき、身体障害者になり、健康を奪われた、何千という将校と兵士は、ツァーリの絶対主義の影響を自分の体で経験し、その影響を精神にも経験した。――従順な、死を恐れない兵士と将校は、自らの勇気にもかかわらず、屈辱をもってアジアの戦場を放棄しなければならなかった。しかし、ロシアの広い平原では、数十万人の農民＝兵士、数千人の身体障害者が、ツァーリの絶対主義の罪を次の世代に告げることだろう！

多くの艦船の露骨な反乱が示したように、海軍においては、不満は陸軍におけるよりももっと大きかった。

共通の敵に対して、あらゆる身分と思想潮流が結合したのみならず、様々な言語と伝統と文化と宗教を持ったあらゆる民族も結合した。神権政治的独裁の不自然さに敵対する、大きくて自然な結合と団結が生まれた。

一九〇五年は、一八六一年の一貫した継承だった。即ち、農奴解放は絶対主義から広範な基礎を奪ったのである。労働者の軍隊の供給源だった農民はインテリゲンチャの教えを受け入れ、ラヂーシチェフを始めとする最良の人々の希望を、そのたこだらけの手によって実現した。一九〇五年の革命を引き起こしたのは、極東の平原における敗北ではなかった。この革命はデカブリストの乱の継続であり、無数の個々のテロリズム的闘いの総計であり、哲学的および政治的啓蒙の果実だった。

勝利した革命の文学的な代弁者は、プロレタリアで放浪者のゴーリキーだった。

35

ロマノフは憲法の付与を急がなかったが、皇帝に選出されたのは全国会議（ゼームスキー・ソボール）のおかげだった……。

もちろん、オーストリアで絶対主義がいかにためらいがちに少しずつ譲歩していったかを覚えている者、ナポレオン時代の反動とブルボン朝その他の復古を知っている者は、ロシアがそれ以上に良く行動することを期待することもできなかった。

十月宣言は、事実上、憲法の約束だけを含んでいるもので、憲法自体は、最良のヨーロッパの模範に従って、ようやく立法議会によって実施されるはずだった。しかしながら、ツァーリとその顧問たちは、ヨーロッパの最悪の例に固執した。

まず初めに、ウィッテの時代に、内閣としての大臣会議が創設され（一九〇五年十一月一日）、選挙権がやや拡張され（一九〇五年十二月二十四日）、ブルィーギンの国会規約が改良された。法制審議会も元老院のようなものに改造され（一九〇六年三月五日）、選挙されたメンバーによって補足された。ツァーリは、選挙されたメンバーと同数のメンバーと議長を任命する権利を自分に残した。

国会の開会（五月十日）の少し前の一九〇六年五月六日に、基本法の新しいヴァージョンが公表され、そこではとりわけツァーリの法的な地位が定められた。この地位がどう考えられたかは、基本法変更のための独占的発議権がツァーリに与えられたということから明らかである。この基本法は、全く独裁的に命令によって公布された。

最初の国会の選挙権は、間接選挙権であり、広い農村に、比較的大きな議席数を与えた。都市よりも農村により多い議員数が当てられたとしても、それはもちろんロシアの状況に対応したものだったが、政府は確かに、農村地域の政治的無関心と政治的教養の不足を計算に入れていたのであり、その上、領主に大きな特権を認めた。

最初の国会はほとんど半分が農民から成っており（より正確には、六月十三日には、四百七十八名の議員のうち二百四名、即ち四五・三％が農民だった）、残りはインテリゲンチャの階層だった。全体として、選挙民は、ロシア人も他の民族も、最良の人々を国会に送った。二人だけ文盲の議員が選ばれた。

国会は、五月十日に冬宮で、皇帝によって勅語をもって開始された。議長には、アレクサンドル三世の時代にモスクワ大学のローマ法の教授を解任されたムーロムツェフ〔セルゲイ・アンドレーエヴィチ・ムーロムツェフ。一八五〇～一九一〇。法律家、政治家〕が選ばれた。

既に選挙前に、更には選挙期間中に、公認の、合法的な最初の諸政党が生まれた。これらの最初の諸政党が未熟だったことは、当然だった。それらの綱領と組織は、ようやく仕事の中で創られ試されねばならなかった。国会には、百五名の無党派がいた。

国会には、もちろん、右派、左派、中道の三つの潮流が代表されており、それぞれが幾つかの傾向に分かれていた。右派は最初の国会では一番弱く、初め右派の無党派議員がいたが、彼らは後に「進歩党」を創設した（十二人）。野党はこれらの右派によって主導されたが、しかし野党が政府側だった。左派と中道は決定的な多数派だったが、それは反政府側だった。

左派を形成していたのは、初めのうち無党派議員だった。彼らは、「労働党」（トルドヴィキ）に団結した（約百名）。この党には、選出された何人かの社会民主党員とエスエル党員がいた（この二つの政党は国会をボイコットしていたのだが）。後の選挙になってから、コーカサスにおいて、党内少数派の戦術により、社会民主党員が選ばれた。彼らは独立した政党として、十七名を擁していた。エスエル党員は、自分たちの政党を創らなかった。

中道は、百六十人の立憲民主党員（カデット。この党やその他の党は頭文字に従って略記された）、少数党の「民主改革」、「穏健的再生」、「十月十七日同盟」から成っていた「自治論者同盟」として、ポーランド人、エストニア人、ラトヴィア人、リトアニア人、ウクライナ人の五つの民族政党が時として団結した。全体で約七十名だったが、メンバーが別の党に移ったため、この数はしばしば変化した[5]。

政府と官僚の政府機関は、最初から、国会に対して敵対的な態度を取った。国会の要求はもちろん急進的なものだったが、最も革命的な諸政党――とりわけエスエル党――は、はっきりとテロルを拒否した。そして一般に革命党は、社会民主党もエスエル党も解放同盟も、新たな状況のもとで本質的に変化した。

社会民主党の中では二つのグループができ、「多数派（ボリシェヴィキ）」は革命主義の信奉者から成り、「少数派（メンシェヴィキ）」（プレハーノフその他）は社会民主主義的方法を擁護し、ただ例外的にのみ革命主義を認めた[6]。

ボリシェヴィキは国会のボイコットに賛成し、メンシェヴィキは選挙に賛成した。

エスエル党は、穏健な国民社会主義者（また青年ナロードニキ）とテロリズム的な「マキシマリスト」に分裂し、中間に曖昧な中道潮流が残った[7]。

最初の国会は、二つの大きな課題を克服しなければならなかった。即ち、一つは農業問題の解決、もう一つは政治的自由を立法的に確保するのみならず、行政の管理と改革を固め広げることである。勅語への返答たる上奏文の中で、この二つの要求が表明された。基本的に土地の私有財産の収用を目指した農業綱領が提案され、基本法の法的・行政的保証が要求され、政治的囚人と有罪者が恩赦されることになっていた。

ウィッテは、国会選挙の後、ゴレムィーキンに交替した。彼の政府は、国会に公然たる闘争を宣した宣言によって上奏文に答えた。実際、既に七月十日には、国会は解散させられた。そして、この解散の第一の動機は、農業綱領だった。即ち、政府は再び、そして断固として、国会の綱領に反対したのである。国会は国民への声明を出し、それ故に解散されたのである。

国会と共に、ゴレムィーキンの内閣も消滅した。首相になったのは、ゴレムィーキンの時代に内相だったストルィーピンだった。

ヴィーボルグにおいて百八十人の国会議員が会議を開き、彼らは、税金と徴兵を拒否するよう声明で人民に呼びかけることを決議した。この声明は、国会によってではなく、国会の個々のメンバーによって署名されたものである。――政府が出した告発によって、署名者たちは第二国会の議員資格を奪われた。

一九〇六年七月十日から、一九〇七年二月二十日まで、ロシアには国会がなかった。――第一国会は三カ月ももたなかった。

政府の反動的な処置は、悲しむべき結果をもたらした。――国内で政治的革命と並んで全般的な非政治的アナーキーが増大し広がり、それは犯罪的な殺人と公的・私的な金銭の横領となって現れた。これによって、政党にとって、とりわけ革命家たちにとって、政治的扇動は非常に困難になった。

政府は、防御措置として軍法会議を設置した。その処理の仕方は確かに非常に早かったが、しかし非常に不公平だった。多くの場合、無辜の者が裁判にかけられたことが分かった。

この軍法会議は、もちろん、都合次第で盲目となった。国会議員ゲルツェンシテーインの殺害には、ロシア国民同盟が絡んでいることが、早くから知られていたにもかかわらず、殺害者を探し出すことができなかった。

農民の騒動は続いた。一九〇六年には収穫が悪く、じきに、ロシアの農民の宿敵である飢饉がやって来たので、農村の住民の騒動が高じた。極度の貧困が政治的要求を忘れさせ、急進的で革命的な諸党の政治的扇動は比較的僅かな成功しかもたらさなかった。特に政府が、次に選挙される国会からイニシアティヴを奪おうとして、農業問題の解決に着手した時に、そうだった。こうして、一九〇六年の収穫の後に政令が出されたが、それは共同体の組織と、土地の所有者としての農民の状況に、深く介入した。一九〇六年十月五日の政令によって、農民は、家族の財産の分与と住居の変更に関しては他の諸身分と同等にされた。こうして、農民に対するミール（農村共同体）の権力が砕かれた。十一月九日（一九〇六年）の政令によって、各家族の家長に、家族に割り当てられた土地の一部を私有財産としてミールから要求する権利が与えられた。これらの指令を実施するために、特別な「農民への土地付与委員会」が任命されたが、そこでは官吏と領主が多数を占めた（農民の代表三人に対して十票）。この委員会の働きと、農業銀行の助けで、第二国会の成立の前に政府は農民を鎮めることに成功した。これには、部分的に、個々の地方に派遣された騎兵の監視も一役買った。それでも、政府の農業立法は、一九〇六年十一月九日の法律とそれに続く改革（裁判、学校等）が農民の生活にもたらしたかなりの変化へと農民の関心を向けたことを、認めねばならない(8)。

都市と工業地域では、労働者の興奮はもっと激しかった。この大きな原因となったのは、秋（一九〇六年）に起こった工業危機だった。

政府は旧教徒や分派に対する緩和策によって自由主義を装おうとしたが、にもかかわらず、社会の全般的な雰囲気は反政府的だった。一九〇六年十二月十一日のウィッテの新しい選挙権と元老院の幾つかの法令によって、特に被選挙権が歪められ、それが好ましくない候補者の被選挙権に対して悪用されたにもかかわらず、第二国会の選挙は反政府的な結果になった。政府は、第一国会に欠けていた右派を固めようとしたが、しかしながら、それに対して遙かに多くの社会民主党員とエスエル党員が選ばれた。右派は、ロシア国民同盟の十二人と、「穏健」諸党（その中には十月十七日党も含まれる）の四十三人と、無党派の五十人から成っていた。

中道：九十六人の立憲民主主義者――議長（ゴロヴィーン）は再びその中から選ばれた――四十六人のポーランド人、民主改革党のメンバー一人。

中道と左派との間の位置を占めたのは、コサックのグループで、十七人だった。

左派：六十九人の社会民主党員、三十七人のエスエル党員、百三人の労働党の賛同者、十五人の国民社会主義者。

イスラム教徒（二十八人）は、左派に最も近かった。

第二国会は、第一国会よりも数日長く続いただけだった（一九〇七年三月五日から六月十六日まで）。議事堂の屋根が崩れ落ちた時（三月十五日）、迷信的な人々はこれを不吉なしるしと見た。政治的に観察し思考した人々は、この国会の命脈も絶たれるだろうと予期できた。右派はもちろん、最初から、反動的で党派的な計画によって多数派を挑発し、国会を無能なものに見せるために働いた。

政府は六月一日に、刑罰に値する反乱者と宣言された十六人の議員の引き渡しと、社会民主党の三十九人のメンバーの除名を国会に要求した。問題の実体の調査のために任命された委員会は、決定することができなかった。六月十六日に、第二国会はツァーリの宣言によって解散された。国会は、とりわけ暴力行為と殺人を断罪しようとせず、国会とツァーリに対する謀反人を引き渡そうとしなかったことを、非難された。


この国会が解散された同じ日に、政府は新しい選挙法を制定した。この法律は、議員数を四百三十七人に減らし、都市の住民と労働者と農民を大幅に制限し――ほとんど半分の選挙人を削除した――、それに対して農村の貴族を優遇し、それによって同時に地方自治機関の官僚を優遇した。それ故に、第三国会は主として貴族の国会となり、保守的な大領主の国会となった。右派と十月党の中道（百七人）が、ほとんど議席の四分の三を占めた。カデット（五十六人）と急進派と革命派は、少数派へと追いやられた。その上、カデットは多くの重要な人物を失った。社会民主党は十七議席しか獲得せず、労働党と国民社会主義党は十六議席しか獲得せず、エスエル党は第三国会をボイコットした。

一九〇六年の経済危機は、必然的に一九〇七年に続いた。再び多くの県で凶作となり、産業危機は多くのストライキとなって現れ、このあらゆる貧困に南方のコレラが加わった。ロシアがいかなる経済的損失を被ったかは、例えばオデッサでは十万人も人口が減ったという事実に示されている。

十月一日に選挙が終わり、十一月二日に第三国会が召集された。新たな状況は、すぐに議長選挙にはっきりと現れた。議長に選ばれたのは、傑出したスラヴ主義者の子孫であり、十月党員で政府側の人物だったホミャコーフだった。その他の幹部も、もっぱら右派から選ばれた。上奏文の文言をめぐる議論の中で、総主教ミトロファーンは、ツァーリの専制を認めるように要求し、その案は拒否されたが、ストルィーピンは自分の声明の中で同じ考えを控えめに表明し、その声明の結論部においてはもっとあからさまに表明した。ストルィーピンは、革命と極左諸党を力で脅した。

しかしながら、第三国会の性格は、様々な位階の約六十人の聖職者が選出されたことにはっきりと現れている。第一国会において何人かの聖職者と共に反政府側に属していた自由主義的な司祭ペトローフは、もはや選出されなかった。

ストルィーピンの政府は国会の多数派と共に、全力で、旧体制の復古を行った。貴族、とりわけ保守的で反動的な農村の貴族は、再び収穫を得た。政府と教会――宗務院――は、所与のあらゆる自由を制限した。即ち、出版、学校、異端、自由思想的な司祭と官吏は弾圧され、彼らの信念を押さえつけられた。国会は前の二つの国会と同様に、国民の政治的権利と個人の基本的権利に関する草案を討議した。なぜなら、憲法のこの重要な一部は、一方的にツァーリのみによって宣言されたものだからである。大量の逮捕が続き、牢獄は政治的「犯罪者」で満杯になった……。全くナンセンスな大量裁判が、計画的に挙行された。一九〇七年十二月十二日に、第二国会の時の社会民主党員の「謀反人」たちが有罪を宣告され、同じ日に、第一国会の百六十九人の議員の裁判が開始された。――彼らもまた、もちろん有罪となった。

第四国会（一九一二年選出）では、諸党の状況は本質的には変わらなかった。しかしながら、左派は強化され、少なくとも、期待された多数派を得ようとする政府と宗務院の共同の努力は成功しなかった。宗務院は、既に三度、全く公然と、自らの選挙事務所を通して直接に選挙に介入していた。

36

我々が絶対主義と革命を理解したいと思うなら、ロシアの反革命の方法をもう少し検討しなければならない。

ツァーリの政府は、十月のストライキによって威嚇され混乱させられた。それは、例えばウィーン政府が一八四八年に狼狽して、最初の瞬間に革命に譲歩したのと同じだった。この混乱は、出版法の取り扱いに最も良く現れている。ジャーナリズムは十月宣言に従って出版の自由を得て、政府は一九〇五年十二月に、この圧力のもとに、都市に対する予防的な検閲を廃止し、若干の自由を許した。それと並んで、もちろん、古い抑圧的な規定を残しておき、更に新しい規定を加えた。しかし実際には、少なくともペテルブルグの新聞は、一九〇五年十月以降、オーストリアでは許されていないくらい自由に記事を書いた。統治するツァーリの先行者たちが遠慮なく批判されたのみならず、一時は、もちろんもっと慎重にではあるが、ニコライ二世をも批判することができた。著作と書籍は大きな自由を享受した。書籍市場は一夜にして変わった。以前には禁止されていたロシアの著作や翻訳が出版された。ラヂーシチェフ、デカブリスト、ゲルツェン、クロポトキン、チェルヌィシェフスキーその他の著作、ドストエフスキー、トゥルゲーネフ、トルストイなどの没収されたり検閲されたりした著作、マルクス、ラッサール、プレハーノフその他の著作、スペンサー、シュトラウス、フォイエルバッハ、スピノザ、ディドロ、ヴォルテールの著作、シュトゥットガルトの社会主義出版社の著作やパンフレットその他が、しばしば同時に幾つかの出版社によって、大量かつ急速に広められた。こうしてロシアは、やって来る反動の時代のために、革命的文献を貯蓄し、大量で急速に出版された著作を、人々は後になってからゆっくりと読んで消化することができるだろう。

　政府は、多少の動揺の後、革命運動に対する方針を定め、一九〇五年十二月末に、ツァーリズムは周到な反革命を開始した。

　政府は、何よりもまず絶対主義を、曖昧で二重の意味を持つ概念的説明によって守ろうと努めた。とりわけ問題だったのは専制の概念であり、それはヨーロッパの君主制の意味において、しかしまたビザンチンの独裁制の意味においても、捉えうるものだった。政府は、あらゆる機会に、後者の意味における概念を強調し、他方、立憲主義者はもちろんこの言葉を立憲君主制の意味で受け取ろうとした[9]。

　それ故に、何人かのジャーナリストと政治家によって、ロシアには憲法があるのか、という問いが投げかけられた。——もちろんある、しかしプロイセンの模範に従った憲法である。

　警察と行政は、極めて滑稽な説明と意味の曲解によって、自分たちが慣れた絶対主義を擁護しようと努めた。しかし、政府は間もなく、基本法の暴力的な縮小を行った。例えば、集会の権利は存在するが、公告の事前検閲は残った。これによって、選挙集会を制限する可能性が与えられた。

　出版の自由、良心の自由（宗教的改宗！）、結社と集会の自由、教育の自由に関する法律と規定は、絶えず、議会とジャーナリズムでの議論の的だった。一九〇九年十一月初めに、例えばストルィーピンは、夏に国会に提出された寛容についての議案を撤回した、等々。

　言論と出版の自由は、古い習慣で再び抑圧された。一九〇五年十月三十日から一九〇九年一月十三日（一日）までに押収された書籍と雑誌のリストは、百六十ページ（大判）にわたった。一九〇五年と一九〇六年に出版できた著作やパンフレットは、いまや再び禁止された（トルストイ、クロポトキンなど）。

　国会の選挙権の歴史は、絶対主義的な行政が何をなし得るかを、示している。第一次・第二次国会と第三次国会とを比較して、個々の選挙に際しての政府の実践に関する報告を読んでみさえすれば十分だ！

　国会基本法が幾つかの条項で、法律を発布する権利は皇帝と共に国会に属すると、はっきりと定めているにもかかわらず、選挙法が欽定された（一九〇七年六月十六日）。かつてのオーストリア憲法の第十四条に真似て作られた緊急条項

（第八十七条）から、国会選挙権ははっきりと除外されている。――にもかかわらず、非常違憲行為が簡単に行われた。

政治的な分野で独特な選挙幾何学を持った選挙法は、芸術的、美的な分野でのモスクワのワシーリー・ブラジェンヌイ寺院（イワン雷帝の時代に建てられた、聖ワシーリーの大聖堂）に相当する。

第一国会の議員の訴追は、特別な冊子に記述されていた。何らかの方法によって、ほとんどあらゆる党の党員が訴追された。この訴追は、第二国会および第三国会の議員に対して継続された。十月党員でさえ、警察にとってはあまりにも赤すぎた！

「白色テロル」行為に関する報道は、一九〇六年から、日刊紙の常設欄を成す。この白色テロルは、とりわけモスクワにおいてバリケード上の激しい闘いに至った十二月蜂起（一九〇五年）の鎮圧によって始まった。十月から十一月まで続いた「自由の日々」は、過ぎ去った。革命が鎮圧されたのみならず、大部分の都市において――八十五が挙げられる――警察の助けを借りて有名なユダヤ人迫害、そしてまたインテリゲンチャ迫害が仕組まれた（例えば、トヴェーリ、トムスクなどで）。

ペンは、この恐怖政治の邪悪さを描くために、反抗した。実際、今に至るまで、ロシアでは誰もが法の保護を奪われている。軍法会議と野戦軍法会議による迫害と処刑、逮捕、牢獄での拷問、強制移住と追放の場所への移送の際の拷問、極めて野蛮な残酷さと暴行、監獄における多くの自殺、病気、疫病、飢餓は、人々から死の恐怖を除去したと、誇張なしに言うことができる。憲法の最初の年、一九〇五年十月から一九〇六年十月まで、迫害や様々な反乱における衝突で、二万二千七百二十一人が肉体的な損傷を受けた。

ストルィーピン首相は、一九〇八年八月に、イギリスの作家スチードに、処刑の数は月に約十五人だと報告している。クロポトキンは、タイムズでこの数字をすぐに否定し、その時以来、政府および警察のテロルに関する最も重要な、批判的に検討されたデータを出版物（『ロシアにおける恐怖政治』一九〇九年）にまとめている。そこから引用しよう。

		死刑判決	処刑
軍法会議	一九〇五年	九六	三二
軍法会議	一九〇六年	七七三	二八〇
軍法会議	一九〇七年	一、四三二	五〇八[10]
軍法会議	一九〇八年	一、八三五	八〇二
野戦軍法会議	（一九〇六年八月十九日から一九〇七年四月二十日まで）		六七六
野戦軍法会議	（一九〇九年一月〜三月）	三九六	二三五

このデータは民間人にのみ当てはまるものである。

政府は、革命以後急激に増加したという略奪と殺人を言い訳にしている。政府は、殺人と殺人未遂についての次のデータを国会に提出した（一九〇九年六月三日）。

	死者	負傷者
一九〇五年（十月中旬から十二月末まで）	二三二	二一七

一九〇六年　一、一二六　一、五〇六
一九〇七年　三、〇〇一　一、〇七六
一九〇八年　一、八二〇　二、〇八三

このデータが示しているのは、一九〇七年に殺人が非常に増加したということだけである。それ以前における殺人および殺人未遂のデータを比較するなら、殺人数の増加は革命によっては説明できないことが分かる。一九〇四年には、二千八百人が殺人で、三千七百七十八人が殺人未遂で、有罪判決を受けた。一八八四〜一八九三年に、殺人と殺人未遂による訴訟手続きは年平均五百件である。即ち、一九〇七年に殺人数が多かったことだけを説明する必要がある（殺人未遂はちょうどこの年には少ない！）。その説明は、恐らく次のようになるだろう。一九〇五年と一九〇六年にまだ労働者組織と革命委員会が機能していた間は、それまでとは異なる殺人はなかった。労働者組織と革命組織を抑圧したことが、工場主や支配人や領主や役人の殺害を引き起こしたのである。それは政府が作りだしたアナーキーによって引き起こされたものであり、それは人々に日々、殺人と殺人未遂のほとんど実物教育を与えるものだった。即ち、政府は、死刑宣告を公然と行うことによって死刑の効果を高めようとしたのである。

読者は、クロポトキンが書いている残虐行為を読んでみられたい。私は、セヴァストーポリの監獄から国会議員ロムタチーゼが公表した書簡だけを挙げておこう。その、見聞したことの単純な描写は、広く知られているアンドレーエフの『七人の死刑囚の物語』よりももっと強烈な印象を与える。トルストイは、その書簡「私は黙っていられない」において、ツァーリの反動の恐るべき行為をやり玉に挙げている。

兵士が、ストを行っている二百七十人の労働者を殺害し、二百五十人を負傷させた、レナ会社のシベリア金鉱の労働者虐殺（一九一二年四月）を、政府はどのように説明しようというのか、説明できるのか！

もっと昔にはもっと多くの人間が処刑されたのは、確かである。ピョートル大帝の父、アレクセイ・ミハーイロヴィチの時代には、七千人の貨幣偽造者が処刑された。エリザベス時代に八万九千人以上が処刑されたイギリスを挙げることもできよう。ニコライの時代には今のところ、それほどたくさんの人間が処刑されてはいないが、政府のせいで落とされた人命（ここでは戦争犠牲者は入れていない）は、既にこの数を超えている。既にニコライ二世の戴冠式の際にホディーンスコエ原で死んだ数千人の犠牲者、シベリアや牢獄で早死にした者たち、ユダヤ人虐殺で死んだ者たちの数を加えてみよう……。ツァーリは、彼の名で行われていることすべてを知っているのだろうか、知らないのだろうか？　恐るべき数字が何を意味するかを考えないまま、数千という死刑宣告に署名しているのだろうか？　ツァーリが知っていようがいまいが、考えていようがいまいが、いずれにせよ、ツァーリズムを法的に根拠づけようとする者と公的な擁護者は、もしもまだ絶対主義的君主制の権利を擁護しようとするなら、難しい課題を抱えることになるだろう。そして、このツァーリがハーグの平和会議を招集させたのである！

ツァーリとその政府だけのせいではないことは、分かっている。社会の大部分は、教養のない階層のみならず教養のある階層も——（テロリズム的官僚は、インテリゲンチャに属している）——白色テロを容認し、望み、実施した。白色テロは、強力なジャーナリズムに依拠した。一九〇四年と一九〇五年にはやはり改革と合法性を求めた反動新聞（ノーヴォエ・ヴレーミヤ、スヴェト、グラジュダニーンその他）は、今や、流血の反動のジャーナリズム的、文学的擁護者となった。

一九〇六年に、テロリズム的なロシア国民同盟が、その支部組織である反革命積極闘争党と共に結成された。その蒙昧主義者と社会の屑の組織は、キシニョーフにおけるポグロム以来、「黒百人組」として世界的に有名になった。この団体の果てしない残忍さと非人間性についての観念を持つためには、この党のどれかの機関誌、例えば『ロシアの旗（ルースコエ・ズナーミヤ）』や『ヴェーチェ』の少なくとも一つの号を読まねばならない。ちみなに、ウィーンやプラハの幾つかの反ユダヤ主義的、教権主義的新聞は、『ロシアの旗』から記事を取っている。ウィーンの議会において、かつての議員ブジェズノフスキー〔ヴァーツラフ・ブジェズノフスキー。一八四三〜一九一八。チェコの青年チェコ党の政治家〕は、公開質問（一九〇六年十二月十七日）によって、ロシアのパンフレット「ユダヤ政治の秘密、科学と似非自由主義によってもたらされた、その活動の方法と結果」の内容を紹介した。そしてロシアにもまた、もちろん、シルクハットをかぶった無頼漢たちがいた。それは、「黒百人組」のために、虚偽に満ちたパンフレットと本を書く大学教授たちだった。これらの駄作においては、少しでも自由に思考する者、そしてもちろんフリーメーソン、ユダヤ人、イギリス人、革命家などは、単に告発されているのみならず——それは弱い表現である——直接に反ロシア的な地獄の使者として描かれている。

れっきとした公文書によって証明されたところだが、警察と政府の幾つかの機関、そしてまた高級将校たちは、ポグロムを鎮圧しなかったのみならず、それを支援し仕組んだ。ロシア国民党がゲルツェンシテーイン、ヨロス〔グリゴーリー・ボリーソヴィチ・ヨロス。一八五九〜一九〇七。ジャーナリスト、政治家〕などの殺害に加わっていたことが証明されている。『ヴェーチェ』には例えば次のように書かれている。「ああロシア人よ、まだ可能なうちにロシアを守れ。ゲルツェンシテーインの死は、ロシアの勇士たちの殺害のすべてを贖うことはできない。彼らの血は今に至るまで、復讐を呼び求めているのだ！！！」

この同盟は、多くの支部的団体や友好団体を持っている。少なくとも、有名な議員プリシケーヴィチ〔ウラヂーミル・ミトロファーノヴィチ・プリシケーヴィチ。一八七〇〜一九二〇。ロシアの政治家〕が先頭に立っている「大天使ミハイール同盟」

ゆる密告を行った。
(鉱山学校での)を妨害した学生の名簿を送り、ありとあらを挙げておこう。この同盟は、例えば君主制的党派に、講義

このようにして、「ロシア国民同盟」は、その綱領に従って祖国を守ろうとし、この目的のためには、絶対君主制、正教、ロシア性が強められねばならず、ウヴァーロフの三位一体が維持されねばならなかった。一九〇九年十月に行われた、全支部の大会では、とりわけ次の要求が表明された。即ち、総主教座の復権、フィンランドとホルム県のロシアへの編入、ユダヤ人の追放(ユダヤ人にはロシア語を書くことさえ許してはならない)などである。つまり、「神とツァーリと祖国のために」という全ロシア的要求である。

十月宣言の発布後まもなく、ツァーリは「ロシア国民同盟」の代表団を接見した。そのスポークスマンである、有名な議長ドゥブローヴィン博士〔ニコライ・フョードロヴィチ・ドゥブローヴィン。一八三七〜一九〇四。ロシアの歴史家〕は、ツァーリが専制を放棄しないように願い、そしてツァーリは、カトコーフから借りた次のような言葉でこれを約束した。――「私は専制君主として統治し続けるであろう。私は自分の行為を、神以外の何者にも釈明しないであろう」[11]。そしてツァーリは同盟から与えられた徽章を、次の言葉と共に受け取った。「私は、神の助けを借り、ロシア国民同盟に依拠しながら、敵を掃討することを期待していると、友人たちに伝えたまえ」。

ストルィーピンは、新聞が報道したように、この接見の後、辞任を願い出た……。ゲルツェンシテーイン殺害に関する裁判においてフィンランドの裁判所が、共犯者としてあのドゥブローヴィン博士を喚問しようとしたことを、思い出しておこう。ドゥブローヴィン博士は出廷しない方を選んだ。――新聞は、ツァーリの新しい聴聞司祭テオフィルが彼のためにツァーリに取りなしをしたと、報じた……。

現在のツァーリズムとその反革命を正しく理解するために、我々は、警察が特務機関の煽動者を通して犯罪に関与していたことを、更に指摘しなければならない。煽動者アゼーフの話は、大筋において知られている。即ち、この男は警察にもエスエル党にも仕え、プレーヴェのみならず大公セルゲイの暗殺をも組織した。ツァーリズムが、革命を弾圧するために、自分たちの、しかもあのように優れた人々を犠牲にするということが何を意味するか、考えてみよう！　そしてアゼーフは最初の一人ではなく、体制全体を意味する。即ち、既にアレクサンドル三世時代の護衛長官スデーイキンは、テロリストのデガーエフを説得して、彼の同志たちに当時の内務大臣トルストイとウラヂーミル大公を殺害させ、しかる後に秘密組織を効果的に暴き出そうとした。スデーイキンは大臣に昇進して、ツァーリの身を守ることができるだろうというのだった。デガーエフは酒を飲んで、同志に秘密を漏らしたが、その同志は、おまえは自分が殺されたくなければスデーイキンを殺せ、と彼に言い渡した。デガーエフはそれを実行して

アメリカに姿を消したのである……。
ちょっと考えてみよう。自らの権利を神から神のために引き出し、自らの行為についての責任を国会ではなくて神にのみ負うツァーリ・教皇の政府は、ツァーリの身の安全を図るために、まだ暫くの間、殺人者アゼーフを利用していた。そしてついに彼の殺人行為は公然と暴露されて、烙印を押されたのである！

もちろん、反革命と警察的絶対主義は、広く枝を広げた「黒い内閣」を持っており、それによって、国内外の通信全体が管理されていた。最も地位の高い人物や高官も、その監視を免れていなかった。(12)

上述の事実は、現在のツァーリズムのみならず過去のツァーリズムも含めて、体制全体が不当であることの証明になる。神権政治的皇帝教皇主義は、自らを維持するためにこのような手段を必要とするならば、正当に存在することはできない。絶対主義的ツァーリが神の恩寵で存在するというのは真実ではありえないし、神がツァーリの言うことを聞くように命じているというのは真実ではありえないし、良心が我々にこのような従順を命じているというのは真実ではありえない。ニコライ時代の白色テロは、彼によって定められ、国家基本法と共に独裁的に発布された、ツァーリの最高国家権力の神権政治的本質に関する第四条は正しくないということを証明している。絶対主義は、宗教的にも道徳的にも根拠づけられない。

既に数年間続いている現在の反動から我々が必然的に引き出さねばならないこの帰結は、ツァーリズムの理論的・実践的基礎たる国家教会にも関係している。教会は最初から、反体制運動と革命に対してツァーリズムを擁護したし、今や反動と「黒百人組」をも承認し、それを自分の利益のために利用した。教会は今やついに、第四国会の選挙において公然と反動に味方した。宗務院とその総監サブレル、更に高位聖職者たちも、第三国会におけるよりも遙かにメンバーの多い聖職者の党の存在を確保するために、聖職者の選挙を組織した。選ばれるはずの高位聖職者たちは、司祭の議員たちの指導者になるはずだった。選挙の結果は、もちろん、教会の反動政治家たちの希望を不愉快に打ち砕いた。なぜなら、選ばれた司祭は、前回よりも一人少なかったからである（前回の四十四人に対して四十三人）。

宗務院と高位聖職者の計画は、聖職者を反憲法的反動の全く従順な憲兵にすることを目指した。この目的のために綱領が立案されたが、その二つの主要な点は、次の内容を持っていた。第一に、聖職者が自分の教区に経済的に依存しないように、国会から給与を得るようにすること。その後で、聖職者は、その他の役人と同様に、政府の恩恵に完全に依存すること。第二に、学校制度が変更されるべきである。神学大学の課程は、既に反動のために削減された。――未来の聖職者は、ほとんど完全に世俗文学と世俗思想から切り離され、完全に神権政治的精神において教育されるべきなのである。

しかし、神学校と教区学校もまた改造されるべきである。今まで司祭と教師を教育してきた神学校は、司祭のためだけの純粋に神学的な学校へと改造されるべきである。それは、生徒が世俗的な職業を選ぶことができないようにするという理由からでもある。——比較的有能で精力的な若者たちが司祭の職業を避けるので、教会は既に司祭候補者の不足を痛切に感じているのである。

アレクサンドル三世の時代に創設された教区学校の編成計画に関しても、聖職者たちは同じ目的を持っている。初めは二学年だけ、後には三学年になったこの学校は、今や六学年の施設となるべきであり、それはもちろん、完全に神学的な一般教養を提供し、そこから他の学校に入ることは不可能となるのである。

この改革案は、大主教アントーニーの計画に戻るものである。これは、カトリックの神学者教育と神学校の模倣である。国家教会は再び中世へ、ピョートル以前の総主教フィラレートのモスクワへ戻ろうとしているのである。反動家たちの願い通り、総主教座の復興もこの目的に奉仕しうるだろう。比較的まともな聖職者たちは、総主教座の復興が、国家の後見のもとに置かれていた教会の強化に繋がるだろうと期待した。ラスプーチン事件その他が証明しているように、宮廷では既に、中世とその迷信性が支配している。

白色テロが、ツァーリズムとその絶対主義が神に由来する制度ではないという確信を我々に与えるとすれば、教会が絶対主義に好んで与える認可は、教会でさえも自らの政治と存在のために神と神の意志に訴える権利を持っていないということを我々に教えている。

37

革命の道徳的、そしてそれ故にまた法的（国家法的）正当化は、いかに絶対主義が社会にとっても国家にとっても、道徳的に、そしてそれ故にまた法的に危険であるかを示す。そしてまた、絶対主義を穏健な方法によって転換させることが不可能であることを示す。貴族制と絶対君主制は何物も学ばず、何も忘れなかった。

どの革命にも、絶対主義の廃止を主要目的としていない野次馬連中がいるということを考慮に入れずとも、圧制からの解放の極端な手段としての流血革命はすべて、欠陥を持っている。ロシア革命も誤りを犯し、それによって絶対主義に、反動のための見せかけの口実を与えた。この問題についてもっと詳細に検討したいと思うが、だがまずは、絶対主義の廃止を目指す政治革命に対して、多くの略奪や殺人が起きたことについての責任を問うことはできないということを言っておこう。たとえ革命の接収的戦術が疑わしいものだということを認めねばならないとしても、である。革命後に支配的になった法的なアナーキズムは、政府とその政策の責任である。大衆の公的な教育が全般的な不安定さを引き起こし、数十年にわたって虚偽と犯罪を格好の武器とした国家機関による抑圧が、現在の接収者と迫害者の世代を育てたのである。そしてそれが、最も野蛮な暴力行為を国全体の鞭としたのである。(13)

すべての政治的陣営において、革命の本質と意味について議論が為され、闘争の方法が批判され、革命の原理的正当性の問題が検討され、革命の結果が推測され評価されている。

ロシア社会はまた、革命以後、激しい危機を経験している。

自由主義側の比較的保守的な分子は、既に達成された物で満足し、急進派のユートピア主義を批判している。反動主義者は、とりわけ略奪と接収に、抑圧の正当化のみならず、絶対主義への回帰の正当化をも見出している。

急進主義的諸党は、憲法を不十分なものと見ているが、これら諸党の中でも見解が相当に異なる。革命の失敗をほとんど自らの非政治主義の格好の口実と宣言している者たちもいるし、最急進派の要求のように革命を継続することはもはや必要ではないと確信している者たちもいる。

しかしながら、反動は再び急進主義を勢いづけた。社会民主党の政治組織が許可されないというのは、奇怪なことである。それ故に、法律に従えば免除特権を持つはずの社会民主党の議員たちが、秘密党のメンバーになりうるし、ならねばならないのである。エスエル党員も同様である。合法的な労働者組織――労働組合、消費組合、労働者教育協会――も弾圧されていることは、想像できよう。

革命諸党の指導者の大部分は、弾圧によって取り除かれた。しかし、既に代人が育っている。約一年、再び、革命的な思想と気分が、ジャーナリズムにおいてのみならず、新たなストやデモとなって現れている。(14) 反動は、自らの愚かで刑吏的な仕事に倦み疲れたように見える。この疲労は、それが意図的な転換でないにせよ、一九一〇年から観察することができる。農民もまた、政府の農業政策とその実施に完全には満足していない。

多くの政治経済的なストの後、産業は平静と安全を必要とする。そしてそれ故に、資本家たちは、まさに反動が彼らの存在を脅かすにもかかわらず、安全と平静を、反動からでさえも喜んで受け入れる。産業のための国内市場は成長し、景気は良くて上昇し、国家財政は、一九〇八年以来、比較的高い上昇を示している。――反動は、資本主義的な企業家に好意的な支援を見出す。しかし、この陣営からも、既に反動に対するまばらな抗議が出てきている。

文学と哲学において、革命の後に、既に我々が革命前の時代に特徴的なものとして強調した潮流が強まった。即ち、神秘主義と宗教への回帰である。この回帰に、革命からの離反が加わる。――この回帰と離反とを最も声高に宣言しているのは、かつてのマルクス主義者たちだが、ナロードニキとエスエル党の陣営においても、ドストエフスキーとソロヴィヨフがより高い尊敬を得ている。

文学においては、刺激的で挑発的な官能性を伴ったデカダンスが猛威を振るっており、しばしば芸術とポルノグラフィーとの境界がなくなる。若い学生たちの間でも、「自由恋愛」のクラブやサークルまでもができている（「サーニン主義」――アルツィバーシェフのサーニンから）。

このデカダンスは、宗教的神秘主義を好む。

インテリゲンチャの一部がこのようにして粗野な快楽主義の中に、革命への幻滅の結果と一種の防衛手段を見出し、それを受け入れたのに対して、他の者たちは、まさに若者たちも、しばしば自殺に終わる決定的なペシミズムに陥った。まさに若者における疫病的な自殺について語ることさえできる。

これらの現象がすべて政治的、教会的反動に奉仕するということは、特に指摘するまでもないだろう。それ故に、それらの現象は、進歩的陣営において反動として感じられ、闘われた。

これらの病理学的現象にもかかわらず、進歩派側には、健康回復の喜ばしい徴候が認められる。革命の経験は多くの光を広げたので、思考する人々は、自分の党や潮流の綱領を批判的に修正し、獲得された自由を有機的に広げようと努めている。再生の感覚が広がり強まり、新たな課題が認識され、更に、全般的な進歩を実現しようとする仕事が喜びをもって続けられている。

第7章　ロシアの歴史哲学と宗教哲学の諸問題（総括）

1 [38]

ここまで、ロシア史の最も重要な事実を概観してきたが、今度はロシアの歴史哲学と宗教哲学の最も重要な問題を明らかにしなければならない。

まず初めに、ロシア哲学一般について何事かを述べる必要があるだろう。しかし、それは容易なことではない、なぜなら、我々が参照できるようなロシア哲学史がないからである。ロシア人自身、この仕事のための幾つかの取っかかりを持っているに過ぎない。E・ラードロフ〔エルネースト・レオポーリドヴィチ・ラードロフ。一八五四〜一九二八。ロシアの哲学者〕の『ロシア哲学史概論』がちょうど出たばかりである。この著者は、非常に優れた専門家であるので、私も彼によるロシア哲学の特徴付けを手がかりにすることにする。

ラードロフは、ロシア人は今のところ、完全に独創的で独立的な哲学体系を持っていないことを認めている。にもかかわらず、ロシアに哲学はあるがロシア哲学なるものはないという懐疑的な見解に反対している。ラードロフは、ロシアの哲学思想が現れた三つの精神領域を区別している。本来の精神的欲求を満たすのは、スコヴォロダー、スラヴ派、V・ソロヴィヨーフ、トルストイによって特徴づけられる哲学的潮流であり、それを我々は同時に、外国思想の成果が絶えずロシアの土壌に移入したことに対する反応として理解することができる。第二の潮流と第二の領域は、ラードロフによれば、大学と神学大学における教育と結びついている。最後に、もっぱらジャーナリズムと社会学に現れている政治的、社会的潮流が認められる。この第三の潮流はまた、文学批評と見なすこともできる（ラードロフが挙げているのは、ラヂーシチェフ、ベリンスキー、チェルヌィシェフスキー、ミハイローフスキー、グリゴーリエフ、ストラーホフである）。

ラードロフは、この不統一的に見える分類（「領域」と「潮流」が厳密に区別されていない）を、次のようなロシア哲学の特徴で補っている。即ち、ロシアの哲学者たちは、認識論的問題のような純粋に抽象的な哲学的問題に関心があるのではなく、実践的な問題に大きな熱意を持っているということ、とりわけ倫理学がロシア哲学の人気のある分野だということである。ロシア思想のこの実際的な傾向から、ラードロフはロシア哲学の第二の性質を引き出している。それは神秘主義であり、これは彼によればロシア思想のあらゆる表現に浸透している。

ラードロフは、ロシア哲学に対する私の見方を裏書きしているが、私は若干の概念をもっと厳密に表現し、あるいは詳論したい。

ロシア人が現在もっぱら倫理的な問題に取り組んでおり、トルストイと共に言うなら、人生の意味を究明し実践のために定めようとしている、というのは全く正しい。これがロシア精神の特殊性であるかどうかは、今のところ問わないでおこう。西欧哲学は、同じ倫理的問題に長い間取り組んできたし、現在もまたかなりの程度に取り組んでいるのである。

倫理は、当然政治に繋がる。ロシア哲学の政治的、社会的潮流は、まさに倫理的である。倫理は、所与の社会において実践的に実施されるべきなのである。具体的には、ここで問題になるのは社会主義とその正当性である。それは更に、社会主義の最終的目標はいかに達成されうるか、国家組織の何らかの改革によってか、それとも革命によってか、という問題を意味する。革命の問題は、現在の政治の、したがってまた倫理の、難問である。

しかしながら、社会主義は、社会実践としての政治だけではなく、社会組織と社会的発展の理論としての社会学をも前提にしている。ここで歴史哲学と歴史が意味を持つ。ロシアの思想家たちは、単に抽象的に人生の意味を問うだけでなく、ロシアの生活、ロシアの社会秩序とその歴史の意味を問うのである。

ここから、ロシアと西欧との比較が出てくる。あるいは端的に言えば「ロシアとヨーロッパ」という問題であり、我々はこの対立によって所与の発展の相違を表そうとする。ロシア人自身がそうしている。

基本的な倫理的な問題の分析は、更に宗教的問題に至る。——道徳はまさに重要な宗教的な要素であり、つまりキリスト教とキリスト教会の要素である。ロシアの道徳哲学は、自然に、当然に、宗教哲学となる。

ここで我々は、ラードロフが倫理と結びつけている神秘主義に至る。論理的に問題になるのは、「道徳と宗教」という問題である。実際、まさにロシアの宗教が高度に神秘主義的であり、ヨーロッパの宗教よりも神秘主義的である限り、特にロシアの教会宗教の分析に際しては、神秘主義の問題が前面にある。もちろん、いかなる神秘主義かが問題になる。あるいは別言すれば、神秘主義——ロシアの神秘主義——が、心理学的、認識論的により厳密に規定されねばならないのである。

ラードロフが、文学批評を哲学的批評と捉えているのは正しい。文学批評は、ロシアでは実際全く特別な意味を持っている。すぐに次のように付言しておこう。即ち、ロシア文学の中では、特別なやり方で倫理的問題、したがってまた社会政治的問題、したがってまた宗教的問題が分析されているが、そのことによってロシア文学も特別なのである。

最後にラードロフは、ロシアの哲学者たちは認識論を避けているということである。ロシア哲学の相対的欠点を適切に指摘している。即ち、ロシアの哲学者たちは認識論を避けているということである。ここで私は、当面はもちろん標語的に、ロシア人には文学批評があるが、認識論的批評が欠けている、ということを言っておきたい。

私は、この研究における歴史哲学と宗教哲学との結びつきはロシア哲学の性格と合致しているということを示したと考える。ロシア哲学の発展の手短な説明が、このことを明らかにするだろう。

2 [39]

比較のために、ヨーロッパ哲学のしかるべき特徴づけをしておくべきだろう。そのために様々な文献を挙げることができるだろうが、にもかかわらず私は、ヨーロッパ哲学のごく簡潔な特徴づけを提出するように試みたい。なぜなら、このような包括的な概観はあまりないし、また私は、少なくとも専門家のために、自分の立場をあらかじめ明確にしておきたいからである。これは、個々のロシアの思想家について述べる際にも役に立つであろう。

私も、ラードロフが自分の専門においてやったように、十八世紀以降の哲学を扱うことにする。

まず初めに、歴史哲学の問題について語ろう。

啓蒙の世紀を特徴づけているのは、歴史感覚の発生である。十八世紀後半に、学問的な歴史学、新しい歴史一般が発生する。それ以前には、特徴的な歴史感覚は存在せず、個々の時代の歴史的比較と歴史的説明の感覚は存在しなかった。年代学は存在したが、学問的な歴史は存在しなかった。だからといって、新しい観察方法の試みが存在しなかったというわけではない。しかし、歴史的思考の時代と呼びうるのは、十八世紀である。ようやくこの世紀において、歴史的進歩の概念が確立するのである。

学問が発展し組織される過程で、社会生活とその発展を研究する学問的な歴史研究において、深められた感覚が現れる。このことはとりわけ、新しい科学、即ち歴史哲学と社会学の発生に現れる。

あらゆる国で、新しい科学に取り組む、優れた人々が多くいたことは、偶然ではない。ヴィーコは我々に、自分の「新たな学問」、哲学的に基礎づけられた最初の社会学を提供したが、その社会学の中で歴史哲学は統合的な一部を成し、論理的な地位を占めている。とりわけフランス人は、歴史哲学に熱中した。即ち、ヴォルテール（歴史哲学という名称は彼に由来する）、コンドルセ、モンテスキュー、チュルゴー、ルソーなどである。ドイツではレッシング、ヘルダー、シラーなどであり、ここでは具体的な歴史研究が厳密な方法論をもって育成された（シュレッツァー、シュロサーなど）。イギリスではファーガソンなどがおり、ヒュームも歴史的研究を試み、多くの社会学的な論文を書いている。ここで、社会学にとって意味を持っているアダム・スミスとその経済学も挙げねばならない。また、社会組織とその発展の本質を研究しようとしたマルサスと統計学者たち（ジュスツミルヒ、シュレツァー、アヘンヴァル）も挙げねばならない。

カントに関しては、彼の世紀、即ち啓蒙主義と合理主義の世紀について、やはり歴史的感覚の強化を特徴と見なしうるかどうかは、疑問である。カントは少なくとも、歴史的、社会的問題には非常に少ししか、あるいは例外的にしか取り組まなかった。そしてそれ故に、既にしばしば、合理主義と歴史主義（この語で、歴史的把握の感覚を考えている）との間の矛盾が指摘されたのである。それに対して、何よりもまず、確かに歴史的感覚を持つ、優れた合理主義者と啓蒙主義者——ヒューム、ヴォルテール、レッシング（後にはコント）——が指摘されねばならない。合理主義と歴史主義は相容れないものではない。カントは、数学者であり物理学者だった。そしてその限りでは、デカルトを始めとして数学的、自然科学的に思考する哲学者に属している[1]。

この問題は、ドイツ哲学から強い影響を受けたロシア哲学にとって、大きな意味を持っている。つまり、ロシア思想に対するカントの影響は比較的小さかったが、他方、歴史哲学と社会学に基づく思考方法は、まさに十八世紀末からほとんど完全に支配的だったし、現在も支配的なのである。

カントの後継者たち、とりわけヘーゲルは、合理主義と歴史主義を同時に代表している。カントの後継者たちは、その観念論と共に、もっぱら歴史的であり、それは同時代のフランスおよびイギリス哲学に劣らないほどそうである。ヘーゲルとコントの平行的現象は、偶然ではない。両者とも歴史的な思想潮流を代表しており、それはちょうど、マルクスに至るまでの社会主義者たちが自らの体系を歴史的に根拠づけようと努めているのと同様である。

ド・メーストル、ド・ボナルド、サヴィニー、スタールその他の復古と反動の哲学者たち、革命および思想と意志の新たな潮流の反対者たちは、主として歴史的である（「歴史法学派」）。

歴史的発展の感覚は、十九世紀において、自然科学とその進化論の功績によって深まる。——ダーウィンは、この世紀全体が行う集中的な歴史的な思想的仕事の代表者にすぎない。人間と人類の歴史は、地球と宇宙の歴史へと広がり、逆にまた、歴史が自然科学に実り豊かな影響を与える（ダーウィンはマルサスから出ている）。

40

歴史的感覚のこの強化、十八世紀に人々が歴史的発展を意識したというこの事実は、大部分、社会の発展、社会的変化、歴史のプロセスがより多く観察され感じられたということによって説明される。そして実際に、まさに宗教改革とルネサンスに始まる社会的変化は、改良という意味での進歩として、その新しさにおいて感得され評価される。進歩の理念と進歩への信仰は、新しいものであり、この理念と共に、この理念に基づいて、新しい観察方法——歴史主義——も創造された。歴史は、未来の歴史として理解された。——ここに、十八世紀が様々な形態において生み出した、進歩に関する熱烈な哲学的考察（例えばコンドルセ）の意味がある。

理論的な歴史的考察と説明は、改革を求める実践的な努力と密接に結びついている。歴史は生の教師となり、歴史が実践、政治を導く。歴史的感覚の強化と進歩への信仰は、同時に、改革を求める志向となり、社会組織の全く新しい基礎を建設しようとする努力となる。この努力、この志向は、革命へ、「大革命」へと至る。「大革命」は復古に、即ち反動的革命に、取って代わられる。——しかし、まさにそれ故に、社会の組織ないし再組織が再び考え抜かれ、論じられねばならない。復古の後に七月革命が続き、新たな反動の後に一八四八年の全般的革命が続く。ヨーロッパは平穏を欠き、旧体制が維持されるべきか、それとも革命の結果が維持されるべきか、という問題の前に立たされる。概して、革命の問題は、政治的のみならず哲学的にも、その真の意味において理解されねばならなかった。即ち、哲学において、文学において、人間と社会を研究する学問において、思想家たちは、革命が新たな時代、新たな生活を意味することを意識する。あらゆる分野において再生について語られ、この再生は、十分な自覚と共に、理論的に構想され、実践的に実施されることを欲する。

41

十八世紀は、一般に、正しく、啓蒙主義と合理主義の世紀と呼ばれる。『理性の時代』（ペイン）と『純粋理性批判』という著作の題名は、啓蒙主義的合理主義に特徴的なものである。

『純粋理性批判』において、批判主義の認識論的基礎が置かれる。カントは、それまでの盲目的信仰（カントの言う「ドグマティズム」）に対しても、デイヴィド・ヒュームの懐疑に対しても、哲学者は人間の理性の力を批判的に検討する時にのみ正しく振る舞うということを証明する。これが、批判主義の歴史的、世界史的意味である。

ヒュームの懐疑と同様に、カントの批判主義も、具体的には神学に向けられていた。——神学は、権威への信仰を、世界観と人生観全体の基礎とする。この意味において、ヘーゲルは、哲学者の課題を次のように規定した。「自らのゴシック的な寺院を堅固にするために批判の建築材料を集めている神学者たちの蟻のような熱心さをできる限り邪魔すること、彼らにとってすべてを困難にし、彼らをあらゆる逃げ場から叩き出すこと、そしてついにはいかなる逃げ場も見出せず、真昼の光の中に自らの裸を晒さねばならないようにすること」。

哲学と神学とのこの対立は同時に、神学的基礎の上に立つ宗教的組織としての教会に対する反発である。即ち、新しい哲学は、結局のところ宗教哲学である。新しい哲学はしばしば宗教の反対者として捉えられるが、それは事実上、何よりもまず、哲学と、歴史的に所与のいわゆる実証的宗教との間には対立があること、教会の教義と実践に対する反発があることを意味する。

一つの教会あるいは複数の教会は、あれこれの形態における国家教会であり、教会と国家は既に中世以来、統一的な世界観に基づいて一体を成している。神学は、国家の公的な世界観を提供し、社会はこの一体性によって神学的に組織されている。

宗教哲学としての哲学は、それ故に単なる神学批判ではなく、神権政治、教会教義、教会道徳、教会政治、公的な教義、道徳、政治一般の批判である。

我々はよく意識しよう。対立を成すのは哲学と神学であり、哲学と宗教一般ではない。哲学が教会宗教と対立することは、もちろんである。

ヒュームは自分の懐疑を形而上学と神学に向けたが、しかし、宗教も相続的な慰安の体系として却けた。彼は宗教の本質を擬人観に見て、それ故に宗教を迷信と同じレベルに置いた。

カントは、その『批判』において、先験的な概念と理念が批判的に正当化されないものであることを証明しようとした。しかし、最も重要な概念である神について語らねばならなくなった時に、補助手段として「より繊細な」擬人観を許容した。カントは、理性の先験的な概念の擬人化に向かう自然な傾向の中に、あらゆる人間のうち最も賢い者でさえも逃れることのできない、純粋理性の自然で不可避の幻想と詭弁を見た。

カントの後、オーギュスト・コントが、ヒュームが定式化した、擬人観と懐疑的に批判的な思考との対立を敷衍して、人類の発展に三つの歴史的段階を区別した。それは、神学的段階、形而上学的段階、実証的、即ち実証科学的段階である。神学的段階は呪物崇拝的段階、多神教的段階、一神教的段階に分かれ、形而上学的段階は過渡的なものに過ぎない。

コントはここで、ヴィーコの思想をより体系的に出しているに過ぎない。ヴィーコは初めて、三つの発展段階を、神の時代、半神（英雄）の時代、人間の時代として特徴づけた。ヴィーコは最初の時代を詩的時代とも呼び、詩人が最初の哲学者だったとする。即ちそれは、とりわけ恐怖によって引き起こされた、理性の活動を伴わない、感覚と幻想の世界観である。それは、詩的な活性化と自然崇拝、完全な帰依と敬神の時代であるが、風習は粗野で野蛮なままである。この時代の後に、半分覚醒した時代が来て、ついに完全に覚醒した、啓蒙主義的な理性と人道の時代が来た。

ドイツ哲学において、フォイエルバッハは宗教を擬人観に還元し、そうして、ヘーゲル的な急進左派の本来の創始者となった。ここにおいて彼のあとに続いたのは、シュトラウスだけでなく、とりわけシュティルナーとマルクスがそうだった。イギリスでは、スペンサーと人類学者タイラーが、未開の人間の研究に基づいて、コントの学説を個別的に完成させた。

この問題、あるいはこれら複数の問題に、より詳細に取り組むことはできない。我々の目的のためには、更に次のことが強調されねばならない。即ち、何よりもまず私は術語を定めたい。プラトンの模範に従って、私は「擬人観」という言い方を神話という言葉に代える人たちに与したい。それ故に、批判的で学問的に正確な思考と、世界に対する人間の態度に対立する、神話の創造について語る。私は「人間の態度」と言う。——まさに宗教だけが問題なのではなく、道徳と、世界と社会に対する人間の態度全体が、問題なのである。人間はある段階において、単に神話的宗教を持っているだけでなく、彼の哲学、彼の詩と芸術、彼の道徳と経済、彼の言葉が神話的なのである。神話の本質は、端的に言って、人間が全く客観主義的に振る舞うこと、客観に完全に身を委ねること、類推によって、しかも性急な類推によって世界と自分自身を説明することにある。それに対して、科学的、批判的な思考と行動は、まさに批判的であり、事物は慎重な観察と比較に基づいて事物から説明される。批判的に思考する人間は一般化し抽象化し、まさに思考する。科学的、批判的に思考する。

カントの批判主義は世界史的な意味を持っているが、それはまさに、そこでは、神話と懐疑に対立して、批判的に思考する人間の、世界と自分自身に対する態度が捉えられているからである。コントは実証主義において、専門の諸科学において発展した批判的に科学的な思考に甘んじようとし、この思考を、歴史的に最新の発展段階として正当化しようとした。しかし、この歴史主義は十分ではなく、我々はカントと共に、神話の創造と科学的思考との間の矛盾を認識論的に基礎づけねばならない。それ故に、批判主義対実証主義なのである！

我々はヨーロッパ思想史から、ギリシャ人において神話的思考と批判的思考が次第に区別されてくるのを認める。哲学者たちは、個人主義と主観主義が強まるや否や、この対立をより明瞭に意識する。即ち、ソクラテス、ソフィスト、プラトン、アリストテレスの時代においてである。(2) その時代以後、神話と哲学が対立する。

アリストテレス以後、哲学的思考が弱まり、神話が強まる。ギリシャの神話的思考に、東方の神話的思考が加わる。そして、この混合から、キリスト教的神話としての神学が発展した。ギリシャ哲学は、キリスト教的神話を創造した。アリストテレスの形而上学の最も重要な一部の名称である神学は、キリスト教的教義の正しい名前である。

古代の神話に哲学が対立したように、キリスト教的教義、キリスト教神話にスコラ学が対立した。このスコラ学は、元来、神学の侍婢だったが、その中から新たな科学的哲学が発展した。この哲学は、すぐに神学と矛盾し、その矛盾の本質は、ヒュームとカントによって認識論的に解明された。今日、神学は神話の器官と見なされ、哲学は科学の器官と見なされている。

今や我々はついに、宗教に対する哲学の関係について決定することができる。

読者は、私が宗教の本質について多くを語るだろうと心配しなくてもよい。――読者がこの問題について考えるならば、自らかなりのことを知るだろう。誰もがこの問題について考えねばならず、我々の状況が我々にそれを強いている。

宗教、信仰は今まで神秘的であり、宗教に関する知識は神話学であり、もっと後には神学と神智学だった。神は、神学と宗教の頂点だった。人間の神話的行動は全く客観主義的であり、神の啓示――教義と奇跡――は知識と行動の源泉だった。神話的な人間は客観的な啓示を信じ、それを知識と行動のための絶対的な規則として受け取っていた。信仰、信頼は、神話的、神学的知識体系の基礎である。啓示は絶対的であり、あらゆる時間とあらゆる人間にとって普遍的だった。――「至る所、常に、すべての人々によって信じられたもの」、既に五世紀に、カトリシズムの原理がこのように定式化された。

神の啓示への信仰、神への信仰は、常に媒介者、即ち司祭への信仰だったし、現在でもそうである。この信仰、この信頼は、教会を創造し、神権政治を創造した。

神学の対立物としての哲学は、専門科学の器官である。科学と哲学は人間に由来し、人間はそれらの本来の対象である。有神論ではなくて、人間論である。科学的に思考し行動する者は、主観主義的であり個人主義的である。個人主義と主観主義は、彼にとって大きな認識論的問題である。

科学的な人間はもはや啓示を信じず、一般に信仰しない。懐疑し、批判し、確信を得ようと努め、根拠づけられ動機づけられた確信を、盲目的な信仰と信頼に対置する。真実について決定するのは権威と伝統ではなくて、批判的思考である。それ故に、もう一度こう言おう。即ち、カントの批判主義はしたがって世界史的な意義を持っており、批判主義は世界と社会に対する現代人の十全な自覚を意味するのである。

科学的、批判的に思考する人間は、神と人間との間の媒介者を認めない。もはや司祭とその教会を信じず、科学と哲学を信じる。神権政治に対して、人間中心主義ないし民主主義を対置する。科学的な人間も普遍性を認めるが、外的な権威の普遍性ではなくて、意識的、批判的な合意の普遍性である。

ヒュームは誤って、宗教を擬人観として却けた。実際は、擬人観は神話的思考の方法に過ぎない。カントは、宗教を道徳に還元した。コントは初め、ヒュームと共に宗教を却けたが、後になって物神崇拝に回帰した。

今日、宗教的問題とは、次のようなものである。即ち、非啓示的な宗教は可能か？　科学的に、批判的に思考する人間、哲学者は宗教を持ちうるか、そしていかなる宗教を持ちうるか？

42

十八世紀は、人道の世紀でもある。この概念は、外延的にも内包的にも理解される。全人類の友愛は、人間に対する生来の愛によって実現されるべきである。カントは人間への愛に、更に、人間の尊厳の感情を加える。

ここでもまた、カントとヒュームは歴史的な意義を持っている。ヒュームの懐疑は倫理の前に止まり、カントの哲学はその批判主義と共に、道徳的な世界観となる。即ち、まさに神学が根こそぎにされたために、この二人の思想家は、道徳を自然な基礎の上に打ち立てるために、倫理を確保しようと努める。

これが概して、デカルト以来の近代哲学において、自然性の理想がなぜそれほど強調されるかということの意味である。即ち、人々は自然宗教、自然権、自然道徳、自然状態、自然理性を求め、とりわけ芸術が自然性に向かう。啓蒙主義はまさに、思想と行動の神学的基礎を放棄する。啓蒙主義＝人間性と、人間性＝自然性は、同義となる。

ヒュームとカントによって引き起こされた、実践への哲学の転換は、十九世紀の哲学において、合理主義を――それが一面的に主知主義的である限り――主情主義と主意主義によって補う。その主意主義もまた、既にショーペンハウエルに見られるように、通常は主知主義に対立して一面的に捉えられる。

理性と感情との間、また理性と意志との間に、自然の対立があるということを、私は否定する。合理主義者（主知主義者）と主意主義者（そして主情主義者）が、この三つの基本的な精神的力の相互関係をいかに定めているかは、別問題である。大合理主義者であるカントが自分の心理学において、メンデルスゾーン〔モーゼス・メンデルスゾーン。一七二九～八六。ドイツの啓蒙哲学者〕とテーテンス〔ヨハン・ニコラウス・テーテンス。一七三六～一八〇七。ドイツの啓蒙哲学者・心理学者〕の模範に倣って、感情を特別な基本的範疇として受け入れたというのは、注目に値する（二人は初めて、感情を、心理学的に理性および意志と並ぶ基本的範疇として立てた――一七七六年と一七七七年）。カントの三部の純粋理性批判、判断力批判、実践理性批判は、この分類と合致している。

一言で言えば、民主主義は、実践および理論として、神権政治に対立する。

43

自然で人間的な道徳を求める努力は、必然的に政治的改革へ、最も極端な場合には革命的な改革へ至らざるを得ない。フランス革命が実現した人権宣言は、啓蒙主義によって与えられた。大革命に参加したペインは、その『人間の権利』において、自分の時代のこの努力を模範的に描いた。

政治的な権利と改革と共に、社会改革を求める更なる努力が目覚めた。フランスの革命家は、社会主義者を共産主義者として処刑させたが、社会主義はまさに革命後の復古と反動の時代に、個人のみならず労働者大衆の政治的綱領となった。

社会主義と社会学はしばしば、実践と理論として結びつく。啓蒙主義と人道主義哲学は、社会的、歴史的な、極めて複雑な現実と現象にも、光を当てねばならなかった。この意味において、カントの合理主義は歴史主義と矛盾していないということが、既に説明された。まさに、カントによって道徳的な世界観として創設されたドイツ観念論は、フランスおよびイギリスの啓蒙主義と同様に、社会主義に至った。

最後に、人道主義の理念から、民族性の理念も出てくる。ヘルダーは、人工的組織としての国家と並んで、またそれに対立して、自然的組織としての民族を立てた、最初の思想家の一人だった。そして、その本質を、文学的記念碑から、とりわけ民謡において探し出そうと努めた。ヘルダーの後に、民族的哲学は、ますます民族性の問題に向かった。即ち、フィヒテ、ショーペンハウエルなどである。民族性の原理は、十九世紀に、大きな政治的力へと成長した。

44

歴史的感覚が発展し強まると共に、また社会と世界全体の発展についての認識が深まると共に、思想家たちは個人と全体との対立を十分に意識するようになった。今日では、近代がより古い時代に比べて個人主義的であることは、誰の目にも明瞭である。我々にとって、それは、近代人が自らの認識力および精神力一般を批判する際に、個人と集団との批判的対立を意識することを意味する。——しかし、個人を含めての集団である！

カントは、認識論的な客観主義（実在論）とは異なり、対象は我々の認識能力によって操られるのであり、その逆ではないと仮定して、個人主義を同時に主観主義として捉えた。カントがコペルニクスの勇敢な思想と比較しているこの仮定から、フィヒテとシュティルナーは唯我論へと至った。

カントの批判的合理主義は、主観主義として、完全な活動主義だった。認識は彼にとって、理性の活動として現れ、彼は、我々の理性の本来の活動、受容性に対する自発性を賞賛する。主意主義は、まさにカントに始まった。

しかしながら、認識論的、形而上学的に、既にカントでさえ、自らの主観主義を徹底して実施せず、それ故にフィヒテは彼を四分の三の頭と呼んだ。即ち、カントは客観的な物自体を前提とし、徹底的な主観主義、唯我論は、彼には不条理に思えたのである。しかし、フィヒテも、カントの中途半端さを批判したにもかかわらず、唯我論を避けた。彼の「自我」を正確に見る必要がある。そうすれば、彼の「論理的狂信主義」（ヤコビ）は消える。即ち、フィヒテは異種の「自我」の助けを借りて（絶対的な「自我」、知的直観の「自我」、理念としての「自我」、個人的な「自我」）、歴史と歴史哲学へと逃避する。そこで彼は、自分の自我を従属させる客観性としての民族性を見出す。フィヒテもまた、そしてまさにフィヒテが、主観主義を道徳に向けた。

フィヒテの後、シェリングが、フィヒテとカントから自然と歴史へ向かったが、自らの汎神論によって唯我論を逃れたへーゲルもそうだった。へーゲルの弟子のシュティルナーはようやく、唯我論をエゴイズムとして捉えた。ショーペンハウエルは、主観主義を自分の主意主義的なニヒリズムへと作り替えた。

我々は、主観主義と客観主義の問題、とりわけ唯我論の問題が、いかにロシアの思想家たちを興奮させたかを見るだろう。——それも不思議ではない。フィヒテあるいはシェリングがしばしば陥った、唯我論的な自己神格化としての徹底的な主観主義は、まさに不合理で粗野である。シュティルナーのエゴイズムは、我々がそれを批判的に見るなら、俗物のための化け物に過ぎない。フォイエルバッハは、我と汝を和解させるために、へーゲルから客観主義的に社会主義の方向へ進んだ。しかし、マルクスは歴史的客観主義を絶対的に捉え、我とその個人的意識を排除した。——極端な主観主義が極端な客観主義を呼び起こしたのである。

45

結論として、近代哲学について述べたことを、三つのアンチテーゼに総括しよう。即ち、哲学は神学と完全に対立している。そして、それは有神論に対置された人間主義である。そのことは人間主義が無神論的であることを意味しないが、しかし近代哲学においては、人間的な立場と出発点が重きをなしている。同時に我々は、民主主義を神権政治に、あるいは神権政治的貴族制に、対置しなければならない。即ち、民主主義は、理論的、哲学的意味を持っている。このような点で、現代哲学は既に科学の女王ではなく、専門諸科学の上にあるものではなく、それらの中に、それらと共にあるのであり、普遍科学である。

3

46

ロシアの歴史哲学、発展の動力の社会学的分析、社会的諸現象の時間的系列における法則性を捉える試み、これらすべてはピョートルの後に、彼と彼の後継者たちの改革との関連で始まる。もちろん、ロシアの歴史哲学、一般に何らかの歴史哲学がロシアに存在することを誰も意識しないが、しかし、ヨーロッパとの接触がより活発になると、思考する人々は自らの祖国を外国と比較するようになり、現在について判断することは過去を判断することに繋がった。

彼ら自身の年代記作者、いわゆるネストルは、ロシアの歴史家たちに、十七、十八世紀が提起した課題と本質的に合致する課題を課していた。十二世紀のキエフの年代記作者は、とりわけ、古代ロシアに存在した民族的集団に注目した。そして、スラヴ人としてのロシア人の、隣り合う多くの非スラ

ヴ諸民族に対する特別な関係を指摘した。ネストルはまた、とりわけ、ロシア国家が言語的に混合していることを強調した。(3)

ピョートルの国家においても、状況はあまり変わらなかった。外国の、とりわけゲルマンの影響と、ヨーロッパの近くに位置するロシアの地方ではドイツ人がロシアにとって決定的な文化的意味を持ったという事実は、ネストルの説明に生きた意味を与えた。ネストルはまた、様々なスラヴ人種に関して、当時としてはかなり尊敬に値する知識を持っていた。ポーランド人に対するロシア人の関係は、十八世紀に、決定的な段階に入った。ポーランド国家の最大の部分の合併は、スラヴ語について語る刺激を与えた。同時にオーストリアとバルカンのスラヴ人が文化的、政治的に覚醒したので、ますますそうだった。これらのスラヴ人の、そしてまたドイツ人の、歴史的、スラヴ学的研究は、ロシアにおいてもまた、注意深く敏感な読者の関心を惹いた。

これらすべての条件は、ロシアの歴史学の発展にとって非常に好都合だった。博識家ロモノーソフと並んで――彼は自分の歴史を一七六三年に完成した――一連の歴史家たちがいる。それはタチーシチェフ、トレヂアコーフスキー、シチェルバートフ、ボールチンであり、この系列はカラムジーンによって閉じられる。

ロシアの歴史学に大きな影響を与えたのは、ドイツ人だった。バイエル（彼はロシアに一七二五年にやって来た）、ミュラー、主としてシュレツァー（彼は一七七〇年頃からロシアに関心を向けた）、エーヴェルス、ロイツといった、一連の有力な人々がいる。

時代の精神において、歴史家の関心は、統治する王朝の歴史とその起源に集中された。ロシア国家はノルマンによって創設されたのか、外国起源なのか、という議論が生じた。トレヂアコーフスキーは愛国主義から、ロシア国家のスラヴ起源を擁護した。その他の人々も彼に従い、ロシア人とスラヴ人一般の土着性に関する自分の見解を加えた。ドイツ人――バイエルを筆頭として――は、スラヴ的ロシア人の土着性に反対し、ヴァリャーグのノルマン起源説を受け入れた。ドイツ人の歴史家たちがまさにロシアの年代記作者に依拠していること、それ以外に、そもそも批判的な慎重さと方法によってロシア人の同僚たちを凌駕していることを、認めねばならない。

ロシアの歴史家たちがロシアの古代を理想化したとすれば、彼らは一般的な見解に従ったのである。ここでも、この理想化もドイツ人、とりわけヘルダーに由来すること、他方でシチェルバートフとボールチンはタチーシチェフとロモノーソフよりも批判的な見解を取っていることに、注意する必要がある。

ロシアの古代についての彼らの概念は、もちろん非常に曖昧なものだった。今日に至るまで、我々は古代ロシアについて確実な知識を多くは持っていない。

一般に、ロシアは王朝と同一視され、ツァーリの絶対主義はロシアとその文化の固有の本質と見なされた。タチーシチェフはこの絶対主義の発展のために定式を定めたが、その定式は本質的にはカラムジーンとその後の人々にまでも保たれた。ロシア国家は最初から、世襲の君主国だった。その後、分割によって没落が訪れ、それがタタールの軛を可能にした。しかし、イワン三世以後のモスクワは、分封公たちの「民主主義的な」多頭政治を廃止し、再びロシアを結合し、強化した。詳細においては異なる見解も述べられたが、しかし基本的には、絶対主義の本質と価値についてのこの見解は残った。この絶対主義の評価に、ドイツ人も加わり、彼らもタチーシチェフの公式を受け入れた。

タチーシチェフは、絶対主義をピョートルの精神と自分の時代の精神において、啓蒙的絶対主義として捉えた。彼自身、ドイツ啓蒙哲学の精神に貫かれていた。アンナの時代に、彼は諮問機関としての元老院の設立を擁護した。

カラムジーンは、既に革命後の反動の精神において絶対主義を擁護した。アレクサンドル一世への賛美は、あらゆる統治者へと移された。ここで既にロモノーソフは、スラヴ諸民族は変化する必要がなかったので特に発展しなかった、という理論を提出した。ロシアはカラムジーンによれば、既に九世紀に、最大の、そして最も文明化された国家だった。

ロシア歴史学のこの最初の時期は、まさにアレクサンドル一世とニコライ一世の反動の時代に、新しい歴史的潮流によって取って代わられた。国家の公文書館と修道院で新しく重要な資料が発見され、それが歴史研究にとっていかに重要かが認識された。純粋に政治的で王朝的な歴史は、ますます、行政と法律と国家経済の歴史によって豊かにされた。

この点で、既にシュレツァーは、アッヘンヴァールの模範にならって、統計を「止まっている歴史」として豊富に利用した（それに対して歴史は、彼にとって、「動く統計」だった）。国民経済学者シュトルヒは、ロシア帝国の非常に広範な統計学的概観を提供した。その歴史的概観において、彼はとりわけ、古代キエフ・ルーシにとっての商業の社会政治的意味を最初に指摘した。

歴史の内容は、更に、文学と言語の歴史——スラヴ学——とその他の文化的活動（芸術その他）へと広げられた。純粋に政治的な歴史は、ますます文化全体の歴史へと広がった。それには、比較歴史学も貢献した。全般的な歴史学の、完全に最初ではないにしても最初の代表者の一人は、グラノーフスキーであるが、彼については後に述べる。

もちろん、ロシアの歴史学は、シュレツァーの後も、とりわけドイツの歴史研究の進歩によって豊かにされた。例えば、ロシアではニーブール〔バルトルト・ゲオルク・ニーブール。一七七六～一八三一。ドイツの歴史家〕の影響を証明できる。

歴史観における最大の変化を引き起こしたのは、ロシア人がヨーロッパで得た経験だった。それ以外に、既に我々が知っているように、とりわけドイツ哲学が歴史的思考に刺激的な影響を与え、それを成熟へと導いた。

ロシアはヨーロッパの革命に参加もし、共和主義とナポレオンのフランスと闘った。ロシアは革命後の復古と反動をも共に実施し、そうしてヨーロッパの問題を自らの問題とした。ヨーロッパにおいて歴史哲学と社会学を生んだのと同じ原因が、ロシアにおいても、ロシアの歴史哲学と社会学の発生に決定的な影響を与えた。

ドイツ観念論哲学――とりわけシェリングとヘーゲル――と同時にフランス社会主義の助けを借りて、ロシア哲学は七月革命の後、ポーランド蜂起の後、一八四八年の後に、主として歴史的なものに――歴史哲学と社会学――になる。

そしてまさに、ニコライとその文部大臣ウヴァーロフの反動の時代に、ロシアの歴史哲学は特別な科学として定着する（チャアダーエフ――スラヴ派）。

ヘーゲルの後、ロシアの社会学に影響を与えたのは、とりわけコント（またバックル）とイギリスの進化論、最後にマルクスとマルクス主義一般である。ロシアの歴史哲学と社会哲学のこの時代については、より詳細に、後の研究で述べることにする。

第8章　ロシア研究のための文献

1

47

ここで私は、ロシアとその状況と発展に関して知識を汲み取ることのできる、ロシア語以外の文献を概観することにする。この研究がよって立つ立場から、簡単なコメントを付けておく。個々の専門的な文献は、本文の中で挙げる。

　私がこの研究において試みているように、ロシアを内面から知りたいと思う者にとって、ヨーロッパの文献は非常に少ない。事実上、フランス語とドイツ語で出たゲルツェンの著作くらいである。近年、ロシア人は、「社会思想」やインテリゲンチャなどについての歴史的解説を書いている。ロシアの精神生活とその発展に入り込みたいと思う者は、プーシキンからゴーリキーに至るロシアの重要な作家たちを読むべきである。多くの作品が翻訳で読めるし、特別な分野（例えば、シベリアの牢獄生活、いわゆる民族誌的小説）のために良い作品を集めることもできる。それに加えて、ロシア文学史がある。プーシキンから最近の時代に至るまでの最も重要なロシア作家の代表的な作品の大部分は、チェコ語に翻訳されている。翻訳は、オットーの「ロシア文庫」やその他のシリーズで出ている。ライヒテルの「問題と見解」シリーズでは、ドストエフスキーの『作家の日記』とゲルツェンの『向こう岸から』が出ている。

a）A. v. Reinholdt, Geschichte der russischen Literatur, 1886.（現在までのところ、ロシア文学史全体の概観としては、最も良く、最も完備されたもの。）A. Brückner, Geschichte der russischen Literarur, 1905.（比較的新しい文学の興味深い概観。）M. Volkonskij, Pictures of Russian History and Russian Literature, 1898.（簡潔な概観。）Prince Kropotkin, Ideals and Realities in Russian Literature, 1905.（ドイツ語版一九〇六年。新しい文学の社会政治的、革命的内容を強調している。）S. Vengerov, Grundzüge der neuen russischen Literatur, 1899.（T. Pech訳。）Alexis Wesselowsky, Die russische Literatur, 1908.（論集 Die Kultur der Gegenwart 所収。良い概観。）E. M. de Vogüé, Le roman russe, 1868. Ossip-Lourié ; La psychologie des romanciers russes XIXe siècle, 1905.（曖昧である。）

W. J. Nagradov, Moderne russische Zensur und Presse vor und hinter den Kulissen, 1894.（事実だけが述べられていて、著者の判断はない。文学史や引用した歴史文献やケナンの『シベリア』に出てくる資料を参照。）

　ロシア哲学史の本はない。このテーマでは、F. Ueberweg, Grundriss der Geschichte der Philosophie des XIX. Jahrhunderts, 10. Aufl., 1906. の中でクルボーフスキーが書いた章があるが、

これは書誌的なものにすぎない。Ossip-Lourié, La Philosophie russe contemporaine, 1902. は非常に貧弱である。Pilet, La Russie en proverbes, 1905.（深みがない。）チェコ語では、T. G. Masaryk, Slavjanofilství I. Kirejevského, Praha, 1889, 2. vyd. 1893. J. Mikšが、Česká mysl誌に時々論文を書いている。

私は、自分の立場から、最新のロシア教会と宗教の歴史がないのを、非常に残念に思う。古い著作の中から、次のものを挙げる。V. A. Bazarov, Die russisch-orthodoxe Kirche, 1873. もっと新しいものの中から、次のものを挙げる。F. Kattenbusche, Lehrbuch der vergleischen Konfessionskunde, I. Bd. Die orthodoxe anatolische Kirche, 1892. E. F. K. Müller, Symbolik. Vergleichende Darstellung der christlichen Hauptkirchen nach ihrem Grundzuge und ihren wesentlichen Lebensäusserungen, 1896. そして、最後に次のものを挙げる。上述の論文集Die Kultur der Gegenwart の中に、Geschichte der christlichen Religion（2. Aufl. 1909.）と題された巻があり、Bonwetsch の Griechischorthodoxes Christentum und Kirche. という章がある。それ以外に、Realenzyklopädie für protestantische Teologie und Kirche, 3. Aufl. の中のしかるべき項目（とりわけ Orientalische Kirche）。

L. K. Götz, Kirchenrechtliche und kirchengeschichtliche Denkmäler Altrusslands, nebst Geshichte des russischen Kirchenrechts, 1905. Staat und Kirche in Altrussland. Kiever Periode, 988-1240, 1908. Das Kiever Höhlenkloster als Kulturzentrum des vormongolischen Russlands, 1904. K. K. Grass, Die russischen Sekten, 2 Bde., 1907-14. ビザンチンにおける教会と国家の関係については、次を参照。F. Maasen, Neun Kapitel über freie Kirche und Gewissensfreiheit, 1876. 更に次を参照。A. S. Prugavin, Die Inquisition der russischorthodoxen Kirche, 1905. J. Gehring, Die Sekten der russischen Kirche(1003-1897), nach ihrem Ursprung und innerem Zusammenhange, 1898.

b）ロシア全般、国土、人々、制度に関して、すぐれた知識が得られるものとして、次のものを挙げておく。Anatole Leroy-Beaulieu, L'Empire des Tsares, 4. ed., 1897-1898. ドイツ語では、次のものがある。Das Reich des Zaren und die Russen, von L. Pezold, 3 Bde., 2. Aufl., 1887-1890. また、次のものを参照。Sir D. M. Wallace, Russia, 1877.（何度も再版されているが、最後の版は一九一三年。）Wallaceは保守的で、精神生活を理解していない。Leroy-Beaulieuは自由主義的であり、その点では遥かに良い。自然と、自然と人間との関係については、次のものが注意を向けている。Alfred Hettner, Das europäische Russland, Studie zur Geographie des Menschen, 1906. チェコ語の著作の中では、次を参照。K. Havlíček, Obrazy z Rus.（この本は、一九〇四年にZd. Tobolkaが、Světová knihovnaの一冊として編集・出版した。）J. Holeček, Zájezd na Rus, 1896. Osvěta などにおけるJ. Hrubý の論文。（Listy z ruské vesnice. など。）Dr. S. Heller, Život na Rusi, Matice lidu 1868. L. Niederle, Slovanský svět. Zeměpisný a statistický obraz současného

Slovanstva, 1909, I.: Rusové.

J. Melnik の論文集Russen über Russland, 1906. は、十八編の論文において、現代の最も重要な諸問題について、進歩的な立場から、ためになる知識を与える。

M. Sering, Russlands Kultur und Volkswirtscharft, 1913.（良書である。）dr. M. L. Schlesinger, Russland im XX. Jahrhundert. Mit einer Übersichtskarte, 1908. 著者は広い知識を持っているが、彼の説明はやや皮相である。もっと良いのは、次のものである。Land und Leute in Russland, zusammengestellt von Dr. M. L. Schlesinger, 1909. Grégoire Alexinsky, ancien député à la Douma, La Russie Moderne, 1912.（良書。）Paule Barchan, Petersburger Nächte, 1910.（全般的な状況に関する明敏な概説。）チェコ語の雑誌の中から、次のものを挙げておく。Slovanský přehled, red. A. Černým.

ロシアの国家組織の説明を提供しているのは、次のものである。M. von Oettingen, Abriss des russischen Staatsrechts, 1899.（役に立つ本だが、古い。）次のものは、この問題をもっと広く扱っている。Marquardsen, Handbuch des öffentlichen Rechtes.の中の論文 J. Engelmann, Das Staatsrecht des Russischen Reiches. L. Mechelin, Das Staatsrecht des Grossfürstentums Finnland, 1899. もっと新しい著作としては、次のものがある。K. Erich, Das Staatsrecht des Grossfürstentums Finnland, 1912. 次のものは、良い著作である。A. Palme, Die russische Verfassung, 1910.（国家基本法と選挙法の分析。）

ゼームストヴォ（地方自治機関）の組織については、次のものを参照。A. von Gernet, Die Grundzüge der russischen Landschaftsverfassung, 1897.（一八九〇年の改編後に書かれている。）

Sombartの Archiv für Sozialwissenschaft und Sozialpolitik, 23. Bd., Heft I, Beilage. の中の、Max Weber, Russlands Übergang zum Scheinkonstitutionalismus, 1906. は、モスクワにおける十二月暴動後の諸政党の発展を批判的に概観したものである。次を参照。Zur Beurteilung der gegenwärtigen politischen Entwicklung Russlands, 1906 . (Ibid. XXII. 1. Heft. Beilage.)

Handwörterbuch der Staatswissenschaften の中の「ミール」「農奴解放（ロシアにおける）」、「アルテリ」その他の項目を参照。雑誌では Neue Zeit と Sozialistische Monatshefte が、ロシアの状況と経済文献について、定期的な報告を出している。（特にロシアを扱ったものとしては、次のものがある。J. Melnik, Neuland, Monatsblätter zur geistigen und ökonomischen Kultur Russlands und des fernen Ostens, 1908. その後発刊されていない。）

c）社会経済史に関するものを次に挙げる。G. von Schulze-Gävernitz, Volkswirtschaftliche Studien aus Russland, 1899. J. Engelmann, Geschichte der Leibeigenschaft in Russland, 1844. Keussler, Zur Geschichte und Kritik der bäuerlichen Gemeindebesitzes in Russland, 4 Bde., 1876-1887. Nicolaj-on, Die Volkswirtschaft in Russland nach der Bauernemanzipation, 1899. W. G. Simkhowitsch, Die Feldgemeinschaft in Russland, 1898.（Nicolaj-onとナロード

ニキ一般に対して批判的である。同じ著者の次の論文を参照。Die sozialökonomischen Lehren der russischen Narodniki, Jahrbücher für Nationalökonomie und Statistik, 1897.）

Zur Agrarbewegung in Russland. Herausgegeben von B. Brande, 1907.（次の論文を含む。I. I. Petrunkevič, Agrarkrisis und die politische Lage in Russland. A. A. Manuilov, Agrarfrage und ihre ökonomische Lösung. 編集者による補足として、次のものがある。Übersicht der agrarischen Reformprogramme.）P. Mass-low, Die Agrarfrage in Russland, I.: Die bäuerliche Wirtschafts-form und die ländlichen Arbeiter. M. Nachimson によるドイツ語訳、一九〇八年（社会民主主義の立場から書かれたもの）。

農業問題の特別な分野と新しいロシアに関しては、次を参照。S. Sagorskij, Die Arbeiterfrage in der südrussischen Landwirtschaft, 1908.

G. Staehr, Über Ursprung, Geschichte, Wesen und Bedeutung des russischen Artels. Ein Beitrag zur Kultur- und Wirtschaftsgeschichte des russischen Volkes, I.: Einleitung. Ursprung des Artels und vorläufige Bestimmung des Wesens des Artels, 1890. II.: Geschichtliches, 1891. P. Apostol, Das Artjel, 1898.

D. P. Ssemenow und W. I. Kasperow, Russlands Landwirtschaft und Getreidehandel, 1901.（M. Blumenau のドイツ語訳。）L. Jurowsky, Der russische Getreideexport, seine Entwicklung und Organisation, 1910.

M. I. Tugan-Baranowsky, Geschichte der russischen Fabrik, 1900.

V. Witschewsky, Russlands Handels-, Zoll- und Industriepolitik von Peter dem Grossen bis auf die Gegenwart, 1905.（最も詳細に叙述されているのは、一八九四～一九〇四年の時代である。）F. Lewin, Der heutige Zustand der Aktienhandelsbanken in Russland 1900-1910, 1912.

K. A. Pažitnov, Die Lage der arbeitenden Klasse in Russland. Eine historische Darstellung an der Hand amtlicher und privater Untersuchungen und der Berichte der Fabrikinspektoren von 1861 bis in die heutige Zeit, 1907.（Nachimsonによる翻訳とあとがき。）M. Raich, Einiges über den Stand der russischen Industrie und die Lage der Fabrikarbeiterschaft. Nach den Berichten der Fabrikinspektoren für 1909, in Sombarts Archiv, 1912. Dr. P. Meschewetski, Die Fabrikgesetzgebung in Russland. Ergänzungsheft (39.) der Zeitschrift für die gesamte Staatswirtschaft, 1911.

財政政策に関しては、K. Helfferich, Das Geld im russisch-japanischen Kriege, 1906. が概観的に、そして私の見るところでは正しく、論じている。R. Martin (Die Zukunft Russlands und Japans, 1905. Die Zukunft Russlands, 1906.) は、ロシアの財政政策を欺瞞的なものとして叙述し、完全な破産を予言している。彼の叙述は誇張されており、Martin は、時事文献を良く知っているものの、ロシアの事情を理解しておらず、見ていない。（私の間違いでなければ、Martin の本は、一九〇五年に書籍市場から撤去された。）Plutus(=G. Bernhardt), Russlands Bankrott, 1906. は、同じく一面的である。（Plutus は、社会民主主義者である。）ロシアの財政について様々な見方を批判的に分類して集めたものに、次のものがある。M. Biermer, Der Streit um die russischen Finanzen der Gagenwart und die neue Milliardenanleihe, 2. Aufl., 1906.

A. v. Bonstedt und D. Trietsch, Das russische Reich in Europa und Asien. Ein Handbuch über seine wirtschaftlichen Verhältnisse, 2. Aufl., 1913.（最も重要なデータの公的な集成。）

統計資料。H. P. Kennard, The Russian Yearbook.（一九一一年より毎年出版。）

d）現在の状況と革命に関するもの。Prof. M. v. Reusner, Die russischen Kämpfe um Recht und Freiheit, 1905.（著者はロシアの国家法学者であり、彼のデータは信用できる。）H. Ganz, Vor der Katastrophe, Ein Blick ins Zarenreich, 1904.（ロシアの見解を正しく伝えている。）K. Zilliacus, Das revolutionäre Russland. Eine Schilderung des Ursprungs und der Entwicklung der revolutionären Bewegung in Russland. Aus dem Schwedischen von Fr. v. Känel, 1905.（本書は不十分で、データは必ずしも正しくない。）A. Ular, Die russische Revolution, 1905.（登場人物、とりわけ宮廷関係の人物は、必ずしも批判的に描かれていない。）

A. Tscherevanin, Das Proletariat und die russische Revolution, 1908.（社会民主党の「メンシェヴィキ」の立場から書かれている。）N. Trotzsky, Russland in der Revolution, 1909. この二人の著者については、162節で言及する。

牢獄とシベリアにおける革命家の運命については、次を参照。L. Deutsch, Sechzehn Jahre in Sibirien, Erinnerungen eines russischen Revolutionärs, 1904. M. V. Noworusski, Achtzehneinhalb Jahre hinter russischen Kerkermauern, Schlüsselburger Aufzeichnungen, 1908. G. Kennan, Sibiria and the Exile System, 2 vols., 1891.

自由を求めるロシアの運動の哲学的基礎については、ヨーロッパの文献は少ない。現在までのところ、ゲルツェンのものが最も良い。最近の著作の中では、立憲民主党の指導者ミリュコーフのものがある。P. Miljukov, Russia and its Crisis, 1905. また、次のものがある。M. Zdziechowski, Die Grundprobleme Russlands. Literarisch-politische Skizzen, 1907.（ポーランド語からの翻訳。カトリック的、保守的なもので、興味深い。）

テロリストであるステプニャーク（＝S・M・クラフチーンスキー）の著作は、特に推奨に値する。彼の小説 The Career of a Nihilist, 1899. それから次のもの。Nihilismus as it is.（出版年記載なし。）The Russian Peasantry: Their Agrarian Condition, Social Life and Religion, 2 vols., 1888. Underground Russia, 1883. Russia under the Tsars, 1885. The Russian Storm-Cloud or Russia in Her Relations to Neighbouring Countries, 1886. その他（多くの著作が他の言語でも出ている。）

ヴェーラ・ザスーリチ、V・K・デボゴーリー・モクリエーヴィチその他のような革命家の回想録や自伝は、重要な貢献である。一八九九年にクロポトキンの回想録が（英語で）出た。そこには、信用しうる革命運動史の概略が含まれている。

Thun, Geschichte der revolutionären Bewegungen in Russland, 1883. 良書である。原則的な問題が検討されている。

女性問題に関しては、次のものがある。Handbuch der Frauenbewegung von H. Lange und G. Bäumer, I. (1901). 本書は、女性の合法的活動だけを扱っている。女性の革命への参加については、革命運動史によって補足する必要がある。

e）ロシアの政治史を概観したものに、次のものがある。A. Rambaud, Geschichte Russlands von den ältesten Zeiten bis 1884. E. Steineckによるドイツ語訳。内容が古くなっている。T. H. Pantenius, Geschichte Russlands von der Entstehung des russischen Reiches bis zur Gegenwart, 1908. 個々のデータは、しばしば不正確である。

特殊研究の中では、次のものを推奨する。T. Schiemann, Geschichte Russlands unter Kaiser Nikolaus I., 1904-19. Von Nikolaus I. zu Alexander III. St. Petersburger Beiträge zur neuesten russischen Geschichte, 1881. Die Ermordung Pauls und die Thronbesteigung Nikolaus I. Neue Materialien, veröffentlicht und eingeleitet von Prof. Dr. Theodor Schiemann, 1902. A. Brückner, Peter der Grosse, 1879 (Oncken, Allgemeine Geschichte). Katharina II., 1883(Oncken). I. Possoschkow, Ideen und Zustände im Zeitalter Peters des Grossen, 1878. Kulturhistorische Studien. Die Russen im Ausland, die Ausländer in Russland im XVII. Jahrhundert, 1878. Die Europäisierung Russlands, Land und Volk, 1888. エカテリーナについては、V・A・ビリバーソフのロシア語の著作があり（ロシアでは発禁になった）、そのうち二巻はドイツ語訳で出ている。Bilbasov, Katharina II. im Urteile der Weltliteratur, 1897, 2 Bde.

文化史は、ミリュコーフが書いている。P. Miljukov, Skizzen russischer Kulturgeschichte, 1898-1901, 2 Bde. E. Haumant, La culture française en Russie, 1910. 文化に関する文書の見事な集成として、T. Schiemannが出版した Bibliothek Russischer Denkwürdigkeiten がある。内容は以下の通り。I.: Memoiren von J. J. de Sanglen, 1776-1831. II.: Erinnerungen von L. de Seeland aus der polnischen Revolution 1830-1831. III.: N. I. Pirogov, Lebensfragen. IV.: K. Kavelins und I. Turgenjevs Sozialpolitischer Briefwechsel mit A. I. Herzen. V.: Erinnerungen eines Dorfgeistlichen. Ein Beitrag zur Geschichte der Leibeigenschaft und ihrer Aufhebung. VI.: M. Bakunins Sozialpolitischer Briefwechsel mit A. I. Herzen und Ogarjov. Mit einer biographischen Einleitung, Beilagen und Erläuterungen von M. Dragomanov. VII.: Jugenderinnerungen des Prof. A. I. Nikitenko (1826-77).

ロシアの政治状況と、とりわけ宮廷、上層支配社会、官僚の生活については、多くの回想録がある。比較的古い回想録を読むことを勧める。ゲルツェンによって出版されたMémoires de l'Impératrice Cathérine, écrits par elle-même.（ドイツ語版は、以下の通り。Erinnerungen der Kaiserin Katharina II, von ihr selbst geschrieben. Nach Alexander von Herzens Ausgabe neu herausgegeben von G. Kuntze. Mit mehreren Porträts und einem Nachtrag aus den Erinnerungen der Fürstin Daschkoff. 3. Aufl., 1907.）ダーシコワ公爵夫人の回想録が、ドイツ語で一八五七年に、英語で一八四〇年に出ている。十八世紀ロシアにとって非常に特徴的なのは、例えば次の著作である。Comte Fédor Golovkine, La cour et le Règne de Paul I. Avec introduction et notes par S. Bonnet, 1905. 次も参照。Der Briefwechsel zwischen der Kaiserin Katharina II. von Russland und Joh. Georg Zimmermann. Herausgegeben von E. Bodemann, 1906.

日露戦争に関しては、次のものがある。A. N. Kuropatkin, Rechenschaftsbericht an den Zaren über den russisch-japanischen Krieg bis zu den Mukdener Kämpfen, 1909. 次を参照。R. Gädke, Japans Krieg und Sieg, 1907.

ロシアに関する古い著作で、いまだに有益なものがある。何よりもまず、上述（23節）のN・トゥルゲーネフのフランス語の著作と、次のものを挙げる。A. Custine, La Russie en 1839, 1843. とりわけ次のもの。A. v. Haxthausen, Studien über die ländlichen Einrichtungen Russlands, 1847-52, 3 Bde. ハクストハウゼンはニコライ帝の要望で、一八四三〜一八四四年に国土調査を行った。彼の本はロシアの国費で出版された。

古いモスクワ・ルーシについては、現代の記述の幾つかをお勧めする。何よりもまず、オーストリア人 Herberstein のものである。Herberstein, Rerum Moscovitarum Commentarii, 1549. これは、ピョートル以前のロシアに関する最初の詳細な本である。Herberstein は二度モスクワに赴き、多くの貴重な資料を入手した。一五五六年のラテン語版は、著者によって補足・修正された。一五五七年のドイツ語版も、彼自身の仕事である。イギリス・モスクワ商事会社に勤めていたイギリス人 G. Fletcher は、一五九一年にモスクワを描いている。Of the Russe Commonwealth. Fletcher は、Horsey（彼もまた上記の会社に勤めていた）の著作をしばしば利用した（Travels その他）。Olearius その他の同様な記述がもっとたくさんある。

ロシア語と外国語文献の広範なリストが、『オットーの百科事典』の「ロシア」の項にもある。『チェコ歴史学雑誌』十三号で、Jaroslav Bidloが十九世紀ロシア史に関する文献（一七九八〜一八九四年）を集めている。

第2部 ロシアの歴史哲学と宗教哲学の概略

第1編

第9章　P・J・チャアダーエフ。正教の神権政治に対するカトリックの神権政治

48

デカブリストの蜂起は血腥く鎮圧され、ポーランドは平定され、第三部の監視のもとに、ウヴァーロフ伯爵が、正教、専制、国民性の公的な三位一体の名において、ニコライ帝の政治の無謬性を宣言した。——そこへ突然、チャアダーエフの『哲学書簡』が現れ、その中で、宗教の名において、ウヴァーロフの公式とロシアの歴史全体が無と宣言されたのである(1)。

チャアダーエフは『哲学書簡』の中で言った。——ロシアは歴史を持たず、伝統を持たない。なぜなら、理念を持たなかったし今も持っていないからである。しかしながら、諸国民は、理念を持ち、それを実現する時にのみ、生き、栄えるのである。ロシアは世界に一つの思想も与えず、世界はロシアから何も学ぶことができなかった。なぜなら、個々のすべてのロシア人と全体としてのロシア国民は、精神的に貧しく、空虚で、死んでいるからである。——チャアダーエフの書簡の発信地は、「ネクロポリス（死者の都）」になっている。チャアダーエフは、精神的な不活動が、ロシア人の顔にさえも反映していると見る。ロシア人には顔つきというものがない……。

チャアダーエフはその『書簡』において、歴史哲学の概説を述べている。自分の要求の意味を十分に意識しながら、チャアダーエフは、ロシア人が自らの歴史観を完全に変えるように要求し、歴史的発展における自らの位置と果たすべき課題を明らかにするように要求した。この点で彼は、西欧哲学、とりわけシェリング、部分的にはまたヘーゲルに従っているが、しかしまさにこの要求は、公的な愛国主義の番人と衝突せねばならなかった。なぜなら、ウヴァーロフの歴史哲学は、世界史におけるロシアの地位とロシア人の課題に関する完全に明確な指示を与えていたからである。

チャアダーエフにとって、人類の歴史は、キリスト教と教会の歴史、地上における神の王国の実現の歴史、宗教的教育の歴史である。キリスト教の宗教は、チャアダーエフにとって、単に道徳的な体系であるのみならず、何よりもまず、個人にだけでなく社会にも影響を与える永遠の神の力である。唯一の教会に関する教義は、まさにこの社会的影響を意味する、とチャアダーエフは強調する。——キリスト教は社会を組織し、キリスト教は本当に地上における神の王国を実現し

た。なぜなら、それはまさに単なる理念ではなくて力である、それ自体神の力であるからである。

それによって宗教が歴史における中心的で指導的な力であることを示した、一致、統一性、団結の原理を、チャアダーエフはカトリシズムにのみ見出している。カトリック教会においてのみ、普遍的な教会の理念が具現されたのである。チャアダーエフは、中世の教会に、個々の民族の個性にもかかわらず、文化的な精神的全体を見ている。それに対して、彼は、ルターとカルヴァンの改革を否定するのみならず、ロシアの正教会をも認めることができない。即ち、ビザンチンの教会はフォティオス〔八一〇頃～八九八頃。ビザンチンの神学者、コンスタンチノープル総主教〕の野心からのみ生まれたものだが、ロシアはその教会に加わることによってキリスト教の共同体から排除され、孤立し、それ故に、生きた文化を持たないままになったのである。なぜなら、真の、生きた、活気ある文化は、諸民族の大きな共同体の中でのみ可能だからである。チャアダーエフによれば、モスクワはタタール人よりも遙かにきつい軛にロシア人をはめた。ロシアはその孤立において、文化を持たないのみならず、宗教をも持たない。確かにロシア人もまたキリスト教徒だが、名前だけのキリスト教徒である――アビシニア人だってキリスト教徒なのだ。ロシアは文化も持っている。――しかし、とチャアダーエフは否定的に問う、日本人だって文化を持っているのではなかろうか？　ロシアはどこに自らの偉大な人物を、自らの賢人を、自らの国民と人類の指導者を持っているか？　チャアダーエフは、大衆に希望の目を向ける人々に同意しない。――大衆は盲目である、と彼は言う、ただ神に遣わされた偉大な人物だけが、民族の代表者と見なされるのである。そして、そのような者はまさにロシアにはいない。また、ロシア国民は真のキリスト教的精神の中に生きていない。チャアダーエフはイギリス国民を、本当に宗教的な国民の一例として挙げている。イギリスは彼にとってまさに「約束の地」であり、ロシアは違う。

義務と正義と法と秩序の理念は西欧にのみ根付いたのであって、ロシアには根付かなかった。

チャアダーエフは、彼の時代に広まっていた、西欧に対してロシアと東方を排外主義的に賞揚する意見には強く反対する。キリスト教の意識は、真実へと向かうのであって、人々を分離させるだけの盲目的な民族的偏見には向かわない。ロシアは地理的にも歴史的にも東洋には属さず、東洋と西洋の間で孤立したままでいる、とチャアダーエフは言う。そしてそれ故に、東洋の長所にも西洋の長所にも加わることがなかった。まさにこの自らの特別な地理的な位置のために、ロシアは、東では中国に、西ではドイツに依拠しつつ、精神生活の二つの偉大な原理――想像力と理性――を結合し、自らの文化の中で地球全体の歴史を結合すべきだった。しかし、ロシアはそれを実現できず、ただ西洋の精神生活を真似て、西洋の既成の理念を身につけただけだった。しかしながら、この模倣、この既成理念の受容は、非常に破壊的だった。即ち、理念は、生き生きと作用すべきであるなら、自分自身の活動から発展してこなければならないのである。理念は発展することによって、個々人と諸民族に精神的な方向を与える。しかし、まさにこの点にロシアの不幸がある。ロシアは既成の理念を受け入れ、それ故に、方向を持たず、まさに理念によって形成される西洋の特別な精神的方法論と論理学と三段論法を持たない。「我々は成長するが、成熟しない」。個々のロシア人すべてが、精神的な孤立性と不活動の報いを受けている。即ち、ロシア人は何も共通なものを持たず、伝統を持たず、そしてそれ故に、すべての個人は、自分のために、どうにかして歴史的発展に繋がろうと努力しているのである……。

チャアダーエフは、ヨーロッパに対するロシア民族の文化的立場を、私生児の社会的立場にたとえている。――遺産を持たず、自分たちの前に生きた人々との繋がりを持たず、ロシア人は自らの内面において、ロシア人の存在以前にあった課題を引き受けなかった……。

『哲学書簡』が引き起こした印象は、人々を圧倒し驚愕させた。ゲルツェンはそれを、グリボエードフの喜劇の印象に匹敵するものとした。それは言い過ぎだったにしても、しかしその効果は実際に強力かつ深いもので、あたかも暗夜のしじまに轟く半鐘だった……。

ニコライが『書簡』を読んだ時、これは狂人だけが書ける、厚かましいたわごとだと、欄外余白に書きつけた。果たしてニコライがこの判断を『書簡』からだけ引き出したのか、それとも皇帝はチャアダーエフの奇行と時々の神経衰弱について聞いていたのかは、分からない。いずれにせよ、皇帝の知るところで指令が出されて、チャアダーエフが毎日警察医の診察を受けて精神病と宣言されたのは事実である。そしてもちろん、警察もまたチャアダーエフを監視した。しかし、チャアダーエフに執筆が禁じられた時、医師は間もなく診察をやめることができたし、警察も安心した。実際、チャアダーエフ自身、何も公刊しなかった。

チャアダーエフの『哲学書簡』は、作者が公刊を考えていない時に公刊された。一八三六年にチャアダーエフは既に自分の見解を修正したし、そもそも『哲学書簡』は公刊を予定されたものではなかった。しかし、この偶然性にこそ『書簡』の意味があり、このことによってニコライ時代の文学的記録となったのである。『書簡』は文学的に全く未知の婦人に宛てられており、そしてまさにこの非意図性、確信の親密な言葉とその率直性がかくも強く作用したのである……。同時に、当時の絶対主義とその精神的検閲を特徴づけているのは、検閲官が自分の習慣で晩にカルタ遊びに熱中していた時にナデージュヂンが巧みなやり方でこれを公刊する許可を検閲官から取り付けたという事実である。この熱心なカルタ遊びというのは、思考することを許されていなかったロシア人にとって特徴的なことである。検閲官の油断、驚愕を当て込んだ編集者の精力――手短に言って、『哲学書簡』の公刊と、それに結びついたすべての事は、簡潔に、ニコライ時代の文化史なのである。哲学的革命の合図が軍人によって出されたということも、この時代の特徴である。将校は当時、ある意味で、ロシアで最も教養のある、最も独立した身分だった。チャアダーエフは我々にとって、遅れてきたデカブリストのように見える。そして、『書簡』はフランス語で書かれていた。二〇年代末の教養あるロシア人は、ドイツ哲学を学び、その理念を受け入れたとはいえ、まさにまだフランス化した人たちだった。チャアダーエフの『書簡』は、実際に文学的記録だった。

49

チャアダーエフはデカブリストと共に成長し、彼の友人N・トゥルゲーネフ、ヤクーシキン、グリボエードフ、プーシキンその他と同じ影響を経験した。チャアダーエフはデカブリストの見解に同意したが、しかし、フランスとヨーロッパにおける古い体制の復古をも観察し、そしてそれに従って、自らの哲学を定位した。フランス語で教育を受け、フランス化し、フランスの王政復古の哲学的転覆を経験し、シャトーブリアンとスタール夫人とド・メーストルとド・ボナルドとバランシュの思想を知り、ドイツ人では非常に多くのものをシェリングから、そしてまたヘーゲルから知った。古い思想家の中では、プラトンを多く研究した。彼の時代に生きている思想家たちは、反革命を歴史と人類の大問題として彼に示した。それ以外に、彼は自分の祖国で、自分の身をもってして、この反革命を経験し、アレクサンドルとニコライのロシアが反革命において果たした役割を経験しなければならなかった。チャアダーエフ自身が、対ナポレオン戦争に参加し、後に（一八二〇年）彼の連隊が反乱を起こした時、彼は、当時オパヴァ（トロッパウ）に滞在していた皇帝アレクサンドルに、それについての報告をするように命じられた。ヨーロッパに暫く滞在した後、チャアダーエフは自分の『書簡』においてニコライの体制への反対を表明した。

チャアダーエフの文学的遺稿は、あまりにも断片的であり、十分に批判的に分類されておらず、彼の見解についての今までの情報は、彼について最終的な判断を下すにはあまりにも曖昧である。

当時の多くの人々と同様にチャアダーエフが宗教的危機を経験したことは、疑いない。彼は、ヴォルテールの合理主義的な見解から、ロマン主義者の神秘主義へ移行した。果たして彼が再びヴォルテールに戻ったかどうか、どの程度戻ったかは、私の持っている資料からは読み取ることができない。彼は既に一八三七年にデカブリストの哲学を、懐疑に至るほかない冷たい理神論として描いたが、このことは、彼自身が当時既に全く懐疑を抱いていなかったことを意味しない。一八二〇年頃、彼は恐らく、病的とさえ言えるような強い神秘主義の餌食になった。彼は当時少なくとも、ユング＝シュテイリングとエックハルツハウゼンを詳細に研究し、霊界について思索したが、私が思うに、彼はこの神秘主義を克服した。彼の『書簡』も、彼のもので我々が知っているその他のものも、神秘主義の表明ではない。確かに、そこここに、神秘主義的内面化に由来するかもしれない思想が見出されるが、しかし、すぐにまた全く非神秘主義的な説明が見られるし、そもそも彼の歴史哲学の概念全体と展開は全く非神秘主義的である。我々は、精神的な受動性ととりわけ自我否定の要求を、神秘主義的なものと見なすことができる。チャアダーエフは、自らの世界蔑視について語り、それ故に、世界の政治的改良に参加することを拒否する。世界は我々の作品であり、それ故に、我々が望むならばそれを破壊することができる、という主張さえ見出される。――これらの、そしてまた同様の主張は神秘主義的に解釈されうる。彼が永遠を義人の生活として描いたり、時間の概念を排除するように望んだり（「汝は、自分と天との間には墓掘人のシャベルがあると考える」一八三七年）、あるいは不死をプラトンの霊魂先在の意味で捉えているのは、神秘主義的に聞こえる。しかし、これらの主張は、非神秘主義的に捉えることもできる。『哲学書簡』は神秘主義的なものではない。『書簡』の冒頭で、チャアダーエフは自分の文通相手に、教会の儀式のすべてを行うように勧めている。即ち、神秘主義の正反対であり、そう、シャトーブリアンふうのロマン主義的指示だが、タウラー的なところは全くない。そして、チャアダーエフの教会哲学全体もまた非神秘主義的である。教会とその政治的力に、彼は最大の力点を置く。宗教と教会は、彼にとっては同一の概念であり、宗教の主観的な側面に対して客観的な側面をはっきりと強調し、プロテスタントの見えない教会の教義を拒否する。そして、宗教の本質を分析するとき、彼の概念はやはり非神秘主義的である。彼は宗教の真正の内容を強調し、宗教においてまさに真実と理念を求める努力を重んじ、隣人愛においても論理を見出す。――真実を求める努力を不可能にしているのは、彼の意見によれば、我々の自我である。なぜなら、まさにこの自我が真実を覆い隠しているからである。そしてそれ故に、我々は真実に到達するためには自我を否定しなければならないだろう。

そして最後に、カトリシズムへのチャアダーエフの傾斜ととりわけ教皇制への愛着もまた、彼の神秘主義に対する反証となっている。まさにここにおいて彼に勝利したのは政治家ド・メーストルであって、神秘主義者ではない。

私がチャアダーエフにおける神秘主義の問題を強調するのは、最近この神秘主義が非常に強調されているからであり、まさにチャアダーエフの哲学の宗教的基礎が解明されることが重要だからである。(2)

チャアダーエフが後に自分の『書簡』の性格を、自殺をも欲するようになった病的な神経過敏の発露として直接に心理学的に説明しているとしても、それにもかかわらず私は、この陳述を完全に正しいものと見なすことをためらう。確かに、この絶望的な気分は、以前の懐疑が宗教的に決定的に克服されたことを意味しないだろう。

チャアダーエフは、その才能にもかかわらず、強い思想家ではなく、彼には学問的な堅固さと徹底性が欠けていた。彼は自分自身について、自分は唯一の理念を持っており、歴史においても唯一の理念が実現されることを望むと語っているが、しかし、この唯一の理念は、多様な解釈を許容しないように、十分に明確に定式化されたものではなかった。この欠点は、カトリシズムに対する彼の態度に関係している。チャアダーエフはカトリックにならなかったし、直接に尋ねられた時、曖昧に答えたか、あるいはカトリシズムを一種の信仰の規制原理と見なすように勧めた。チャアダーエフはまた、決して強く堅固な人間ではなく、彼の中ではイギリス・クラブのダンディの方が、信仰者よりも強かった。私は、カトリシズムに対する彼の態度を次のように考える。即ち、彼はフランス文化に感銘し、それを当時のカトリックの哲学者たちの見解に従ってカトリシズムの成果として捉え、カトリシズムをそれらのフランス人の意味においてキリスト教と同一視した。ロマン主義者たちがカトリシズムを好んだことが、彼をこの方向に押し進めた。彼が西欧におけるカトリック化、とりわけプロテスタントにおけるカトリック化を観察したと、我々は想定できる。なぜならそれは一般に知られていたし、そしてそれ以外にも、彼が特にイギリスのピュージの名を取った、ピュージ主義（オックスフォード運動）〔創始者ピュージの名を取った、イギリス教会におけるカトリック化の潮流〕を観察した（一八三三年以降）という彼自身の証言もあるからである。カトリック化は当時一般的な現象であり、ロシアにおいてもカトリシズムに熱中していたのはチャアダーエフだけではなかった。――アレクサンドル一世と、彼が教皇にかけていた期待を思い出すだけで十分である。ロシアの貴族階級においては、カトリシズム、とりわけイエズス会の教義は、既に以前から（パーヴェル帝以来）共感を得ていた。多くの地位の高い貴族がカトリック教徒やイエズス会士になり、その中にはチャアダーエフの『書簡』の刊行者ガガーリン公爵その他がいた。その中でも、とりわけ興味深いのは、無神論からの避難所をレデンプトール会員に求めた、モスクワ大学文献学教授ペチェーリン〔ウラヂーミル・セルゲーエヴィチ・ペチェーリン。一八〇七～八五。古典文献学者、社会思想家〕の生涯である。この二人の人物はもちろん、チャアダーエフの『書簡』の出版後に、その影響があって改宗したのだが、しかし、チャアダーエフはロシア教会に対する自分の見解を変えたとはいえ、カトリック教徒にはならなかった。しかし、チャアダーエフがいかに基本的な神学的および宗教的問題について考えたか、いかにとりわけ二つの主要なカトリック教会の関係を想定したか、いかに両者の教義的相違を評価したか、そもそもいかに教会合同とその実施を望んだか――それについて我々は情報を持っていない。

教皇制への彼の愛着がいかに抽象的なものだったかは、確かに、彼が宗教的な国の理想としてフランスやメッテルニヒのオーストリアではなくてイギリスを賞揚しているということから明らかになる。

カトリシズムとりわけ教皇制への共感は、ウヴァーロフのみならず自由主義者たちにおいてもチャアダーエフの評判を落とした。それは、オドーエフスキーとプーシキンの抗議からも分かる。プーシキンは残念ながら、友人に反対して、文部大臣に提出されるはずだった、ヴャーゼムスキーによる告発にも参加した。更にドストエフスキーは、カトリシズムへの愛着を持ったチャアダーエフを自分の最大の小説の主要な登場人物にしようとした。――チャアダーエフの登場の影響はこのように永続的であり、彼の後に来た者たちは彼にそれほど大きな意味を与えたのである。

50

チャアダーエフ自身、彼の『書簡』が呼び起こした反応に驚いた。彼は、自分の『弁明』において、自己正当化しようとし、自分の『書簡』を解説しようとした。この説明は、彼のロシア批判を弱めたことは否定できないが、しかし逆にまた、『書簡』の多くの主張に冷静な説明が与えられたことは認めねばならない。即ち、『書簡』はまさに単なる書簡であり、そこでは多くの概念が十分に明確に表現されておらず、そしてそれ故に、チャアダーエフの後の見解が意味するのが自然な発展なのか、それとも弱腰の後退なのかを言うことは難しい。私は、チャアダーエフの『書簡』の未熟さを強調したい。例えば、チャアダーエフがイギリスとその宗教性を賛美したことが彼の基本的命題に反するということに気づかなかったとしたら、それは無邪気なことである。チャアダーエフの説明を厳密に分析すれば、何よりもまず、最も重要な概念の不正確さが確認されるはずである。チャアダーエフはまさに、自らの見解を考えぬいて体系化することのなかった、哲学的な即興家であり、警句家である。

その『弁明』において、彼は、『書簡』の批判が辛辣で誇張されたものであることを認めている。しかし、彼はそれを、排外主義的な方法と意図によってロシア史を無批判的に賞賛した「狂信的なスラヴ人」、即ちスラヴ主義者に対する反感によって説明している。チャアダーエフは、人々を分離させてしまうという理由で、民族主義を、とりわけ民族的偏見を拒否する。彼はスラヴ派の愛国主義に、ただ民族的衝動だけを見ている。しかしながら彼は、民族的衝動が自覚的な理念によって照らされることを望む。「盲目的な恋の戯れの時代」は、ロシアの愛国主義にとっても過ぎ去った。「私は、目を閉じ、頭を垂れ、口を閉ざしたままで自分の祖国を愛することを学ばなかった。私は、人間は自分の祖国をよく理解する時にのみ祖国に貢献することができると考える……。私は、ピョートル大帝が祖国を愛することを私に教えたように、自分の祖国を愛する。私は告白するが、すべてをバラ色の光の中で見て、自分の幻想に夢中になっているあの至福の愛国主義、あの怠惰の愛国主義は、私にとっては無縁のものである……。祖国への愛、それは美しいものだが、しかし、もっと美しいものがある。それは真実への愛である」。「祖国を通ってではなく、真実を通って、天への道が通じている……」。「祖国への愛は英雄を生むが、真実への愛は賢人を育てる」。

チャアダーエフは、ピョートル以前のロシアの非文化性についての命題を繰り返す。彼は、この現実を冷静に認めることは、非愛国主義的な屁理屈ではなくて、ロシア人は自分自身に対して、他のいかなる民族にも見られないほど公平である証拠だと考える。ロシア人は、その非文化性において、それほどぎっしりと理念を詰め込まれていないという利点を持っており、より溌剌としており、より感受性が豊かで、偏見がより少ないという利点を持っている。まさにロシア精神が空っぽであるがゆえに、それは受容力を持ち、そしてそれ故に、西欧から正しいものを選び取ることだけが重要なのである。選び取るのであって、盲目的に模倣するのではない！チャアダーエフは、ピョートルは既にそれを行ったと考える。――ピョートルは自分の国に、一枚の白紙だけを見出し、自らの強い手でそこに「ヨーロッパ」と「西欧」という言葉を書き込んだ。それ以来、ロシア人はヨーロッパと西欧に属している。ピョートルは、ヨーロッパ文明の諸要素の意識的な統合を実現するというロシアの課題を実践した。

チャアダーエフは疑いなく、ロシアはこのようにして人類史の将来の発展を担わねばならない、と考えている。彼はそれを明言していないが、それはロシアとヨーロッパに関する彼の評価から出てくる。既に一八三一年の手紙において、彼は黙示録的に語っている。即ち、「はっきりしない感覚」が彼に、自分の時代に不可欠な真実を発見するはずの人間がじきに現れるはずだと語っているというのである。それは、政治的宗教をもたらすサン・シモンのような人間であろうか、それとも、新たなカトリシズムを持ったラムネ〔フェリシテ・ロベール・ド・ラムネ。一七八二～一八五四。フランスの司祭・思想家〕のような人間であろうか？　チャアダーエフは確かに、人間の運命の成就と、天からの新たな福音を期待している。既に『弁明』（一八三七年）において彼は、ロシア人は大部分の社会問題を解決するために、また古い社会で生まれた理念の大部分を実現するために、また人類が係わっている最も深刻な諸問題に対して答えるために選ばれていることを、深く確信している。

『書簡』において、彼はロシアのために東洋と西洋の統合を要求した。『弁明』においては、この見解を修正している。何よりもまず、彼は、東洋と西洋の性格づけを補足している。東洋は宗教的に瞑想的であり、西洋は積極的であり、それ故に、東洋は自らの指導を完全に政府に委ね、他方西洋は政府を法の原理の上に打ち立てた。東洋も、また西洋も、偉大な行為を成し遂げたが、まず初めに東洋が成し遂げ、その後に自らの精力によって東洋をも飲み込んだ西洋が成し遂げたのである。東洋はついに、不活動的な「統合」の中で眠ってしまった。東洋のこのような性格づけによって、チャアダーエフは、ロシアを東洋として西洋に対置したスラヴ派に、対抗している。チャアダーエフは東洋を認めるが、東洋を西洋の後ろに置く。彼は、ロシアが東洋と見なされることを望まなかっただろう。これは矛盾である。即ち、『書簡』においてロシアは東洋として描かれているし、後の時期になっても、ロシア精神の本質を謙虚、内気、禁欲的瞑想として特徴づけているチャアダーエフの主張(例えば『シェリングへの書簡』一八四二年)が見出されるが、これらは当時から現代に至るまで東洋の特徴とされているものである。

『弁明』においてチャアダーエフは、ロシアの大きな罪は、その地理的位置、あらゆる文明の最も外側に投げ出されているという現実に帰せられるという見解に傾いている。チャアダーエフはしばしば、世界における位置の影響を強調し、ロシア人は北方人だという主張を強調し、また、ロシア人はかなりの程度政府の指導に身を委ねたことを強調した。ここで彼がニコライとその王朝にお世辞を使ったのだとすると、彼が何らかの官職に就こうとしてベンケンドルフと交渉した(一八三二年)ことが思い出される。チャアダーエフは当時、ロシア人にとって進歩は、すべての忠実な臣民が自分の感情を皇帝の感情に従属させて専制君主に完全に従順に振る舞うよりほかの形では不可能だと書いた……。一八三〇年の七月革命をチャアダーエフは厳しく断罪し、フランス人一般について非好意的に判断した。

この記述から分かるように、チャアダーエフは決して勇敢な性格ではなかった。自らの弁明の手紙の一つにおいて、彼は醜悪なやり方でゲルツェンを否定した。ある知人からそのことで釈明を求められた時、彼は次のように弁明した。「親愛なる君よ、人は命が惜しいものだよ……」。

『弁明』においてチャアダーエフは、既にロシアの賢者と人類の教師の名――ピョートル、ロモノーソフ、プーシキン――を挙げている。彼らは同時に、ロシアが、もちろんピョートル大帝のロシアが、継続していることを証明している。しかしながら、チャアダーエフは、ピョートル以前のロシアにも、重要で価値ある文化的要素――ロシア教会と、教会がロシア人に植え付けたキリスト教的謙譲――を見出している。チャアダーエフは、農奴制の反対者だった(このことは彼の手紙と彼の友人たちの情報から分かる。――農奴制の精力的な反対者として知られるN・トゥルゲーネフは、チャアダーエフの見解に賛同した)。チャアダーエフは、教会が国家権力に従属していることを、つまり皇帝教皇主義を、嘆いた。――一体チャアダーエフは、これが、ロシア教会がロシア人をただ祈りと謙譲だけに導いたことと関係がないかどうか、自らに問わなかったのだろうか?

これらのあらゆる問題において、チャアダーエフの立場は混乱していた。一八三六年以後でさえ彼がロシア教会とその謙譲をあまり好かなかったことは、一八四七年に彼がゴーゴリの『友人との手紙』を非難したことから見て取れる。そして、もっと後になって、彼は特に例えばクリミア戦争を批判したが、その批判の仕方は専制君主への謙譲を助長することにはとうてい役立たないようなものだった……。

51

チャアダーエフは、自らの歴史哲学において、とりわけ進歩の基本的概念において揺れている。彼は一方でパスカルと共に恒常的な進歩を認めたがっているが、他方で世界のキリスト教化を超自然的な奇跡と見なければならない。即ち、同じ日にローマ帝国のみならず古代世界全体が崩壊したのだが、同時にまた世界は再生したのだという。

同様にチャアダーエフは、古代文化一般の独特な評価に行き着く。ギリシャ文化に物質的な美だけを認め、そしてそれ故に、ソクラテス、マルクス・アウレリウス、ストア派、プラトン主義者を拒否し、「人類の破壊者」ホメロスを拒否する。古い世界は蛮族によって破壊されたのではなくて、自ら崩壊し死んだのである。にもかかわらず、彼はエピクロスとその道徳を喜んで認めただろう。なぜなら、彼はその道徳に人々を結びつける要素を見出しているからである。同様に、彼がマホメットとイスラム教を認めていること、またインドとその宗教を認めていることには驚かされるが、しかし彼は、アリストテレスとその議論の余地のない業績をどう扱ったらよいか分からなかった。イスラム教への態度を決めるに当たって、彼は大胆にも、キリスト教は様々な宗教的形態を取りうることを認め、更には、必要とあらばキリスト教は十分にその結果を達成するために誤りと結びついても良いと認めた！　保存された彼の哲学書簡のうちの二編は、これらの問題を扱っている。

チャアダーエフは、ここですぐに自由の問題に触れている。一面では多くの歴史的出来事と事実の不可避性（例えば地理的位置の影響）を認め、歴史的発展の内的な論理、直接にヘーゲルの弁証法を思わせる「三段論法」をも強調している。他面では、個人の自由を擁護しようとし——「人間精神の絶対的自由」でさえキリスト教によって保持されるべきである——、「普遍的理性」の自由をも擁護しようとしている。シェリングへの手紙（一八四二年）において、彼はヘーゲルの弁証法を、自由な意志をほとんど排除する宿命論的な論理だとして断罪している。彼が問題を少しでも明確に定式化したとは言えない。歴史は、神的な力の作用であるはずである。この有神論と、「普遍的理性」および個人の自由とは、いかにして結合できるのであろうか？　神の内在はそもそも何を意味するのか、それから個人の理性とは何か、「普遍的理性」とは何か？　内在的な目的論は、自由と必然に対していかなる関係にあるのか？

チャアダーエフはこれらの問題を考えていたようだが、それをしかるべき形で定式化しなかった。しかしながら、彼は困難を感じており、その困難を後にトルストイやその他の者たちが自らの歴史哲学において解決しなければならなかった。しばしば彼にとって地上における神の王国は「永遠の相のもとに」現れ、無時間的なものとして現れたので、人間と世界と歴史は彼にとって単純に象徴となる。そのように彼はローマを世界史全体の象徴として捉え、永遠の町は彼にとって、人間が人類のあらゆる記憶を具体的かつ生理的に捉えることのできる現実的な地点となる。教皇は彼にとって、単なる理念、純粋な抽象となり、それは人間ではなく、時代の全能の象徴である……。

これらの問題との関連において、チャアダーエフは社会に対する個人の関係とその発展についても考えなければならなかった。彼は個人を社会に対立させて、社会を個人よりも上に置いた。彼は各自の自我の宗教的抑圧と恭順を望んだばかりでなく、彼が「普遍的理性」と呼ぶものに社会全体を見た。それは神の意志に従属し、まさに全体として個人に対立して独立的にあるものである。この全体は、単なる政府とは異なる民族として理解されるが、しかし、とりわけ中世にあっては全体としての諸民族の連邦的体系としても規定される。その全体は直接に「キリスト教的民族」と呼ばれ、その中では、個人ないし民族の相違は消えるか、あるいは融合する。そして我々は、神によって民族の指導者として遣わされた偉大な人々をいかに理解すべきだろうか？　「天才には全てが可能である」。彼はシェリングに、群衆のあらゆる指導者たちを導くことのできる偉大な個人を、即ち指導者の指導者を見ようとした。彼らと並んで、盲目な大衆は何を意味するか？　チャアダーエフは、自分の「普遍的理性」にもかかわらず、ラムネの普遍的精神についての教義を強く反駁した（一八三七年）。その普遍的精神は、ラムネが「人類の普遍的理性」と呼び、カトリック教会の伝統と意識――カトリシズム――と同一視したものだった。

私が最終的な判断を下すべきだとすると、チャアダーエフの断片が今に至るまで批判的で完全な版として集められていない、ということに遺憾の念を表明しなければならない。チャアダーエフは、私が「はしがき」で、ヨーロッパにあってロシアを論じることがいかに困難かと言ったことの、具体的な例である。チャアダーエフを厳密に研究するためには、覚え書き的な原稿を調べ上げ、チャアダーエフの発展を描くことができるように断片を集めて年代順に整理することが必要だろう。

私は、ロシア最初の歴史哲学者としてのチャアダーエフについて論じた。チャアダーエフは、ドイツの歴史哲学に繋がりながら、歴史と並んで歴史哲学の本質を厳密に理解し、それを定式化しようと努めた、本当に最初の者だった。彼は、個々の歴史的事実の中にある諸理念を哲学的に説明し評価しようとした。チャアダーエフによれば、個々の民族の歴史は、一連の事実であるのみならず、互いに結びついた諸理念の連鎖である。このようにチャアダーエフは特にヘーゲルの概念とヘーゲルの弁証法を再現し、そして、既に見たように、彼はヘーゲルの表現を利用しながら、歴史において発展する「普遍的理性」の論理と三段論法について述べた。彼は、特にロシア人にとって、始まりつつある西欧化の中で自己定位するために歴史哲学が必要だと言った。

まさにこの点で、チャアダーエフは当時形成されつつあったスラヴ派と西欧派の間で特別な位置を占めている。

チャアダーエフは、スラヴ派の基本的な命題においてスラヴ派と同意する。それは、社会とその歴史的発展を何よりもまず宗教的に捉えなければならないという点である。しかしながら、スラヴ派が宗教と教会を、世界から逃避する東の神秘主義的瞑想の意味でより多く捉えているのに対して、彼が、宗教と教会を、闘って世界を征服する西の教会の意味で捉えている点で、異なっている。それ故に、チャアダーエフはロシアの修道院に閉じこもることはせず、サロンの燕尾服を着た修道僧のように、現世を探求した。

チャアダーエフにとってスラヴ派は、懐古的なユートピア主義者であり、民族的反動の学者たちである。彼は、教皇制を模範とした世界的・普遍的教会を求めた。チャアダーエフの教皇主義は、彼のスラヴ派的な友人にとっても敵対者にとっても、躓きの石だった。しかし、チャアダーエフはモスクワで、I・キレーエフスキー、ホミャコーフその他のスラヴ派の創始者や代表者たちと個人的に接触した。ロシア教会と東方教会についての後のチャアダーエフの評価は、彼らから受け入れたものである。

こうしてチャアダーエフは、公的な神権政治の綱領にも近づいた。もちろん彼は、神権政治を常に、ウヴァーロフ伯爵の意味よりもシュレーゲルの意味（「意識の神権政治」）で捉えた。それ故に、彼は、初期のスラヴ派と同じように、政府にとっては要注意人物だった。一八五二年に警察がスラヴ派の要注意人物のリストを作ったとき、チャアダーエフもまたこのリストに載せられていた。同時代人たちは、警察によるこの文学の目録化を嘲笑したが、それでもそれは正しいものだった。

スラヴ派からチャアダーエフを分けていたのは、彼が留保なしにピョートルを認めたことだった。そしてそれ故に、彼は西欧派からも、とりわけゲルツェンから、認められた。チャアダーエフはデカブリストの方法、つまり革命を嫌いはしたが、デカブリストの理想を政治的に放棄はしなかった。しかしチャアダーエフは、心の中では革命を望みもした。だがそれは、西欧の模範に従った革命だった。チャアダーエフが最初の書簡の中で書いていることだが、西欧ではあらゆる政治革命は実際には精神的な革命であり、利害は常に理念の後からやって来たのであって、決して理念の前にやって来たのではなかった。

チャアダーエフを西欧派と結びつけたものは、自国の状況の勇敢な批判と民族的排外主義への反発だった。その排外主義は、ナポレオンの遠征以来高じて、ウヴァーロフの公的な民族性にまでなったものであり、それはチャアダーエフの内に民族的ニヒリズムを見ていた。このことは、スラヴ派の詩人ヤズィーコフが辛辣な非難において彼に言ったことであり、そこでヤズィーコフはチャアダーエフを祖国の裏切り者と非難した……。

神権政治的基礎にもかかわらず、西欧派はチャアダーエフにまさに宗教的問題における懐疑を感じ取り、それ故に、西欧派はチャアダーエフが自分たちの仲間だと感じていた。

チャアダーエフは、同時代人と後の世代にも強い影響を与えた。それはゲルツェンに認められるのみならず、プーシキン、N・トゥルゲーネフ、ドストエフスキーに至るまで認められる。この影響は、部分的に、チャアダーエフの特別な二重の立場によって説明される。それをプーシキンは、この「魂の医師」についての判断において、次のように表現している。――「彼はローマではブルータスだっただろうが、アテネではペリクレスだったろう」。

第10章　スラヴ主義。正教の神権政治のメシアニズム。スラヴ主義と汎スラヴ主義

A

52

チャアダーエフが名付けたような「狂信的スラヴ人」は、ドイツ哲学の助けを借りて、ウヴァーロフの神権政治的綱領を哲学的体系へと変容させた。宗教的西欧主義を持つチャアダーエフは孤立していたが、しかし友人や敵に影響を与えなかったわけではない。スラヴ派は、彼の影響のもとに、一つの流派を創り出した。

スラヴ派の哲学は、最初、ほとんどモスクワの文学サークルにおいて形成され、直接にシェリングの体系に依存していた。それに対して、ヘーゲルの体系は、彼らの敵対者である西欧派の基礎として役立った。初めのうち、両派は厳密に分化していなかったが、四〇年代中頃になって基本的な相違が生じ、それと共に人々の分裂も生じた。ニコライ治下の検閲が厳しかったために、両派の見解が文学的、ジャーナリズム的に定式化されたのは、もっと後の五〇年代初めとアレクサンドル二世の治世になってからだった。

若干の文学史家たちがスラヴ派の民族主義的先行者を挙げて、最初のスラヴ派はシシコーフやカラムジーンやキュヘリベーケルその他だったと書いているが、それは、スラヴ派がアレクサンドル一世時代に強まった民族的潮流を継承したこと、彼らがロシア文化を擁護し重んじたということに関してのみ正しい。この意味で、スラヴ派は自らの先行者を十八世紀、あるいは更にそれ以前のロシア主義の古い擁護者たちにも認めることができる。しかし、ここですぐに特に強調されなければならないのは、スラヴ主義は創始者たちの元来の形態においては民族的なものではなくて宗教的なものであり、まさに西欧派と同様に哲学的に西欧と繋がっていたということである。

スラヴ主義という言葉は元来、スラヴの文学に対する愛を示すものであって、スラヴ人やスラヴ世界への愛を示すものでは決してなかった。この言葉は、シシコーフの民族主義を基礎にして創られたものである。シシコーフは、教会スラヴ語を、ロシアの民衆語の根幹にして基礎と宣言した。教会語によって教会スラヴ語文字が与えられ、それと共に教会的思考も与えられた。「スラヴ派」という言葉はシシコーフの反対者たちによって皮肉な意味で用いられたが、後には新しい傾向を意味するようになった。キレーエフスキーは自分の傾向を正教・スラヴ的と呼び、他の者たちは「スラヴ人」について語り、ゴーゴリは「スロヴェニストとエヴロペイスト」

という表現を用いている。(1)

スラヴ主義の創設者は、チャアダーエフの友人のイワン・V・キレーエフスキーである。スラヴ主義の創始者としてしばしばホミャコーフが挙げられ、とりわけホミャコーフがキレーエフスキーに影響を与えてスラヴ主義的信仰に転向させたかのように強調されるが、それは正しくない。我々がすぐに見るように、キレーエフスキーはその発展の最初には西欧派的潮流の唱道者だったが、同時に、自分の同世代の多くの者たちの宗教的に無関心な自由主義の敵対者でもあった。後になってより保守的になり、宗教的に教会をより重んじるようになった。キレーエフスキーがこのようにロシアの教会を重んじるようになったことだけが、ホミャコーフやキレーエフスキーの弟やその他の者たちの影響と見なしうるであろう。しかし、この点でも、恐らくキレーエフスキーの妻と彼女の教会上の友人たちの影響の方が強い。キレーエフスキーは、スラヴ主義的見解を哲学的に最も深くかつ最も全般的に定式化した。そして、ホミャコーフもまた、キレーエフスキーがホミャコーフから受けたのよりもっと多くの影響をキレーエフスキーから受けた。年代的にも、キレーエフスキーはスラヴ主義の最初の哲学的創始者だった。(2)

キレーエフスキーは、チャアダーエフやその他の友人や知人たちと同様に、ドイツの文学と哲学から教養を得た。とりわけシェリングは、彼を強く捉えた。キレーエフスキーは、ドグマティズムと批判主義に関するシェリングの哲学書簡をロシア語に翻訳した、継父であり養育者だったエラーギンによって、早くからシェリングへと導かれた。この著作には、後のキレーエフスキーの論文の最も重要な認識論的命題が含まれている。シェリングの影響も、彼の論説「十九世紀」と『ヨーロッパ人』の綱領に認められる。ロシアのヨーロッパ化、端的に言ってそれが、ヨーロッパからちょうど帰ってきたばかりのキレーエフスキーの綱領だった。

チャアダーエフは、一八三二年のキレーエフスキーの著作を読んで喜んだだろう！　キレーエフスキーは、十八世紀中葉以来形成されたヨーロッパ文化を留保なしに受け入れている。キレーエフスキーは、シェリングに完全に従って、この文化に精神的発展の最高段階を見、しかも実践的および理論的段階を完成させる芸術的な創造力の段階を見ている。この文化は同時に、革命と反革命、ヴォルテール主義とロマン主義的神秘主義として過渡的な意味をもった矛盾の、調和的な克服でもある。キレーエフスキーは、フランス革命がヨーロッパに有益な影響を与えたと考えた。彼は宗教と敬虔さへの回帰を歓迎し、チャアダーエフと同様に、敬虔さを、人々を結びつける社会的な力と捉える。彼にとって宗教は単に儀式と内的な確信ではなく、民族全体の精神的合意である。そして、そのようなものとして、宗教は社会生活のあらゆる面に表れなければならない。宗教は、その歴史的発展において、民族の生活の全体に浸透しなければならない。

キレーエフスキーはヨーロッパの新しい文化に、キリスト教によって結実された古典古代文明の自然な発展と完成を見ている。しかしながら、ピョートル以前のロシアの文化について、ロシアのキリスト教、ロシアの教会は、ローマ教会とカトリシズムよりも純粋で神聖だったとしても、人生、国家、文化、芸術、経済の全体、端的に言って社会生活全体に浸透するだけの力を持たなかったという欠陥を非難する。ロシア人には古典古代の生活が欠けており、それ故にまた、西欧のキリスト教と古典古代がそこで驚くべき結合を見せたルネサンスも欠けている。ロシア人は文明を持たないままになり、ただノヴゴロドとプスコフだけに、普遍的西欧文明への傾斜があった。

　キレーエフスキーは、ロシアをヨーロッパに組み入れたことでピョートルとエカテリーナを賞賛する。そして、ロシアの独立した文明を持ちたがる民族的排外主義者たちに反対する。キレーエフスキーは、万里の長城によってロシアをヨーロッパから分離しようとする者たちに反対する。真の文明を形成するのは民族的性格ではなく、文化的世界の普遍的生活への参加である。ロシア人は古いルーシに向かうべきではなく、新しいヨーロッパの文明、ヨーロッパ主義を直接に受け入れねばならないし受け入れることができる。民族的性格を求めることは、文明を望まないことを意味する。

　このキレーエフスキーの歴史哲学には、様々な限界がある。とりわけ、ロシアの「より純粋で神聖な」キリスト教の分析が欠けている。そして、もしも宗教が社会生活全体に内面まで浸透すべきであるならば、いかにして新しい西欧文明、近代のヨーロッパ主義はロシアの教会およびロシアの宗教と結びつきうるのか？　この結合においていかなる役割がロシアに与えられるのか？

　全般的に言って、すべてがあまりにも概略的である。歴史的発展の個々の段階が十分に描かれていない（例えば、宗教改革についてはただ少し言及があるだけである、なぜ新しい文明がより古いキリスト教的文明よりも秀でているのかが分からない、など）。そしてそれ故に、主要な概念（国家、民族、人類、文明、宗教等々）が十分に明確に捉えられていない。キレーエフスキーは自分のヨーロッパ主義の真の意味さえも明らかにしていない。ニコライの政府にとってこの概念はもちろん明瞭であり、それ故にキレーエフスキーの『ヨーロッパ人』はすぐに廃刊にされた。文明は自由を意味し、理性の活動は革命を意味し、「巧みに探し出された中道」は憲法を意味するというわけである。――このように文部大臣はキレーエフスキーの論文を理解したし、それは全く間違っていたとも言えない……。

53

　この文学的災難の後で、キレーエフスキーは背景に退き、ただ時々、若干の文学的研究を匿名で発表しただけだった。彼は結婚したとき、自分の若い妻の聴罪司祭であり、モスクワのノヴォスパシー修道院の禁欲的な修道僧であるフィラレート神父と知り合いになった。この交友は、キレーエフスキーが自分の見解を明確化する上で非常に役立ったし、弟ピョートルと友人ホミャコーフの同様の影響をも強めた。キレーエフスキーは自分の教養のある妻を自らの見解に従わせようとしたが、しかしながら、既に結婚後二年目に、彼の友人のコーシェレフが語っているように、彼の方が妻の見解に従った。ドルビノ（トゥーラ県）にある自分の家族の領地から、彼はしばしばオプチナの隠者の庵をも訪ねたが、そこで彼は何人かの長老と非常に親密になった。フィラレートの死（一八四二年）後、彼に大きな影響を与えたのは、彼の聴罪司祭マカーリー教父だった。古いギリシャの教会教父たちの研究は、キレーエフスキーにおいて、今や決定的に正教的な精神的方向を強め、この意味において一八五二年と一八五六年の二つの論文が書かれた。

これら二つの論文とその他の断片的な論文の指導的な思想は、手短に言って以下の通りである。

ロシアは、その最も内的な本質においてヨーロッパとは異なる。両方の文化の相違と矛盾は、宗教的、教会的矛盾によって条件づけられている。ここで対立しているのは、信仰と信仰に敵対的な知識、伝統と批判、東方の正教とローマ・カトリシズム、とりわけドイツのプロテスタンティズムである。ロシアにとって、正教は真の啓示信仰の砦である。正教の信仰は、神によって啓示された絶対的な宗教的真実の神秘的な理解である。ヨーロッパのカトリシズム、更にプロテスタンティズムは、神の啓示を理性的に証明しようという哀れな試みを行った。この理性主義によって西欧教会はそもそも宗教を廃止し、人間そのものを自らの中で二分させた。信仰と教会に基づいて、ロシアとヨーロッパではまた文明が異なる。ロシアでは古いギリシャ教会の教父たちの哲学が支配的だが、ヨーロッパではスコラ学と、そこから出てくる、基本的にプロテスタントの哲学が支配的である。それ故に、ロシアの芸術も異なり、美と真実はロシアにとって同一であるが、ヨーロッパでは抽象的な美が空想の非真実に繋がっている。

ロシアの国家は、共同体、ミールから有機的に発展したが、ヨーロッパの国家は、他民族の軍事的占領と征服によって生まれた。より新しい、多数決による議会主義も、完全に物質的な統治原理の継承にすぎない。——キレーエフスキーにとって、ルイ・フィリップが意味するものは、ニコライ一世と同じだった。

ロシアの法も、人民の確信から有機的に生じたものであるのに対して、ヨーロッパの法は、ローマの世界支配者に由来し、外的な法律万能主義と形式主義において頂点に達する。

それ故に、教会に対する国家の関係もロシアとヨーロッパとでは異なる。ロシアの国家は教会から完全に分離され、その課題はただ自らの世俗的な課題を果たすことであるが、ヨーロッパの国家は教会と融合し、教会は世俗的な事柄に対する権力を我が物にし、精神的な事柄を等閑にしている。「聖なるルーシ」は、政治的な「神聖」ローマ帝国が意味したものを意味せず、ただ遺物の宝庫を意味するのである。

ロシアでは、財産は共通のものである（ミール）。なぜなら、個人は個人として価値を持っているからである。ヨーロッパにおいては、個人は価値を持たない。なぜなら、ヨーロッパの私有財産は、人間が土地に隷属し、個人ではなくて土地が価値を持っていることを意味するからである。

それ故に、ロシアにおいては家族もヨーロッパとは全く異なる。それは家父長的であり、血縁がその成員を結びつけて道徳的に統一し、そこから有機的に共同体と、家父長的な支配者を持った国家が形成された。ヨーロッパの家族は個人主義的であり、それ故にエゴイスティックであり、女性と子供の解放に繋がる。

ロシアは簡素に生きているが、ヨーロッパは奢侈と安逸を求め、国民経済はこの物質的な快楽生活の科学である。

ロシア人は、本当の、破壊されていない、古ロシア的でスラヴ的な、ピョートル以前の文化を、農村に見出す。その担い手は農民であり、ムジークであり、全民族である。ヨーロッパ人は近代的な文明を持ち、その中心地は都市にあり、その担い手は、社会生活を支配する産業主義と、根本的にはエゴイスティックな打算に由来する博愛を持つ、ブルジョアである。

二つのこれほど異なった世界観と生活様式が及ぼす影響と全体的な結果も、全く異なる。即ち、ロシア人は自らにおいて精神的に統一しており、その良心は、自分の不完全さを感じ、常にそれを認めるにもかかわらず、平安と満足を与える。ヨーロッパ人は自分の完全さを確信しているが、しかし、だからといって幸福で満足してはいない。なぜなら、彼の精神的な本質は、最も深い内部で分裂し、懐疑と不信に追いやられているからである。しかし、信仰なしに生きることはできない。

キレーエフスキーは、当時のロシアとヨーロッパの分析に由来し、また歴史哲学的観点に由来する、この二元論を説明しようとしている。彼は二つの文化と世界の相違を既に古代に見出し、ローマとアテネ（その地位に、後にコンスタンチノープルが就く）との間の相違に見ている。キリスト教が民族的特殊性を和らげ、単一の世界教会が地域的および民族的性格を周辺に押しやった。しかし、次第にローマ的性格が表面に現れ、そうして教会分裂に至り、東方と西方の大きな歴史的二元論に至ったのである。

ローマの半分は、エゴイズムと論理学へ向かう法的に形式的な古代の傾向に抵抗せず、ドグマを変更し（「firioque（および御子より）」）〔三位一体の一部としての聖霊が父および御子より発出するという、西方教会の教義〕、キリスト教の教えを理性的に証明しようとするスコラ学を創造した。まさにこの論理学的な道において、スコラ学とローマ教会は理性の敵となり、その合理主義にもかかわらず、完全にそして盲目的に高位聖職者と教皇の権威に従属した。

西欧は、教会のみならず自らの文明のすべてを、もっぱらローマ的形態において得た。そしてそれ故に、この文明のあらゆる要素は、法律的・形式的な性格、外面的に論理的な性格を持っている。西欧の性格は、道徳的には、ローマ的自尊心にも現れている。それは、最大のローマ的徳である愛国心の本質を成すものである。ローマ人は、ギリシャ人のような仕方で自分の祖国を愛さなかった。ローマ人の愛国心とは、祖国において自分の党派と自分自身の利己的な利益を愛した自尊心だった。端的に言って、西欧の文明全体が、ローマ的本質を受け継いだことによって、外面的なものとなった。

宗教改革はある程度、西欧のために宗教を守った。しかし、宗教改革はそもそも同じローマ的、合理主義的スコラ学を継承している。プロテスタンティズムは、新しいゲルマン哲学を生み出した。――ヒューム、カント、フィヒテ、シェリング、ヘーゲルは、本質的にローマ的な西欧の思想と合理主義と三段論法を完成した。そして、カトリシズムの古い統一を、完全な個人主義と主観主義へと分裂させた。それによって、西欧は、社会的にも原子化した。既にすべての中世の騎士が自分の石の城において国家の中の国家を作ったように、近代において個人と個人的信念の無制限の権威が宣言された。そして、革命（フランス革命！）が進歩の条件となった。

東方のキリスト教の発展は、全く異なっていた。キレーエフスキーは、ギリシャとビザンチンの文化と文明の本質を、西欧の発展を説明したのと同じくらい歴史的に徹底して説明することをしない。彼は、宗教のギリシャ的な概念を述べることで満足し、それを西欧の外面的な論理的合理主義の反対物としての神秘的直観の充実として捉えようとしている。

教会大分裂は、ビザンチンを文化的に弱めたが、しかし、宗教的に害することはなかった。ロシアはビザンチンから真のキリスト教を受け入れ、それと共に真の文明の基礎を受け入れた。ロシアは、キリスト教を受け入れる前にローマ人のように文明を持たず、そしてそれ故に、キリスト教をより容易に受け入れ、それをより純粋に保った。そして、キリスト教の教えのみならず、本当にキリスト教的な性格と風習をも保った。即ち、ロシア人は、ローマ人の本当の現実的な対立物である。ロシア人のキリスト教的謙譲は、ローマ人の横柄な自尊心の反対物である。キレーエフスキーはもちろん、近代において純粋なキリスト教を保っているのは民衆のみ、農民のみであることを認めねばならなかった。更に、ロシアもまたその発展において過ちを犯したことを認めている。しかもそれは、形式を本質と見なしたという過ちである。即ち、キリスト教の本質、その教えの意味が、外面的な形式（儀式その他）によって表現されるのである。本質と形式は密接に結びついているので、ロシア人は形式を本質と見なし、そうして古代ロシアの文明と社会生活は形式主義に満ちることになった。更には形式のために、一種の大分裂、十六世紀の分離派が生じた。

キレーエフスキーは、ピョートルの改革をロシアの形式主義によって説明することもためらわなかった。――形式を熱望したこのロシア人は、ローマ的・西欧的な形式主義的本質をも受け入れた。しかし、キレーエフスキー自身が、ピョートルの改革と西欧文明を拒否しているにもかかわらず、ピョートルの誤りを続けている。彼は更に、ローマ的原罪を犯して、正教的東方の真のキリスト教を哲学的に基礎付けようとした。彼は、宗教を守るために哲学を否定する西欧の人々に、「理性と相容れないような宗教はいかなるものであろうか？」と問うている。

かくしてキレーエフスキーはついに、ドイツ哲学は独立したロシア哲学へ向かう過渡的な段階であるかもしれないという見解に至っている。即ち彼は、西欧哲学はドイツ観念論において頂点に達し、もはやそれ以上の発展が不可能な決定的な形態を見出したと判断しているのである。理性は、このことを認めて転換を決意しなければならない。ローマ以来西欧の指導者である批判的理性の冷たい分析は真の理性へと戻らねばならず、論理学、三段論法、弁証法は、認識論的直観へと戻らねばならない。批判的理性は、人間の個々の精神的力を分裂させ孤立させ、人間を自己分裂させた。――この状態からの唯一可能な救いは、信仰へ、直観へ、一般に、あらゆる精神的力が完全な統一の中で生きた全体を成している真の理性へ、回帰することである。最も完全な精神の統一に至ったのは、ギリシャ人の教会教父たちであるが、しかし、キレーエフスキーは、人類はもはや彼らの所に戻ることはできないことを認める。哲学は諸科学の結果であると同時に基礎であり、科学と信仰との間の導き手である。――新たな科学は、新たな哲学を必要とする。それ故に、キレーエフスキーは、神秘主義への回帰の後に新たな科学と文明を再び真の信仰に導くことができるであろうシェリングに向かうことを決心する。少なくともシェリングを基礎として、救済となるロシア哲学が生まれうる。ギリシャの教会教父たちは、この哲学に道を示し、生命を与える原理を提供し、方向を示すだろう……。

我々は、次のことを見る。即ち、キレーエフスキーはシェリングの助けを借りて、とりわけ神智学と神話学に没頭した後期のシェリングの助けを借りて、カントとヘーゲルを克服しようと努めている、ということである。心理学的および認識論的に言って、キレーエフスキーは、最高の宗教的真実は悟性で認識することはできないというカントの批判の結果を受け入れている。それによってカントは、ヨーロッパの合理主義的文明を転覆させたが、しかし、その先の必要な一歩を踏み出さなかったという。ようやくシェリングが合理主義から直観へ、知的な直観への転回を行った。しかしカントもまた、自らの批判によって信仰に戻ろうとした。「それ故に、信仰する理性の主要な性格は、精神の個々の部分のすべてを唯一の力へと融合させ、存在の内的な集中を見出そうとする試みである。その集中においては、理性と意志と感情、また良心、美、真実、驚き、願望の対象、正義、同情、全体としての理性——すべてが融合して唯一の生きた全体を構成し、そのおかげで個人の本質が本源的な不可分性において復興する」。キレーエフスキーは、「正教的思惟」の特別な性格を、「個々の概念を信仰の要求と一致して形成しようと努めるのではなく、理性そのものを自らの通常のレベルよりも高めるように努め、理解の源泉そのものを高め、思惟の方法そのものを信仰との快い調和へと高める」ということに見ている。(3)

54

私は、キレーエフスキーのスラヴ主義的歴史哲学と宗教哲学を、概括的に紹介しようと試みた。今度は、それを手短に批判的に検討することにしよう。

キレーエフスキーの初期の見解と後期の見解との相違は、容易に見て取れる。個々の見解(例えば、フランス革命について)だけでなく、方向が変化した。もちろん、既にその最初の仕事において、キレーエフスキーは宗教を最も重要な社会的力と認めた。既に一八二七年に、彼は宗教を看過した「愚鈍な自由主義」を拒否した。しかしながら、その第二期において彼は、かつてはシェリングの意味で捉えていた宗教を、ビザンチン・ロシア教会が与えた歴史的形態において受け入れた。シェリングが未来のヨハネの教会においてカトリシズム(ペテロ)とプロテスタンティズム(パウロ)との間の矛盾を克服しようとしたように、キレーエフスキーはこの理想の教会をロシア教会に見ている。——もちろん、キレーエフスキーはこの理想の教会を自ら構想している。

キレーエフスキーの思考方法と理解は、ギリシャの教会教父と並んでどんな哲学者が彼を引きつけたか、ということによって知ることができる。シェリングと並んで、それはシェリング派のステフェンス(4)〔ヘンリク・ステフェンス。一七七三~一八四五。ノルウェー生まれの哲学者〕、更にヴィネ〔アレクサンドル・ロドルフ・ヴィネ。一七九七~一八四七。スイスのプロテスタントの神学者・文芸批評家〕、パスカルらである。シュライエルマッハー(ベルリンで彼の講義を聴いた)は彼にとっては既にあまりにも合理主義的すぎ、それ故に、ヘーゲルからは歴史哲学の弁証法への教示のみを受け入れる。カントの批判とカントの批判主義を、上述のように、彼は完全に拒否している。

キレーエフスキーは、近代哲学を拒むことによって、彼が近代哲学の母を見たスコラ学にも対立した。彼は非常に一貫していたので、一般にビザンチン主義に対して多くの批判的な判断を下しているように、西欧のスコラ学だけではなく、ビザンチンのスコラ学をも拒否した。

キレーエフスキーは、全く純粋な宗教と啓示を得て理解したいと思っており、そしてそれ故に、シェリングと共に、特別な神秘主義的感受性と直接的な直観を構想した。カトリシズムと更にはプロテスタンティズムも、彼にとっては既に宗教ではない。なぜなら、それらは信仰を理性的に、合理主義的に根拠づけようとしているからである。キレーエフスキーはまさにドグマを啓示された真実と捉え、そしてそれ故に、キリスト教の基本的なドグマを有神論に――ただし三位一体に関する教義として啓示された形態に――見た（一八五六年の論文は、三位一体に関する教義についての論文への序論となるはずだった）。

キレーエフスキーにとっては、もちろん、単なる神秘主義的直観だけでは十分ではありえず、彼は好むと好まざるとにかかわらず、宗教理論を持たねばならず、それでヨハンネス・ダマスケヌス〔?～七五四頃。ビザンチンの神学者〕とシェリングに賛成する。キレーエフスキーは神秘主義を一種の霊知（グノーシス）として受け入れ、神秘主義に耽っていた中世のスコラ学者たちに与した。そしてそれ故に、プロテスタント的な思想を持つシェリングにも行き着き、シェリングのもとにとどまった。

キレーエフスキーは、チャアダーエフのように神秘主義の危機を経験しなかった。ギリシャの教会教父たちを愛し、修道院にいる自分の友人たちが教会教父の著作を出版するのを助けたが、しかし、それらが内容的にもはや近代を満足させるものではないことを知っていた。事実上、彼は神秘主義者ではなかった。彼は感情的に古いビザンチンの神秘主義に耽ろうとし、それを心理学的に説明しようとした。しかし、結局のところ、ただ、教会の敬虔さの形態を受け入れて自ら信じただけだった。修道僧や信者たちとの交わりにおいて、彼は力と助けを求めた。しかし、自分の内から疑いの棘を完全に取り除くことはできなかった。

キレーエフスキーは確かに自分の見解を変え、より保守的になったが、以前の彼と見解を同じくしていた人々に対して不寛容にはならなかったし、自分のスラヴ派的信奉者たちに関しても判断の自由を残しておいた。(5)

キレーエフスキーは何よりもまず、哲学的見解の統一性のみならず、個人的および社会的生活の統一性を要求している。ドイツ観念論から借りてきた疑わしい認識哲学に従って、彼は心理学的、認識論的、歴史的二元論を構想し、その二元論において「ロシアとヨーロッパ」という対立を表現しようとした。彼が歴史的発展においてこの二元論を貫徹させたやり方は、全く尊敬に値する業績だったが、しかし、彼の歴史と彼の歴史哲学は、事実の経験論的確認というよりもむしろ、演繹的な構成だった。

ヨーロッパの二元論を分析して、キレーエフスキーはピョートル以来のロシアの発展の分裂の欠陥と欠点を暴き出した。彼がヨーロッパに見る欠陥と欠点を、彼は実際にはロシアと自分自身により多く感じ取った。ロシアにもヨーロッパにも分裂があるのは認めることができるし、認めねばならないが、しかし、キレーエフスキーが、自分の生活上の理想を歴史哲学の助けを借りて客観化し古いルーシに移入したとすれば、彼は誤っていた。キレーエフスキーは、ヨーロッパでルソー以来のロマン主義者たちが行ったことを行っている。――みんなが未来の理想を過去に求めた。ある者たちはゲルマン人やガリア人に、ある者たちは古代スラヴ人に、ある者たちは使徒の時代に、などなど。キレーエフスキーは、シェリングの未来の教会を第三のローマに移し、あるいはそれをロシアの農民の中に見出した。キレーエフスキーはもちろん、第三のローマを理想化し、しかも極度に理想化した。そうして、この古いロシアと正教の理想化は、子細に見るなら、現在のロシアの鋭い批判となった。このことをニコライの文学的な手先どもはよく理解し、一八五二年の彼の古代ロシアの賛美を「特に有害なもの」として断罪した。これは、非常によく理解できることである。キレーエフスキーは信仰を、単なる他人の確信への信仰ではなくて、人間がそこでより高い世界と直接に交わるような内面生活の現実的な出来事と見る。――このような見解を、国家教会の公式の権威主義的信仰は必要とするはずがなかった。そしてキレーエフスキーは、ただカトリシズムとプロテスタンティズムだけに教会の宗教的不十分さを暴き出したとするならば、もちろん自分自身を欺いていたのである。

キレーエフスキーの歴史哲学は、全体としても、個別の事柄においても、確かに疑わしいものである。――諸概念があまりにも抽象的すぎ、歴史的事実は厳密に分析され確証されていない。しかし、このことを我々は、キレーエフスキーのドイツ人の師たちについても言うことができるし、言わなければならない。それでも、我々は彼の業績の意義を認めることができる。神権政治の奇跡的な達成が歴史の内容だとされているが、ここにはロシアの教会史家の図式が保存されている。これらの教会史家の精神において、教会と人類の運命的な分裂は新しいアダムの堕落（教会大分裂）と見なされる。その堕落はその後、少し変わった形でロシア（ピョートル）において繰り返されるのである。

教会、国家、民族等々といった概念が、あまりにも抽象的であり、歴史的事実が、しばしばあまりにもナイーヴなやり方で暴力的に扱われている。キレーエフスキーは、プラトンとアリストテレスに、二つの世界観と人生観の典型的な代表者を見ている。プラトンは神秘主義者であり、アリストテレスは三段論法家であり合理主義者である。キレーエフスキーは、この二人の思想家が同時代に生きたギリシャ人だったということを考えていない。そしてそれ故に、ギリシャとローマはキレーエフスキーが想定しているほど単純に対立していないということを考えていない。この矛盾は、アリストテレスを単純に西欧に割り当てることによってなくなりはしない。同様に彼は、神学とスコラ学がまさにローマ人によって体系化されたという事実を認めなかった。そして、このような過ちはもっとたくさんある。キレーエフスキーはいかにしてい つ古代のギリシャ精神が更にビザンチン主義へと発展していったのかを究明していないし、なぜロシア人とスラヴ人がその民族的性格によってゲルマン人やローマ人よりもギリシャ人に近いかを説明していないし、彼の西洋と東洋の概念ももちろん非常に曖昧である。しかしながら、キレーエフスキーの歴史哲学にはもっと困難な謎がある。とりわけ、真の統一的な世界教会がこれほど致命的にローマの自尊心によって制圧されうるということ、神的なものが人間的なものに征服されるということがどうして起こったのか、ということである……。キレーエフスキー自身、なぜロシア文明がその利点をもってヨーロッパ文明以上に発展しなかったのか、という問いを発している。——なぜロシアはヨーロッパを追い越さなかったのか、なぜロシアはその文明において人類を先導しなかったのか、そして逆に、なぜロシアはヨーロッパから文明を受け入れねばならなかったのか?……そして、我々は更に、いかにして文明を持たないロシア民族が人類に、破壊しえない純粋な宝としての神的な真実を保存しえたのか、を問わねばならない。聖書に通じたキレーエフスキーは、この歴史的な謎を、埋もれた才能の寓話とは全く逆に捉えた。

シェリングやロマン主義的な英雄崇拝とは異なり、キレーエフスキーはロシアの農民大衆に助けを求めようとし、農民に、宗教的に理想的な人間を見る。彼は、ロシアの救済の思想が信者全体によって完成されることを望む。天才はむしろ有害であり、必要ない。この点でキレーエフスキーは、はっきりとチャアダーエフとは異なる。

キレーエフスキーは自らの宗教的農本主義を社会的にも捉え、彼がロシア国家全体の基本的な社会的単位として描いたミールを賞賛する。

キレーエフスキーは、一貫してメシアニズムを信じた。即ち、ロシアは、西欧をも救うという。しかしながら彼は、この救済をロシア文化と西欧文化の統合として想定していることによって、まだ控えめで寛容である。この統合によって、救済者が被救済者から多くのものを自らの文化のために得るという。キレーエフスキーはまだスラヴ主義を、自らの後継者たちほどもっぱら民族主義的に捉えなかった。彼は自分のメシアニズムの動機付けを絶えず、正教信仰の優越と絶対性の中に求めている。しかしながら、信者なしに信仰を打ち立てることはできず、キレーエフスキーは、ロシア人とその他の諸民族の民族的特性について考えねばならなかった。そして、なぜロシア人がある時代に人類の救済を引き受けねばならないかについて、考えねばならなかった。既に一八二九年のロシア文学についての論文の中で、キレーエフスキーはロシアのヨーロッパへの編入について述べた。彼は、ヨーロッパのあらゆる民族は既に自らの課題を果たし、ヨーロッパは既に、個々の諸民族の独立性を飲み込んだ文化的全体を成していると見る。まさにそれ故に、ヨーロッパは一つの全体として更に生きてゆくために、中心を必要とし、そして、その中心となりうるのは、他の民族を政治的・精神的に支配しうる一つの民族だけであり、それは特にロシア民族である。イタリア、スペイン、宗教改革の時代のドイツ、イギリス、フランスが以前にそうだったように、ロシアは一種の首都となり、他民族の心臓となるであろう。キレーエフスキーは確かに、ロシアと同じように新鮮な北アメリカ合衆国をロシアと並べて見ているが、しかし、それはヨーロッパからあまりにも遠いし、イギリス的文明はあまりにも一面的である。ロシアは自らの文明の基礎をあらゆる民族から得たので、全般的にヨーロッパ的であり、そしてそれ故に、その地理的な位置からしても、ヨーロッパに影響を与える使命を持っている。キレーエフスキーは、柔軟さと受容性を持ったロシアの民族的性格と国家的関心も、同じ目標に向かっている、と判断する。「あらゆるヨーロッパ国家の運命は、他のすべての民族の結合にかかっている。――ロシアの運命は、ロシアだけにかかっている。しかしながら、ロシアの運命は、その文明の中にある。即ち、この文明は、あらゆる財宝の条件であり源泉である。この財宝のすべてが我々のものになるやいなや、我々はそれを他のヨーロッパと分かち合い、自分の債務を百倍にしてヨーロッパに返すであろう」。

　このメシアニズムは、上述のように、まだ控えめである。それはまた、結局の所、ロシア民族の若さと新鮮さによって、その政治的力と地理的位置とその性格によって、現実的に根拠づけられている。

　後になってキレーエフスキーは、この問題を別様に考えた。一八五二年の論文には、種族の性格は未来への希望の根拠ではありえない、と書かれている。これらの性格は、種がその上に落ちた土壌のように、種の最初の発展を早めたり遅らせたりすることができるし、種に豊かか貧しい栄養を与えることができるし、種に自由な発展を可能にしたり他の植物で種を抑圧したりすることができるが――果実の性格は、種の性格にかかっている。

　我々が種と土壌についての比喩を有効にしようと思うのなら、土壌が正確に調査されなければならない。この点で、キレーエフスキーは非常に不完全である。彼はロシア人に（時としてロシア人について語るかと思うと、すぐにスラヴ人について語る）特に、疑いなくキリスト教的な隣人愛であるはずの平和愛好性という属性を与え、また全く平和のうちに興ったロシア国家を見出しているが――この平和愛好性は種族的な性格なのか、それとも教育されたものなのか、何なのか？　このような批判的な問いがたくさんあるだろうが、我々はキレーエフスキーの後継者たちについて述べるときに更に幾つかの問いを発することにしよう。

　キレーエフスキーは全く明瞭にドイツ啓蒙主義の人間性の理想を受け入れて、それをロシア語に訳した。

　キレーエフスキーの断片に現れている彼の性格について、もう一つのコメントをしておこう。彼が我々に残したのが断片だけだったというまさにそのことが、この人物を文学的孤独の中に示している。ニコライの検閲と弾圧は彼から創作欲を奪い、彼を文学的な世捨て人にした。キレーエフスキーは自分の中に沈潜し、自らの理論と一致して瞑想に耽った。抑圧に対して、彼には闘う勇気がなかったし、またこの闘いのセンスもなかった。例えば、一八四八年に、ポゴーヂンが検閲に抗議する建白書をツァーリに送ることを作家たちに勧めたが、キレーエフスキーは彼と彼の友人たちが政府に反対しているという嫌疑を受けないように、それをやめさせた。——良い見解を持っている者は、ロシア人がスラヴ人に敵対するドイツ人を助けるような戦争や内乱からロシアを守るために、二、三年文学を犠牲にしなければならない……。そしてまた、社会的な問題、とりわけロシアの大問題である農奴解放の問題において、キレーエフスキーは非常に保守的な見解を持っていた。

キレーエフスキーは、強い静寂主義に耽る。ここでは、ロシアの状況がドイツの哲学より強い影響を与えた。カントとフィヒテによって、しかしまたシェリングによって、キレーエフスキーは知性と並んで意志の意義にも注目させられたに違いない。というのも、シェリングは（ちょうどキレーエフスキーの継父が翻訳した論文において）意志を自意識の源泉として描き、もっと後の、既に全く神秘主義的な著作において、意志を直接に真の存在、原存在として捉えているのだから。キレーエフスキーもまた、意志の問題について考えたが、まさにここから静寂主義に至ったというのは特徴的である。彼はホミャコーフへの手紙において、今の時代は、昔の時代のように意志を強くすることができないと嘆いている。確かにナポレオンのような個々の強い人物は存在するが、それは例外に過ぎないという。意志は密かに生まれ、沈黙によって育てられるという。——ロシアの修道僧と長老はキレーエフスキーにとって、強い意志を持った真の英雄であり、キレーエフスキーは彼らと共に俗世からの逃避を決意した。あらゆる相違にもかかわらず、ここにはチャアダーエフとの一種の類似がある。

55

キレーエフスキーと並んで、また彼と親交を持ちながら、ホミャコーフとコンスタンチン・アクサーコフはスラヴ派の教義を完成した。ホミャコーフはより詳細に神学的な側面を、アクサーコフは国家法的な側面を検討した。(6)

ホミャコーフはスラヴ派の論客であり、伝道者であり、煽動者だった。——彼は生涯論争し続けたと、彼の敵手ゲルツェンは言っている。ホミャコーフは口頭でも文書においても、西欧派はもとより自分の同志たち（サマーリン、またキレーエフスキー）にも、反駁した。その反駁はもちろん、歴史的問題において通常、事実に異なる光を当てようとすることに基づいている。概してホミャコーフは、自らの確固たるテーゼを妥当なものにしようと努める神学者の方法に従っている。——私はここで、誠実に振る舞う神学者と学者一般を念頭に置いている。ホミャコーフは、本当にスラヴ主義を信じていた。私は、次のような例を選ぼう。西欧派は、キリスト教の最も純粋な揺り籠たるビザンチンには、非常に過酷で非人間的な体罰があったという事実をスラヴ派に指摘した。ホミャコーフは、ビザンチンは、キリスト教国になる前はローマ的であって、それ故にローマの冷酷さを受け入れたのだと答えている。これに従えばキリスト教は重要な事柄においてあまりにも弱かったのだということをホミャコーフは見ておらず、逆に、ビザンチンは社会的に良く美しい実例をもたらさなかったのだということを認めて、友人のキレーエフスキーに反対している。しかしながら、同時に彼は、純粋なキリスト教は修道院や隠者の庵に逃げ込んだのだという説明によってスラヴ派の立場を擁護しようとしている。

ホミャコーフはサマーリンによって「教会の教師」と呼ばれ、彼は正教にとって新しい時代を意味する者だという、大きな功績が彼に与えられた。ホミャコーフは実際に、自分の哲学によってロシア神学をカトリックとプロテスタントの神学と同等なものにしようとし、それ故に、カトリシズムおよびプロテスタンティズムと一種の哲学的論争を行った。

哲学と歴史的研究において、ホミャコーフはキレーエフスキーから出発している。彼は確かにキレーエフスキーを心理学的および認識論的に深めようと努めているが、私は彼がそれに成功したとは信じない。ホミャコーフにはキレーエフスキーと異なる多くの細部があるが、それらの相違は重要なものではない。

キレーエフスキーと共に、ホミャコーフは、人間と人類の全生活の真の内容は宗教にある、という命題から出発する。彼にとって、歴史とは宗教的発展の歴史であり、宗教、より正確に言えば信仰は、彼にとって歴史の原動力である。歴史そのものは、自由と必然との不断の闘争である。もしも宗教が本来の歴史的力であるならば、二つの宗教的見解の闘争、物質的必然の宗教と精神的自由の宗教との闘争があるということになる。この闘いは、精神と自由の宗教によって終わる。

ホミャコーフはこのヘーゲルの基本的命題を体系的に完成させたのではなく、世界史に関する多くの注釈と覚え書きの形でそれを説明したのである。

ホミャコーフは、無の崇拝を伴う仏教哲学に至るまでの最も原始的な形態の物神崇拝の中に、物質と物質的必然の崇拝を見ている。即ち、自由を求める精神は、物質の中に悪を見なければならず、それを克服し、それから自分を解放しなければならない。物質の奴隷は、必然に従属する。ホミャコーフによれば、仏教は一種の精神性を生み出したが、しかしこの精神性は奴隷的であり、不自由であり、仏教徒は自らを破壊する時にのみ自由に至る。ホミャコーフは、あらゆる種類の擬人観をも物質崇拝として説明している。――唯物論的な人間は、神を自分自身の形においてしか理解できない。ユダヤ教は様々な多神教的宗教よりも精神的だったが、しかしようやくキリスト教が初めて精神的で自由な完全な宗教になったのである。しかしながら、キリスト教もまた分裂している。そしてそれは、唯物論的なローマの影響と、やはり物質的でしかないローマの法的な論理の影響によって、精神性が単なる合理性に変わることによってである。(7) ローマは共通の教会から離脱したが、しかし東方教会は真の教義に忠実であり続けた。正教の信仰は、既にその術語が示しているように、西方の信仰とは本質的に異なる。西欧は「religio」を、拘束を、即ち不自由を持っている。正教のロシアは、信仰する。いかなる外的な拘束もなく、内的で自由な決断に基づいて自発的に信仰する。彼の信仰は、言葉の真の意味で彼の心の問題である。

内的な必然性を伴ったローマ・カトリックの合理主義からは、更に合理主義的なプロテスタンティズムが発生せざるをえなかった。カトリシズムは自らの範囲内で統一をめざし、それを達成したが、しかしながらそれは自由を犠牲にした統一だった。一方プロテスタンティズムは、自由のために統一を犠牲にした。両者において精神が、そしてそれ故にまた統一と真の自由が、損害を被った。カトリシズムはプロテスタンティズムを生み出し、プロテスタンティズムはドイツ哲学を生み出し、カントはルターの後継者であり、フォイエルバッハはツヴィングリとカールシュタットの後継者である。―フォイエルバッハとシュティルナーにおいて、カント以後のドイツ哲学はどん底に落ち、個人主義と主観主義がその真の本質、即ちエゴイズムを現す。プロテスタンティズムは観念論における合理主義であり、カトリシズムは唯物論における合理主義である。ホミャコーフは、カトリックの合理主義的唯物論を魔よけと呼んでいる。カトリックの祈りは単なる悪魔祓いであるが、それに対して正教のキリスト教徒はすべての儀式と祈りにおける真の精神主義を保っている。

唯一の神とその唯一の真実があるように、また唯一の教会があり、この教会は目に見える社会、信者たちの共同体ではなくて、この共同体の中に生きている神の精神と恩寵である。教会は聖なるもので普遍的（カトリック的）なものであり、統一は絶対的なものであり、生ける者も死んだ者も、天上の聖霊たちも、天使たちも、未来の世代も、すべてが唯一の教会において結合している。それ故に、教会は世界の創造以来存在し、あらゆる事物の終わりに至るまで存続する。

ホミャコーフは四〇年代に、教会に関する教義の教理問答的解説を書いた。ホミャコーフが教会に関する、しかも教会の統一性と唯一性に関する教義をこのように強調しているというのは、まさに特徴的なことである。このことは、ホミャコーフが、キレーエフスキーやチャアダーエフと同様に、宗教的な個人主義と主観主義を拒否しているということを意味する。個人は宗教的に宗教的全体に完全に従属し、そして、この従属は、真実を開示した唯一の神の存在の必然的な結果である。ホミャコーフはこの世とあの世の区別を廃する神の国に至り、すべての個人を、既にこの地上で天上の市民にする。

五〇年代に、ホミャコーフはカトリックとプロテスタントに反対する幾つかの駁論を書いた。これらの論文の中で彼は、啓示は絶対的なものであると強調している。ある個所では、ドグマを教会と同一視さえしている。ホミャコーフは、ルソーの一般意志の公式に至る。ルソーと同様に、ホミャコーフによれば、普遍性――カトリック性――は社会（教会）の大部分の成員の中にあるのではなくて、全員の中にある。「教会を形成するのは、信者の数の多い少ないではなく、信者の目に見える集まりでもなく、信者を結びつける精神的結合である」。教会の頭は、神――キリストである。

これらの定式に関して、このような教会の捉え方は、プロテスタンティズムに対する彼のあらゆる敵意にもかかわらず、プロテスタント的な捉え方であり、とりわけ目に見えない教会に関するプロテスタントの教義を繰り返している、とホミャコーフは非難された。この非難は、不当なものではない。ただ我々は、目に見えない教会に関する教義は非常に多様に理解されうるということ、ローマと正教会の二つのカトリック教会においても、目に見える教会に関する教義と並んで提起されていることを、想起しなければならない。

ホミャコーフにとって、物質的な側面と精神的な側面、必然の帝国と自由の帝国を厳密に区別することは困難である。彼は、教会の統一を、神的な真実の精神的統一として理解し、教会の個々の成員のことを忘れている。しかしまた、これら個々人を無視することができず、生きた肉体ないし有機体の概念を援用する。教会は、精神的なものでなければならないので、ホミャコーフにとって権威ではない。なぜなら、権威はすべて外面的なものだからである。教会はまさに、すべての者の中に生きている真実であり、神の恩寵である。ここからホミャコーフは、一種の教会的汎神論に至る。即ち、個々の理性は、唯一の神の真実を、「普遍的な理性との道徳的一致」においてのみ理解することができる。教会の頭は、キリストである。しかし、肉体的で、目に見られたキリストは、強制させた真実にすぎないだろうと、ホミャコーフは言う。真実は自由に、全く自発的に受け入れられねばならない。

個人主義の問題は、こうしてホミャコーフにとって非常に大きな困難となった。彼はカトリックとプロテスタントの見解の間で動揺し、教会の全体に対する個人の関係を認識論的に明瞭に定めることができなかった。

ホミャコーフにとって非常に重要な信仰の概念も、同様に曖昧である。ここで彼は、客観と主観の認識論的関係を解決することができない。即ち、神の啓示としての真実が全く客観的に与えられるならば、個人はこの真実をいかに把握するのか？　ブンゼン宛の手紙の中でホミャコーフは、聖書を書かれた教会と呼び、教会を生きた聖書と呼んでいる。

ホミャコーフは、一八五九年と一八六〇年に（サマーリン宛の手紙）カントからヘーゲルに至る哲学の批判において、信仰の概念を認識論的に規定しようとした。彼は認識論的な問題に取り組むことができず、ドイツの哲学者たちの若干の命題から一貫性を欠いたまま自分の見解を引き出すように努めているが、このことを見るのは、ホミャコーフを判断する上で重要なことである。ホミャコーフは、信仰は精神の中心的で統一的な認識力であるというキレーエフスキーの先入観から出発し、キレーエフスキーと全く同様に、信仰と分析的な理性との間には矛盾がある、と想定している。キレーエフスキーは、この見解を心理学的により詳細に検討しなかった。ホミャコーフは、それを、カントとその後継者たちの批判において心理学的に根拠づけようとした。彼は理性と意志は一つだという主張から出発し、「自発的な理性」について語り、そうして真の理性の思考力と創造力を強調している。ホミャコーフは、その他のところでは個人主義と主観主義を否定しているにもかかわらず、ここでは自分の基本的な見解に反して、カントとその後継者たちにおいて認識論的に、更には形而上学的にも表現されている通りに、個人主義と主観主義を受け入れている。ホミャコーフは、キレーエフスキーと同様に、直接にシェリングの影響下にある。意志の本質と意味に関するシェリングの見解は、上述の通りである。ホミャコーフはもちろん、自らを規定する自由の本質は意志と思考の統一の中に見出される、ということをヘーゲルからも知った。

ホミャコーフがショーペンハウエルの意志に関する説をも比較的詳細に知っていたかどうかは、分からない(8)。いずれにせよ、彼はドイツ観念論に基づいて理性と意志を一つのものと捉えていた。しかしながら、ホミャコーフは、この意志を信仰と理性に分けている。彼は信仰を、理性の能力として定義しているが、その能力は現実を知覚して理性に引き渡し、理性がそれを分析し認識するのである。更にホミャコーフによれば、信仰は、事物の内面的な生きた認識であり、全体としての事物の直接的な理解である。信仰は外にある物と内にある物とを直接的に、明らかに把握し、そのためには証明を必要とせず、根拠を必要としない。信仰は「純粋な思考」であり、理性的な知覚であり、直観である。それはこの世の人間には完全には与えられていないが、しかしながら、あの世で完全に手に入れられるようになる。

ホミャコーフがシェリングとドイツ観念論と主観主義を超えなかったことは、明らかである。しかし、彼は友人キレーエフスキーと異なり、ホミャコーフは精力的で、進取の気性に富み、積極的だった。この面では、意志に関する彼の説は、彼の個性の表現でもあった。ホミャコーフが幾つかの個所で認識過程を全く主意主義的に捉えていることに、注意を向ける必要がある。彼は直接に「把握する意志」について語り、把握を力として捉え、こうして、カントと彼の後継者たちの意味で理性の活動を強調している。しかし、ホミャコーフにあっては、この主意主義は全く無駄なものである。即ち、カントの理性の活動は、まさに、個人の理性が独立して主観的に思考を生み出し創造することにあるが、他方ホミャコーフは最も重要な真実の啓示に関する神学的教義を受け入れ、それ故に彼にとって、知識は何よりもまず受動的な信仰であり、所与の真実は信仰によって受け入れられる。その信仰は、中心的な認識力として描かれ、シェリングとキレーエフスキーによれば内的な認識あるいは直観として捉えられる。ホミャコーフは独立した認識、知識の独立した発生を否定する。彼の見解によれば、信仰の課題は、客観的に所与で既成の啓示をただ受け入れるだけである。それ故に、ホミャコーフは感覚論と唯物論に対立するばかりでなく、経験論ととりわけ合理主義に対立し、個人主義と主観主義を拒否する。即ち、啓示は、単純に人間が受け入れるべき客観的な知識と認識を与える。この受容は信仰によって起こり、その信仰を彼は特別な力として、あるいは力の一部として見ている。

　つまりホミャコーフは、カントあるいはフィヒテとは同意せず、シュレーゲルとその「意識の神学」および「科学の神学」に同意する。ただしシュレーゲルは、信仰する精神を、認識し反抗する精神と区別することによって、この神学を心理学的に説明しようと努めた。ホミャコーフが理性を信仰と（批判的）理性に分けるのは、これに似ている。ホミャコーフがこのように意志を強調することは、結局、人間は意識的で自発的に自らの理性を啓示に従属させるということを意味する。ホミャコーフは、「理解する意志」と並んで「信仰する意志」について語ることもできたであろう。

　ホミャコーフは多分キレーエフスキーよりも正教的だったとしても、明らかに彼も神秘主義者ではなかった。――彼の神学的議論は、神秘主義者よりもスコラ学者を思わせる。

　ホミャコーフは、ドイツ哲学を自分の目的のために利用しようと努めたものの、ドイツ哲学を完全に拒否している。キレーエフスキーは、ドイツ哲学、とりわけシェリングを、手段として、また更に指導者として認めた。ホミャコーフはキレーエフスキーと異なり、シェリングの最後の時期をも拒否する。彼はキレーエフスキーと共に、ヘーゲルが不朽の仕事（現象学）を成し遂げたことを認めようとしたが、しかし、まさにこの「理性の最後の巨人」が自らの現象学において合理主義を非難したのである。我々は、合理主義を十分に拒絶しなければならない。――合理主義自身が、このことを理解し認めなければならない。ホミャコーフはシュティルナーにおいて、ドイツのプロテスタント的合理主義がどこへ迷い込んだかについての、警告的で教訓的な証拠を見出す。即ち、合理主義的個人主義と主観主義は極端なエゴイズムの福音に終わるのである。ホミャコーフの判断によれば（『フンボルトについて』一八四九年）、現代の歴史はマックス・シュティルナーへの生きたコメントである。

56

ホミャコーフは、ホイッグ党に反対してトーリー党に賛成している所で、自分の体系を「真の保守主義」と呼んでいる。実際には、彼が宣言し賞賛しているものは、神権政治的絶対主義である。

　ホミャコーフは、国家は教会と並んで必要だということを認めるが、しかし、その必要性を非常に限定する。キリストは、完全で天上的な教会と不完全で地上的な国家という、二つの社会機構の市民である。国家における生活、具体的には国家の法律と行政は、神の法、教会の教義の規定に従って行われるべきである。

ホミャコーフは、とりわけ古代ロシアの仮想的な国家を認める。その国家は、共同体の全体的組織として、有機的に、暴力なしに生まれ、完全に倫理的、宗教的な土台の上に成り立ち、そしてそれ故に、教会にとっての体以外の何物でもなかった。ホミャコーフの判断によれば、ロシアの国家は教会を組織し、人民が国家に自らの権力を委ねた。それに対して、西欧の国家は、征服によって生じた暴力的な国家である。それはローマ的、ローマ・ゲルマン的な国家であり、それをロシアに持ち込んだのはゲルマンの諸公とその外国の家臣であり、ピョートルがそれを強化したのである。ホミャコーフは西欧の教会を拒否するのと同様に、西欧の国家を拒否する。つまり、ピョートルの国家をも拒否する。なぜなら、ホミャコーフが強調しているように、まさにピョートルは特にプロテスタンティズムから非有機的な借用を行ったからである。

ホミャコーフは、ローマによって毒されたビザンチンの国家が教会を抑圧したといって、ビザンチンをも非難する。そして、同じ事をピョートルの国家についても非難する。ピョートルに始まって、教会は国家化したという。ホミャコーフは、カトリシズムが国家を完全に従属させ、それは教会の世俗化を結果したとして、カトリシズムを非難する。即ち、教会は単純な「信仰の国家」となったのである。プロテスタンティズムは教会を更に世俗化し、逆に国家が教会を従属させることによって教会をほとんど廃止した。国家と教会との正しい関係をホミャコーフは東方にのみ見出して、国家と教会が互いに妨げ合うことなく自らの使命を果たす並行論を考えた。この並行論はもちろん、現代の理論の精神において、自由な国家の中の自由な教会というふうに考えてはならない。そうではなくて、肉体と精神の有機的で、自由で、精神的な相互関係として、しかも唯心論的な、反唯物論的理論の意味において、考えねばならない。

ホミャコーフは自らの教会と西欧の教会をあまりにも抽象的に捉え、十分に歴史的に捉えなかった。それ故に、教会と国家との関係を明らかにしていない。単に図式的にだけでなくこの関係について語るためには、教会と国家の組織の歴史的に所与の現状全体を理解する必要がある。我々が教会を分析する時に決定的なのは、何よりもまず、聖職者の種類とその力である。カトリックの司祭と独身僧は信者に対して、ロシアの妻帯司祭とは全く別の力を持っており、全く別の社会的立場を持っている。そして、もはや司祭ではないプロテスタントの説教師の立場は、全く異なる。これに従って、聖職者と高位聖職者の政治的、社会的力も異なる。その際、特に修道院の力も重要である。重要なのは、例えば、正教会の高位聖職者が修道僧から選ばれるということである。

ホミャコーフがプロテスタントの皇帝教皇主義を攻撃するとき、彼は次のことを忘れている。即ち、宗教改革は司祭制度と高位聖職者を廃止したこと、それ故に、プロテスタントの教会と社会には、高位聖職者と共に常に国家の中の国家を作る司祭はいないことである。そのような司祭は、宗教的また社会政治的に貴族的な、特別な分子だった。

宗教改革は信者と神との間の媒介者としての司祭を廃止したことによって、宗教的個人主義と主観主義において宗教をもっと本当に心と内的な確信の問題にしたということを、ホミャコーフは理解しない。客観的に与えられた外的な権威としての教会は、考えを同じくする者たちの生きた信仰（tacitus consensus無言の同意）から自ら成長できなければ、とたんに意味を失う。何百という大小のプロテスタント教会の発展はまさに、近代に宗教の分野で現れ始めた発展の過程である。——宗教もまた脱教会化されねばならないのである。教会は、多少とも自由な宗教的協会となる。そして、宗教と本当に宗教的な生活のためには、自由な教会で十分である。

それ故に、中世の神権政治に対して、プロテスタンティズムは脱教会化に向かう。そのことを神学者のローテ（リヒャルト・ローテ。一七九九〜一八六七。ドイツのプロテスタント神学者）（ヘーゲリアン）は、すべてを包括する道徳的、道徳宗教的生活の組織としての近代国家は教会を無用のものにすると、定式化した。

これをホミャコーフは許容すべきである、あるいは少なくとも認めるべきである。なぜなら、目に見えない教会についての彼の定式は、この意味に受け取れるからである。しかし、彼の啓示信仰、聖書と教会を同等視するに至るこの信仰の客観主義的定式の全体は、ホミャコーフをカトリック的な教会帝国主義へと押しやる。それはとりわけ、彼が司祭制度——「お守り主義」——と高位聖職者を全面的に受け入れるからである。キリストでもなく、聖書でもなく、教会こそがホミャコーフにとっては決定的な宗教的権威であり、そして教会とは具体的、社会政治的には、高位聖職者とその決定的な指導者たちのことである。

私はもちろん、プロテスタンティズムの原理とその発展傾向を特徴づけただけである。これによって、ある場合には非常に我慢のならない皇帝教皇主義が支配した（以前のイギリス、プロイセンなどにおいて）ことがなかったとは、言っていない。

教会の一体性をあれほど強調したホミャコーフにとって、諸教会の歴史的に所与の相違を明らかにすることが非常に重要だっただろう。そうすれば彼は、中央集権主義的に組織された教皇主義と、正教のいわゆる独立教会の連合との相違、また福音教会の、今に至るまで未組織で自由な連合との相違をも理解しただろうし、様々な神権政治の本質をも理解しただろう。ホミャコーフはこの比較において、なぜ教皇主義とその中央集権化が東方で不可能になったのか、なぜそこではギリシャの皇帝がローマの皇帝よりも大きな影響力を教会に対して得たのかを理解したことだろう。ロシアのツァーリもビザンチンと同様の状況において、ピョートルが総主教制を廃止して国家化を完成するまでは、教会の守護者としてその主人だった。ホミャコーフは三つの主要な教会の間の権力の類似と相違を発見できただろうし、ロシア教会が司祭の教会として多くの点でローマ教会にいかに似ているかが彼の関心を惹きえただろう。なぜ例えばガリア主義〔教皇権力の制限を主張した、主としてフランス教会の独立主義〕が可能だったのか、なぜフランス国王が教会に対してあれほど大きな権力を獲得したのかを、彼は理解しただろう。ちなみに、宗教改革以後、反宗教改革的統治者たちは、教皇主義にもかかわらず、どこでも自分の国家教会の主人となった。反宗教改革は、内外の異端に対するビザンチンとロシアの国家的正教擁護に、政治的に対応するものである。同様に、プロテスタントの神権政治とロシアの神権政治との間には、多くの類似がある。

しかしながら、最も重要なことは、ホミャコーフがカトリックの理論家たちと同様に、国家と教会の関係を、肉体と精神の関係として捉えていること、そして、彼らと同様に、肉体を無視しうるものと宣言していることである。ここから、すべての現存国家の容認と認知には、ほんの一歩である。

そして、この一歩をホミャコーフも踏み出した。彼はピョートルの国家を全面的に認めることはできないとはいえ、それでも実践的にはニコライの国家と体制を認めている。彼は最後には、我々が見たように、キリストを自分と教会の大臣にしたフォーチーのようになる。ホミャコーフは独裁政治と喜んで和解し、デカブリストの革命を拒否した。軍事的な反乱は、彼には全く馬鹿げたものに思えた。なぜなら、軍隊は国民の擁護のために定められているからである。彼がルィレーエフに非常に素朴にこのような見解を説いたとき、ホミャコーフはまだようやく二十歳だった。しかし、一八五八年のイエズス会士ガガーリンに対する彼の論争から分かるように、彼は後になってもこの見解を保持した。

我々が既に知っている、チャアダーエフの『書簡』の出版者であるガガーリンは、小冊子（『ロシアはカトリックになるか？』一八五八年）の中で、ウヴァーロフの定式を攻撃し、その定式に十九世紀の革命理念以外の何も見ようとしなかった。即ち彼の見解によれば、ウヴァーロフの定式の支持者たちは、国民性と彼らの急進的、共和主義的、共産主義的な教義のために、正教と専制を軽はずみにも犠牲にしている。ホミャコーフは、ロシアのイエズス会士のこの「宗教的マキャヴェリズム」を、全く根拠のないものとして、軽蔑をもって拒否している。彼は、このイエズス会士に、イエズス会の専制君主殺害の理論家たちを思い出させることもできたであろう。かりにP・ガガーリンが自分の議論を擁護するためにプロテスタントの専制君主殺害の支持者を挙げたとしても、ホミャコーフは気にしなかったであろう。というのも、ガガーリンは彼に、正教のロシアの君主殺害者を挙げることはできなかったであろうから。しかし、ニコライ時代に君主殺害者を持ち出すのは難しかった。だからホミャコーフはこの論拠を持ち出さなかった。

ホミャコーフは、多くの神政論者と同様に、国家を、論理的かつ抽象的に、不完全で地上的な制度と見なしたが、にもかかわらず、彼にとって、具体的で歴史的な国家は「神聖で崇高な」ものだった。なぜなら、国家は社会を外的、内的な敵から守るからである。ホミャコーフのように正教会を崇める者、彼のように我々が信仰し伝統と権威に服従することを強く求める者は、たとえ国家の若干の機関や機能に不満を抱く深刻な理由を時として持つとしても、ニコライの国家とも和解する。ホミャコーフは時々、例えば当時の検閲を激しく非難したのみならず、更には、「聖なる」ロシアを全く聖なるものと見なさなかった時もあった。例えば彼は、クリミア戦争での敗北を、ロシアが改心しなければならない教訓として、神に感謝した。しかし彼は、どこかの修道院に、あるいはそもそもどこかに、全く純粋のまま見出すことのできる、自らの正教キリスト教の理想に、結局はいつも満足した。にもかかわらず、ニコライの政府は非常に慎重だったので、スラヴ派の神権政治の理想を、歴史的に所与の神権政治にとって決して好都合のものとは見なさなかった。そしてそれ故に、スラヴ派を革命的な西欧派と同様にブラックリストに載せた。

この関係を、ホミャコーフの論敵である西欧派の一部は既に理解し始めていたが、「真の保守主義」の中にいて、教会信仰と神の国への宗教的情熱を持っていたホミャコーフは、それを理解できなかった。

ホミャコーフは個人的には精力的だったにもかかわらず、結局のところは単なる教会的、政治的静寂主義者だった。我々は、彼の静寂主義の理由を知っている。即ち、彼自身が言っているように、彼は非政治的に感じ考えたので、専制政治を受け入れているのである。西欧は政治的独裁を却けたので精神的独裁を受け入れたのであり、ロシアあるいはスラヴ派は、精神的な事柄において独裁を認めたくないので、世俗的な独裁に賛成するというのである。

我々がこのような論拠を読むと、ホミャコーフはその詭弁的な性格に気づかなかったのだろうかという疑惑が生じる。しかしながら彼は、プロテスタントとカトリックに反対してフランス語で書かれた論争において（後にサマーリンその他によってロシア語に翻訳された）、全く明瞭に、ロシア語の論文におけるよりも自分自身の教会をもっと良く描いている。イギリス贔屓だったホミャコーフは、イギリス教会がロシア教会に結合するように働きかけたかったであろう（彼は連合を欲しなかった。――教会は一つであり、連合はありえず、結合だけがありうる）。そしてそれ故に、自分の批判を抑えたのである。

ホミャスコーフは、まさに神学者としてはスコラ学者だった。彼は教会の名において専制政治を受け入れるのと同様に、人民主権の民主主義的原理にも賛成する。ロマノフ家の選出を引き合いに出し、人民主権を決定的に強調する。しかしながら彼は、反共和主義的、反立憲主義的に思考していることを同じように強調するのを忘れない。というのも、彼に言わせれば、人民の従順さは人民主権の発露だからである!……

57

尊敬された作家セルゲイ・T・アクサーコフの息子K・アクサーコフが、多くの歴史的小論において、スラヴ派の神権政治的な国家学を説明している。彼は、特殊なやり方で、国家は価値の低いものであり、更にはそもそも不可能なものであるという神権政治的な見解を特に唱えた[9]。

K・アクサーコフによれば、ロシア国家は、国土として、また国家として、二重の仕方で組織されている。国土ということで、アクサーコフは、あらゆる個々の共同体の大きな共同体への有機的統合を念頭に置いている。即ち、国土とは耕作された土地の統合であり、個々のミールの統合である。しかし、ミールは、すべての成員の合意の上に打ち立てられた、純粋に倫理的な共同体である。アクサーコフは、多数決の原理を、強制の制度として拒否する。スラヴ人は自分たちのあらゆる協議機関において、全員一致の合意だけを認めた。個々人の自由な確信と良心に基づく、このスラヴの平和愛好的な組織を、アクサーコフは「内的な真実」の道と呼ぶ。それに対立するのが「外的な真実」、即ち強制と征服的な暴力によって実施されたヨーロッパ国家の組織である。「外的な真実」は、法律と、法的定式化と、文書に記された保証を不可欠なものにする。

それでは、「国土」と並んで現在のロシア国家が発展したことをいかに説明すべきか？　この問いに対してアクサーコフは、国家は人類の不完全さへの必要な譲歩であると答える。――もしもすべての人間が聖人だったなら、国家は必要なかっただろう。ロシア国家は、外敵からの防衛のために、そしてまたもちろん内的な無秩序の除去のために必要とされ、外から持ち込まれ、外的に組織されたものであり、民から生じたものではないといって、アクサーコフは自らを慰める。このようにアクサーコフは、外国起源のヴァリャーグの国家は必要悪として発生したのであり、スラヴ人自身とりわけロシア人は「非国家的民族」であると、説明している。

このようにロシアは、その歴史の過程において国土と国家という二つの大きな社会的力によって組織されたのであり、ロシアの歴史はこの二つの力の関係の歴史である。キエフ時代には、国家の要素はまだ弱い。公たちは自由な共同体の先頭に立ち、共同体は自らの民会（ヴェーチェ）を持ち、共同体と公は、そして共同体同士は、完全な平和のうちに暮らしている。公たちの協議会は、後の国民会議の基礎である。

タタール人と諸公の内的な紛争は、国家的要素を強める。その上、抗争し合う諸公の権力から解放されることが共同体の利益にかなっていた。こうして統一的なモスクワ国家が発生し、その国家によって国土も、共同体が統合されることを通じて統一された。アクサーコフは、タタールの汗たちの実例がモスクワ大公に絶対主義を示したことを認めている。しかし彼は、この絶対主義に全ロシア的な唯一の国家と唯一の国土を見る。「ゼームスキー・ソボール」、即ち国民会議が、個々の「民会」に代わるのである。

K・アクサーコフはモスクワ国家と和解し、とりわけロマノフ家の選出を認める。即ち、一六一二年頃のロシアは、八六二年頃と同じ状況にあった。――国家は存在せず、国土が再び統治者を選んだのである。しかしこのたびは外部からではなく、内部からである。

ピョートルとその後継者たちの国家を、アクサーコフはヨーロッパ国家の模倣として却ける。[10]彼はこの国家がロシア史における過渡的な挿話にすぎないことを期待して、自らを慰めている。即ち、一八一二年とモスクワの解放の行動は彼にとって、ロシアが、国土と民が、依然としてロシアであり、モスクワがその首都であること、モスクワ国家が事実上続いていることの証拠である。……

国家の始まりを種族と考える西欧派の見解を、アクサーコフは非常に強く否定した。確かに種族はロシアの共同体の始まりだっただろうが、しかし、その後の発展はもはや種族の族長政治制ではなく、民主主義的家族と、そこから成長するミールとその会議だった。アクサーコフは、種族の族長政治的理論に、原初的なミールと民会についての自らの理論を対置する。

アクサーコフはヨーロッパとヨーロッパ国家を、極めて辛辣な表現によって拒否している。彼はヨーロッパに不自由のみを見て、ロシアに真の自由を見る、とまで極論する。彼は、アメリカ合衆国は不自由だと断じる。――憲法の保証を持ったヨーロッパの立憲国家は彼にとって、ヨーロッパにおいては民と統治者とすべての人間が互いに信頼し合っていないということの証拠である。内的に不自由なヨーロッパは、絶対主義から革命へと転落した。ロシアは、内的に自由であり、新しいヨーロッパの革命の偶像を崇拝する必要がない。――デカブリストのことを、アクサーコフは明らかに忘れていた。だが恐らく忘れていたわけではないだろう。ニコライ時代の検閲の追及を、彼もまた恐れていたのであろう。アレクサンドル二世が戴冠したとき、K・アクサーコフは恒例の建白書を草したが、その中では、善意に満ちた国法的なユートピアと並んで、言論の自由と国民会議の招集が要望されていた。

アクサーコフは、「聖なるルーシ」という公的な呼称を文字通り真剣に受け取っていた。しかしながら、彼にとって神聖なのは、古い、ピョートル以前のルーシ、農民のルーシだった。このルーシに彼は確かに罪を見出しはするが、しかしそこに悪徳は見出さず、この相違をモスクワとペテルブルグとの間の相違の中にも見る傾向がある。ホミャコーフがモスクワをロシア思想の実験室と呼んだとすれば、アクサーコフはモスクワに、ロシアの聖なる土地の理想的な倫理的首都を見る。ペテルブルグは、ピョートルと彼のヨーロッパ的官僚の居住地にすぎない。

このような説がいかにユートピア的であるかを、特に指摘する必要はないであろう。アクサーコフがロシア国家の中に、またその背後に、一度も存在したことのない「国土」を現実に見ようとしていることは、誰にでも分かる。事実上、アクサーコフは根本的に言葉にしがみつき、言葉で満足しなければならなかった。国家と並ぶアクサーコフの「国土」、居住地と並ぶ「首都」などを、我々はこのように捉えねばならない。

　このユートピア主義の中には、かなりのアナーキズムが潜んでいる。アクサーコフはスラヴ諸民族、とりわけロシア人を、典型的な「非国家的」民族だと宣言している。

　アクサーコフは、教会と宗教の本質についての誤った見解から、このアナーキズムに至っている。宗教的神秘主義が、このような国家と世界からの逃避に、彼を導いている。アクサーコフは、歴史を自分の正教的神秘主義に奉仕させている。彼は、彼にとっては神秘だった生の基礎を研究することが科学の課題だと見なしたときに、本気で科学に神秘的な要素を認めた。実際、生は彼にとって神秘だったし、神秘であり続けた。――彼はスラヴ派のサークルの枠内にとどまって、自分の友人たちへの道徳的な関係をロシア史に投影した。

58

　ホミャコーフは、国家に教会のみならず民族をも対置し、私的活動領域と国家的活動領域の間の中間的な位置を民族に定める。その際彼は、民族と社会という概念を同一視する。即ち、土地と民族のあらゆる性質は社会的活動において発揮され、この活動は私的活動と国家的活動の間の「深淵」を埋める。ホミャコーフは国家に、生きた民族的創造の外的な表現だけを見、必要な場合には個人の邪悪な情熱から民族の全体を守るはずの強制手段だけを見る。というのも、社会は――まさにこの民族の全体は――世論と平和と自発的合意の上に築かれるものだからである。

　彼はある時（一八三九年）述べたが、精神的な力は民と教会に由来し、「政府（国家という概念よりも狭い概念！）には、それらの活動を多かれ少なかれ厳しい暴力によって呼び起こしたり阻害したりすることだけが任されている」。ホミャコーフとK・アクサーコフとスラヴ派一般にとって、国家とは、周知の自由主義的な夜警の一種の変種にすぎない。ホミャコーフは西欧派と彼らの指導者ヘーゲルに反対し、ヘーゲルの国家崇拝と、民族精神についての合理主義的教説をきっぱりと否定する。

　ここでホミャコーフは、ヘーゲルに反対して、大部分のロマン派と、とりわけシェリングと歴史法学派の側に立つ。ヘルダー以来、ドイツ哲学は、民族と民族精神に、あらゆる生命表現と組織の源泉を見た。詩、芸術、文学、言語、風習、そして最後に法（そしてその限りでは国家も）と宗教までもが、このような民族の（「民族精神」等々の）表現と見なされる。しかも無自覚的な表現だというのだ！　ここで我々は、詳細に立ち入ってこの見解を分析することはできない。もちろん、異なる思想家たちの間では定式と論拠に相違が現れうるだろうが、ここでは、ロマン主義の基本的概念と、ロマン主義がいわゆる民族精神をあらゆる社会活動の創造者としていかに持ち上げたかを指摘するだけで十分である。更に、民族は人類の有機的一部分ないし器官として捉えられたということだけを付言しておこう。民族性の理念と人間性の教えは密接に結びつけられ、民族性は外延的にも内包的にも、政治的にも道徳的にも、社会的にも歴史的にも、人間性の理念の上に打ち立てられた。

十八世紀の人間性の理念は、民族性の理念に至った。ヘルダーは民族に人類の自然な一部を見た最初の者の一人であり(43節)、彼はこの意味で自らの歴史哲学を書いた。ヘルダーはまた、国家を人工的な構成体として、民族という自然な構成体に対置した。

ロマン派から受け入れられたこのような見解に対して、ヘーゲルととりわけヘーゲル左派と「青年ドイツ」が強く反対した。ヘーゲルも確かに民族精神の意義を認め、それを強調しさえしたが、しかし民族は国家を介して統一体になるとした。ヘーゲルは政府に「民族精神の単純な魂ないし自我」を見て、国家は自らを知り欲する神的なもの、神の意志だとする。その帰結としてヘーゲルは、君主制国家と君主だけを本来の神の意志と認める。彼もまた人類全体が単一の組織に統合されることを期待するが、しかしこの組織は諸民族の結合ではなくて、唯一の世界国家への諸国家の結合である。ナポレオンはヘーゲルにとって一時期、世界精神であり、来るべき正統な世界支配者だった。そして、「世界支配者は、自らが現実の神であることを知る、巨大な自己意識である」。ヘーゲルの汎神論と汎論理主義は、こうして、君主制的な普遍的絶対主義として現れる。「国家は、世界の組織と現実的形態へと発展する現存の精神として、神の意志である」。

ホミャコーフは、宗教的啓蒙主義の敵対者として、政治的啓蒙主義と合理主義の敵対者でもある。彼はヘーゲルの国家理論の敵対者であり、シュレーゲルと、サヴィニーのロマン主義的な後継者たちと、彼らの歴史法理論を受け入れる。ここからまた、ローマ法とその論理に対する彼の敵対が生じている。彼は、歴史法学派の教説に従って、慣習法を優位に置く[11]。歴史法学派は、民族精神を、全くロマン主義的な意味で神話的かつ神秘主義的に捉え、この概念を厳密に分析しなかった。このことは、ドイツ法学の主要な理論家プフタが法の究極的源泉を神に求めたことでなおさら、ロマン主義的なスラヴ派にとっては事足りた。

ホミャコーフは、ある時表明したように、国家に、社会(=民)を守る、生きた、有機的な覆いを見ている。それは正常な国家であるが、異常で病的な国家というものもあり、それは民ぬきに、民に対立して、自らの活動を非有機的に発展させる国家である。生きた覆いは乾いた殻となり、腐敗した諸民族の埃が詰まった、歴史の瘻管《ろうかん》となる……。ここでホミャコーフは、ピョートルとその後継者たちの国家とロシアの官僚を考えているのである。

ホミャコーフは、教会と国家の概念を分析しなかったのと同様に、民族と民族精神の概念を分析していない。ドイツ法学派とは異なり、またフィヒテおよび政治的に急進的なロマン主義者たちとは対立して、彼は民族に、ただ二つの活動領域、即ち芸術と学問だけを割り当てる。ただこの二つの活動だけが、本来の意味で民族的なものであり、それらだけが民族精神の表現である。ドイツのロマン主義者たちは学問の民族的性格をそれほど強調せず、むしろ芸術、とりわけ文学だけを民族的なものとし、それから言語、風習、法、そして恐らくは更に哲学を民族的なものとした。ヘルダーにおいては、宗教もまた民族の性格の所産と見なされている。

ホミャコーフはこの問題において、一貫した正教会的神政主義者である。宗教と教理が啓示され、宗教と共に道徳的、法的、政治的原理までもが啓示に属するとすれば、民族の活動に残されているものは僅かである。ホミャコーフはもちろん、この問題を十分に考えなかった。チャアダーエフは教会の観点から、民族性一般を排除し、「キリスト教的国民」のみ、教会のみを認めた。ホミャコーフは民族性の有効性を認めるが、民族性の意味、特に道徳と法にとっての民族性の意味を厳密に規定しないまま、この有効性を狭めている。彼は、ロシア国家は教会と民族の作用によって生じたものと描いている。それに従うならば、我々は、国家と法には民族の性格が何らかの仕方で反映していると認められるだろう。

結局のところホミャコーフは、実際には民族精神に芸術しか認めていない。そしてここで彼は、教会芸術、とりわけビザンチンとロシアのイコンの取り扱いにおいて苦境に陥る。ホミャコーフは、民族全体に対する個々の芸術家の関係を、芸術家が自分自身の力で創造するのではなく、芸術家の中で民族の精神的力が創造するのだ、というふうに規定する。

ホミャコーフの見解によれば、学問は、真理としてどこでも同じだが、真理が表現される仕方、真理に至る道は、実証的な学問と歴史においては時間と空間に依存する。2かける2は4であり、どこでも4であって、ロシアの算数とかロシアの天文学といったものは存在しない。単純に外的な法則を提供する学問は民族的なものではなく、研究対象が人間の道徳的、精神的努力と関係する学問だけが民族的なのである。

芸術と学問に関するこのような問いは、もっとずっと詳細に検討する必要があるかもしれない。ホミャコーフは、しばしばこのテーマに注意を向けていた。

キレーエフスキーと、彼以上にK・アクサーコフは、ここでホミャコーフと見解を異にしている。二人とも、ロシアとスラヴの民族的性格に、反ヨーロッパ的人生観の強力な源泉を見ている。キレーエフスキーによれば、ローマ人とラテン人とゲルマン人が、西欧文化を邪道に陥れた。ここでも詳細な批判をすれば、宗教に対する民族的性格の関係についての様々な問いが立てられるだろう。特に、果たして民族的性格がロシア人に真の宗教を受け入れて保持する能力を与えたのかどうか、与えたとすれば何によって与えたのかを検討する必要があるだろう。――スラヴ派の創始者たちは、民族性の問題をはるかに厳密に定式化することが必要だったであろう。

59 a

今後取り上げる哲学者や評論家たちにおいて、民族と民族性の問題に関してまだ非常に多くのことを見ることになるので、私はむしろここですぐに、個々の見解についての私の判断に根拠を与えるために、批判的な民族性の哲学の最も重要な諸問題を挙げることにしよう。

民族、民族性という非常に多義的な概念が、学問的な著作においても既に十分に厳密に規定されていると言うことはできない。その上、民族と民族性という概念が更に、同様に多義的な国家、教会、人類といった概念と結びつくならば、不明瞭な観念の完全な混沌が容易に始まってしまう。

何よりもまず、術語に注意する必要がある。即ち、「民族」という言葉で巨大な集団そのものが示されるならば、民族の意味で民族性について語られることがあるにせよ、我々は民族性ということで民族的性格の総体を理解する。民族的理念、民族感情、民族的原理というのは、理解しうる言い方である。「国民」と「民衆」という言葉の使用が、困難を引き起こす。即ち、国民というのはより政治的で、国家において結合した全体を意味するが、民衆というのはより民主主義的な意味を持ち、集団的に活動する大衆としての国民（民衆性）を意味する。民衆の歌、民衆の芸術、一般に民衆の精神については語るが、国民の歌や国民の精神についてはそれほど語らないし、そのように語るときはやや別の意味においてである。(12)

民族性、民族的性格ないし「精神」を表すのは言語だけではなく、実に多様な風俗習慣（服など）、居住の仕方（家、村、町の構成）、労働の仕方と経済、法と国家、道徳、宗教、学問と哲学、教養と芸術もそうである。――これらすべての部分的内容を民族的性格の表現と見なすことができる。つまり、民族性の理念は非常に複雑なのである。

それ故に、民族の性格、民族性の本質について問うとき、我々はそれを一つの部分的内容に見たり、より多くの、あるいはこれらすべての部分的内容に見たりすることができる。最近では、我々は人種的な相違をも意識し、人種とは何なのか、それを単に生理学的に理解すべきなのか、それとも心理学的にも理解すべきなのか、という問題が生じている。

それから、我々が民族の性格を決定するときに、これらの要素のうちの一つだけが問題なのではなく、すべての要素の統合が有機的な全体を提示しなければならない。この統合は、様々な部分的内容が相互関係において捉えられ評価されることを前提とする。つまり、最も重要で最も特徴的な中心的要素を、その他の諸要素と並んで、それらと共に、決定することが問題となるだろう。

そして、もちろん個々の要素が更に分析されねばならない。例えば、実践において民族性の好都合の指標にして特徴として利用される言語の概念がいかに内容豊富なものであるかを考えてみよう(13)。

我々は更に、民族性の哲学の非常に重要な一つの問題を指摘しなければならない。我々は、社会生活のあらゆる部門にとって発展と進歩を認める。――つまり、民族の性格も発展する。そして、この発展の原因はいかなるものであろうか？　変化はどのくらい大きいだろうか？　例えば、今日のロシア人は、その本質と性格によって、イワン雷帝やキエフのウラヂーミルの時代のロシア人と同じであろうか？　もちろん、ここで問題なのは物の見方の変化だけではなく、民族や人種は人類学的、人種学的に変化するのかどうかということも考える必要がある。つまり、骨格は変化するのかどうか、頭蓋骨の形と大きさは変化するのかどうか――そして、どのような原因からこの変化が起こるのか？　食べ物の変化によってか？　仕事の変化によってか？　気候や住居などが変化したことによってか？　民族は精神的にも変化するのか？　彼らの感情も変化するのか？　諸民族の外面的な、人相学的外観は変わるのか？

これらは非常に錯綜した問題であり、方法論的に非常に慎重に解決されねばならない。ここでは、特に人種と民族の混合という特別な問題を指摘しておこう。そもそも純潔な人種というもの――こういう言葉を使うとすれば――が存在するのだろうか？　むしろ、あらゆる人種と民族は混血なのではなかろうか？　このことは、実際にキエフ時代以来絶えず人種と民族が混血してきたロシアにとって、確かに大きな意味を持っている。私は、K・アクサーコフの伝記的事実を述べるに当たって、彼の祖母がトルコ人であることをわざと指摘しておいた。プーシキンのアフリカ人の祖先や、トゥルゲーネフのタタール人の祖先などについて、絶えず語られている。――ロシア人の性格は、このように血が混ざり合っているにもかかわらず、維持されているのだろうか？　どの程度まで、とりわけ何によって維持されているのだろうか？

そして、民族性喪失についてはどう言えばよいのだろうか？　民族ないしその一部ないし個々人が自らの言語を放棄して他の言語を取り入れた場合――彼らの民族的本質の何が変わるのだろうか？　すぐ後に言及することになるシェヴィリョーフは、自分の時代のロシア人について、ドイツ的に思考しフランス語で表現する、と言っている。これらのロシア人は、それでも真のロシア人であり続けたのであろうか？

これらの批判的な問題の中には、今のところ厳密に学問的に検討することさえほとんどできない、多くの困難な問題が含まれている。

主観的には、民族感情が重要である。人々が自らの民族と民族性、自らの人民を愛するという事実、他のそれらよりも愛するという事実である。

我々は土地（祖国）をも愛し（「祖国愛」）、具体的には我々が生まれた所ないしは育った所をも愛する。この愛、この感情は、病的な郷愁にまでも高じうる。

民族感情の対象（土地――民族――人民）は、内容的に非常に豊かである。そしてそれ故に、誰もが、民族の理念を理解し民族感情を表す時、自らの性格に従ってあれこれの要素により多く目を向けるだろう。理念と感情は、人間の経済的、文化的地位と段階によって条件づけられている。貴族、官僚、兵士、教養人、農民、町民、労働者、プロレタリアートなどは、おのおの、やや異なる民族ないし人民の理念を持っており、おのおのがややニュアンスの異なる感情を持っている。

感情それ自体は盲目的、本能的、原初的等々でありうる。愛一般、また民族と祖国への愛が、果たして、またどの程度まで、自覚的で根拠づけられたものであるか、果たして、またどの程度まで、明確な概念と判断に基づくものであるかどうか、ということがまさに問題である。

最後に我々は、感情は強さの程度によってのみならず、質的にも多様でありうるということを忘れてはならない。即ち、高貴で美しい感情、より劣る感情、粗野な感情がありうる。

そしてもちろん、民族の概念と民族感情もまた、変化し発展しうる。様々な時代において、様々な時期において、祖国と民族への愛も様々である。それほど前に遡らないことにして、十八世紀の合理主義者における民族愛と、十九世紀のいわゆるロマン派や、あるいは後の自然主義者やリアリストにおける民族愛は、異なっていた。

民族感情（そして民族の理念）を規定する場合に、非常に重要なのは、その民族が他の諸民族に対して、とりわけ隣接民族に対して、いかなる理性的および感情的関係を持っているかを確かめることである。どのように外国を知っているかが問題である。なぜなら、もちろん、自民族と同様に他民族にも豊かな内容を見て取る必要があるからである。外国についての知識と外国に対する感情の質は、自民族についての知識および自民族と結びついた感情と同様に多種多様である。

非常に多くの人々は、実際には同国人をあまり愛していないのに、外国人を嫌う。しかしながら、外国語や外国の風習、理念、感情を愛することも可能であり、自国のものよりも外国のものを優先することさえ可能である。そして、それはまた、あらゆる分野でしばしば起こる。

我々は、他民族の特質との比較において自民族の特質をより厳密に自覚する、とある程度主張することができる。それ故に、言語的に混交した国家の中での民族感情は、国家と民族が合致する国家の中におけるよりも自覚的で批判的である。このことは、とりわけロシア、オーストリア、ハンガリー、そしてバルカンに当てはまる。多言語性が一言語・一民族の支配ないしは優位と結びついているところでは、対照は更にはっきりする。再び私が考えているのは、ロシア、オーストリアとハンガリー、バルカン、また部分的にドイツである。優位は、政治的なもの、経済的なもの、言語的なもの、文化的なもの、宗教・教会的なものでありうる。例えば十八世紀のロシアおよびドイツにおけるフランス語の優位、国家言語としてのロシア語、等々である。

歴史的発展は、個々の民族は絶えず相違していく（分化していく）が、同時に政治的、経済的、文化的な相互影響も生じることを示している。多言語国家というものがあり、時として世界帝国が組織される（アレクサンドロス——ローマ帝国——フランク帝国——中世の帝国——ナポレオンの帝国——近代の帝国主義）。同様に、世界的な教会、世界的な経済的結合等々が存在する。世界の大きな部分、大きな諸大陸、ついには全人類の組織がますます進んでいる。

原始的段階における小さな部族や種族の絶えざる闘いと交互的な結合から、近代の大国家と大民族の闘いと同盟に至るまで、この同時的な分化と結合の多くの過渡的な形態を認めることができる。今日では、我々のほとんど皆が、国家や教会などの上に立つ何らかの組織のメンバーや器官である。

近代の民族感情と民族性の理念は、宗教改革とルネサンスと共に西欧で生じた。人々はより明瞭に自らの民族性（言語と民族的特性一般）を自覚し、国家および教会の組織と並んで民族性が感得される。中世の神権政治は宗教的に基礎づけられ、規定された。民衆的な運動としての宗教改革は、ラテン語に代わって民族語を教会言語とし、民族言語が文学の言語および学者の言語となる。この発展全体が、個々の民族の個性化をもたらす。それ故に、ヘルダーにとって、「人為的な」国家に対して、民族性が自然なものと思われたのである。この意味においては、教会もまた「人為的な」ものと呼びうるだろう。

十八世紀になると既に、文学と言語のみならず、宗教と一般にあらゆる生活現象が、民族の性格の結果と見なされる。民族精神について語られ、その際、思想家たちは個人の精神との類推を働かせる。民族は個人として、人格として、有機体としても捉えられる。ヘルダーはそのように考えたし、後には歴史法学派とロマン主義者がそのように考えた。

十八世紀には、大小様々なあらゆる民族のコスモポリタニズムが特徴的なものとして強調される。フランス人は至る所で自分たちの言語と文学に出会うので、彼らにとってはもちろん、コスモポリタンであることは容易である。ドイツ人、イギリス人、イタリア人がコスモポリタン的に感じ、語るが、更にフランス語とフランスの教養を受け入れているロシア人はもっとそうである。人間性の理念は普遍的なものであり、外延的にも内包的にも、人類の組織として、人間化として、とりわけ感情の人間化として捉えられる。

革命とナポレオンに対する反動と復古は、至る所でナショナリズムを強める。しかし同時にまた、人間性の理想をも強める。そのことは、社会主義的なインターナショナルによって、また多くの国際組織が絶えず増えていくことによって、またその意義において神権政治の公会議に引けを取らないそれらの会議によって、分かる。

二言語使用や多言語使用が増え、人工言語を創り出そうとする試みが行われ、翻訳文学が組織され、世界中の出来事への関心が増し、その関心に日刊新聞とその通信手段が応える。これらすべては、分化した、また分化しつつある諸民族がますます結合されていくことを証明している。

蒸気機関が発明されて実際に導入され、交通がそれを利用したが、それによって十九世紀には自分の国の中での自由な移住が促進されるのみならず——以前は土地に縛り付けられていた農民が解放された——、諸民族の移動も可能になる。それは規模と結果において、ローマ帝国末期における諸民族の移動に何ら引けを取らない。この問題はアメリカにとってのみならず、まさにロシアにとっても、ロシアの内部とシベリアの開拓にとっても、重要である。

啓蒙と人間性の世紀としての十八世紀は人権を厳かに宣言し、続く時代は言語と民族の権利を法典化しようとした。この発展は確かに、民主化の進展と関係がある。民族性の理念は、とりわけ言語的に混合した国家においては、貴族的・神権政治的絶対主義の、民族性を喪失させる統一的中央集権化よりも、民主的だった。

国家と民族はまさに、今に至るまで重ならない二つの概念である。今に至るまで、ヨーロッパには、一つの国家形態の中に民族全体が統一されているような民族国家は存在しない（リヒテンシュタインふうの国家法的珍品は別として）。小さなモンテネグロでさえ言語的に混合しており、イタリアやセルビアはすべてのイタリア人やセルビア人を含んでいない、等々である。しかし、民族の理念は、ますます大きな国家形成力を示しつつある。

通例、現代において、言語的に混交したヨーロッパの国家では、一つの住民が多数を占めている。ロシアでは非ロシア人の割合はかなり高いが、それらの民族の若干はロシア人よりも文化的に高いということに、我々は気づく！　ハンガリーではハンガリー人が少数派であるにもかかわらず、支配している。言語的に混交したスイスなどでは状況が異なる。国家と民族性との関係、今までの政治と民族性の原理との関係は、確かに、詳細に検討される必要がある。特別な問題は、王朝と貴族の民族性であり、同一の国家の諸民族の間の社会的、経済的相違というものが存在する（例えば、ポーランド人、ロシア人！）等々である。

民族性に関する知識は、幾つかの学問、とりわけ人類学と民族誌学において、ますます明瞭に確立されてきている。いわゆる民族心理学はやや曖昧な専門領域を持つが、社会学的な研究の専門領域に属している。歴史と哲学はもちろん、人種的、民族的哲学に大いに貢献している。

その最初の痕跡がヘルダーに見出されるところの民族哲学は、最初フィヒテに現れる。フィヒテが政治的（！）国家を比較的なおざりにしているが民族を強調していること、特にドイツ人に民族教育を提案していることは、彼の時代の精神にかなったことだった。フィヒテの後、また彼と共に、民族哲学者だったのはロマン主義者たちであり、とりわけ歴史法学派の若干の代表者たち、更にヘーゲル、ショーペンハウエル、その弟子のハルトマン、ラガルデ、R・ワーグナー、ゴビノー、最近ではチェンバレンなどがそうである。

民族哲学がもっと厳密なものになれば、今日我々が宗教学や言語学について語っているように、民族性の科学について語りうるようになるだろう。

このように学問的な民族哲学の課題を厳密に規定するなら、スラヴ派が自らの課題を解決できなかったということが明らかである。私はそれによって、スラヴ派の教師だったドイツの哲学者たちがこの問題においてより多くを為したということを言いたいのではない。むしろ、より少なかった。即ち、批判的な判断者にとって特に目につくのは、ヘーゲルが「民族精神」という概念を厳密に分析しないまま、この概念を歴史・社会的カテゴリーとして何気なく扱っていることである。歴史と社会諸科学の専門分野の最も重要な概念を批判的に分析しなかったということは、そもそもヘーゲルの大きな誤りである。そしてそれ故に、これらの概念の相互関係について（国家と民族との関係、民族と教会との関係等々について）主張していることも、非常に不十分である。歴史哲学はまさにヘーゲルにおいて――シェリングとその先駆者たちについても同じことが当てはまるが――まだ無批判的な段階にある。

同じ欠点が、スラヴ派において、彼らの歴史哲学において、見られる。彼らはみな、国家、民族、人民、社会、教会、人類という概念を所与の、一般的に明確にされた概念として扱っているが、現実には、これらの概念が一般に用いられているものの、明確で一義的には全く規定されていない。

59
b

ホミャコーフは、キレーエフスキーよりも民族主義的である。一八四七年に彼は、スラヴャノフィールという名称の説明を民族的な意味で受け入れ、自分はスラヴ人を愛すると告白している。彼によれば、スラヴ人、とりわけ正教の南スラヴ人は、ロシア人にとって最も近い隣人である。彼はスラヴ人の家庭生活と素朴な風習に感銘を覚え、スラヴ人が古代からの風習を手つかずのまま保持したといって、しばしばスラヴ人を賞揚している。ホミャコーフは一般に民族を農民と征服者に分け、その際、経済制度よりも性格的特徴をより多く考慮している。スラヴ人は常に農民だったし現在もそうであり、そしてそれ故に、平和愛好的だったし現在もそうである。それに対して、ゲルマン人とラテン人は征服者だった。生来の平和愛好性のおかげでスラヴ人は真のキリスト教、愛と恭順のキリスト教をすぐに身につけて保持したのに対して、西欧のキリスト教は、少なくとも教会分裂以後は、征服者と抑圧者の宗教である。

ホミャコーフは、スラヴ諸国を訪れた。プラハではハンカ〔ヴァーツラフ・ハンカ。一七九一～一八六一。チェコの文献学者、詩人〕と会い、ポーランド人、ブルガリア人、セルビア人を知った。しかし、彼の見解には、多くの曖昧で無批判的なところがある。ホミャコーフは民族的熱狂から民族衣装を着さえしたが、その衣装にはタタール的なものが多くあるのではないかということに頭を悩まさなかった。ホミャコーフと彼の同志たちは、彼らがあっさりと前提したようにスラヴ人の風習がそれほど完全にオリジナルなものかどうかという問題に煩わされなかった。かりにそうだとしても、この貴族的な系譜は、スラヴの風習が良くて優れたものだということを、いかにして証明するのだろうか？　民族の性格は発展し、変化し、良くなったり悪くなったりするものである。――こういった反論は、全くスラヴ派の頭には浮かばなかった。

更なる問題は、個々のスラヴ諸民族は性格と本質において同質かどうか、ということである。スラヴ人が、ホミャコーフが前提しているほど、その性格において同一であるということは決して自明のことではない。確かに、この前提は批判的に検討する必要があるだろう。文化的にはかなりの相違があるに違いない。ホミャコーフ自身、ポーランド人を他のスラヴ人から区別している。ポーランド人はカトリシズムと西欧の征服的な民族の性格を受け入れ、そしてそれ故に、ドイツ人と一緒になってスラヴ人（ドイツにおける）に敵対したというのである。

ホミャコーフは、チェコ人とクロアチア人のカトリシズムを検討対象にしていない。既にキレーエフスキーはチェコ人を、実際にはフス派を認めたが、それは、彼の見解によれば、フス派が正教の記憶を残し、多くの点において正教を思い起こさせるからだった。彼は、三位一体についての正教の教理をチェコ兄弟教団のものとさえしている。

我々が教会史をより厳密に調べるなら、これらの幻想を捨て去らねばならない。もっと後のスラヴ派はチェコの宗教改革を更に直接に東方教会と結びつけようと試みたが、かつてスラヴ世界の使徒キュリロスとメトディオスがビザンチンの教えを広めようとした事実があったとはいえ、その試みはあまり成功しなかった。

ホミャコーフは、スラヴ人について語るとき、何よりもまず正教のスラヴ人のことを念頭に置いている。彼は、スラヴ人――ロシア人――が、自らの性格の中に、キリスト教徒となって真のキリスト教を保持することを可能にした性質を持っていると信じている。キレーエフスキー、ホミャコーフ、および彼らの後継者たちが、スラヴ人のみならずビザンチン人やその他の東方の諸民族もまた正教のキリスト教を受け入れたということを考慮していないというのは、理解し難いことである。私は次のように問う。ローマ人やラテン人やドイツ人よりも、ギリシャ人（ビザンチン人）の方がロシア人に近いだろうか？　ドイツ人やエチオピア人よりも、アルメニア人の方が性格的にロシア人（スラヴ人）に近いだろうか？エチオピア人のキリスト教については既にチャアダーエフが、最近のエチオピア・ロシア教会合同の創始者たちよりも正しい見解を持っていた。

正教の諸民族はもちろん、教会の上で近い。我々が西欧の諸民族において教会の共同体に基づいて様々な類縁性を認めるのと同じように、正教会の共同体によって多くの共通の風習が広がった。東方をも西方をもより明瞭に理解するために、相違と類似をより厳密に分析することが、スラヴ派の課題だったであろう。

更に、農民と征服者というホミャコーフの分離は、社会学的にも歴史的にも正しくないということを、簡単に述べておこう。すべてのスラヴ人はもちろんのこと、古代のスラヴ人の「鳩のような」性格についての牧歌をもはや主張してはならないということを、説得力をもって証明している。ホミャコーフの時代に、そのような牧歌について語るべきではなかっただろう。

私はここでいつも、ヘーゲルがドイツ人とその宗教改革の民族的才能をどのように性格づけているかを思い出す。ヘーゲルは、スラヴ派が正教においてやっているのとまさに同じように、宗教改革において純粋なキリスト教を賞揚しているのである。ヘーゲルはこう言っている。他の諸民族は世俗的支配、征服と発見を求めたが、ドイツの一修道士ルターは自らの魂の中の完成を求めて、それに到達した。ヘーゲルの叙述によれば、民族宗教としての純粋なキリスト教はようやくゲルマン人において発展したのであり、ギリシャ人とローマ人はキリストの純粋な教えを良く受け入れて実現することができなかった。ゲルマン人が初めて真のキリスト教的恭順を身につけることができた。ゲルマン人に最も美しく最も誠実な敬虔さを見出している。ヘーゲルは、中世のカトリシズムはラテン・ゲルマン混交民族によって創設されたという価値しか持たないが、宗教改革が初めて、ドイツ的本質と純粋なキリスト教を十分に発展させたのである。

ヘーゲルは、中世のカトリシズムの中に、またそれを創設したラテン人の中に、スラヴ派がカトリックとプロテスタントの中に見出すのと同じ分裂を見出す。ただ、ヘーゲルは、ローマとゲルマンの民族的要素が混交したということによって、その分裂を説明している。

更に引用したいのだが、ヘーゲルはスラヴ人を既に発展の初めから、農民と見なしてもいる。しかし彼はこのことから、土地を持っている領主がスラヴ人において奴隷制を維持したという結論を導き出している。チャアダーエフと同様に、ヘーゲルも、自然がスラヴ人の運命により大きな影響を与えたと考え、それ故にヘーゲルは、スラヴ人に活発さと主体的な活動性の不足を見ようとした……。

ホミャコーフとキレーエフスキーがスラヴ贔屓であるのと同様に、ヘーゲルは完全なゲルマン贔屓である。それはつまり、両者の見解を非常に批判的に判断しなければならないということである。スラヴ派がドイツ哲学とその合理主義を非難しているのを読み、その後で、モスクワ人たちがベルリンの合理主義を利用し、しばしばそれをただ逆さまにしているだけであるのを見ると、やや滑稽な感じがする。私は更に多くの例を挙げることができるだろうが、非常に重要な類似を挙げるだけにとどめよう。即ち、ヘーゲルは、カトリック的な中世において、ドイツ人（ゲルマン人――スラヴ派がスラヴ人とロシア人について無差別に語っているのと同様に、ヘーゲルはドイツ人とゲルマン人について無差別に語っている）が真心からの素晴らしい敬虔さにもかかわらず教養のない迷信的な野蛮人だったことに矛盾を見出している。まさに同様に、ホミャコーフによれば、古代ロシア人は野蛮人だったが、それにもかかわらず、真のキリスト教と最も真心からの最も素晴らしい敬虔さを保ったのである。ヘーゲルは野蛮さを知性と意志に帰し、敬虔さを心に帰したが――ホミャコーフとキレーエフスキーもまさにそれと同じように考えている。ただ彼らは、罪の一部を、模倣と国家と地理的位置にも負わせている。

60

我々は、スラヴ主義の二人の創始者について論じた。しかし、我々が潮流および学派ないしセクトとしてのスラヴ主義を十分に認識するためには、まだ何人かの著作家を挙げねばならない。

ここで最初の位置を占めるのは、ユーリー・F・サマーリン（一八一九〜一八七六）である。彼は、哲学的にはホミャコーフに続いた。ステパン・ヤヴォールスキーとフェオファーン・プロコポーヴィチについての学位論文（一八四四年）の中で、彼はこのピョートルの二人の同時代人において（第9節）、カトリックの原理（統一）もプロテスタントの原理（個人的自由）もいかに一面的で誤ったものであるかを証明しようと試みている。これは重要なことだが、サマーリンはプロテスタンティズムよりもカトリシズムの方をより激しく攻撃していることが、この著作に見て取れる。彼はホミャコーフと共に、プロテスタンティズムはカトリシズムの単なる否定にすぎず、それ故にカトリシズムがポジティヴでより原初的なものとして攻撃されねばならないと断じている。サマーリンは、カトリックの教理学、とりわけメーラーを詳細に扱い、バーダーをも利用した。バーダーは、教皇制に対してカトリシズムを擁護し、カトリック教徒として、カトリック教会の専制主義とプロテスタント教会の民主主義よりも正教会の貴族的組織を優先している点で、興味深い。バーダーは、サマーリンに認識論的な影響も及ぼした（恐らくはホミャコーフとキレーエフスキーにも?）。(14)

サマーリンは学位論文を書き終えた後、重大な危機を経験した。彼は、ヘーゲルの著作から正教を証明しようとした。つまり、学位論文でまさに拒否したことをやったのである。真の信仰は合理主義的に証明することができないし、すべきでないというのが、サマーリンの以前の見解であり、その見解に、彼は危機の後に再び戻った。ヘーゲルと並んで、後のイエズス会士ガガーリンも当時彼に影響を与えた。カトリシズムに対する彼の敵意は、更に後になって、イエズス会士、とりわけロシアのイエズス会士マルティーノフとの論争に現れている。サマーリンは、イエズス会の倫理体系（ブーゼンバウムの道徳）を非常に激しく攻撃している。

サマーリンの反カトリシズムは、ポーランドの反乱（一八六三年）によって政治的傾向を帯びた。ロシア人にとって、カトリシズムは具体的にポーランド主義およびイエズス会主義として現れた。サマーリンは、ポーランド人の中に、スラヴ派の宗教哲学および歴史哲学の生きた証拠を見ている。即ち、カトリシズムを基礎としてポーランド人は自分自身と自分の国を裏切り、それ故に破滅したのである。ポーランド問題は、ポーランド人が生まれ変わらない限り解決できない。サマーリンは、チェコ人に言及している。即ち、フス運動のような記憶を持っている民族は滅びないというのである。一八六三年の蜂起の時に、サマーリンはポーランド人に言語的、行政的自治を認めた。彼は、もしも問題をそれ自体でのみ見るならば、ロシアがポーランド王国を完全に放棄することは決してありえないことではなく、それはロシアの利益に全く矛盾しないだろうと、宣言している。

サマーリンはまた、バルト地方の政治的意義を指摘した。彼はロシア人に、エストニアとラトヴィアの農村住民を、ドイツ人の支配貴族に対する自然の同盟者として、熱心に、あまりにも熱心に勧めた。

熱烈なスラヴ主義にもかかわらず、サマーリンは西欧的教養の支持者としてとどまった。西欧派のカヴェーリンとは、堅い友情で結ばれていた。彼は非常に良心的に農奴解放のために働き、解放後も同じ精神で働いた。K・アクサーコフと同様にミールの制度を重んじ、そこに本来のロシアの制度を見た。

61

弟の方のアクサーコフも、スラヴ派の比較的古い世代と見なさねばならない。

初めイワン・アクサーコフ（一八二三～八六）は、歴史的に所与のロシアに対して非常に批判的な立場に立っていた。その明白な証拠が、友人だったゲルツェンに書いていた（一八六一年まで）手紙の中に見出される。後になって彼はより保守的な判断をするようになったが、相変わらず、公的なロシアと、彼の見解によれば民衆の健全な力から発展しつつあるロシアとを区別していた。一八八一年になって彼は反動の側に近づくが、この時も永久にそうなったわけではなかった。アクサーコフは、彼が第三部へ宛てた直接の回答からも分かるように、全く雄々しい性格の持ち主だった。彼は、友人のサマーリンが逮捕された時に自分の父に書いた手紙のために第三部の監視下に置かれ、彼の回答はツァーリの手にも渡った。これは、既に我々の知るところである。

一八四八年は、ロシアのみならずまたヨーロッパの多くの者にとってそうだったように、アクサーコフに、ヨーロッパ文明が没落したこと、革命を免れているロシアの時代が到来したことの証拠を与えた。アクサーコフは、ロシアが自らの精神的独立を保ち、西欧と係わり合わないように望む。しかしながら、ロシアは、正教のロシアは、ハンガリーの革命を鎮圧し、スラヴ派にとっては民族的に全く好ましくないオーストリアを支援するために、軍隊を率いて再び西に向かった。一八五〇年に、彼は次のように述べている。「ロシアは、じきに二つに分裂するだろう。即ち、国家、政府、不信心な貴族、人々を信仰から遠ざける聖職者たちは正教の側にあり、他のすべての者たちは分離派に向かうだろう」。そして一八五六年には、次のように書いている。「願わくは民族性と正教という言葉には慎重であれ」。そして、「ピョートル以前のロシアと公的な正教と僧侶たちには共感できない」と認めている。アクサーコフは、好んでしばしばヨーロッパを訪れた。

イワン・アクサーコフは、スラヴ派のジャーナリストである。とりわけキレーエフスキーとホミャコーフの死後は、自分の雑誌においてスラヴ派の伝統を主張し、時事問題に従って教義を定式化した。

イワン・アクサーコフはホミャコーフの教義を保ち、理念的な正教に民族性の拠り所を見ている。しかしながら、実践においては、この正教を国家教会から分けることに必ずしも成功していない。

ホミャコーフの宗教的な立場を首尾一貫したものにすれば、国家教会と教会宗教の欠陥を拒否しなければならなかった。しかし、スラヴ派は静寂主義のために、公的な教会を少なくとも大目に見た。アクサーコフは官吏として、分離派に対して決して融和的な態度を取らなかったことによって、また後にゴーゴリの宗教的改心を賞揚したことによって、自らの教会観を表明した。

アクサーコフは、ピョートルが廃止した総主教座の復活によって、国家に対して教会を強化したいと考えた。聖職者階級は、郡および県の会議を創設することで、より活動的にならねばならない。彼は、国家と教会の関係を規定した法令集の多くの条項に言及し、そこに教会が自由ではないことの証拠を見ている。アクサーコフは教会の利益のために良心の自由をも求めているが、しかしながら、この要求は、いわゆる全くアカデミックなものに終わった。I・アクサーコフもまた正教をロシア性と密接不可分に結びつけたので（正教はロシアの外でも存在しうるが、ロシアは正教なしでは存在しえないという）、警察的な公的教会に否が応でも譲歩せざるをえなかった。

ロシアにはかなりの割合の非ロシア人がいて、ロシア化政策が昔からの公的な綱領である。しかし、このロシア化政策は、全く機械的に、行政と軍隊を通して実施された。西部国境地帯では、民族性と並んで宗教の相違も存在し、まさにここにおいて、スラヴ派の理論は、正教を民族宗教としてカトリシズムとプロテスタンティズムに対置した。

イワン・アクサーコフは誘惑に打ち勝てずに、西部国境地帯の公的なロシア化政策を支持した。

彼は、ポーランド人をロシア化したいとは思わなかった。「我々にポーランド王国が与えられたのと同様に合法的に、いな非合法的にオーストリア人に与えられたガリツィアにおける、ウクライナ人の反オーストリア運動に共感する一方で、ポーランド人が我々への依存から脱却しようとする努力を不当なものと宣言することはできない」。このようにアクサーコフは、蜂起の前年に書いた。そして、一八六三年に、もしもポーランド人民が国民投票において、ロシアの支配のもとでの内的な自治よりも独立を選ぶならば、ポーランド分割の前にはロシアに属していなかった純粋なポーランド地域を国家的な縛りから解放することを提案した。ホミャコーフも、ポーランド問題の解決を同様に考えた（一八四八年）。

ボスニア・ヘルツェゴヴィナ蜂起の時と、露土戦争の時に、アクサーコフは再び、スラヴ派の理想を公的な政治に従属させた。その間に彼は、ポゴーヂンの死後、「スラヴ慈善委員会」の委員長になった。しかし、戦争の結果を、とりわけベルリン会議の結果を、彼は「ひどく馬鹿げたもの」と考えたために、彼はモスクワから追放された。それに対して、ブルガリアでは何人かの選挙人が彼をブルガリア王位の候補者に指名した。

露土戦争の後の増大する反政府運動と革命的気運は、アクサーコフをますます右傾化させた。特にアレクサンドル二世の暗殺は、彼の中に、ヨーロッパへの強い憤激を呼び起こした。アクサーコフはこの行為に、スラヴ派の教説の血腥い確証を見た。——テロリストの暴力行為を、イワン・アクサーコフは、ピョートルがヨーロッパからロシアへ持ち込んだ暴力的なローマ国家の理念から引き出しているのである。

もしも我々がアクサーコフの説明を、単にピョートルの国家と官僚機構の弾劾とのみ捉えるならば、それは正確ではないだろう。アクサーコフの論証全体がスラヴ派の基本的な見解を示しているので、ここで手短に繰り返しておこう。

アレクサンドル二世の葬儀の後の一八八一年四月十日に、ペテルブルグの「スラヴ協会」でアクサーコフが行った演説が問題である。

アクサーコフは自らの民族性を裏切ったことでインテリゲンチャを非難し、ツァーリ暗殺に、本来のロシアの理念と制度に対する犯罪を見ている。本来のロシアの制度によれば、ツァーリは国民と密接に結びついており、父であり、指導者であり、国民の唯一の代表者である。アクサーコフはテロへと導いたニヒリズムをアナーキズムとして断罪するのみならず、西欧的な自由思想的志向をすべて断罪している。アクサーコフの定式はこうである。即ち、ニヒリズム＝アナーキズム＝革命＝社会民主主義＝立憲主義＝自由主義＝西欧主義一般。ローマ的暴力性の上に打ち立てられた国家（コンスタンチン・アクサーコフの言う「外的真実」）はキリスト教の反対物であり、本質的に非キリスト教的であるのみならず、精神的指導も信仰もなくて直接に無神論的である。西欧諸民族はローマ国家を受け入れて発展させ、ピョートルもまたそれを受け入れた。しかしながら、キリスト教徒はキリスト教徒たることを簡単にやめることはできず、それどころか、自らの「かつての」神に対して内的にも社会的にも闘うだろう。彼は、歴史的に所与のあらゆる社会に浸透しているキリスト教的原理に反抗することをやめないだろうし、この反抗、この反乱は、きっと激しいものだろう。それ故に、必然的に、反乱と革命が、キリストを拒否するキリスト教社会すべての運命なのである。このようにして革命を自らの発展の原理にした社会は、革命から革命へとさまよい、アナーキーへと至り、ついには自らを完全に否定して自らを殺す。現代人は神を否定して自らの理性を偶像にしている。しかし、彼は道の途中で立ち止まりはせず、自らの否定の宿命的な首尾一貫性においてこの偶像をも破壊し、自らの精神を拒否して肉体を崇拝し、ついには肉体の奴隷となる。神なき人間はネブカドネザルとなり、獣となる……。

　サマーリンがスラヴ派の歴史哲学をカトリックのポーランド人によって立証しようとしたとすれば、I・アクサーコフはこの命題を西欧全体とピョートルの国家へと広げ、革命を神からの離反、キリストからの離反、そしてそれ故にまたロシアの正教からの離反、真のキリスト教からの離反だと宣言した。このような説明の萌芽はスラヴ主義の創始者たちにおいて見出されるとはいえ、アクサーコフがこのようにテロをガリア的無神論から引き出しているとすれば、このような説明に際して彼が念頭に置いているのは、疑いなくドストエフスキーの分析である。キレーエフスキーはヨーロッパ的人間とロシア的人間の分裂を絶望的なペシミズムとして描き、ホミャコーフは否定を唯物論に由来するものとした。

　アレクサンドル三世の反動の初期に、アクサーコフはカトコーフおよびポベドノースツェフに近づいたが、しかしじきに、一八六一年の改革が犠牲にされることになると見て取ると、二人から離れた。

62

　革命に関するアクサーコフの説明は、実践的には、ウヴァーロフの絶対主義が賛美されるということにおいて頂点に達する。N・ダニレーフスキーは、ウヴァーロフのナショナリズムを賛美するに至った。ダニレーフスキーは、ドストエフスキーと同様に、いわゆるペトラシェーフスキー事件に巻き込まれたが、ペテルブルグから追放されるという軽い罪で済んだ。彼は自然科学に身を捧げ、何年間かフォン・ベーアのもとで働き学ぶ機会を得た。自然科学者としてダニレーフスキーは自分の専門の研究で名を挙げたのみならず、ダーウィン主義の反対者としても有名になった。そして、一八七一年に、後期スラヴ主義の法典となった、『ロシアとヨーロッパ』という本を出版した[15]。

ここでダニレーフスキーは、歴史の発展の中に十の民族的ないし人種的な文化歴史類型を定めようと努めている。即ち、一、エジプト類型、二、中国類型、三、アッシリア・バビロニア・フェニキア・カルデアないし古セム類型、四、インド類型、五、イラン類型、六、ヘブライ類型、七、ギリシャ類型、八、ローマ類型、九、新セムないしアラビア類型、一〇、ゲルマン・ラテンないしヨーロッパ類型（メキシコ類型とペルシャ類型については付随的に触れられているだけである）。

スラヴ類型が自然な発展においてゲルマン・ラテンないしヨーロッパ類型に取って代わるはずであり、他の諸類型によって作られた一面的な文化要素を総合的な統合へと完成させるはずである。即ち、他の諸類型は、宗教（ユダヤ人）、文化（ギリシャ人）、国家（ローマ人）だけを成熟させたのである。ゲルマン・ラテン人は政治的および文化的な面で自らの課題を遂行したが、しかし彼らの文化は一面的に科学的で工業的であり、彼らの国家はあまりにも暴力的である。こうしてヨーロッパは、アナーキーに陥ることになった。即ち、このアナーキーは宗教の面ではプロテスタンティズムの中に、哲学の面では唯物論の中に表されており、社会政治的には政治的民主主義と経済的封建主義との闘いが問題である。ロシア人が初めて、四つの要素全部（宗教——狭義の文化——国家——社会政治的組織）を有機的に結びつけ、社会経済的課題を正しく解決することによって自らの独創性を現すのである。

政治的にはロシアのこの役割は、次のように現れる。即ちロシアは、スラヴ連邦の首都としてコンスタンチノープルを獲得し、ヨーロッパとの闘いにおいてスラヴの問題を、そして同時にヨーロッパと人類全体の問題を解決するために、スラヴ連邦を組織してその先頭に立つべきである。スラヴ人は確かに生来平和愛好的ではあるが（ダニレーフスキーはダーウィン主義の反対者なのだ！）、にもかかわらずヨーロッパとの闘いは不可避であり、有益である……。

ダニレーフスキーは文化歴史類型の概念を十分に明らかにしておらず、人種という動物学的な概念を民族性という歴史的な概念とかなり機械的に結びつけている。こうしてダニレーフスキーはその後、人種を教会や宗教と同一視することができ、その際もちろん彼は、正教のルーマニア人とギリシャ人のみならず、カトリックとプロテスタントのハンガリー人をもスラヴ類型に入れている[16]。ヨーロッパに対する反発と古いルーシへの愛は、スラヴ人にとってはトルコ人の支配の方がヨーロッパ諸国家の支配よりもましだという、後のスラヴ派からしばしば聞くことのできる見解を、ダニレーフスキーに吹き込んでいる。——トルコ人はスラヴ人をヨーロッパ文化との接触から守り、スラヴ人の民族性を喪失させることはなかったというのである。ダニレーフスキーはもちろん、自らのジンテーゼの中にヨーロッパ文化を含めて、ピョートルの仕事を何らかの形で継承したいのである。——明瞭さと明確さはダニレーフスキーの顕著な特質ではないし、スラヴ派一般もそうだと言うことができる。確かにダニレーフスキーは、スラヴ派の歴史哲学および宗教哲学に動物学と動物学的ナショナリズムの強力な数滴を注いだ。動物学的なナショナリズムから、後のスラヴ派の多くが陥った動物学的な愛国主義までは遠くない……。理論的には、ダニレーフスキーの歴史過程の説明は極めて軽率なものである。文化がいかにして伝播したり譲渡されたり媒介されたりするか、文化や民族がいかにして没落するのか等々について、彼は軽率に判断している。そしてもちろん、個々の歴史的諸力の評価は全く一面的である。人類学的な内容（人種の規定と分類、人種の混合、人種と民族性との関係）も不十分であり、人種の精神的特質とその生理学的特質との関係について彼が挙げていることのうちで、批判に耐えうるのはごく僅かである。私は公平を失したくないし、ダニレーフスキーの時代にはヨーロッパの学問もこれらのテーマについてはもっとましなものを多く提供することはできなかったということを認めるにやぶさかではない。

B　63

スラヴ主義を十分に理解したいのならば、それを、他のスラヴ諸民族における民族性の理念の同時的発展と簡単に比較するのが良いだろう。というのも、それら諸民族とロシアとの間には相互的影響関係があったからである。

スラヴ主義は、何よりもまず、いわゆるスラヴの復興運動という特別な歴史的現象と一定の関係にある。

人道主義的で啓蒙主義的な十八世紀は、その革命と共に、西欧のみならず、ヨーロッパの東と南東をも、政治的、民族的に覚醒させた。自由思想的理念は、まさにオーストリアとトルコとロシアの、絶対主義に抑圧されていた非独立諸民族に影響を与えずにはおかず、言語的に混交したこれらの国家の民族的矛盾は民族感情を強めずにはおかなかった。十九世紀の初めに、ナポレオンと彼の戦争が至る所で民族的自覚の発展を促した。それに続く絶対主義的復古と反動の時代に、一八三〇年と一八四八年の革命の自由思想的、民主主義的志向が、それまで抑圧されていた諸民族とその言語の同権化に役立ち、後の社会主義運動が、その国際主義にもかかわらず、民族的独立の過程を支持し強めた。多言語国家オーストリアにおいてのみならず、民族的には単一だが政治的に分裂していたドイツにおいても、絶対主義的政府は民族的自覚を抑圧した。なぜなら、民族感情はどこでも絶対主義的国家に対立し、より民主主義的でより自由な綱領を掲げたからである。

オーストリアでは、何よりもまずチェコ人とハンガリー人が、マリア・テレジアとヨーゼフ二世の時代に民族的に覚醒し、一八四八年の影響で政治的にも覚醒した。チェコ人とハンガリー人のみならず、オーストリアとトルコの他の諸民族もまた、民族的、政治的生活へと覚醒した。バルカンでは、セルビア人、ギリシャ人、ルーマニア人、そして最後にブルガリア人というように、民族が次々と自らを解放していった。この発展のプロセスは、今に至るまで終わっていない。

スラヴ諸民族の民族復興運動は、最初から、多少とも明瞭な汎スラヴ主義的綱領を持っていた。スラヴ人を合同の理念へと導いたのは、言語と風習の類似性、隣接性と政治的連帯（オーストリアとトルコにおいて）であり、類似した汎ゲルマン主義的、汎ラテン主義的、汎スカンジナヴィア主義的志向の事例である。自分たちが政治的にも文化的にも弱く小さいということを十分に意識して、これらのスラヴ人は、とりわけ大きな国家・民族とその文化を観察したときに、より熱心に合同を望んだ。ヨーロッパにおけるロシアの政治的、文化的な重みが増すにつれて、合同の綱領において自然とロシアに特に重要な役割が割り当てられることになった。即ち、ロシアは――モンテネグロを除いて――唯一のスラヴの国家であり、五つ（ラウジッツのソルブ人を含めると六つ）のスラヴ民族はドイツとトルコの支配下にあり、ほとんど五重の行政単位に細分されていた。

スラヴ合同の綱領は、とりわけ復興運動の初期には、非常に曖昧に定式化されていた。

通例、スラヴ人が互いにスラヴ語を学ぶことによって一定の文化的交換を可能にするような、ある種の非政治的相互交流が考えられていた。つまり、合同は理念的にのみ、理念の中でのみ、実施されるはずのものだったのである。多くの素朴な人々は、人工的なスラヴ共通語を作ろうとさえ考えた。

スラヴ合同の政治的綱領は、地理的に、所与の政治的境界内で定められた。このようにして、とりわけオーストリア・スラヴ主義やイリュリア主義について語られた。全スラヴ人の政治的合同については、それほど考慮されなかった。にもかかわらず、何人かの者たちは既に絶対主義の時代に、あえて共和主義的ないし君主制的連邦を構想した。その際、両方の場合において指導的な役割はロシア人に、あるいはそれに加えて更にポーランド人とチェコ人に、割り当てられるはずだった。

このように、汎スラヴ主義は、初めのうち、そしてまた後の発展においても、非常にアカデミックなものであり、即ちもっぱら学識のあるスラヴ学者と歴史家たちが考え出したものだった。個々のスラヴ諸民族の実践的な相互交流は僅かなものであり、それは文化的および経済的交流の不足の不可避的な結果だった。個々のスラヴ民族はまさに独自の民族であり、ドイツ人のようにその不統一が言語的・文化的なものではなくて国家的なものにすぎないような単なる種族ではなかった。スラヴ諸民族は自らの政治的、文化的歴史を有していたし、個々の民族の強化は、自らの言語と自らの文化の育成によってのみ実現することができた。この実践的な綱領がいかにして実現されうるかという道と手段については、個々の民族の最良の頭脳の持ち主たちが考えねばならない。

汎スラヴ主義にもかかわらず、十八世紀以来の全般的な民族運動においてハンガリーのスロヴァキア人が文語によってチェコ人と分離したこと、また、ウクライナ人が大ロシア人から分かれて独立した民族運動を発展させたことによって、スラヴの民族と言語の数は増えた。このような民族的、言語的分化は、政治状況が異なればそれほどの困難なしにクロアチア人と言語的に合同することができたであろうスロヴェニア人においても、ある程度現れた。この分化過程は、クロアチアとセルビアの言語の発展においても、同様に見て取ることができる。——同一の民族が、別の国家や教会に所属している影響で、また、地理的位置から別の影響を受けることによって、分化するのである。

スラヴ民族の民族復興運動の本質と発展は、歴史哲学および民族哲学を表現した一連の綱領の中に理論的に定着されている。それらの綱領はもちろん、歴史哲学において、十八世紀に、とりわけ大革命によって呼び起こされた運動に、合致したものである。ロシアにおいて歴史哲学と民族哲学が起こったのと同様に、同じ時代に、他のスラヴ諸民族においても、歴史哲学と民族哲学の試みが見られる。

歴史哲学と民族哲学と並んで、スラヴ学が、自民族と他のスラヴ諸民族の言語と文化を歴史的に研究すべき学問として、ラテン学やゲルマン学との類推で、部分的にゲルマン学（グリムその他）の影響のもとに、生じた。

64 以上の全般的なコメントの後、歴史哲学と民族哲学の分野での個々のスラヴの綱領に移るとすれば、チェコ人から始めねばならない。

チェコ人は、自民族および他のスラヴ諸民族の民族復興運動の最初の理論家だった。チェコ人は他のスラヴ民族を頼みとしたが、そのことは、民族的に危殆に瀕したチェコ人にとって、当初から民族復興運動の重要な要因だった。スラヴ学の創始者である偉大なドブロフスキー〔ヨゼフ・ドブロフスキー。一七五三～一八二九。チェコの言語学者・スラヴ学者・歴史家〕（一八二九年没）は、自民族の生命力に疑惑を抱いていたが、自らの理念と共感に根拠を与えようとした、最初の親ロシア主義者だった（一七九二年にロシアを訪問した）。ドブロフスキーはチェコに、大部分ドイツ語で書いていた何人かの先駆者を持っていた。——彼自身もまた、自民族の最も活動的な覚醒者ではあったものの、ドブネル〔ゲラスィウス・ドブネル。一七一九～九〇。チェコの歴史家〕やフォイクト〔ミクラーシュ・アダウクト・フォイクト。一七三三～八七。チェコの歴史家〕やペルツル〔フランチシェク・マルチン・ペルツル。一七三四～一八〇一。チェコの歴史家〕などと同じように、ドイツ語とラテン語でしか著作を書かなかった。ドイツ人のスラヴ学者（ウィーンのアルターなど）や、スラヴ民族の歴史を研究したドイツ人の歴史家（アントンなど）もいた。ロシアでは、当時もっぱらロシアの過去にのみ関心が寄せられていた。ドブロフスキーは、言語においてのみならず風俗習慣においてもスラヴ人が共通に持っているものを見て取り、民族的にスラヴ的な一定の精神的素質を発見できるだろうと想定した。

ドブロフスキーに基づいて、コラール〔ヤン・コラール。一七九三～一八五二。スロヴァキア出身のチェコの詩人・思想家〕がヘルダーの歴史哲学からスラヴ人に愛好的な理念を文学的な相互交流の理念へと仕上げ、自らの歴史哲学を構築した。その際、イェーナの大学での研究と、イェーナでドイツのナショナリズムに関して得た経験（ヴァルトブルク祭など）が、少なからず彼の役に立った。戦闘的なハンガリーのナショナリズムもまた、コラールに強い影響を与えた（コラールはハンガリーで生まれ、ペストでスロヴァキア・ドイツ教区の福音派説教師になった）。スラヴ人は全般的なスラヴの文化を創造しなければならない、なぜなら、没落しつつあるドイツ人とラテン人から世界の文化的指導を引き受けるよう歴史的に定められているからである。コラールのスラヴの理念は綱領的に全く非政治的であり、ヘルダーの人間性の理想を完全に受け入れ、スラヴの文化的指導のもとでの諸民族の非国家的友好を夢見ている。それに役立つのはスラヴ諸語の知識であり、ここでコラールは、個々の言語を習得する義務を教養の程度に従って区別している。即ち、通常の教養人は四つの生きた言語（ロシア語、「イリュリア語」、ポーランド語、チェコ・スロヴァキア語）を話すべきであり、学問のあるスラヴ人は更に方言をも身につけるだろう（ウクライナ語、クロアチア語、ソルブ語、ブルガリア語）。そして最後に学者、スラヴ学者と歴史家は、すべての生きた言語と方言、また死滅した言語と方言をマスターしなければならない[17]。コラールの精神で活動したのはまた、スラヴの考古学についての学説を掲げたシャファジーク〔パヴェル・ヨゼフ・シャファジーク。一七九五～一八六一。スロヴァキア出身のチェコの学者・詩人〕、作家のユングマン〔ヨゼフ・ユングマン。一七七三～一八四七。チェコの言語学者・詩人〕、とりわけまた、古チェコ語の文学作品と文書（ドゥヴール・クラーロヴェーの手稿とゼレナー・ホラの手稿）の最も精力的な偽造者だったハンカである。

チェコ人のスラヴ主義的努力は、一八四八年にプラハで行われた「スラヴ会議」において一定の実践的な帰結を得た。この会議はフランクフルト議会の模倣であり、それに対抗するものだった。

コラールの後継者たち、とりわけ一八四八年の政治的指導者だったパラツキー〔フランチシェク・パラツキー。一七九八～一八七六。チェコの歴史家・政治家〕とハヴリーチェク〔カレル・ハヴリーチェク・ボロフスキー。一八二一～五六。チェコの詩人・ジャーナリスト・政治家〕は、コラールの抽象的な理念を本質的に修正した。即ち、曖昧なコスモポリタニズムとしての汎スラヴ主義は、十分に自覚的なチェコ主義に代えられ、「大きな」汎スラヴ主義の代わりに「小さな」汎スラヴ主義、つまりオーストリア・スラヴ主義が立てられたのである。パラツキーとハヴリーチェクは、ロシアの君主制に反対した。パラツキーはチェコ人のために、哲学的に捉えられた最初の歴史を書いたが、そこではフスの宗教改革ととりわけチェコ兄弟教団がチェコおよびヨーロッパの発展の頂点と宣言されている。パラツキーは、最初の政治的綱領をも練った。即ち、ヘルダーの人間性の理念に基づいて、自然法に従って、それぞれの人種的境界に分かれたオーストリアのすべての民族の民主主義的連邦を提唱したのである。この綱領を、ハヴリーチェクが、ジャーナリズム的に見事に擁護し、民主主義的に補足した。

ハヴリーチェクは、初期のロシア通の一人であり、事実上その最初の人物だった。彼は、一八四三〜一八四四年にシェヴィリョーフの家の家庭教師だった。彼は公的なニコライのロシアを拒否し、スラヴ主義の教説をも拒否した。なぜなら彼は、啓蒙主義の哲学と普通選挙権の民主主義を堅持していたからだった。宗教的な絶対主義は世俗的な絶対主義の枕である、というのはハヴリーチェクの格言である。それに対して彼は、オーストリアのスラヴ人がもっと緊密に結びつくことは実現可能だと見なした。

一八四八年以後の反動の政治的経験の後にようやく、そしてオーストリア・ハンガリー二重帝国が作られたときに、パラツキーは汎スラヴ主義とロシア主義へと傾いた（一八六七年のモスクワ旅行）。

若干のスロヴァキアの歴史哲学者は、一八四八年頃の時代に、コラールの理念を変更して、ロシアと正教の助けを借りて、スロヴァキア人を一種の汎スラヴ的連邦の中に組み入れようとした（とりわけシュトゥール[18]）。その際彼らは、かつての大モラヴィア国と、スラヴの使徒によって創設された、この国の仮想の正教会を過大評価した。

65

南スラヴ人においても、民族復興運動の綱領はヘルダーとドイツ啓蒙哲学に由来する。初期の人道主義的哲学者の一人は、セルビア人のオブラドヴィチ〔ドシテイ・オブラドヴィチ。一七三九頃〜一八一一。セルビアの作家・思想家〕（一七三九〜一八一一）である。彼は倦むことなく勉学に努めた修道僧であり、教会や修道院の鐘の音よりも本の方が好きだった。ヴク・カラジッチ〔ヴク・ステファノヴィチ・カラジッチ。一七八七〜一八六四。セルビアの言語学者・文学者・歴史家〕が彼の後継者となり、更に後に（三、四〇年代に）コラールの影響を受けたイリュリア運動〔一八三〇〜四〇年代にクロアチア人の間で行われた民族運動〕の創始者ガイ〔リューデヴィト・ガイ。一八〇九〜七二。クロアチアの文学者〕が後継者となった。ウィーンから支援を受けた反ハンガリー主義と、トルコの支配下におけるセルビア人の運命が、一八四八年に、イリュリア運動に強い政治的性格を与えた。

カトリックのクロアチア人と正教のセルビア人の教会上の相違のために、セルビア・クロアチア人の民族的統一の仕事は長い間困難だった。上述のクロアチア人司祭クリジャニッチが確かに既に汎スラヴ主義を説いていたが、ようやく最近になって、クロアチア人とセルビア人は、教会の相違よりも共通の民族的利益を真剣に優先させようとしている。この点で、もちろん、彼らはブダペストとウィーンにおいて、民族および教会の上での前述の敵に出会っている（セルビア・オーストリア論争）。

最も小さなスラヴ民族であるスロヴェニア人の立場は、特殊であり困難である。スロヴェニア人はイタリア人とドイツ人という二つの文化的な大民族に脅かされ、幾つかの帝室領地に分けられている。こうして、とりわけ過去の記憶が他のスラヴ諸民族におけるように民族的独立を蘇らせることがないので、自らの民族的独立を保つのが非常に困難である。チェコ人、ポーランド人、セルビア人、クロアチア人、ブルガリア人はかつて独立した国家を持っており、めざましい政治的、文化的業績を成し遂げた。スロヴェニアの知識階級がある程度文化的にクロアチア人とチェコ人に依存していたことは、その小ささによって説明できる。

この機会に、ドイツにおける民族的細片であるソルブ人とカシューブ人に言及しておこう。彼らにおいては個々人が意識的に自らの民族性を保とうと努め、それ故に彼らは、文化的、地理的に最も近いスラヴ民族に文化的結合を求めもした（ソルブ人はチェコ人に、カシューブ人はポーランド人に）。

数の多いロシア人と比べて他のスラヴ諸民族は比較的小民族であるという事実から――同じ関係がもちろんドイツおよび他の大民族に関しても当てはまるのだが――社会学者と政治家にとって、当該の小民族の問題と、また大民族の問題が出てくる。

個々のスラヴ民族が民族的に非常に似ており、隣り合って住んでいて、政治的に独立していないという事実が、連合と政治的同盟と協定の時代に、汎スラヴ主義を鼓舞する。

セルビア人（当時のトルコにおいて）とブルガリア人の間には、昔からロシア人との教会上の交流があり、その交流は間接的にも直接的にも政治的性格を帯びた。公的なロシアもまた間もなく、トルコに対する敵対を、バルカンのキリスト教諸民族の解放の綱領として定式化した。

この事情が、オーストリア・ハンガリーに対するロシアの関係を規定する要因となっている。

ブルガリア人は、その政治的解放を、一部、このロシアとの関係に負っている。しかし、彼らの民族復興運動は既に十八世紀に始まっており、修道士パイシー〔ヒレンダルスキ・パイシー。一七二二頃～九四。ブルガリアの修道士・民族的覚醒者〕と彼のブルガリア民族史（一七六二年）に帰せられる。パイシーの後継者のなかで秀でているのは、ヴェネーリン〔ユーリー・イワーノヴィチ・ヴェネーリン。一八〇二〜三九。ウクライナ出身のロシアの歴史家・スラヴ学者〕（一八〇二〜一八三九）である。彼はロシアで教育を受けたウクライナ人であり、医師であり、南方で民謡と手稿を収集し、自らの研究によって民族意識を呼び覚ました。ブルガリア人にとって重要だったのは、ギリシャ人との教会上の関係だった。五〇年代に、教会の問題が民族意識を全般的に強化し、ブルガリア人はブルガリア人の主教を得ようとしたが、その要求はロシアにおいても理解を得た。一八七一年にスルタンがブルガリア大主教職を創設したが、最初の大主教イラリオンは民族解放事業の熱烈な唱道者だった。

セルビアの事例も、ある程度ブルガリア人に影響した。既にパイシーはあるセルビア人に、自民族の歴史を書くように促されたが、しかしセルビア人の政治闘争もブルガリア人の努力を強めた。間もなく、隣り合う両方の民族の間で、とりわけマケドニアをめぐって激しい争いが生じた。この敵対もまた、両方の側で民族意識の強化に役立ち、ついには対トルコ解放闘争においてセルビア・ブルガリア協定がバルカン同盟の現実的基礎となった。

ブルガリアは、独立を達成した後、バルカンの他の諸民族と同様に、トルコの支配によって抑えられていた文化的発展を取り戻さねばならない。ブルガリア人はそれ以外にも、言語的に混交した国家の人種的、宗教的問題を解決するという課題を抱えている。一般に南スラヴ人の問題は、人民が宗教的、教会的にカトリックと正教徒とイスラム教徒に分かれていることによって、極めて複雑である。

66

小ロシアの問題は、全く特殊な性格を持っている。その困難さは、既に、現在に至るまでこの民族の一般に受け入れられた名前がないことに現れている（小ロシア人、ルテニア人——これはオーストリアで一般的な呼び方である——、ウクライナ人）。独立していたポーランドは、ウクライナ人を教会的、民族的、経済的に抑圧し、まさにポーランド人に対する敵意がウクライナ人をしてモスクワの国家へと導いた。ロシアに併合されると、大ロシア人と小ロシア人との間で敵対が始まり、それは初めのうち民族・言語的なものではなくて政治的（行政的）・経済的なものだった。ポーランド分割とブコヴィナの獲得の後、小ロシアのかなりの部分がオーストリアに帰属した。ガリツィアにおいてオーストリアは、オーストリアがロシアとポーランド人に対して行っている政策に合致する限りにおいて、ある程度ウクライナ人を保護している。ハンガリーでは、ウクライナ人は言語の面で全く保護されていない[19]。

ロシアの南と北との間の言語的および経済的相違が、ウクライナ人においてもまた、民族運動、ウクライナ主義を引き起こした。初めのうちは、政治的分離主義を伴わずに、民衆言語が学校と文学において育成され、役所で用いられることが要求された。まさにロシアの教育家たち（ウシーンスキー、ヴォドヴォーゾフなど）が言語的相違を認めて、教育的理由からウクライナ語が国民学校に導入されることを要望した。まさに同じように、最近、ペテルブルグ・アカデミーがウクライナ語を教育言語として推薦した。次第に、抑圧の結果として、一種の政治的分離主義も発展し、同時に社会的相違が物を言うようになった。

最初の親ウクライナ主義的綱領は、アメリカを模範としてルテニア人を汎スラヴ主義的連邦（共和国）に統合し、その中で彼らに自治と言語的独立を保証することを目指していた（大ロシア語は単に一般的な伝達言語になるはずだった）。この計画は、モスクワの皇帝制にではなくてノヴゴロドの共和国と南ロシアのコサックの国家にロシア国家の本質を見た歴史家たちの理論に依拠していた。コストマーロフ〔ミコラ・イワーノヴィチ・コストマーロフ。一八一七～八五。ウクライナの歴史家・文学者〕のほか、歴史家のP・V・パーヴロフ〔プラトン・ワシーリエヴィチ・パーヴロフ。一八二三～九五。ロシアの歴史家・芸術史家〕とシチャーポフ〔アファナーシー・プロコーピエヴィチ・シチャーポフ。一八三〇～七六。ロシアの歴史家〕も、この理論を唱えた。コストマーロフはこの過去の理想に基づいて、一八四五年、キエフにキュリロス・メトディオス秘密結社を創設した。この結社を、連合スラヴ人秘密結社の継続と見ることができる。詩人のシェフチェンコはコストマーロフの理想を、より深く捉えられた文化的汎スラヴ主義へと拡張した。コストマーロフの結社は一八四七年に解散させられ、コストマーロフ自身と他の多くのメンバーがロシア内部に追放されて処罰された（シェフチェンコは軍隊に入れられた。ニコライが彼をどのように処遇したかについては、既に述べた）。その時以来、ウクライナ語はますます抑圧されていった。それに対して、オーストリアのレンベルク（リヴィウ）がますますウクライナ人の中心地となっていった。

ロシアにおいて、またガリツィアにおいても、小ロシア問題は、社会主義の発展と政治的宣伝によって、ますます複雑化していった。つまり、ロシアの行政的・経済的中央集権主義との関係のみならず、同時にポーランド人とユダヤ人との関係も影響した。ユダヤ人はその数（ウクライナには現在、五百万人以上のユダヤ人がいる）と文化的相違によって、一つの民族的・文化的全体を為している。コストマーロフがこの問題を、民族的汎スラヴ主義の影響を受けてより民族的に捉えたのに対して、ドラゴマーノフ〔ミハイル・ペトローヴィチ・ドラゴマーノフ。一八四一～九五。ウクライナの文献学者・民俗学者〕は、大学を追放された後（一八七六年）、八〇年代の幾つかの政治的著作において、コストマーロフの連邦の基本的思想を自治の意味で解釈し、それを、穏健な社会主義と民主主義的立憲主義の要求と有機的に結合させようと努めた。その際、小ロシア人は独自の民族か否かという学問的問題は、なおざりにされた。ドラゴマーノフは政治的分離主義に賛成しておらず、それどころか、ラマーンスキー〔ウラヂーミル・イワーノヴィチ・ラマーンスキー。一八三三～一九一四。ロシアの歴史家・スラヴ学者〕との文学的論争において分離主義に反対を表明した。

私は歴史的発展の事実を確認するだけにして、言語その他の所与の相違が固有の文学と特別な民族を構成するのに十分なものであるかどうかという、議論のある問題に詳細に取り組むことはしない。言語と民族が多くの要因の共同作用によって分化するということ、その際政治的要因が大きな役割を果たしていることを、歴史は教えている。ある全体が自らを特別な民族と感じ、民族として文学的に組織されるならば、決定的なのはまさにその意志であって、決して文法や哲学ではない[20]。

一九〇五年の革命は、小ロシア人にも、公的な言語使用のある程度の自由をもたらした（ウクライナ語の新聞の出版が許されている等々）。政府は、一八六三年に大臣ヴァルーエフによって定式化された、ウクライナ民族は「決して存在しなかったし、現在も存在しないし、存在しえない」という綱領を、少なくとも緩和した。

宗教問題は、ここでも重要である。オーストリアのウクライナ人はローマと結びついており（東方帰一教会）、ロシアでは正教が支配的で、ポーランドには東方帰一教会信者がいる。

白ロシア人においては、分化の思想はようやく最近になって出てきている[21]。

67

ポーランド人が政治的独立を失ったのは、北と南の他のスラヴ人よりもずっと遅かった。そしてそれ故に、ポーランドの民族感情はより政治的であり、自らの国家の復興を目指している。そのことは、ポーランド民族の大多数が住んでいるロシアに対する二つの革命が証している[22]。

ポーランド哲学は、ドイツの、カント以後の歴史哲学、とりわけシェリングとヘーゲルの影響のもとに発展した。ロシアの歴史哲学の影響は、少なかった。こうして、ポーランド問題は、一連の重要な文学作品や歴史哲学の著作において定式化された。これらの著作の研究と、他のスラヴの歴史哲学の体系との比較は、非常に興味深いだろう。ヴロニスキ〔ユーゼフ・マリア・ヴロニスキ。一七七六～一八五三。ポーランドの哲学者・数学者〕（一七七六～一八五三）によって創設されたメシア主義は、一八三〇年の革命以後、ミツキエヴィチによって政治的により明確に定式化された。即ち、ポーランドはそのカトリシズムによって、またナポレオンの助けを借りて、人類と自らを救うというのである。この政治的で意識的に戦闘的な綱領を、ミツキエヴィチは後に社会的に修正し、クラシンスキ〔ジグムント・クラシンスキ伯爵。一八一二～五九。ポーランドの詩人〕は追放で散り散りになった同胞たちに、内的な改革を指し示した。ミツキエヴィチが自らの革命の綱領を「自由を持たぬ者の唯一の武器は裏切りである」という言葉にまとめたとすれば、クラシンスキは革命主義を宗教的に克服しようとした。ポーランドのメシア主義者たちはロシアの正教とドイツのプロテスタンティズムに対してカトリシズムを理想化し、ロシアのメシア主義者たちが理想化された正教を神秘的に捉えたのと同様に、カトリシズムを神秘的に捉えた。トヴァンスキ〔アンジェイ・トヴャンスキ。一七九九～一八七八。ポーランドの神秘主義者〕（一七九九～一八七八）が、この神秘主義を体系化した。彼は、ミツキエヴィチと他の多くの者たちに強い影響を与えた。

ポーランド人においても、十九世紀の初めに、スラヴ学の影響によって、学問的な汎スラヴ主義が生まれた。一八一六年に、ポーランド政府は（ポーランド王国において）、ワルシャワとヴィルノの二つの（ポーランドの）大学で、ポーランド語の強化のために、親戚のスラヴ諸語に関する講義を行うように指示した。

ポーランド人における汎スラヴ主義は常に、チェコ人や南スラヴ人やルテニア人におけるよりも抽象的だった。メシアニズムの思想を受け入れたのは、ポーランド人とロシア人だけだった。――この二つの最も大きなスラヴ民族のうち、一方は常に独立しており、もう一方は自らの独立についての生きた記憶を持っていた。しかし、ロシアのメシアニズムとポーランドのメシアニズムとの間には大きな相違がある。即ち、ポーランド人は非スラヴ人であるフランス人の助けを借り、実際にはその導きのもとで人類を救済しようとするが、ロシア人だけが独力でこの課題を成し遂げうるほど自分たちが強いと感じる。チェコ人（とスロヴァキア人）は、自らの小ささの感覚の中にあって、全般的で強力なスラヴ世界を構想したが、全人類と啓蒙の助けをますます期待した。オーストリア・ハンガリーの領土に限定されて、彼らは異なる諸国家に分割された他のスラヴ人よりももっと集中して居住していた。コラールは神学者だったが、神権政治的な理想を拒否した。チェコ人は民族として初めて宗教改革を遂行したが、ローマとオーストリアによって暴力的に再カトリック化され、それ故に、最も深い内面において、勝利した教会とは疎遠になった。ロシア人とポーランド人と南スラヴ人は教会を支えとし、チェコ人は啓蒙を支えとした。――ミツキエヴィチはチェコ人の人道主義的な啓蒙の理想を、感情と熱狂の名において拒否した。

ミツキエヴィチ以後の世代は、一八六三年の革命の結果と、ポーランド問題へのヨーロッパの同情の喪失から教訓を得て、教育と社会改革の道を歩みだした。ポーランド人の大部分は、オーストリアとその反ロシア的政策に依拠すべきだと考えた。――ミツキエヴィチは、自分の詩「司祭ピョトルの幻影」において、別の政策をより良いものと見なしている。

オーストリア人は彼に酢を飲ませ、

プロイセン人は彼に胆汁を飲ませ、
そして十字架の足下に立つのは
涙を流す自由の女神。
すると見よ、モスクワの兵卒が
槍を持って跳んできて
罪のない体を突き刺す――
すると血が滴る！　おまえは何をしたのか、
獄卒のうちで最も愚かで最も凶暴なおまえよ？
彼はいつか改心するだろう――ただ彼だけが
そして神は彼を許し給う！

一九〇五年の革命と憲法によって、ロシア人とポーランド人が近づくことが可能になり、人民の共通の利害を理解し合うことが可能になり、両方の側において相手の必要への理解も深まることが可能になった。

68

既に我々が見たように、ロシアの民族感情は、特別な歴史的課題から、また地理的な位置によって外的にも内的にも与えられた課題から、独自に発展してきた。スラヴ人への配慮は、僅かな役割しか果たさなかった。正教のブルガリア人およびセルビア人と何らかの教会上の交流があっただけである。確かにクリジャニッチは既にロシア人に汎スラヴ主義を説いたが、しかしシベリアで自分の政治的夢想に耽らねばならなかった。セルビア人とギリシャ人が政治的に動き始めてからようやく、それまでは弱かった、スラヴ人への政治的関心が高まる。ロシア政府とツァーリは、革命的なスラヴ人とギリシャ人に対して、正統主義的な態度で臨んだ。

ある種の汎スラヴ主義のようなものが、若干のフリーメーソンにあった。もちろん秘密結社だが、「連合スラヴ人」の組織が存在し、一八二五年からは、デカブリストの裁判で消滅した政治的秘密結社も存在した（その目的はスラヴ共和国連邦だった）。例えばＭ・Ａ・フォンヴィージンのように、若干のデカブリストも汎スラヴ主義を信奉した。もちろん、この汎スラヴ主義の綱領を構想したのはシベリアに行ってからであり、四〇年代の初めだった。

ニコライの時代に、スラヴ学の影響で文学的汎スラヴ主義が発展した。ロシアにおけるスラヴ学の始まりは、十八世紀にまで遡ることができる。ここでもまた、ドイツの歴史家シュレツァーが、ネストル（スラヴの使徒に関する章）を出版することによって、スラヴ人に対するロシア人の注目を強めた。

チェコのスラヴ学者、とりわけドブロフスキーの影響もあった。彼は、特にシシコーフと知り合いになった（一八一三年）。プラハにおけるドブロフスキーの後継者たち、とりわけコラールもまた、影響を与えた。コラールは、詩と考古学と文献学をうまく区別することができなかった。チェコとロシアの交流は、チェコを通っていったロシアの軍事遠征によって、ある程度準備された。若いロシアの歴史家と文献学者がプラハを訪れたが、しかし五〇年代にはこの文学的交流は弱まり、ドブロフスキーとシャファジーク以降、暫くの間、ロシアのスラヴ学をプラハに惹きつけるものは何もなかった。[23] ハンカはロシア人たち、とりわけウヴァーロフ伯と熱心に交流した。ハンカは、ボヘミアはコンスタンチノープルから正教のキリスト教を受け入れたという見解によってウヴァーロフの正教的教権主義に媚びようとしたが、このような汎スラヴ主義的気紛れは、西欧の影響のもとに既にオーストリアとチェコで発展していた政治運動の前に持ちこたえられなかった。コラールとハンカは、パラツキーとハヴリーチェクに取って代わられた。即ち、民主主義と自由主義が、汎スラヴ主義を圧迫したのである。

公的なロシアは、汎スラヴ主義を考えるにはあまりにも保守的で正教的だった。例えばシシコーフは、ロシア語をラテン文字で書けるという考えだけにも激昂した。——そんなことをしたロシア人は、首をはねられねばならないというのである。マグニーツキーは、キュリロスとメトディオスに関する論文のために、ケッペンを告発した。そして、三人のチェコのスラヴ学者シャファジークとチェラコフスキーとハンカをロシアに招くというケッペンの計画は、政府と科学アカデミーの慎重さと冷淡さにあって挫折した。

一八四九年にI・アクサーコフは警察に呼ばれ、彼に課せられた、特にスラヴ主義の本質に係わる質問に、書面で答えることを余儀なくされた。ニコライ帝は、その回答の欄外に興味深いコメントを加え、とりわけ汎スラヴ主義に非常に激しく反対した。即ち、すべてのスラヴ人の結合は「ロシアの滅亡」に至るだろうというのである。ツァーリは、汎スラヴ主義に革命的綱領を見た。なぜなら、すべてのスラヴ人の結合は、神が任じた統治者に対する革命によってのみ実現されうるだろうからである。既に一八四七年に、コストマーロフのキュリロス・メトディオス協会が迫害された。当時文部大臣がロシアの真の綱領について通達を出したが、その綱領は、「単に空想の中にしかないスラヴ主義」、チェコからロシアに輸入されたスラヴ主義に、はっきりと反対している。

大部分のスラヴ学者も、それと同様の、あるいはそれと同じ傾向を持っていた。その政治的代表者として、歴史家のポゴーヂン（一八〇〇～一八七五）と文学史家のシェヴィリョーフ（一八〇六～一八六四）を挙げておこう。

ポゴーヂンは若い頃、ロマン主義的な自由思想的理念にかぶれていたが、しかし、公的なウヴァーロフの民族性の綱領に完全に従って、保守的で反動的になった。ウヴァーロフはまた、「歴史的な正教」を守るために、一八三五年にポゴーヂンを歴史学の教授に任命した。

シェヴィリョーフはポゴーヂンと並んで、モスクワ大学の文学史の教授だった。彼は、勤勉だが、思考力の弱い衒学者であり、シェリングとドイツ・ロマン派の哲学をウヴァーロフの綱領と非常にうまく調和させることができた。彼はゴーゴリに、作品の中で上流階級を扱うように助言している。ポゴーヂンも、編集者として自分の寄稿者たちを、まるで大地主が自分の農民を扱うように、扱った。「西欧は腐敗している！」という、しばしば引用される定式は、シェヴィリョーフに由来する。西欧文明は彼にとって単なる毒であり、西欧は未来の屍であり、その死臭は既に漂っているという……。

これらの人々は汎スラヴ主義にかぶれていたが、彼らの汎スラヴ主義は実際には汎ロシア主義であり、通例、すべての正教のスラヴ人の結合しか考えていなかった。——カトリックのスラヴ人のことは、西欧に任せていた。ポゴーヂンもプラハに行って（一八三五年）、パラツキーやシャファジークやハンカと知り合いになったが、しかしその交流は学問の分野に限られていた。

ポゴーヂンとシェヴィリョーフもスラヴ派と自称し、彼ら流にキレーエフスキーとホミャコーフの教説を粗雑にしたが、しばしば両方の潮流に同じ名前が与えられているが故に尚更、これらの反動的な排外主義者たちを初期のスラヴ派から厳密に区別しなければならない。既に述べたように、スラヴ派という名前はもちろん、この教説の創始者である初期のスラヴ派にふさわしいものであり、後の者たちはポゴーヂンの道を歩んだ。

スラヴ派は、民族的、政治的な汎スラヴ主義者たりうるように、ロシア文化をあまりにも宗教に依拠させた。「正教がなければ、我々の民族性は些事にすぎない」——このコシェリョーフの主張は、スラヴ派の基本的見解を、粗野にではあるが正しく要約している。スラヴ主義と政治的な汎スラヴ主義とのこの相違は、例えば、悪名高いチェルニャーエフ〔ミハイール・グリゴーリエヴィチ・チェルニャーエフ。一八二八～九八。ロシアの将軍・外交官〕の友人だった、軍事評論家ファヂェーエフの政治的見解に対するサマーリンの論争（一八七五年）に良く示されている。

スラヴ人に対するスラヴ派の関係は、彼らの神権政治的出発点によって規定された。既にホミャコーフは、ヨーロッパ旅行の途中にプラハを訪れてハンカと知り合いになり、スラヴ人が好きになったが、それでも彼に最も近しかったのは正教の南スラヴ人だけだった。そして、後のスラヴ派も同じ感情を持った。イワン・アクサーコフは例えば、チェコ人のモスクワ巡礼を非常に批判的に見て、宗教的な相違を指摘した。(24) ラマーンスキーもまた、後に、チェコの諸領邦を場合によっては分割できるだろうと説いた。即ち、自由主義的なチェコ人のいるボヘミアはドイツと結合し、南モラヴィアとスロヴァキアはロシアに与えるというのである。ビスマルクが自分のプロテスタントの立場から、オーストリアのカトリックのドイツ人との結合を拒否したのと同様に、ロシアのスラヴ主義者と汎スラヴ主義者たちは、自由主義的なカトリックのスラヴ人との併合を忌避した。

にもかかわらず、若干のスラヴ主義者と汎スラヴ主義者は、チェコの宗教改革をスラヴの使徒の時代の正教の存在と影響に由来するものとすることによってチェコ人の正教性を証明しようと試みながら、チェコ人を同権なスラヴ人と宣言した。この全く明瞭な歴史上の誤謬を既にキレーエフスキーが主張し、彼の後にはギリフェルヂーング〔アレクサンドル・フョードロヴィチ・ギリフェルヂーング。一八三〇～七二。ロシアのスラヴ学者〕がより詳細に論じ（『フス。正教会とのその関係』一八七一年）、それに対する適切な反証が出されたにもかかわらず、今日までそれに固執している者たちがいる（パーリモフ『チェコ兄弟教団』一九〇四年）。

正教の南スラヴ人に対するスラヴ主義者と汎スラヴ主義者の立場は、もちろん全く異なっていた。ここにはまさに、宗教上の紐帯があり、古くからの交流があった。その上、公的なロシアはトルコの敵対者であり、スラヴ人の解放者として行動した。その際、コンスタンチノープルを征服し、聖ソフィア教会の上に八端の十字架〔ロシア正教の十字架〕を立てることが、国民的理想だった。既にエカテリーナ二世は、コンスタンチノープルを、ロシア・ギリシャ帝国の首都として見ていた……。

ポーランド人に対するスラヴ主義者と汎スラヴ主義者の立場は、常に特別だった。即ち、ここでは正教としてのロシア主義とカトリシズムとしてのポーランド主義が対立していて、非民族的な、政治的要素も重要だった。ポーランドは古くからの政治的敵対者であり、数世紀も続いた敵対関係の後で、ポーランドは半独立国としてロシア帝国に併合された。ポーランドが三国の間で分割されたために、ポーランド問題はまた主として政治問題であり、それ故に、オーストリアおよびドイツとの政治的関係に規定されている。政治的な反ロシア運動は、ポーランドにおいて、既に十八世紀末に、秘密結社と亡命者によって行われていた。ワルシャワの最初の秘密結社は、一七九六年頃に遡る。一八一五年（ウィーン会議。ロシアのポーランド併合）以後、この運動は成長する。ポーランドは憲法を持っていて、ロシアよりも自由だった。そのことによって、ポーランドの秘密結社はロシアの自由主義者にも影響を与えた。ロシアの秘密結社と、とりわけデカブリストは、ポーランドの結社と繋がりを持っていた。我々は既に、ペステリの親ポーランド的綱領を見たが、しかし、我々はまた、すべてのロシア人が、あるいはすべてのデカブリストでさえも、ポーランド問題についてペステリと同じように考えたわけではなかったことを見た。

自由主義者たちは、ポーランド人に常に共感を表明していた。文学においては、進歩的なロシアの作家たち、例えばポレヴォーイが、ミツキエヴィチに注目しただけではなく、一般に相互の接近のために著述し、特にミツキエヴィチはモスクワで大歓迎を受けた。それに対して、残念ながら、ロシア語作家だった何人かのポーランド人はまさに、二〇年代、三〇年代の公的な反動に奉仕した。例えば、ブルガーリンやセンコーフスキー（ブラムベウス男爵）がそうだった。後者は、単に自由主義と西欧哲学に反対したばかりでなく、ほかでもない自分の同郷人を口汚く罵った。

一八三〇年の革命は、ポーランド人とロシア人との間を疎遠にした。特に財産の大量没収は、憤慨を呼び起こした[25]。ロシアとポーランドとの経済的相違は、概して、ポーランド問題において大きな意味を持っていたし、現在も持っている。ポーランドは経済的により進歩しており、ロシア、とりわけモスクワの産業は、ポーランドの産業に対する防衛戦において、抑圧的手段を用いた（通信や税金の政策など[26]）。

スラヴ派と西欧派が自分たちの見解を定式化した五〇年代と六〇年代には、両方の陣営においてポーランド問題が熱心に議論された。スラヴ派（サマーリン、I・アクサーコフ）の見解については、既に述べた。西欧派の中から、チチェーリンを挙げておこう。彼は、一八五九年にポーランド人に対する関係において、アレクサンドル一世の政策を支持して、ポーランド人に祖国を返すように主張した。チチェーリンは、一八六三年以後にもこの問題に戻った（レンネンカムプフの一八九八年の著作『ユダヤ問題およびポーランド問題に関する書簡』への一九〇一年の回答において）。彼は、ロシアがポーランド問題を正しく解決したならば、スラヴ世界へのロシアの影響が増大すると期待した。

一八六三年の蜂起は、自由主義的なロシア人に快く思われなかった。なぜなら、彼らは、ロシアにとっても反革命的反動の結果を心配したからである。ゲルツェンは、ポーランド人に対する自分の友愛のために、当時ひどく悩んだ。ポーランド蜂起は、保守主義者と反動主義者に、全般的な反動のための根拠を与えた。当時カトコーフが、ロシアの民族主義の代弁者となっていた。しかし、当時カトコーフも、かつてロシアに属していた西部地域のロシア化だけを望んでおり、ポーランド王国にはロシアと共通の軍隊と財政だけを望んで、民族的・言語的には独立してもよいとした。カトコーフは、一七七二年の国境においてポーランドが復興されることを望む極端な急進派のユートピア的要求の中に、ポーランド問題の事実上の、そして唯一の困難を見た。彼は、ポーランドの司祭たちに、彼らが信念からするのなら布教を許しさえした。

学校と官庁におけるポーランド人の公的なロシア化は、蜂起の鎮圧の直後に導入されたのではなく、もっと後になってから導入された。それはもちろん、非常に早く進められ、一八七〇年にはその体制の概略が完成された。ロシア人もしっぺ返しを受けたこの体制は非常に悪いものとなったが、それは何よりもまず、まともな官僚や行政官がポーランドに任官したがらないからだった[27]。

ロシア問題を構成している諸問題の複合体のうち、ポーランド問題は最も重要なものの一つであり、そしてそれ故に、政治家たちとその政党のみならず、歴史哲学者たちの関心をも、絶えず強く引きつけてきた。ポーランド問題そのものが、困難な問題の複合体である。即ち、ロシアにおける歴史的ないし人種的ポーランドは独立になるべきか、そうだとすればいかなる形態において、どの程度にか、ということである。ここで、ロシア人、ポーランド人、小ロシア人、リトアニア人、白ロシア人、ユダヤ人の利害と努力が交差する。社会的および経済的に焦眉の問題は、次のような問題である。即ち、ロシアの産業に対するポーランドの産業の関係、および貴族の大領地、とりわけ非ポーランド地域におけるそれである。文化的には正教にカトリシズムが対立しており、特別な問題であるのは東方帰一教会信者である。ユダヤ人問題は、ロシアにとってもポーランドにとっても、非常に難しい。最後に、オーストリアとプロイセンのポーランド人に対する関係、全ポーランド問題一般が来る……。

そして、まさにポーランド問題にぶつかって、ロシアの汎スラヴ主義は挫折する。

アレクサンドル二世の時代の反動、そして更にアレクサンドル三世の時代の反動は、ウヴァーロフの公的な民族的綱領をますます熱心に実施しようと努めた。単に革命的なポーランド人ばかりでなく、ドイツ人、フィンランド人、リトアニア人、ラトヴィア人など、ロシアの非ロシア諸民族はすべてロシア化されねばならなかった。思想的に怠惰で安易な行政的中央集権主義が、支配民族の国家的に特権化された言語的貴族主義となり、言語問題が、ヨーロッパに隣接する文化の進んだ国境地域において、ますます焦眉の問題となっていった。

ロシアの汎スラヴ主義は、ヨーロッパにおいて、ドイツ・オーストリアとポーランドとハンガリーのジャーナリズムによって、しばしば過大評価された。ロシアには（ヨーロッパとアジアには）少なくとも四十八の民族が住んでいることを考慮しよう。それらの諸民族のうちかなりの部分がインド・ヨーロッパ系ではなくて、フィン系、トルコ系、モンゴル系その他であり、幾つかの民族は非常に人口が多い（フィンランド人、タタール人、キルギス人、とりわけユダヤ人など）。ロシア人以外のスラヴ民族のうちでロシアにいるのは、事実上ポーランド人だけである（ブルガリア人移民の名残は取るに足りない）。そして、ポーランド人との関係は全く特殊なものであり、それ故にロシア自体の中には汎スラヴ主義のための土壌は存在しない。小ロシア人は、現在に至るまで特別の民族とは認められていない。南スラヴ人とは（一部だけだ！）比較的古くから教会上の交流があるが、ロシア人は南スラヴ人と国境が接していない。一般にスラヴ人（ポーランド人、小ロシア人）との国境は、ドイツ人、スウェーデン人、ルーマニア人との国境、更にアジアでは中国人、日本人、トルコ人、ペルシャ人との国境と交流が持っている政治的な意味を持っていない。それ故に、ニコライ二世の時代に汎アジア主義が公的な綱領として宣言されたが、この綱領は汎スラヴ主義の綱領よりもはるかに状況に合ったものである。

汎スラヴ主義の綱領は続いているが、しかし、いわゆるネオ・スラヴ主義[28]の不評が示しているように、それを真面目に受け取っているのはロシア人のごく少数である。最近数年にネオ・スラヴ主義という名前で汎スラヴ主義的スラヴ主義が蒸し返されたが、しかしながら、それはじきに再び冷めた。

ヨーロッパにとって、あるいはドイツとオーストリア・ハンガリーにとって、危険なのは汎スラヴ主義ではなく、ヨーロッパ・ロシアとアジア・ロシアに住んでいて一定の状況下では巨大な軍事力および経済力となりうる一億七千万人の人間である。五十年間でロシアの人口は倍以上に増えた（一八五九年には七千四百万人だった）。——力関係は一九五〇年にはどうなり、二十世紀末にはどうなるだろうか？

推計によれば、人口は二〇〇〇年頃には次のように増大する。——オーストリア五千四百万人、ハンガリー三千万人、ドイツ一億六千五百万人、イタリア五千八百万人、フランス六千四百万人、イギリス一億四千五百万人、ヨーロッパ・ロシア四億、アジア・ロシアを含めて五億、アメリカ合衆国十一億九千五百万人。

その後もまだ三国同盟は存在するだろうか？　きっとその人口は、三国協商との関係で、現在よりも遙かに不利になるだろう。民族の生活においては物質的な力が決定的であると信じる者は、それらの数字に安堵したり恐れたりするがよい。我々はもちろん、同様に日本、中国、インドその他が成長し、アジアの意識が深まるということも忘れてはならない。

にもかかわらず、数量は考慮する必要がある。一七八九年にフランスは最大の人口を持っていて、そして、それによってフランスの当時の力が部分的に説明された。数を挙げれば、フランス二千六百万、トルコ二千三百万、オーストリア千九百万、イギリス千七百万、プロイセン六百万、ポーランド九百万、ロシア二千万、アジア・ロシアに五百万だった。

ロシアの人口は、事実、非常に増大している。ピョートルが死んだ時、ロシアの人口はかろうじて千五百万人で、十九世紀初めには既に三千八百万人になり、一九〇〇年には一億三千五百万人、今年（一九一三年）では一億七千万人である。

人口の自然の増大によって、国家と民族の相対的な大きさが変化する。かつて大きかったフランスは小さくなる恐れがあり、他の諸国が成長し大きくなってきている。歴史哲学に依拠する統計学者は小民族と大民族の問題について、またその政治的、民族的運命について、考えねばならない。(29)

69

スラヴ派のメシアニズムは、民族的排外主義や民族的汎スラヴ主義と同一ではない。

我々がそれを十分に理解して、その発生を文献的に解明したいと思うなら、我々は、スラヴ派がモスクワのサークルにおいて西欧派との論争の中で自分たちの見解を形成した時代、即ちアレクサンドル一世の統治の後期とニコライ一世の時代に遡ろう。それはヨーロッパにおいてもロシアにおいても、革命の後の、あるいは革命に反対する、復古と反動の時代、即ち、革命以前の社会秩序、可能ならば中世的な社会秩序への意識的な回帰の時代だった。この潮流の最も簡潔で最も急進的な表現を、我々はロマン主義的カトリック化に見出し、政府のみならず、詩人や哲学者や政治家も、とりわけドイツとイギリスのプロテスタントが、かなりの数においてカトリックに移ったという事実に見出す。カトリシズムを賛美したのはド・メーストルやその他のフランスの保守的な哲学者だけではなく、シュトールベルク、シュレーゲル、ノヴァーリス（ノヴァーリスはカトリックに移らなかったが、それを受け入れた）、ゲンツ、ハラー、ミュラー、画家のオーヴルベックその他のプロテスタントや改宗者もカトリシズムを賛美した。イギリスの改宗者の数は、とりわけ多い。正教会を標的にした精力的な教会合同運動が、当時既にローマから進められていた。

ルソーは、文明が没落に至ることを証明しようとした。このルソー主義、原初的で本源的で野蛮でもある力を求める願望は、既にルソーの時代に非常に強く広まっており、革命の後にもっと強まった。フランス革命の恐怖の中に、人々はこの見解の証拠を見た。革命はしばしば、哲学とその影響の責任にされた。シャトーブリアンのインドの自然人や、各国の文学におけるその多くの後継者のことを考えてみよう。教壇的な知識を拒絶するファウスト、バイロンの社会に対する革命、更にはミュッセの世紀病の分析を考えてみよう……。

歴史家と歴史哲学者たちは、ルソーが正しいことを確認した。彼らにとって、発展というものは指導的な諸民族と諸国家の連続として現れる。一つの民族が他の民族に替わり、民族が次々と指導的地位から退いて没落する。古代は、新鮮で腐敗していない未開人によって征服され取って代わられた、没落し滅びた民族と文化の例を示している。中世後期に関しては、コンスタンチノープルの没落が指摘される。そのようにヘルダーが考え、彼の後に多くの、特にロマン主義者が考えた。

巨大な労働者大衆の組織へとじきに移行する社会主義は、従来の文化全体の没落について同じ観念を持っている。即ち、労働者が社会と哲学の指導を引き取るはずなのである。最古の時代の研究への愛好が全般的なものとなり（非常に様々な分野の考古学）、中世が復権される。

灰色の過去へのこの逃避と結びつくのは、社会と哲学のために新しい基礎を創り出すことが必要だという観念と確信である。大きな、根本的な変化が必要だというのが、一般的な確信である。この点において、全く新しい時代の始まりと進歩についての相反する確信が、現在から過去へ逃避するこの反動的歴史主義の努力と結びついてさえいる。

ヒュームとカントに導かれた哲学は、新しい哲学と新しい世界観が必要であることを証明する。――改革を進歩の方向に実施しようとする者たちと回帰の方向に実施しようとする者たちがいるとはいえ、変化と根本的改革が必要であるという確信が一般的なものとなる。

新しい歴史哲学は、革命後の時代の必要について知ろうとし、未来の発展に影響を与えようとする。

ロシアでは、インテリゲンチャがこれらのヨーロッパのあらゆる関心と志向に生き生きと参加する。即ち、スラヴ派は——しかし、西欧派もまた！——回帰を求める者たちに加わる。彼らは、ルソーや、ヘルダーや、多くのとりわけ社会主義的な歴史哲学者たちから、文明、ヨーロッパ、西欧が没落しつつあることを知る。ロシアは文明を持っておらず、このことからキレーエフスキーは、ロシアにとってそれは有利であり、ロシア人は、元気旺盛に文化の仕事を継承しうる、あの待望された新鮮な民族であると結論する。既にシチェルバートフとボールチンは、ロシア人がフランス人よりも道徳的に優れていることを証明しようとした。ピョートルがロシア人に移植した多少の文明は、害にならないだろう。ヨーロッパを大いに賛嘆したチャアダーエフも、最後にはこの見解に与した。

プーシキンによるヨーロッパ的ロシア人の分析は、ルソーとバイロンが正しいことを裏付ける。素朴な田舎娘とコサックの娘が社会の支柱となり、古き良き時代とその性格が復活されねばならない。ゴーゴリもまた自らの同時代人の無価値さを証明し、回帰の説教師にさえなる。そして、より新しい作家たち、とりわけトゥルゲーネフは、農民と農村を賛美する……。

歴史哲学者と歴史家たちは、新鮮な民族が指導を引き受けねばならないことを示している。——我々がその民族だ、とロシア人は自らに言った。——ヘーゲルとその他の者たちは、ゲルマン人が没落しつつあるとは信じず、逆にまさに彼らが救いをもたらすのだと期待したが、ラテン人とりわけフランス人のことは、ヘーゲルも考慮に入れていない。そして、偉大なドイツの歴史哲学者ヘルダーは、ロシア人に最も輝かしい未来を予言しなかっただろうか？　そして、文明化されたヨーロッパの託宣者であるヴォルテールは、同じことを言わなかっただろうか？

もちろん、ロシア人が野蛮人だという理由からだけで歴史の馬車を引くはずだとは、信じ難い。ロシア人が実際にそれほど若く新鮮な民族なのかという疑いも起こりうるだろう。——というのも、聖ウラヂーミルの時代から既に非常に長い時間が経っており、未開のゲルマン人と没落するローマ人との類推はそれほどうまく利用できないではないか。しかし、ここでもヘーゲルの考えが利用できる。即ち、もしも宗教改革がゲルマン人に文化的指導を引き受ける能力を与えたというのならば、我々ロシア人はその能力を遙かに多く持つだろう。なぜなら、我々はより純粋なキリスト教を持っているからだ。哲学者や詩人や芸術家や政治家たちがプロテスタンティズムを捨てているではないか。彼らはもちろんカトリシズムに向かっていて、アレクサンドル一世は教皇の助力を考えさえし、チャアダーエフはカトリシズムを賞賛しているが、しかしプーシキンとゴーゴリは正教の古いロシアを擁護したし、その他の点ではウヴァーロフが助けになるだろう。

そして、ロシアはナポレオンと没落しつつあるフランス人に勝利し、したがって自らの力の証拠を提出したのではなかったか？　ロシアは全ヨーロッパにおいて尊敬と驚嘆の的となっているのではないか？　そして、まさにナポレオンがヨーロッパに、五十年後にはヨーロッパはコサックのものになる、と予言したのではないか？　しかり、ロシアの農民は、ルソーが期待したあのメシアである。ヨーロッパの文学史家たちは十八世紀にゲルマンの民衆詩と民衆芸術を発見したが、しかし同時に、古代ロシアの民謡が集められ、ヨーロッパをも驚嘆させた新しい詩が発見された（『イーゴリ遠征物語』）。

フランスとドイツの社会主義者たちは、人民大衆が社会改革を遂行しなければならないことを示しているが、しかし、ドイツ人のハクストハウゼンは、ロシア人がミールに既にこの必要な社会改革の既成の基礎を持っていることをはっきりと証明しているし、マルクスもそれを認めた。

それ故に、我々ロシア人に解決すべきものとして残っているのは、そもそもただ一つの実際的問題だけである。――我々は、腐敗しつつあるヨーロッパをどうすればよいのか？我々はヨーロッパを粉砕すべきか、それとも救済すべきか？我々はそれを救済しよう――なぜなら、我々は最も純粋なキリスト教徒であり、それ故に自らの敵をも愛するからである。それはそうと、多少のヨーロッパは害にはならない。それどころか、我々はその外的な文化と文明を我がものにしたいとさえ思う。というのも、とりわけ没落しつつあるヨーロッパの人道主義的哲学は、非常に良さそうに思えるではないか……。

キレーエフスキーのみならず、より民族主義的なホミャコーフもまた、人道主義の理想を説く。ホミャコーフは、民族性は個人的な個性に対立するだけで、普遍的な人間性には対立しない、と言う。ロシア人は生来、特に普遍的な人間性を認める能力を持つのみならず、まさにロシア人として自分を人間と感じ、他の諸民族の特性を理解する特別な能力を持つ。ホミャコーフは、ドイツ人がシェイクスピアを見出したことを認める。しかし、ドイツ人がそうできるようになったのは、まず初めに他民族から学んだことによってである。ロシア人もまた、ピョートルの指導のもとに、他民族から学び、異国のものを十分に受け入れさえした。そしてそれ故に、自分自身に戻るやいなや、ドイツ人以上に、他者と同時に自分自身を理解することができるだろう。まさにスラヴ主義は、ロシア人ができるだけ早くそうするように教えているのである。そして、異国のものすべてに対するスラヴ派の闘いを不満に思う者がいると、ホミャコーフはクロプシュトック、フィヒテ、シェリングがいかに異国のものに反対したかに注意を促す（レッシングのことは挙げていない）。それ故に、ロシア人は確かに、人類の指導者・救済者になる能力を持ち、ヨーロッパの諸民族は喜んでロシア人に従うだろうし、ロシア人の苦境は理解されるだろう。ドストエフスキーがスラヴ派のメシアニズムを解釈しているところによれば、ロシアの全人類性は、バビロン的な多民族性ではない。それ故に、ただロシア民族だけが哀れな人類の代表者であり、指導者であり、救済者であり、そしてもちろん、その主人でもある。なぜなら、ロシアが第六の大陸であり、まさに計算されたように、五億の、後には十億の人々を支配するようになることを、ヨーロッパは忘れてはならないからである……。

C

70

我々は今や、スラヴ主義の本質と発展について総括的な判断を下すために、十分に準備が整った。その際、我々はこれまでの説明を補足する事柄を更に挙げることができるだろう。

スラヴ主義は一つの学派であり、学派以上のものである。それは、自らの教義の多くの非常に重要な部分において互いに一致しない思想家たちが保っている一つの思潮である。

最も強力なスラヴ派の思想家は、キレーエフスキーである。彼は最も哲学的な頭脳の持ち主であり、かなり断片的なものであるにせよ、彼の宗教哲学および歴史哲学を、スラヴ派の本当の教義と見なさねばならない。

キレーエフスキーの意味において、スラヴ主義は宗教哲学と歴史哲学の体系であり、それはすべて、神権政治が危険な革命を克服し代替するべきだという、革命後の復古的気分から起こったものである。この点でキレーエフスキーはチャアダーエフと一致し、スラヴ派は西欧派と一致し、両者はこの点でヨーロッパの思想世界と密接に関連している。キレーエフスキーはこの面で、言ってみれば、チャアダーエフに劣らず西欧派である。

I・アクサーコフは、この思潮の中心的理念を民族性に見た。そして、V・ソロヴィヨーフが、「民族的要素」はスラヴ派の思想の最も重要な対象であり、他のすべてのものは、宗教も含めて副次的な意味を持つと言った時に、この判断を繰り返した。この判断は、民族性の最も主要な内容である真のロシア性は、スラヴ派によれば、正しい正教の中にのみある、という限りにおいてのみ正しい。

このことはまた重要であり、I・アクサーコフはそもそもこのことを言いたかったのである。即ち、スラヴ派はロシア文化を説明するだけではなく、それを正当化し擁護しなければならず、スラヴ主義者はロシア主義者であり、愛国主義者である。そして我々は、この愛国主義は、チャアダーエフのような人々や急進的な西欧派一般の否定に対して、根拠のあるものだと付言することができる。この意味で、ゲルツェンもスラヴ主義の中に、もっぱら外国の影響に対する「侮辱された民族感情」の反動を認めることができた。スラヴ主義はもちろん、ここでは、ゲルツェンが考えたほど本能的なものではなかった。しかしながら、既に述べたように、それはスラヴ主義の哲学的創始者だけ、結局のところキレーエフスキーだけに当てはまる。その他の者たちは、キレーエフスキーが理想として提出したものを歴史的現実と宣言した。哲学的、宗教的メシアニズムは政治的帝国主義となり、民族主義的排外主義となる。それには、特にポーランド蜂起以後はびこりだした「モスクヴォベースィエ」、即ち「モスクワ狂」という名称が当てはまる。

初期のスラヴ派は、ロシアの欠点を知っていて、それを認めていた。全ロシアに手稿で広められた詩——検閲がそれを禁止した——において、ホミャコーフは、「神に選ばれし」ロシアに、次のように呼びかけた。

だが記憶せよ——神の道具たることは
地上の被造物には困難である
神はその僕を厳しく裁く
そして悲しいかな、どれだけの恐ろしい罪が
汝の上にのしかかったことか。
汝の黒い運命は黒い虚偽であり、
汝は奴隷の軛で侮辱されている
汝は不信心な偽りと、有害な嘘と
死んだような恥ずべき怠惰と
あらゆる卑劣に満ちている！

そしてキレーエフスキーは、ピョートルに由来する現在のロシアのみならず、ピョートル以前のロシアをも批判している。ホミャコーフは、もっと強く批判している。サマーリンは、高利貸し的体制と形式主義という、二つの大きな欠陥と病気を見出している。

すべてのスラヴ主義者がピョートルの改革を完全に否定したわけではない。キレーエフスキーはピョートルの仕事を穏健に評価したが、他の者たちはより厳しく評価した。K・アクサーコフの理論は、ピョートルの仕事の急進的な否定を意味し、彼の弟イワンはアレクサンドル二世の暗殺をピョートルの改革の仕事の結果であり、罪滅ぼしのようなものだとした。ホミャコーフがモスクワを、西欧思想の実験室としてより文学的に賞賛したとすれば、I・アクサーコフはピョートルの町に対して既に全く民族主義的な感情を抱いた。ストラーホフ宛の彼の手紙（一八六三年）が知られているが、その中で彼は、ペテルブルグでは国民的な雑誌は出版されえない、なぜなら自由な民族的感情の最初の条件はペテルブルグを心底から、あらゆる思想によって憎むことであると宣言している。ペテルブルグと西欧全体が、I・アクサーコフにとっては悪魔である。しかしながらまた、スラヴ派の中には、ピョートルの改革を賞賛する者や、ラマーンスキーのようにピョートルの改革にモスクワの発展の有機的な継続を見る者もいた。我々が既にイワン・アクサーコフのナショナリズムを強く非難しなければならないとすれば、後のスラヴ派のナショナリズムを決定的に断罪しなければならない。歴史哲学の代わりに皮相的な時事政治がますますはっきりと現れ、宗教哲学は公的な教権主義に屈し、宗教性を求める努力は最高宗務

院のロシア化する教会政策に代わる。スラヴ派は、あらゆる文化の基礎を宗教と教会に見て、原理的にはナショナリズムの基盤の上に立ってはいない。ダニレーフスキーの理論はここで既に原理的に逸脱し、初期のスラヴ派よりも遙かに大きな意味と独立性を民族性に与えている。キレーエフスキーとホミャコーフは、教会を普遍的に捉えている。しかし、彼ら、とりわけホミャコーフが、正教の普遍的教会をロシアの民族的、国家的教会と同等視しているのを、我々は見る。儀式がロシア人にとって持つ意味に関して、ある人――シシコーフ――は、教会スラヴ語を直接に神秘主義的に賞賛し、他の者――何よりもまずK・アクサーコフ――はロシア語の神秘主義的な崇拝に陥った。ロシア語は、最も美しく最も独立した言語などとして賞賛されている。理論的および哲学的に、かくして、宗教哲学の上に打ち立てられたキレーエフスキーの広い綱領は、ウヴァーロフの狭い綱領となる。特に一八六三年以後、ポーランド反乱以後、ウヴァーロフは決定的にキレーエフスキーに勝利する。

宗教のための闘いにおいて、スラヴ主義の創始者たちは、新しい哲学に否定的に対したが、しかしここでも、西欧思想の絶対的な否定について語ることはできない。カトリシズムとプロテスタンティズムという西欧の宗教も、それを基礎して成長した哲学も、ただ留保条件を付けてのみ否定されているのである。カトリシズムとプロテスタンティズムはただ一面性としてのみ非難されており、ドイツ哲学の中には受け入れられさえする体系（特にシェリングの）が見出されている。もちろん、理想化された形態における正教があらゆる思想と行為の尺度となり、正教において東方とロシアの神秘主義があらゆる合理主義の上に持ち上げられ、合理主義自体が否定される。キレーエフスキーと、彼にもましてホミャコーフとサマーリンは、理性を信頼しない。サマーリンは、合理主義の中に絶対主義の類似物を見ている。すべてのものが支配され統制され、伝統と個人的感激が抑圧され、理性の専制から全般的な倦怠が生まれる。しかしそれでも時々、この論理が正しいかどうかという疑いが生まれる。このようにして、サマーリンは一度ホミャコーフに、グラノーフスキーはもはやスラヴ派と同調しないが、ザゴースキンは同調する、と書いている。――彼は、このことの中に、決して理性ではなくて本能だけがスラヴ主義と合致しうるという証明を見ている……。

それ故に、また、受動的なキリスト教的徳性と受苦さえもが賞賛される。――宥和的で忍耐強くて敬虔さに満ちた謙虚さ（ロシア語の「スミレーニエ」という言葉は、そもそも一語で翻訳することは不可能である）が、正教を信仰するロシア人の主要なキリスト教的徳性として現れる。

完全に西欧の復古の精神において、またそれを模範として、反革命的絶対主義のために、確固たる基礎が、啓示と伝統についての教義の中に求められる。哲学的合理主義に対して、教会的非合理主義が意識的に対置される。それ故にスラヴ派は、とりわけ、西欧派が重視したヘーゲルの哲学と闘い、シェリング、バーダー、フランスの復古の哲学者たちに依拠する。ホミャコーフは歴史的相対主義と闘い、その立場から、理性的なものはすべて現実的であり現実的なものはすべて理性的であるというヘーゲルの主張を攻撃する。スラヴ派の歴史主義は、現実から過去へと逃避するロマン主義に完全に陥る。

スラヴ派は、実践的に神権政治を求めて努力する。自然的なものと人工的なものが完全に神のものに従属するように、国家は教会に従属する。

元来のスラヴ主義はまた、完全に非政治的である。このことはスラヴ派自身がはっきりと宣言しており（例えばホミャコーフ）、西欧派（例えばカヴェーリン）もまた、このことをスラヴ派の原則として強調している。

神権政治的な出発点は、スラヴ派をして、国家を蔑視するか、あるいは少なくとも国家を重んじないようにさせた。しかし彼らは、自らの非政治的綱領を、ロシア民族の生来の特性によって根拠づけようと努めた。即ち、ロシア民族は生来の性格からして非政治的であり、全く支配をしたがらず、むしろ国家権力を外国の、ヨーロッパの政府に委ねるというのである。コンスタンチン・アクサーコフは、この種の国家法的体系の全体を構想し、考案した。

それ故に、スラヴ派の敵対者たちが彼らの法的見解の中にしばしば無政府主義的な要素を見たとしても、行き過ぎにはならない。

当時のロシアの絶対主義は、多くの人々をこのような非政治的方向へ導びき、運命づけた。スラヴ派の神権政治的理想は、神権政治的現実からの逃避を意味する。非政治的であることは、しばしば非常に強く政治的であることを、もちろん保守的であることを意味する。そしてこのことは、大方においてスラヴ派によく当てはまる。実際にスラヴ派は名望ある貴族として、また富裕な大領主として、政治的に非常に保守的だった。彼らはツァーリズムを独裁政治の所与の形態として受け入れ、それを理想化することで満足していた。それ故にまた、望ましい改革を下からではなく、上から期待した。自分自身のために、自分の身分のために、彼らはしばしば急進的な改革を望み、とりわけ出版の自由と、もちろんまさに彼らが決定的な意味を持つような議会を望んだ。古いゼームスキー・ソボール〔国民会議〕風のこの議会を、もちろん彼らは、立法議会として想定したのではなかった。――K・アクサーコフとサマーリンは、キレーエフスキーの教義と完全に一致して、立憲主義に反対した。この点でスラヴ派は、当時のカトリシズムの自由主義者トックヴィルやモンタランベールよりも徹底していて保守的だった。少なくともサマーリンは彼らの政策を認めず、立憲主義の判断においてまさにニコライ一世の方に同意した。ニコライ一世は、周知のように、共和制と絶対君主制を「理解」したが、立憲君主制は「理解」できなかった。立憲君主制という統治形態は、ニコライにとっては恥ずべきものだった。スラヴ派は、政治的に絶対主義的家父長制の見解より先には至らなかった。そして、この農業的家父長制と世襲制の立場から、スラヴ派は、ほとんどすべての貴族同様に、官僚制の敵対者だった。

教会とその伝統を最高の権威として認め、普遍性を強調して、彼らはあらゆる分野において個人主義を徹底的に激しく拒否している。個人主義と共にヨーロッパ的自由主義が没落し、自由主義と共にヨーロッパ的立憲主義が没落する。スラヴ派は改革の必要性を認めたが、しかしただ「内的な」改革にしか賛成しなかった。それ故に、彼らは政治的革命の断固たる反対者だった。即ち、多くのヨーロッパの君主制主義者や正統主義者にとってと同様に、彼らにとって、ロシアは革命の原理的敵対者として現れた。敵対者というだけではなく、直接にあらゆる革命の所与の積極的な対極物として現れた。スラヴ派の最も卓越した詩人であるチュッチェフは、一八四八年に自分の詩「ロシアと革命」の中で、ロシアを事実上唯一の真のキリスト教国として、革命と反キリストに対置した。I・アクサーコフは、ニヒリズムの革命のみならず、自由主義と立憲主義の革命をも拒否した。

革命に対する敵意と非政治的綱領にもかかわらず、政府はスラヴ派を好まなかったし、ニコライ帝も彼らを好まなかった。キレーエフスキーの雑誌は発禁にされ、ホミャコーフは（一八五四年に）「ロシアへ」という詩のために、自分の著作を出版することを禁じられ、ロシア教会に関する彼の著作と研究は更に最近にも発禁にされた。アクサーコフ兄弟は、検閲や役所と面倒を起こした。一般に初期のスラヴ派は、公的には政治的に西欧派と同等視された。ようやくアレクサンドル二世の時代になってから、スラヴ派ももっと自由に活動できるようになった。K・アクサーコフはツァーリから（一八五五年）、出版の自由とゼームスキー・ソボールの召集を要求した。

ヨーロッパをシュティルナーに至らしめたという有害な個人主義と主観主義に対して、ホミャコーフは教会の普遍性に訴えただけではなかった。彼は、極めて特徴的なことに、自らの宗教・哲学的論拠を農業的論拠によっても支持している。即ち、農業を個人主義に対する防衛として賞賛し、農業の中に「真の保守主義」と民主主義の保護者を見出し、ロシアの農民と大領主の国家をゲルマンの軍人と征服者の国家に対置しているのである。ロシアの大領主も貴族だが、西欧の貴族とは全く別の性格の貴族だという。——ロシアの貴族制は、キリスト教的愛において農民と結ばれている民主主義的貴族制である。サマーリンは更に進み、ヨーロッパを指し示して、ヨーロッパでは保守主義はその基礎を貴族制に見出したが、ロシアでは保守主義の故郷は「農民の黒い部屋」にあると言っている。

神権政治の立場からして、スラヴ派は、様々な社会的力を十分に客観的に理解することができなかった。彼らはあまりにも抽象的な民族の概念を用い、それ故に、ロシアの経済的・社会的状態をより正確に認識することができなかった。

農民と農奴解放については、スラヴ派はもちろん十分な関心を持っていた。この問題はまたあまりにも切迫し、その理解が非常に広範だったので、スラヴ派のメシア主義者たちの注意をひきつけないわけにはいかなかった。大部分のスラヴ派は、農奴解放に賛成だった。しかし、本当の自由という意味で解放に賛成した者は、僅かだった。キレーエフスキーはこのテーマを公には論じなかったが、しかし書簡の中で主張を述べた。ホミャコーフは、何度かこの問題について書いた。サマーリンはクリミア戦争後、農奴制の廃止に賛成した手記において、次のような診断を下した。即ち、我々は西欧同盟の外的な力に屈したのではなく、自らの内的な無力に屈したのである。アレクサンドル二世の時代にこの問題について公に論じることができるようになるとすぐ、スラヴ派の機関誌『ロシアの対談』（一八五六〜六〇）は、コシェリョーフが編集した付録（一八五八〜五九。『農村の整備』）を出版した。

スラヴ派とその宗教的静寂主義、古代ロシアの社会制度における政治的・社会的秩序と友愛の観念は、まさにこの教義の哲学的創始者たちが農奴解放の社会的意味を理解する妨げになった。キレーエフスキーだけでなく、ホミャコーフとイワン・アクサーコフも、イギリスの国民経済を否定した。アクサーコフは真のロシアの慈善行為を保存しようとし、それ故にまた貧者をも保存しようとした。西欧における貧者への配慮は、彼によればあまりにも経済的なものであって倫理的なものではなく、実践家と国民経済学者はユダだった。[30]

農奴解放に反対して運動していた反動的貴族政党は、（その雑誌『通信』において）スラヴ派をロシアのサン・シモン主義者として非難した。これは非常な誇張だった。なぜなら、スラヴ派は社会主義を非ロシアなものとして激しく攻撃していたからである。ホミャコーフと彼の友人たちは、社会主義に対してロシアのミール（農村共同体）とアルテリ（協同組合）を対置した。しかしながら、スラヴ派はミールとアルテリを倫理的・宗教的に捉え、経済的・社会的には捉えなかった。彼らはミールの中に、大衆のプロレタリア化に対抗する手段を見て、それ故に、フランスの社会主義に対抗して、ロシアの阻害されない発展への自らの農業的希望をミールに託した。ロシアのミールはスラヴ派にとって、ロシア民族全体をツァーリの家父長的な指導のもとに一つの大きな家族へと社会的に組織する基礎であり、キリスト教的愛によって創造された基礎だった。それ故に、我々は、スラヴ派をキリスト教的社会主義者とさえ呼ぶことはできない。

そのミールの理想化において、スラヴ派は、当時ロシアの農業状態を実地調査していたハクストハウゼンから助力を得た。[31]

スラヴ派は、全体としてまだルソー的な農本主義を信奉していた。キレーエフスキーは都市と都市文化を否定して、古代ロシアの正教的宗教文化を農村文化として西欧的な都市文化に対置した。キレーエフスキーはまた、国家の支援を受けた工業の発展を見ることを非常に嫌い、彼の後継者たちはこの見解を忠実に守った。にもかかわらず、まさに当時既にスラヴ派のモスクワは、非常に工業化された。ドイツ人のスラヴ派ハクストハウゼンは、貴族の町が既に工場の町になったことを正しく認識し、まさに貴族がこの工業化を支援したことをも正しく指摘した。(32)

既にピーセムスキーその他は、スラヴ派が民衆――農民――を実際には知らなかったし、「感傷性の宗教的・言語的表明」以上には出なかったと批判したが、この批判はある程度正しい。

スラヴ派はもちろん、社会が階級に組織されていることを既に見て取っていたし、階級闘争についてもフランスの歴史家と社会主義者たちから既に多くを知りえていた。しかし、ロシアにおいても階級とその矛盾を見て取ることができなかった。彼らは、ロシアのためには「国」という分節化されていない概念で満足していた。ここで我々はもちろん、学問的欠陥――社会学的研究の初期段階の特徴である、単純化の傾向――をも考慮に入れねばならない。

歴史哲学に依拠する全般的な潮流としてのスラヴ派は、文学とも近い関係にあった。キレーエフスキーは文学史家として活動し、彼の弟はもっともなことに有名な民謡収集家になった。一般にスラヴ派は、民衆詩の研究の深化に非常に貢献した。スラヴ派は、芸術家および詩人としては決して生き生きとした作品を創造しなかった、なぜなら現実に対する彼らの関係が十分に自由なものではなかったからだ、とトゥルゲーネフは判断している。これは正しい。

ナポレオン戦争の時代に詩においても表現された愛国主義的傾向と、とりわけ、セルゲイ・アクサーコフに見られるように、彼らがロシアの過去に熱烈に沈潜していったという事実、これらすべてはスラヴ派的潮流を強めた(セルゲイの息子たちはまさにスラヴ派的潮流の創始者に属している)。しかし、これをもってスラヴ主義と呼ぶことはできない。

父の方のアクサーコフは、子供の頃に読書と共に吸収したノヴィコーフの理想と、シシコーフの理想とを、自分の中で調和的に結合しようと努めた。検閲官としての彼は、『ヨーロッパ人』にキレーエフスキーの論文「十九世紀」を載せたために自分の職を棒に振った。ゴーゴリへの友情もまた彼を盲目にはさせず、彼はゴーゴリの宗教的神秘主義の誤りを盲目的に受け入れることはしなかった。アクサーコフの息子たちは、ゴーゴリとの関係においてそれほど自由ではなかった。コンスタンチンはゴーゴリをホメロスになぞらえて、彼をヨーロッパのあらゆる作家よりも高く評価した。――ゴーゴリの美学的擁護者であるベリンスキーは、彼に反対しなければならなかった。イワンは一八八〇年になって、プーシキンの記念祭において、プーシキンを真にロシア的な最初の詩人と宣言した。――この時まで、スラヴ派はゴーゴリをそのような存在と見なしていた。

しかしながら、ゴーゴリはスラヴ派ではないし、オストローフスキーも違う。モスクワのスラヴ派に対するこの二人の関係は、教義上のものというよりも個人的なものだった。しかし、チュッチェフとヤズィーコフはスラヴ派と呼びうる。ホミャコーフとコンスタンチンおよびイワン・アクサーコフは、自分たちの見解を哲学的な戯曲と詩において、表明するというよりはむしろ宣伝した。アポロン・マーイコフはあまりにも強い古典的、ギリシャ・ローマ的要素を持っていて、それ故にスラヴ派の詩人には分類されえない。確かに、スラヴ派的、ビザンチン・ロシア的思考は、彼の分裂において（「二つの世界」という詩）、彼をイワン雷帝の賛美という邪道に導いた。女流作家コハノーフスカヤ（一八二五～一八八四）もまた、スラヴ派（K・アクサーコフ）と密接な文学的交流があり、自分の小説においてスラヴ派の理念を適用した。

ドストエフスキーは、最後にキレーエフスキーおよびその他のスラヴ派の理念を経験した。そして我々は、歴史哲学に依拠した見方と宗教的メシアニズムをスラヴ派の原理と見なすならば、ドストエフスキーをスラヴ派と呼ぶことができる。ただしドストエフスキーは、スラヴ派とは別の道を通って独自に宗教と教会に至った。逆説的に言えば、ドストエフスキーは、スラヴ派でありうるにはあまりにもスラヴ主義的だった。ドストエフスキーには、既にホミャコーフとI・アクサーコフがキレーエフスキーの宗教哲学と結びつけた、あの全スラヴ的感情のかけらもなかった。

原初的なスラヴ主義は、既に以前にボールチン、シチェルバートフ、シシコーフに表れていたロシア的ないし古代ロシア的潮流の変形だった。スラヴ派は哲学的に更に進んで、ロシアとヨーロッパという問題をより深く捉え、その際ドイツ哲学の助けを借りた。ドイツ哲学だけではなく、革命と反革命の血腥い経験によって新しい体制か古い体制かの決断を迫られたヨーロッパ思想全体の助けを借りた。ロシアは非常にヨーロッパ的であり、特にピョートル以降非常にヨーロッパ的体制に順応させられたので、ヨーロッパの影響は十八世紀末以降、非常に強くなった。ロシア自身が、その内面から、ヨーロッパと同じ問題の前に立たされたので、なおさらその影響は強くなった。

スラヴ主義は、文学的には、芸術ととりわけ詩、哲学、神学、歴史、法学、政治に現れたヨーロッパのロマン主義的な復古と類似の現象である。スラヴ主義はロシアの状況から成長したものとはいえ、それでもかなりの程度ヨーロッパ的なものであり、対立する潮流である西欧主義に劣らずヨーロッパの影響を受けている。西欧派を攻撃するための武器をスラヴ派に与えたのは、西欧哲学である。ヘーゲル、フォイエルバッハ、シュティルナー、フーリエ、サン・シモンその他のみならず、シェリング、バーダー、ド・メーストル、ド・ボナルド、ゲーレスその他もヨーロッパ人だった。

スラヴ主義は、復興された神権政治をめざす哲学的試みである。哲学的にスラヴ主義は、最初の自覚的な宗教哲学と歴史哲学である。

スラヴ主義の学問的弱点は、体系全体の基礎づけと認識論的批判の不足にある。シェリングのプロテウス的哲学によって哲学的目的を達成することはできなかったし、シェリングとバーダーによっては、ヘーゲルやヘーゲル左派や唯物論とうまく闘うことはできず、ましてや論駁することはできなかった。もちろんヨハンネス・ダマスケヌスなどは、もっと助けにならない。

スラヴ主義の歴史的および国民経済的基礎と方向づけもまた、不十分である。もちろん、当時のロシアの歴史研究が不十分だったことを弁明として挙げることができる。まさにこの不十分さのために、過去が、したがってまた現在もが、誤った光の中に現れたのである。このようにして我々は、スラヴ派の歴史哲学を表現している彼らの構成物の恣意性を理解しなければならない。

スラヴ派の哲学の不十分さは、ヴァリャーグが平和のうちにロシアに招聘されたと言われる状況から彼らが引き出している演繹からよく分かる。即ち、注意すべきことに歴史的に完全には確証されていないこの一つの事実だけから、古代ロシア国家の性格のみならず古代ロシア人一般の性格が説明されているのである(33)。

当時の歴史研究の不十分さは部分的にまた、スラヴ派の政治的誤り、ツァーリの絶対主義への彼らの愛好を説明する。即ち、カラムジーンはモスクワのツァーリズムを後光で囲んだが、カラムジーンは初期のスラヴ派にとってロシア史の教師だったのである。

スラヴ派の構成物は、神学的教義と神学的教会史に結びつけられていた。スラヴ派の歴史哲学をカトリックの歴史家ヤンセン〔ヨハネス・ヤンセン。一八二九～九一。ドイツのカトリックの神学者・歴史家〕の歴史哲学と比較することは、興味深いだろう。即ち、ほぼ同様の神学的教義からそこここで驚くほど似たような方法によって、キリスト教社会の発展が導き出されているのである。また、初期のスラヴ派とラガルデ〔パウル・アントン・デ・ラガルデ。一八二七～九一。ドイツの東洋学者・哲学者〕の宗教的ナショナリズムとが比較されうる。最近ではテニエス〔フェルディナント・テニエス。一八五五～一九三六。ドイツの社会学者〕が、倫理的な共同体の理想の立場から社会の発展を批判してそれを機械的なものとして否定することによって、「スラヴ派的な」見解に至っている。

このような歴史哲学の構成物は、スラヴ派の体系にスコラ学的な性格を与えている。――主要な命題は、どんなことがあっても証明されねばならないのである。このスコラ学は既にホミャコーフにおいて不快なものとなるが、後の者たちにおいては忌まわしいものとなる。なぜなら彼らは、後から認識された真実におかまいなくスコラ学を形式的に押し進めているからである。ゴーリキーがスラヴ派に(「ナロードニキとドストエフスキー」)、才能と東洋的な無思慮およびタタール的な狡猾さとの結合を見ているのは、全くの誤りではない。

原理的に判断するなら、この宗教哲学とその認識論的基礎は全く批判に耐えるものではない。

このような体系の弱点のために、スラヴ主義は後に、単に保守的であるのみならず直接に反動的な色彩の民族主義的な政治体系へと変化しえたのである。スラヴ派の歴史哲学は政治的スラヴ主義に取って代わられ、スラヴ派の宗教哲学は宗務院の教会政治に取って代わられた。確かに不十分ではあるがそれでも卓越したキレーエフスキーとホミャコーフの哲学的試みは、政治談義をする大学のスラヴ学の政治的パンフレットと無方法的な論文によって駆逐された。そのようなスラヴ学は、現在まで細々と余命を保っている。

若干のスラヴ派の学者たちが比較的重要な歴史的およびスラヴ学的著作を書いたが、キレーエフスキーの哲学的後継者はいなかった(34)。

スラヴ派の教義の影響は、大きくて持続的だった。哲学的世界観全体とロシア文化およびロシア史の評価のみならず、熱狂も影響を与えた。その際我々は、スラヴ主義の創始者たちが同世代の人々に与えた個人的影響も認めねばならない。キレーエフスキー、コンスタンチン・アクサーコフ、ホミャコーフは、非常に尊敬に値する人々であり、立派な性格の持ち主だった。全体的な教義やその個々の部分は、今日に至るまで、様々に形を変えて保たれている。今でもスラヴ主義は、その教義が引き起こす反発によっても影響を与えている。

ミリュコーフは、スラヴ派の発展の中に変容ではなくてむしろ崩壊を見ている。しかも、創始者たちにおいては一つの全体に結合されていた教義の哲学的要素と民族主義的要素が分離して独自に更に作られていった、ということの中に見ている。この独立した一面的な発展を、ミリュコーフは超民族主義者レオーンチエフに見出し――既にダニレーフスキーとグリゴーリエフにもまた――、更に哲学者ソロヴィヨーフに見出している。

問題はこのように定式化されうるが、しかし重要なのは、スラヴ主義が発生した状況が相変わらず存続しているので、ロシアとヨーロッパを哲学的に観察し評価しようとするスラヴ派の潮流とスラヴ派の試みは今日まで作用し続けている、ということである。

四〇年代と続く二十年間に、西欧派もスラヴ派の影響のもとにあった。チャアダーエフが後になってからいかにスラヴ派に近づいたかを我々は見たが、ベリンスキーとゲルツェン、バクーニンと初期のロシアの社会主義者たち――チェルヌィシェフスキー――は、ロシアとその社会的使命への信頼を、スラヴ派から、またスラヴ派と共に得た。スラヴ派も、より急進的な西欧派も、ミールとアルテリをロシア的およびスラヴ的制度として賞賛した。バクーニンは、スラヴ派の国家批判から、自分の無政府主義のために少なからぬ示唆を得ることができた。ナロードニキ主義はたとえ間接的にでも（ゲルツェンを通して）スラヴ派に起因するものと見なすことができるし、ロシアのマルクス主義は初め、ナロードニキ主義の影響下にあった。

しかしながら、スラヴ派に対する西欧派の関係において、問題は単に、非常に重要な部分だとはいえ教義の幾つかの部分における一致だけにあるのではない。恐らくもっと重要なのは、両方の潮流が基本的な哲学的相違に関する論争において見出した相互的な刺激である。我々はベリンスキーにおいて、しかしとりわけゲルツェンとI・トゥルゲーネフにおいて、いかにスラヴ派が西欧派を反対陣営へと駆り立てたかを見る。

チェルヌィシェフスキーはキレーエフスキーに哲学者ではなく夢想者しか見ず、ピーサレフは彼にドン・キホーテを見たが、このことは形而上学的唯物論の立場からは理解しうるが、しかし一面的な判断である。同様にプレハーノフは自らのマルクス主義の立場から、スラヴ派の理論への共感はすべて、たとえ非意図的で無自覚的なものだとはいえ進歩の問題への裏切りを意味すると宣言し、初期のスラヴ派をポゴーヂンと同列に見なそうとしたが、これは正しくない。キレーエフスキーとホミャコーフは、ポゴーヂンとは全く違ったふうに自らの見解を根拠づけ、思考している。

また、レオーンチエフがスラヴ派から出ているからといって、彼の考えを完全に彼の師たちの責任に帰してはならない。

ドストエフスキーは、スラヴ派、とりわけキレーエフスキーから、非常に多くを受け入れた。ドストエフスキーは、土壌主義者（グリゴーリエフ）を通して、スラヴ主義を新たに基礎づけた。

哲学的にソロヴィヨーフは、宗教・哲学的スラヴ主義の継承者と見なされうる。彼は後にスラヴ主義の反対者になったとはいえ、スラヴ主義を更に発展させた。

最近の宗教哲学者たちにも、我々はドストエフスキーとソロヴィヨーフの影響と並んで、ホミャコーフとキレーエフスキーの影響をも見出す。この二人の教義の創始者は再び引用され（ゲルシェンゾーン、ベルヂャーエフその他）、スラヴ派があまりにも右傾化したとはいえ宗教の意味を正しく認識し評価したことがスラヴ派の功績とされている。

最後に、公認の教会神学はキレーエフスキーにもホミャコーフにも満足しなかったとはいえ――それはもちろん、ホミャコーフが公式の神学（例えばマカーリーの書）を非常に否定的に評価したためばかりではない――、スラヴ派の教義を早くから真剣に受け止めた若干の神学者たちも挙げなければならない。最近では神学の中に、スラヴ派の影響が（ドストエフスキーの影響と並んで）かなり強い、より進歩的な潮流（アントーニー・ヴォルィンスキーとその弟子セールギー・フィンリャントスキー）を見ることができる。

第11章　西欧主義。V・G・ベリンスキー

A

71

「西欧主義」、「西欧派」という無邪気な地理的名称は、一定の綱領を、即ちロシアのヨーロッパ化、ピョートルの改革の継続を示す。

ヨーロッパ化――ヨーロッパにはもちろん、非常に多様な文化的要素と潮流があり、フランス人とドイツ人、ドイツ人とイギリス人等々の間に著しい相違があることは議論の余地がない。しかしロシア人は、これらの相違を、ロシアとヨーロッパの文明諸国との間の相違ほどには感じなかった。ロシア人の文化への渇望にとって、西欧は「聖なる奇跡の国」（ホミャコーフ）だったし、それに変わりがなかった。

スラヴ主義と同様に西欧主義は、全く自然にニコライ一世の時代に生じた。この時代はあらゆるやり方でヨーロッパの影響を小さくし弱めようとしていたので、思考する人々はロシアとヨーロッパとの間の相違をしかるべく意識した。

当時ロシアに最も強い影響を与えていたのは、既に我々が知っているように、ドイツであり、フランスも依然そうだった。イギリスの影響は比較的弱く、イタリアとその他の諸国の影響はごく僅かだった。

広義での西欧主義は、ヨーロッパの影響がロシアに次第に強く働き始める時代に遡る。この広義では、マルクス主義までの後のあらゆる進歩的潮流もまた、西欧主義的である。しかし、この概念は狭義で捉えられる。この表現によって我々は、スラヴ派との文学的闘争において定式化された理論と傾向を理解する。

西欧主義とスラヴ主義の間の矛盾は初めから決定的なものではなかったし、すべての問題において同じように大きいものではなかった。西欧とロシアの間には大きな文化的相違があるという点で、スラヴ派と西欧派は一致していた。また、ロシア人は西欧から学ぶべきだという点でも、両陣営は実質的に一致していた。二つの潮流を分けていたのは、チャアダーエフが定式化したように、ピョートルは本当に自分の前に「白紙」だけを持っていたのか、ロシアは、ヨーロッパの文化的要素と並んで、自らの要素も持っていないかどうか、しかもヨーロッパの文化的要素と並んで育成・保持されるべき価値ある要素を持っていないか、という問いに対する答えだった。西欧派とスラヴ派は、ロシアの発展の意味と価値と方向に関する歴史哲学の大きな問題に答える時に、見解を異にする。この主要な問題と、そこに含まれる個々の問題に対して、西欧派のすべてが同じ答えを出しているわけではない。多くの問題において西欧派はスラヴ派と見解を同じくし、多

くの場合同じ目的を追求した。両陣営の代表者たちが初めは同じサークルに属して同じヨーロッパの源泉から養分を取っていたのも、理由のないことではない。もちろん、友好が長く続かなかったことは確かである。共通のサークルがじきに、しばしば個人的に非常に敵対的な、二つの陣営に分かれた。シェヴィリョーフは既に一八四一年に、愛国心が足りないといってベリンスキーを非難している。ホミャコーフの義兄弟である詩人ヤズィーコフの、人に異端者の烙印を押す詩は、憤慨を呼び起こした。ヤズィーコフはチャアダーエフを背教者と呼び、グラノーフスキーを若者を害する者と呼び、ゲルツェンを西欧の仕着せを着た下僕と呼んだ。グラノーフスキーは一八四五年に、アクサーコフおよびサマーリンと永久に袂を分かった。しかし、アクサーコフには、ヤズィーコフの「イエス・キリストの名におけるスラヴの憲兵たち」が気に入らなかった。一年後にゲルツェンは、グラノーフスキーと袂を分かった。

私は既に一度述べたが、ヨーロッパにはヘーゲルとプルードンだけではなく、ド・メーストルとスタールもいた。ロシア人はヨーロッパの模範に従って進歩的にも反動的にもなることができ、革命的にも保守的にもなることができた。革命の後ヨーロッパでも強い反動が支配したし、ヨーロッパも進歩的で民主主義的なヨーロッパと保守的で貴族主義的なヨーロッパに分裂したし、現在も分裂している。それ故に我々は、スラヴ派と西欧派の両方を、潮流としても、また両方の潮流の個々の代表者としても、この主要な相違に従って判断しなければならない。――そして、彼らの体系の個々の教義を区別しなければならない。それ故に、個々の思想家を西欧派と見なすかスラヴ派と見なすかを決定することは、しばしば容易ではない。確かに、キレーエフスキーについて、彼が実際には常に西欧派だったと言えるかもしれない。一方チャアダーエフは西欧派だったが、非常に保守的だった。

個々の西欧主義者の間には明らかな相違があるが、同様に個々のスラヴ主義者の間にも相違がある。

ここでも様々な移行形態と一致を確認する必要があるとはいえ、西欧派とスラヴ派の間の最も重要な相違を為しているのは、宗教・教会問題と形而上学的問題における立場である。しかしながら、宗教・教会的および形而上学的問題は、西欧主義にとっても、精神と潮流を区別する最終的で最も深い根拠だった。

十八世紀と十九世紀初めの西欧主義は啓蒙主義的なものであり、自らの中にドイツ啓蒙哲学の合理主義から多くのものを持っていたし、非常に多くの者たちが多かれ少なかれヴォルテール的に思考した。彼らは懐疑主義的で、農民的迷信を超越しているように見えたが、事実上は非常に無関心だった。ちなみに、公式の宗教は全くヴォルテール流に政治的に必要なものと見なされた。しかしながら、宗教問題をヴォルテールのようにではなくてルソーのように見た潮流もあった。ここにはラヂーシチェフが属するが、彼はシベリア流刑中に有神論（多分ロベスピエールの用語における「最高存在」）を擁護し、とりわけ不死の教義を擁護した。大部分のフリーメーソンも、この潮流に属した。

フランス革命後の時代とナポレオン戦争は、ロシアにも復古をもたらした。ドイツ観念論哲学――カント、フィヒテ、シェリング、ヘーゲル――が、ヴォルテール的自由主義をほとんど追い払った。このことを我々はちょうど、西欧派チャアダーエフにおいて、また同様に初期のスラヴ派において見た。しかし、既にチャアダーエフとキレーエフスキーの前に、オドーエフスキーやガーリッチのような自由主義的西欧派はとりわけ懐疑主義に反対して、「人生のための確固たる信念」を要求した。「信念なしに生きることはできない」と、シェリング主義者ガーリッチは宣言した。人間は幸福であるためには、すべてを包含しそれを疑いの苦悩から守るような、明るくて広い公理を持たねばならない、とオドーエフスキーは書いた。オドーエフスキーはこのような自分の努力と一致して、自分の時代の基本的性格を「懐疑主義を逃れ、何であろうとも信じる」志向に見出し、自ら自分の信仰を学問に結びつけた。

それ故に、あらゆる方面から熱狂が求められ、熱狂を呼び起こそうという努力が現れる。これはまた、当時非常に大きな影響力を持っていたスタンケーヴィチのサークルにおいて支配的な精神だった。スタンケーヴィチ自身、冷淡な人間を卑劣漢と宣言し、音楽（シューベルト）と文学に熱狂した。彼の最も近しい友人たちも、同様に考え感じた。西欧派とスラヴ派が初め個人的なつきあいの中で生まれ、後になってからようやく著作によって見解が定式化された、ということは注目に値する。チャアダーエフ、スタンケーヴィチ、グラノーフスキーのような人たちは、多くの著作を書いた。まさに、単に理念と見解のみならず、人生の新しい理想と新しい人生の方向が問題だった。このような人生の理想は両方の側で信じられ、熱狂をもって信じられた。西欧派はヨーロッパの理想を信じ、スラヴ派はロシアを信じた。

この信念の内容には、もちろん、西欧派とスラヴ派との大きな相違がある。そしてそれは、西欧派が教会正教を拒否したのに対してスラヴ派がそれを、たとえ理想化された形においてであれ受け入れた、ということにある。

哲学的に西欧派とスラヴ派との相違は、ヘーゲルとシェリングとの相違となる。即ち、西欧派はヘーゲルと共に、スラヴ派によって却けられた合理主義を信奉し、絶対へのシェリングの信仰をヘーゲルの相対主義によって置き換えもした。ヨーロッパの復古と反動の哲学がド・ボナルドと共に理性を悪魔的なものと宣言しているとすれば、西欧派は、たとえしばしば合理主義の一面性を認めているとはいえ、理性を疑わない者たちに属する。

ヘーゲルとシェリングの分離はようやく時と共に定着していったのであり、初期の西欧派は、スラヴ派と同様にシェリング主義者だった。

しかしながら、宗教的および形而上学的問題は、西欧派の陣営においても、右派と左派への分裂の原因となる。そして、この分裂は、まさにドイツのヘーゲル主義におけると同様に生じた。

この問題において、我々はゲルツェンの報告を辿ることができる。ゲルツェンは少年時代からヴォルテール主義者であり、自由思想家だった。大学（モスクワ）で、彼は自然科学者および医学生として、唯物論者および無神論者となった。この形而上学的および宗教的帰結に、再びそして深くヘーゲルを研究することによっても至った、と彼は述べている。ヘーゲルは「革命の代数学」であると、彼の頭に閃いた。彼の友人たちがヘーゲルのスコラ学に酔い、それに満足していたのに対して、ゲルツェンはヘーゲルの助けによって、あらゆる世襲的な宗教的・政治的見解から自由になった。しかし、その際、本質的に役立ったのは、フォイエルバッハの人間主義だった。このようにして、スラヴ派のみならず多くの自由主義的西欧派が宗教的「ロマン主義」に傾いたのに対して、ゲルツェンにとっては実証主義的な意味での科学が絶対的な女王となった。ゲルツェンは自由主義的な象徴表現や隠喩表現という補助手段を軽蔑し、全く明瞭に全く隠れなく唯物論と無神論を採ることを決心した。ゲルツェンの確信によれば、科学は無神論を不可避的に要求し、導きだしているのだった。このことは、ゲルツェンが一八四六年に友人たち、とりわけグラノーフスキーと決定的に袂を分かった理由だった。グラノーフスキーは、宗教問題が開かれた問題であると主張し、自らは個人の不死の信仰を要求した。ボートキンも、同じ形而上学的意見だった。チチェーリンもまた、宗教的に同じ意見だった。

ゲルツェンには、フォイエルバッハのほかにもフランスの社会主義も確かに影響を与えている。ヘーゲル、フォイエルバッハ、プルードンは、ゲルツェンの精神的指導者になった。ヘーゲルの『精神現象学』とプルードンの『経済的矛盾の体系』を体験しない人間は完全な現代人（「現在の人間」）ではない、とゲルツェンは述べている。フォイエルバッハは、神秘主義と神話学から人を解放する。ゲルツェンは、カール・フォークトに従って、自らの「学問における成熟」を測った。唯物論的、実証主義的、科学的冷静さが「青年ロシア」を因習的な宗教的神秘主義から解放すべきであり、科学的冷静さが神秘主義の熱を除去し代替するべきである。

ベリンスキーとオガリョーフはゲルツェンと共に歩み（オガリョーフはゲルツェンにフォイエルバッハを紹介し、ゲルツェンと同じ結果に到達した）、バクーニンとロシアの青年たちも、グラノーフスキーへの愛と敬意にもかかわらず、ゲルツェンと共に歩んだ。ゲルツェンのこの哲学は急進的な世代を育て、今日に至るまで彼らの大部分を育てている。

「青年ロシア」は、このようにして二つの陣営に分かれた。即ち、スラヴ派（私がここで念頭に置いているのは学派の創始者だけであることに注意せよ）と自由主義者と社会主義者ないし急進派である。このような命名はもちろん、十分に厳密なものではないし、とりわけ宗教的・形而上学的立場——まさにそれが隔壁になっていたとはいえ——を十分に示すものではない。ゲルツェンは自らの方向を唯物論と実証主義と呼んだが、無神論という名称も用いることができよう。

　総括すると、次のように言えよう。即ち、スラヴ派と西欧派との対立は大きいが、しかし、具体的に、歴史的現象においては、多様な移行形態が存在し、両方の代表者は互いに影響を与え合い、修正し合い、補足し合っている。過去と現在が絶対的に対立し合っていないのと同様に、ロシアとヨーロッパとの対立は絶対的なものではない。

　ロシアとその過去の擁護者としてのスラヴ派は、長所を持っていた。あるいはむしろ、まとまった全般的見解という魅力を持っていた。しかしながら、それは、研究の成果というよりも構築の成果として現れたものである。ヨーロッパと近代と現代の擁護者としての西欧派の力は、議論のある個々の理論を科学的に仕上げたという点にある。スラヴ派は主として歴史哲学者であり、西欧派はむしろ歴史家であり、法律家であり、一般に専門家である。西欧派は、科学的なロシアと進歩的な哲学を代表している。スラヴ派は、哲学的により保守的である。スラヴ派はロシアを信じ（「知にてロシアは解しえず、ロシアはひたぶるに信ずるのみ」——チュッチェフ）、西欧派はヨーロッパを信じたが、しかしながら、自らの祖国をもヨーロッパをも批判し、両者を学問的にできるだけ解明しようとした。

政治的にスラヴ派は保守主義者・反動家であり、西欧派は自由主義者および社会主義者として確かに、進歩的で民主主義的な「青年ロシア」を代表している。

　ロシアにおけるヘーゲル左派は、ドイツのヘーゲル左派と同様に、絶対主義に対する急進的な反対派になった。ゲルツェンと彼の急進的な同志たちの実証主義的唯物論は、ニコライとウヴァーロフの神権政治的綱領と公的な正教を、最大の敵としていた。ロシアにおいて（ちなみにヨーロッパにおいてもそうだが）、国家は教会と非常に密接に結びついており、教会とその教義に対する形而上学的敵対は、同時に国家に対する政治的敵対となった。この敵対は次第に発展するもので、常に同じように強くはない。既に古い自由主義者たちが政治的に憲法を要求したために亡命を余儀なくされたとすれば（N・トゥルゲーネフ）、なおさらのことゲルツェン的自由主義はヨーロッパで陣営を築かねばならなかった。

　政治的傾向によって、西欧主義はスラヴ主義と鋭く異なる。スラヴ派は非政治的で、ただ「内的な」、道徳的および宗教的改革だけを望むのに対して、西欧派はまさに「外的な」政治的改革を要求する。——西欧主義は急進的、反体制派的になり、直接に革命的になる。

72a

国家と政治をいかに判断し評価するかによって、西欧派はスラヴ派と異なる。西欧派は国家を道徳的にではなくてまさに政治的に捉え、スラヴ派よりも国家に大きな価値を認める。このことはもちろん、(より保守的な) 自由主義者たちにのみ当てはまることであり、急進主義者たち――ゲルツェン――は、国家と政治をむしろスラヴ派と同じように評価する。また、国家、とりわけロシア国家の起源に関する西欧派の理論は、スラヴ派の理論とは異なる。

スラヴ派が、ロシア国家が家族と村落共同体から生じたとするのに対して、西欧派は、古代ロシア国家が他のあらゆるヨーロッパ国家と同様に家父長的な種族組織から発展したとする。家父長制は、西欧派にとって、またスラヴ派にとっても、絶対主義を説明し、また根拠づけるはずのものだった。しかしながら、K・アクサーコフは家父長制の理論を断固として却け、ロシアは最も非家父長的な国家だったという見解を表明した。――K・アクサーコフはこのようにしてロシア国家の道徳的性格を擁護したが、家父長制をそれ自体で道徳的なものとして捉えなかった点で、彼は全く正しい。種族理論も事実に即して不十分だということは、我々がキエフ国家の姿を描いた時に既に述べた。

西欧派、とりわけ歴史家と法学者たちは、国家制度と法制度はヨーロッパと同じ様な仕方で、同じ、ないし非常に類似した状況において発展したことを示そうと努めた。このようにして彼らは、例えばロシアの中世に封建主義を見出している。ロシア法の独立性と特殊性はあまり強調されず、ローマ法の影響が見出されている。スラヴ派がロシアの法と西欧の法との違いを強調するとき、それは民衆の慣習法と帝国法ないし帝国の法学者の法との相違に還元される。西欧派もスラヴ派も、ヨーロッパにおけるラテン学者とゲルマン学者との対立を自らのために利用できた。政治的にも西欧派は、スラヴ派とは異なる要求に至った。スラヴ派は、モスクワの国民会議(ゼームスキー・ソボール)が復興されることを要求したが、西欧派は憲法に賛成した。しかし、幾つかの要求では一致した。例えば、両者とも出版の自由に賛成し、分離派教徒を擁護した(異なる理由と動機からだとはいえ)。

西欧派は、ピョートル大帝を、国家とその文化的課題の生き生きとした偉大な代表者と見なした。

西欧派は宗教を認めていたとはいえ、教会には反対していたので、スラヴ派とは違った風に国家を評価した。スラヴ派が教会を歴史的・社会的な指導的力と認めたのと同じように、西欧派は国家をそのようなものと認めた。このような立場から、西欧派は教会に対する国家の関係を全く違った風に捉え、実践的には法的に捉えた。チチェーリンは例えば、国家と教会との親密な結合に反対し、宗教のために、自由な国家における自由な教会に関するカヴール〔カーミーロー・ベンソー・ディ・カヴール伯爵。一八一〇～六一。イタリアの政治家〕の定式を受け入れた。

ここで、ロシアの官僚制に言及する必要がある。スラヴ派は官僚制に対して貴族的な偏見を持っていたが、確かにロシアの官僚制は理想的なものではない。しかしながら、官僚の中には常に、非常に理性的で、法的な教養があり、自由主義的な役人がいた。ピョートルの時代以来、行政がヨーロッパの模範によって動かされ、国家機構と軍隊の維持のためにアカデミックな教育が必要だったとすれば、ある程度官僚制は西欧的なものだった。スラヴ派のみならず、ポベドノースツェフもまた、官僚制の反対者だった。官僚はもちろん、宮廷や決定的な権力者に由来する反動政策を遂行した。グラドーフスキーは、西欧派は国家機構を崇拝したと非難したが、これはただ保守的な西欧派、何よりもまず法学者たちに当てはまるものである。

ミールの評価と説明において、両派は相違した。全体として西欧派は、チチェーリンの指導のもとで、ミールは比較的遅い時代の、主として行政的な、直接に財政的な制度であるという見解に傾いた。しかしながら、若干の西欧派、しかもまさに急進的な西欧派は、スラヴ派の理論を受け入れたが、ミールとアルテリを社会主義的に説明した。即ち、ミールはロシアをプロレタリア化から守るものであり、社会主義者たちが望む共産主義である、とした(1)。

農奴解放の問題においては、西欧派の方が政治的だったが故に精力的だった。スタンケーヴィチは確かに、まず初めに農奴制が廃止されて、しかる後に憲法が制定されるべきだと考えたが、大部分の西欧派は（N・トゥルゲーネフの模範に従って）両方の改革の同時遂行を支持した。

西欧派は、経済問題に熱心な関心を注ぐことによって、スラヴ派と異なる。

民族性の本質と意味の問題において、西欧派は政治的にも哲学的にも、スラヴ派よりも十八世紀的意味においてコスモポリタンであり人道主義者である。スラヴ派はより民族的で、民族性を国家の上に置く。カラムジーンはまだ、「あらゆる民族性は人間性の前では消える。主要なことは、我々が人間であることであり、スラヴ人であることではない」と述べていたのに対して、スラヴ派は、人間はロシア人やフランス人その他としてのみ人間であると宣言している。サマーリンが、民族性は個々の学問においても現れると確信しているのに対して、チチェーリンは彼に反対している。すべての西欧派が民族主義を拒否しているわけではない。自由主義者が穏健な民族主義を受け入れているのに対して、急進派は通例反民族主義的である。

このような相違にもかかわらず、民族性の問題における一致にも注意する必要がある。即ち、両派は民族性をより高い原理に従属させた。スラヴ派は宗教と教会に、自由主義者は国家に、民族性を従属させた。このことから、個々の点において、特別な、驚くべき一致が生じている。保守的な西欧派は、民族性と国家を強調し評価して、「公的な」民族性の官僚的な受容に近づいている。後期のスラヴ派が宗教と教会の名においてロシア化を要求するまでに至ったとすれば、多くの西欧派が同様の要求を国家の名においてした（既にペステリがそうだった!)。それに対して、民族性の強調は、民族性が国家の中央集権主義に対立させられてそれよりも優先されさえした場合に、自由主義的で民主主義的な見解に至った。

西欧派は、スラヴ派的なものであれ、政治的なものであれ、汎スラヴ主義に反対した(2)。

しかし、汎スラヴ主義も、一切拒否されたわけではないし、また同じ程度に拒否されたわけではない。我々は既に、フリーメーソンとデカブリストの汎スラヴ主義を指摘した。確かに、西欧派がスラヴ人に対する政治的関心を持っていないと言うことはできない。西欧派的な、しかしながらより現実主義的な、汎スラヴ主義について語ることさえできるかもしれない。例えば西欧主義者のプィーピンは、東スラヴ人および南スラヴ人と彼らの文化の認識と評価にとって、汎スラヴ主義的ないしスラヴ主義的ユートピア主義者よりも遙かに多くの貢献をした。とりわけチチェーリンは、ヨーロッパの大国としてのロシア——もちろん自由なロシア——にとってのスラヴ人の意義を政治的に考慮していた。

民族問題およびスラヴ問題における相違は、とりわけまたポーランド人に対する立場にも現れている。即ち、西欧派は自由を求めるポーランド人の努力に共感し、彼らの革命にさえも共感している。既にデカブリストはポーランドの秘密結社と直接の交流を持ち、後の急進的な西欧派はこの交流を復活させた(ゲルツェン、バクーニン)。保守的な西欧派は、ポーランド人に反対している。

西欧派はロシアを批判し憎んだ、即ちその誤りと欠陥を批判し憎んだ。しかし、ヨーロッパを知って、ロシアをあらゆる誤りと欠陥と共に愛した。このような憎しみのこもった愛が、西欧派にとって特徴的なものである。そして、ヨーロッパがロシアと同じ欠陥を、それどころかロシアよりも大きな欠陥を持っているという見解に至った西欧主義者は、一人ではなかった。完全に西欧主義的に考え感じたオドーエフスキーは既に、ヨーロッパは没落すると述べていたし、もっと後の者たちの中ではほかならぬゲルツェンがヨーロッパを憎んだ。同じことが、現在ゴーリキーに見られる。

西欧派とスラヴ派との相違は、西欧派がロシアとヨーロッパとの相違をそれほど絶対的に捉えなかったのでヨーロッパにロシアと同じ欠陥を見ているということにある。それ故に、ゲルツェンとバクーニンが至ったメシアニズムも、スラヴ派のメシアニズムほど受動的なものではない。西欧派はロシアとヨーロッパ両方の救いを、世界を変革させる革命に見ている。他の者たちは、ロシアが特別な課題を持っていることを認めるが、ヨーロッパ諸民族の没落は信じない。この点で西欧派は、それぞれの民族に特別な使命を認めた、スラヴ派が信奉した哲学者シェリングとむしろ一致している。西欧派が信奉した哲学者ヘーゲルは、ゲルマン人とラテン人に特別な使命を認めたが、スラヴ人については全く考察していない。

72 b

ここに若干の名前を挙げたが、我々は読者のために、若干のデータによってそれに色どりを添えることにしよう。その際我々は、西欧主義を性格づけるような更に若干の他の名前を結びつけよう。その際問題なのは、特にスラヴ派との対立である。

通例、初期の西欧派の一人としてチャアダーエフが挙げられる。そうできることは、我々が提出した性格づけによっても示されているが、しかし同時に我々は、チャアダーエフはそのロマン主義的なカトリック化論によって、本質的に西欧主義的でない復古と反動を説いていることを見る。それは、次のことを意味する。即ち、チャアダーエフの受動性が彼を、進歩的な西欧派よりも遙かにスラヴ派に近づけているということである。チャアダーエフは、否定的な西欧派である。

シェリング主義者パーヴロフ〔ミハイール・グリゴーリエヴィチ・パーヴロフ。一七九三〜一八四〇。ロシアの自然科学者・国民経済学者〕の弟子であるスタンケーヴィチは、モスクワにおいて、友人や同志たちに大きな影響を与えた。パーヴロフは国民経済学と物理学を講じるはずだったが、実際にはシェリングの自然哲学を講じた。彼の弟子であるスタンケーヴィチは、自分の周りに考えを同じくする者たちを集めてサークルを作り、そこでシェリングやヘーゲルやドイツ文学（ホフマン、シラー、ゲーテ）について、更にはシェイクスピアについて、熱心に議論した。ベリンスキー、I・キレーエフスキー、K・アクサーコフ、バクーニン、ボートキン、カトコーフ、グラノーフスキー、ケーチェル（シェイクスピアの翻訳者）その他が、このサークルに属していた。トゥルゲーネフは、スタンケーヴィチが哲学を学びに留学したベルリンでスタンケーヴィチの影響を受けた。

スタンケーヴィチは初めシェリング主義者であり、後にヘーゲル哲学に移った。スタンケーヴィチはまさに、当時のドイツ文学において朝霧の造形物のように読者の前を舞っていた、あの美しい魂の持ち主の一人だった。——才能があり勤勉だったが、自分が望んだ行為を何らかの形で実行しうるには、肉体的にも精神的にもあまりにもひ弱だった。民衆詩人コリツォーフを見出したことは、スタンケーヴィチの功績に数えられている[3]。

グラノーフスキーの運命も、同様だった。彼は、スタンケーヴィチが彼と彼の友人たちに与えた影響を賞賛し、その影響は限りなく大きくて有益だったと言っている。歴史学の教授としてグラノーフスキーは、その世界史講義によって強い影響を与えたが、それでもその影響は単に心構えと促しを与えるようなものだった。彼もまた、ニコライ一世の時代にあって人々の性格に決定的な影響を与えるには、あまりにもひ弱だった[4]。

それに対して、批評家ベリンスキーの影響は並々ならず大きくて、ロシアの読者層全体に指針を与えた。ベリンスキーと並んで、ロシアにヨーロッパの思想世界を知らせた一連の文芸批評家と歴史家がいた。例えば、ナデージュヂン（一八〇四～一八五六）、アンネンコフ（一八一二～一八八七）、ドルジーニン（一八二四～一八六四）、更にボートキン（一八一〇～一八六九）、V・マーイコフ（一八二三～一八四七）などである。より若い世代の中では、博識な文学史家プィーピンを挙げる必要がある。彼は、大きな著作と多くの論文において、スラヴ主義に反対した。[5]

評論家とジャーナリストの中では、少なくともポレヴォーイ（一七九六～一八四六）を挙げる必要があるだろう。彼については、既に何度か言及したはずである。カラムジーンの批判者でありロシア史の著者であるポレヴォーイは、ロシアが歴史において特別な課題を果たすべきだということを認めるが、ヨーロッパ諸民族は没落せず、彼らの役割はようやく始まったところだとする。ポレヴォーイと彼の文学批評に対して、ベリンスキーが非常に強く反対した。

政治的にも社会的にも穏健な自由主義的潮流の代表者と見なしうるのは、既に何度も挙げたチチェーリンである。[6]また、ここで想起する必要のあるのは、外国で立憲主義的自由主義を説いたデカブリストのN・トゥルゲーネフである。

ここでは、法律家のカヴェーリン（一八四八～一九〇八）も挙げておこう。彼はスラヴ派とも西欧派とも個人的に知り合いで、唯心論と唯物論とを媒介する立場を求めて努力した。スラヴ派と論争したが、ゲルツェンとも論争した。[7]

より若い世代に属するのは、グラドーフスキー（一八四一～一八八九）である。彼は功績のある歴史家、ロシア国家法の体系家であり、政治的にも活動した。スラヴ派と見解を同じくして民族的有機体を評価し、ロシアの発展の中に全人類的なものがかなり実現されていると見た。

歴史家の中では、S・M・ソロヴィヨーフ（一八二〇～一八七九）を挙げておこう。彼は古代ルーシのために種族理論を強調し、ロシアの発展をヨーロッパの発展に近づけようとした（絶えず比較したことによってのみならず）。カラムジーンがロシア国家、とりわけ絶対主義の歴史を書いたとすれば、ソロヴィヨーフの『ロシア史』はロシア民族の歴史だった。ロシアはイワン四世以来ヨーロッパとの有機的な結合に向かい、十七、十八世紀にそれに到達した、という。

政治的には、亡命者のゲルツェンとバクーニンを、急進的な政治的潮流の創始者として挙げる必要がある。ゲルツェンと並んで、彼の友人であり、計画では豊かだが行動では貧しい亡命者で詩人のオガリョーフがしばしば挙げられる。彼らと並んで、国内ではチェルヌィシェフスキーとドブロリューボフが同じ方向で活動した。

最後にやはり重要なものを挙げるが、成長しつつある、当時の若い文学的世代は、自由主義的で西欧主義的だった。——その先頭に立っていたのは、I・トゥルゲーネフである。

B

73

ヴィッサリオーン・グリゴローヴィチ・ベリンスキーは、その疲れを知らぬ多面的な文学的仕事（仕事！——スタンケーヴィチ、ボートキン、グラノーフスキーは、チャアダーエフやキレーエフスキーと同様に、文学的に仕事をしたというよりもむしろ即興で書いた）によって、進歩的で西欧主義的なインテリゲンチャの指導者となった(8)。

ベリンスキーの著作は、既にだいぶ以前に十二巻の大冊として刊行されて、数版を重ねている。最近、序文と注のついた、より厳密でより完全な版が出されている。豊富な書簡は、残念ながら部分的に知られているだけである（プィーピンがそれを出版し、一九一一年には文学史家のイワーノフ＝ラズームニクが出版した）。

既にアレクサンドルの時代に、そして特にニコライの時代に、文芸批評は時事問題と人生問題の哲学的討論場となり、それによってまた政治的討論場ともなった。専制政治は文学と文芸批評を圧迫したが、完全に押さえつけることは決してできなかった。

ベリンスキーの発展は、三〇年代と四〇年代の進歩的志向を象徴している。既に少年の頃に文学に耽り（演劇がこのギムナジウムの生徒を教育した）、大学ではドイツ哲学とドイツ文学がこの青年に影響を与え、著述家としての彼にはフランスの社会主義が影響を与えた。最初ベリンスキーは、シェリングの跡をたどった。フィヒテは彼に強い影響を与えたが、じきに彼はヘーゲルに向かった。スタンケーヴィチ・サークルで、彼は最初にシェリングを知った。バクーニンが彼にフィヒテを教え、同じバクーニンがこのサークルにおいてヘーゲル主義の唱道者となった。後にパリにおけるプルードンがそうだったように、ベリンスキーも、バクーニンによって、プロイセンの宮廷・国家哲学者の哲学に導かれた。

より成熟した経験と観察、またゲルツェンのもとで知ったフォイエルバッハの哲学が、この三十歳の男性を、ちょうど七月革命後フランスで成熟した民主主義と社会主義へと導いた。形而上学的にベリンスキーは、ゲルツェンやその他の多くのロシアの進歩派と同様に、ドイツの観念論とロマン主義から、実証主義と唯物論と無神論に至った。

この発展を事実に即して年代的に厳密に規定することは、容易ではない。ベリンスキーは通例、新しい外国の理念を大きな熱狂と共に受け入れる。しかし、熱狂の後で、じきに批判的な興ざめがやってくる。過渡的な段階では、自分の文学的著作において通常はまだ古い見解に立っているが、書簡において（そしてもちろん対話においても）既に新たな信念が発酵している。それ故に、書簡と批評を比較する必要がある。批評においてはすべてが、書簡において沸き立っているほど熱くは、提出されない。それ故に、ベリンスキーを解説することは難しいし、しばしば幾つかの解釈が可能である。また彼は、人々に関する自分の判断もしばしばすぐに変えている[9]。

若干の伝記作者と文学史家は、ベリンスキーの発展に三つの段階を区別している。即ち、一八四〇年までの第一の段階は、ヘーゲルを援用した現実の承認の時期である。その時から一八四七年までは、西欧的な教養と社会制度を求める闘いの時期である。一八四七年からは、民族性を求める闘いにおける一種のスラヴ派的転換が認められる。

このような分割は、非常に外面的なものである。第三期に関しては、民族性の認知はスラヴ派の特権では全くないということが、既に明らかである。実際に、正教に向かったゴーゴリに反対する書簡が一八四七年に出ていることを思い出すことが必要である。そうすれば、我々はベリンスキーにスラヴ派を見ることはできないであろう。それ以外にも、ベリンスキーはちょうど一八四七年に、ミールとアルテリに関するスラヴ派の教説に、激しくはっきりと反対した。ベリンスキーが一七四七年から——実際には既に一八四六年からだが——新たな危機を経験したとすれば、それは別の意味を持っている。彼は、社会主義に関する疑いに捉えられたのである。

スラヴ派との一致は、むしろ第一段階と仮定した時期に見出される。大学でベリンスキーは（パーヴロフを通じて）シェリングを知り、ロマン主義が彼に影響を与えたが、ナデージュヂンは同時にロマン主義の危険を彼に注意した。この矛盾が、彼の若き日の戯曲を貫いている。彼がスタンケーヴィチ・サークルで再びシェリングとドイツ哲学を知ると、その結果として、若干のかなり重要な見解をスラヴ派と同じくし、更には、スラヴ派が導入した表現を使いさえした。例えば彼は、「外的な」生活に対して「内的な」生活を強調し、批判へと傾斜した理性の故にフランス人を非難し（ベリンスキーは「ラススードック（悟性）」という語も用いている）、精神の本質を意志に見ている。——これらは、我々がスラヴ派に見た見解である。この時代において、彼が述べている通り、永遠はベリンスキーにとって空想ではなく、彼は懐疑と絶望に対して陶酔的な信仰の瞬間にすがりついた。——これは、最も重要な事柄においてベリンスキーがスラヴ派と一致していることを証明する、気分と見解である。ベリンスキー自身、この最初の三〇年代の時代について、自分の「抽象的英雄主義」の時代として語り、それを心理的に、自分は感情の中に生きていたのだ、感情を理性から隠していたのだ、と分析している。しかしながら、後に彼は、感情と理性が同一であることを認めた。このことをベリンスキーは、一八三七年末に書いた。

内的な混乱の中で、彼は（一八三六年）、「感覚性」、「絶望の放恣」のうちにも慰めを求めたが、もちろん無駄だった。彼はこのことについて、自分の友人に全く率直に、一種の憤激をもって、書いている。この時、ロシアに対するチャアダーエフの抗議が刊行されたが、ベリンスキーは暫くの間彼に耳を貸さず、ヘーゲルの助けを借りて、短い間傾倒したフィヒテから哲学的・政治的に離れた。この時代、彼は、凡庸というよりもっと悪い戯曲『五十歳の叔父』を書き、お金を稼ぐために文法書を著した（もちろん誰もそれを買わなかった！）。

この内的および外的な苦境の中で、ベリンスキーは、短期間にせよ、現実と和解した。ポゴーヂンはスラヴ派以上に、一八三七～一八三九年のベリンスキーを嬉しく思うことができただろう。ベリンスキーは、現実を変革するような政治に反対し、フランス人と政治家と哲学者（ヴォルテール）と、彼にとってはあまりにも政治的な詩人を拒否し、それ故にゲーテにしがみついた。「政治など悪魔にさらわれてしまえ、科学万歳！……ドイツ哲学は、人間は神性にまで高められるべきだという理念と愛の上に打ち立てられたキリスト教的教義の、明瞭で数学のように正確な発展であり、解釈である」。彼はスラヴ派と同様に、ヘーゲルを通して、市民的自由について、それは個々人の内的な自由の単なる結実であるはずだと語った。彼は、経験と歴史を強調するフランスの政治とヨーロッパの憲法を拒否し、ドイツを、更にはプロイセンを賞賛して、純粋理性と観念論的、先見論的哲学を引き合いに出す。ドイツは彼にとって、「より新しい人類のエルサレム」だった。この時代、ベリンスキーは、大学を退学させられる原因になった自分の若き日の戯曲をさえ忘れ、農奴制の現実とさえ和解した。彼はこう書いている。「力は法であり、法は力である」。しかし、ベリンスキーはその際、ロシアは文化的に弱いという認識に逆らってはいない。――「中国的気質が我々を圧迫している」と、彼は一八三九年に書いているが、ちょうど同じように後に（例えば一八四三年）ロシアの中国的気質を拒否している。この時代のものに、ボロヂノ会戦とヴォルフガング・メンツェルに関するベリンスキーの論文があるが、批評家たちはそれを彼の発展のこの段階の頂点として挙げている。

自由主義的な文学史家たちは通例、一種の羞恥から、また敵に武器を与えないために、これらの論文を詳細に分析しない。通例、「ボロヂノ会戦記」は名前を挙げられるだけであり、ベリンスキーはこの論文において、「理性的なものは現実的であり、現実的なものは理性的である」というヘーゲルの命題に従ってロシアとニコライの国家を認めたこと、ゲルツェンがこの論文のためにベリンスキーと袂を分かったということが、コメントとして述べられる。ゲルツェンはベリンスキーと握手をしようとしなかったし、優しいグラノーフスキーでさえ、ベリンスキーの反動的な論文を「卑劣なもの」と宣言したと言われる(10)。

トルストイは、ボロヂノの戦いを無意味と見なした。ナポレオンは、それを巨人たちの戦いと宣言した。ベリンスキーはそこに、「生の永遠の精神の啓示」を見た。というのも、文学的にも学問的にも価値はないが神秘主義的な陶酔の中で書かれたグリンカの本が、彼に影響を与えたからである。この啓示はベリンスキーにとって同時に民族精神の啓示であり、彼はこの機会を利用して、彼の時代にドイツでも多くのことが書かれていた民族精神について自分の意見を表明した。

ベリンスキーにとってロシアの民族、国民は国家と同一であり、民族と国家は歴史的に与えられ成長した有機体である。ベリンスキーは更に続けて、国家は英雄の作品であり、この場合はツァーリの作品であると宣言した。そして、ベリンスキーはツァーリを神、英雄、民族と同列に見なし、更に彼においてこれらの概念は一つの神話的で神秘的な総体的概念へと融合する。ベリンスキーはこの政治的擬人観、事実上の擬社会観に没頭したので、「ツァーリ」という言葉と名称に、ロシア人がみなそうであるように、詩と神秘的な意味だけを見出した……。「我々のツァーリ」はもちろん――ニコライ帝である。ベリンスキーはロシアの絶対主義の起源についての家父長的理論を繰り返し、スラヴ派と同様に、またウヴァーロフ伯と同様に、ロシア国家、ロシア民族をヨーロッパに対置した。

コスモポリタニズムはこの観点からベリンスキーにとっては幻想であり、理解できないものであり、曖昧で全く生きていない現実である。概して自由主義全体が、フランス的な無駄話なのである。ベリンスキーはパウロと共に、君主の権力は神に由来すると述べ、ツァーリは現実の「神の代理人」であるとした。大統領、例えばアメリカ共和国の大統領は、確かに威厳はあるが、神聖ではない。というのも、その存在を革命に負っているのだから……。

もしも我々がボロヂノに関するベリンスキーの論文を政治的にだけ判断しようとするなら、この論文にとってヘーゲルの権威が大きかったことを指摘できよう。確かにベリンスキーは、現実の承認において、ヘーゲルに後れを取らなかった。ヘーゲルが自分の神秘的、神話的な絶対理性を最後にはゲルマン世界と、プロイセン国家と、専制、具体的にはプロイセンのフリードリヒ・ウィルヘルム三世に見たとすれば、ベリンスキーは同じ理由から、ほとんど同じ権利によって、ウヴァーロフとニコライのロシアに熱狂できたのである。そして、ベリンスキーに影響を与えたのは、ヘーゲルの権威だけではなかった。――バクーニンはこの論文に同意したし、概してこの時代にモスクワにおける彼の友人たちの見解は明確化しておらず分化していなかった。そして、我々はまさにベリンスキーについても、哲学的に明確化していなかったと言わねばならない。即ち、ベリンスキーは、ボロヂノに関する自分の論文において、現実の事物の合理性についてのヘーゲルの命題を受け入れたという事情が証すように思われるほど、正統的にヘーゲル的ではなかった。そのことは、彼がロシア国家の有機的成長を強調し、世界全体を有機体として捉えているという事実が既に示している。この点でベリンスキーはヘーゲルよりも、シェリングとロマン主義者たちと歴史法学派に依拠している。彼がロシア国家とロシア民族を完全にはヘーゲル的でないやり方で同一視している点も、そうである（ベリンスキー自身、国家と民族との相違を強調している。――両者の同一性が当てはまるのは、ロシアにとってだけである)。これらすべての事実と更にその他の事実は、ベリンスキーの見解をより詳細に解明する際に、もっと厳密に確認されねばならないだろう。ちょうど同じように、W・メンツェルに関する論文(『ドイツ文学』の翻訳に関する批評)において、ベリンスキーの見解には様々な要素が認められる。即ち、彼はメンツェルを非難し、ゲーテとヘーゲルを支持したが、ジョルジュ・サンドの道徳を激しく攻撃したりしている。これらの著作の厳密な分析をここですることはできないし、それは我々の意図ではない。というのも、この概略においては、ボロヂノに関する論文その他でベリンスキーを捉え不安にしていた最も重要な哲学的、形而上学的問題、即ち、主観と客観との関係、自我と非我との関係に関する基本的な問題が示されるべきだからである。ベリンスキーは、フィヒテに安んじていられなかった。ヘーゲルの歴史の理性的な現実性が、フィヒテの極端な個人主義と主観主義を克服するはずだった。

74

ベリンスキーもトゥルゲーネフの「ドイツの海」に潜ったが、しかし、フィヒテと彼のドイツの後継者たち自身そこで死にたくはなかった(44節参照)とすれば、ベリンスキーはそこで溺れたくはなかったし、そうする理由もなかった。

ベリンスキーは、ヘーゲルと同様に、また、既にシェリングとフィヒテが歴史的に所与のものの中に自らの客観的な拠り所を求めた限りではシェリングとフィヒテと同様に、客観的に与えられた歴史ととりわけ歴史的に所与の国家を受け入れている。

ベリンスキーは、彼の歴史主義が主観主義に対立するものであることを十分に意識している。ヘーゲルの意味において、ベリンスキーは、個人的で偶然的なものとしての主観と、世界的な全体として、普遍的で必然的なものとしての客観との間の矛盾を、主観を客観に従属させ、そうして個人性と偶然性を普遍性と必然性へと高めてそれらを根拠づけることによって、避けようとしている。普遍性と必然性は歴史の中に、実際には歴史的に発展する社会の中に見られ、そして社会は国家と同一視される。ただしベリンスキーは、一瞬たりとも自分自身を、主観を忘れることはなく、この私、主観は、全体に服従しうるためには何をなすべきか、またこの帰依は倫理的にいかに根拠づけられるかを、絶えず問う。

ベリンスキーは客観を否定する権利を主観に与え、それどころかそれを必然と宣言した。個人は客観と闘わねばならない。しかし、この客観の――社会と歴史の――否定は、発展の単なる通過段階であってよく、長く続いてはならない。社会との闘いは必要だが、しかし、この闘いは暴動、革命に転化してはならず、完成をめざす努力であってよく、社会の承認によって終わらねばならない。「……社会と争って、もはや社会と和解しない者は災いかな。社会はより高い現実であり、現実は、人間が現実との完全な平和の中に生きて現実を十分に認めることを要求する。さもなければ、現実は自らの巨大な手の重圧によって彼を押しつぶす」。

極端な客観主義と主観主義との間の論争は、究極的には次のように定式化される。即ち、人間の主観的な側面は確かに現実的でもあるが、しかし、極端な主観主義は、極端へと引きずり込まれたあらゆる一面的な真実と同様に、不条理に至る。極端な主観主義は理性を諸概念の制限と恣意へと導き、感情を干からびた非道徳的な利己主義へと導き、行動する意志を犯罪と悪行へと導く(11)。

つまり、ベリンスキーは、彼にとって世界を幻影へと格下げし、事実上世界を破壊するような極端で絶対的な主観主義、唯我論と闘い、自ら述べているように彼にとっては神と等しくなったヘーゲルの現実にしがみついているのである。しかし、彼はまた、極端で絶対的な客観主義とも闘っている。この点で、ベリンスキーが同じ時代に(一八三九年)、当時出た二冊の予言の書に与えた評価が、特別な哲学的価値を持っている。ここでベリンスキーは、絶対的な客観主義は迷信に至り、それ自体迷信であるという理由から、絶対的な客観主義を否定している。――これは、ベリンスキーの最も独創的な哲学的業績の一つであり、同時に彼の透徹した理性の証拠である。迷信は――と彼は言う――個人的な「我」の発展における一段階であり、その段階において「我」は真実をただただ客観の中にのみ探す。この極端で絶対的な客観主義において、「我」は、まさに理性と全く矛盾するものを真実と受け取り、人間はまさに極めて奇妙で極めて無意味なものを重んじる。それ故に、ベリンスキーはまた、迷信が好む神秘と、神秘主義の神秘とを区別する。即ち、迷信がその中に生きている神秘は冷たく死んでおり、専制主義と恣意に由来する……。

私が知る限り、ベリンスキーに関するどの文献においても、この見解の意義は評価されていない。それどころか、ベリンスキーの批評家たちは、それに全く気づいていない。しかしながら、ここでベリンスキーは、ドイツ観念論とドイツ哲学一般の最も深い問題に触れているのである。

ドイツ哲学によって深められた、主観と客観との関係をめぐる論争において、ベリンスキーは、唯我論的、利己主義的個人主義としての極端な主観主義も、極端な客観主義も、共に否定している。ベリンスキーにとってのジレンマは、犯罪か、それとも迷信か、である。ベリンスキーは、このジレンマを拒否している。――犯罪(革命)でもなく迷信でもない、と彼の断固たる抗議は言い、主観主義と客観主義をただ一定の限度まで認めて両者の間に調和を作り出そうとすることによってジレンマを解決しようとする。

ベリンスキーはフィヒテを拒否し、とりわけシュティルナーをも拒否する。彼は極端な客観主義者としてのマルクスとエンゲルスを認めなかったが、しかし彼が、極端な客観主義の中に迷信の本質を見出していることは、興味深く天才的なことである。ちょうど同じように、ヴィーコとヒュームは発展の第一段階を極端な客観主義として特徴づけ、彼らの後にはフォイエルバッハが宗教の本質を擬人観として、極端な客観主義として特徴づけた。ベリンスキーはフォイエルバッハのことを、後になって友人のゲルツェンとバクーニンから知った。――このことによって、ベリンスキーが極端な客観主義に対して持っていた洞察はなおさら意義深いものである。ベリンスキーが問題を全く正確に、十分に理解していたと言うつもりはない。彼の哲学には体系がないし、認識論においても、主観主義と客観主義との間の境界と調和を作り出そうとして問題の倫理的解決に満足した。ベリンスキーのその後の発展は、いかなる倫理が彼にとってこの重要な役目を果たしたかを、教えている。

75

ベリンスキーはペテルブルグで、ロシアの体制的な現実を観察することができた。――彼自身が言っているように、三、四カ月あれば十分に学べた。そしてそれ以来、死ぬまでベリンスキーはゲルツェンと見解を同じくしたが、反動家となったポレヴォーイその他とは袂を分かった。その論文が公刊されるやいなや、ベリンスキーは友人のボートキンに思想的な危機を伝え、醜悪な現実と和解しようとする自分の醜悪な傾向を既に呪っている。人間性の高貴な擁護者たるシラーを誉め讃えて、ベリンスキーは自分の批評の祭壇からゲーテを引きずり下ろした。「私はこう言われる。精神が自由の中で満足するように、自分の精神のあらゆる宝を発展させなさい。自分を慰めるために泣きなさい。喜ぶために悲しみなさい。完成をめざして努力しなさい。発展の階段の高い所へ登っていきなさい。ところが、つまずいて落ちてしまう……。心からお礼を申し上げる、エゴール・フョードロヴィチ（＝ヘーゲル）、私はあなたの哲学の帽子にお辞儀する。しかし、あなたの哲学的俗物根性への尊敬にもかかわらず、私はあなたに恭しくご報告申し上げる。もしも私が発展の上の段に登ることに成功したら、そこでも私は、人生と歴史の条件のあらゆる犠牲についての、偶然や迷信やフェリペ二世の異端審問その他のあらゆる犠牲についての、説明をするように、あなたにお願いするだろうと。さもなければ、私は上の段から逆さまに身を投げるだろう。私は、私の血を分けた同胞の一人一人に関して満足できないならば、ただでも幸福は欲しくない」。これが、一八四一年にベリンスキーの魂を満たしていた感情だった。ベリンスキーはますます、「どの人間もそれ自体目的である」という確信、全般的な幸福は個々の不調和によって、個人の人生における不調和によって、あまりにも高く購われているという確信に、至っていった。

存在の総体と歴史とを同一視すること、次に歴史をロシアの歴史と同一視すること、そしてロシアの歴史をニコライと同一視することは、あまりにも粗雑な詭弁であることを、べリンスキーは容易に理解した。ベリンスキーは、ニコライはナポレオンや「尊敬に値する」合衆国大統領ほど真実の現実ではないと、自分に言わねばならなかった。要するにベリンスキーは、ヘーゲルの汎神論による政治的正統性の理論の根拠付けを完全に疑うようになったのである。上述のように、ベリンスキーは確かに、ボロヂノに関する論文の罪の一端をバクーニンに転嫁することができただろうが、しかしベリンスキーは人に罪をなすりつけるような人ではなかった。その上、バクーニンは自分の誤りを認めて、ベリンスキーと同じ確信に至った。

　同じヘーゲル的形而上学、同じヘーゲル的汎神論の光の中で、正統的な権力者だけではなく非正統的な権力者も、ルイ十六世とニコライだけでなくロベスピエールとナポレオンもまた、「普遍的なものと無限なものの表現」として現れるということが、ベリンスキーには分かった。両方とも歴史的に所与のものであり、もしも我々が歴史にしがみつくとすれば、我々はヘーゲルからまた革命へと至る。既に見たように、ゲルツェンはヘーゲルに「革命の代数学」を見出した。そして、彼とオガリョーフにとって、ベリンスキーにこの認識を確信させることは難しい課題ではなかった。「刑吏も存在し、その存在は理性的なものであるが、しかしにもかかわらず、醜悪で嫌悪すべきものである」と、ベリンスキーは一八四〇年末に書いている。

　ゲルツェンとオガリョーフは、ベリンスキーをヘーゲルからヘーゲル左派と、とりわけフォイエルバッハへと導いた。フォイエルバッハから「青年ドイツ派」（ハイネ！）までは遠くなかった。ベリンスキーがヘーゲルを放棄してフォイエルバッハと社会主義者に移ったと言うとしたら、それは正しくない。ベリンスキー自身、後になってボロヂノに関する論文を完全には否定しておらず、ただ正しい原理から誤った帰結を導き出したことを認めているだけである。彼はフィヒテの主観主義に苦しめられて、ヘーゲルの現実を神として捉えた。しかし、ようやく徐々にこの神の本質を理解した。つまり、あらゆる現実が問題なのではなく（友人のスタンケーヴィチは彼に——全く無駄だったが——俗悪な現実に用心するよう警告した）、諸現象の流れの中に与えられ、客観的に保証された法則性が問題だということである。ベリンスキーはこの法則性の中に、社会生活にとっての人間性の実現を認めた。

　フォイエルバッハは、全く客観主義的なロシア人たちに、いかにして客観主義を主観主義と調和させるかを示した。もしもベリンスキーが、彼自身が認めているように、ただ急進的で極端な主観主義と客観主義のみに注目したとすれば、今や彼はフォイエルバッハから、より穏健な主観主義と客観主義との間には方法論的和解が可能であること、更には、この和解は、哲学の発展、とりわけドイツ哲学の発展をその本質において理解し、それを正しい結論へと導く唯一の可能性を提供していることを知る。フォイエルバッハは、人間を人間の認識の唯一の目的にして出発点とし、フィヒテによって不安にさせられたベリンスキーに、超主観主義的な幻想と客観主義的な真の理性的な現実との間の境界を示す。

神、ツァーリ、英雄、民族といったものをベリンスキーが一つの概念に統括したとすれば、今や彼はフォイエルバッハにおいてこの統括の幻想性を認識し、ゲルツェンとオガリョーフと共に、神権政治的有神論とツァーリズムの反対者になった。擬人観的な神が非現実的なものとして天の玉座から下ろされると、神によって与えられたツァーリの玉座ももちろん崩壊し、以前は単に「尊敬に値する」だけだった大統領が「神聖な」地位に就く……。

フォイエルバッハの人間主義と彼の擬人観としての宗教の解釈は、ロシアのヘーゲル左派にとって、とりわけ更にシュトラウスによって強められた。ベリンスキー自身、シュトラウスから、キリスト教とキリストを批判することを学んだ。フォークトと唯物論的潮流全体が、ベリンスキーおよび彼と意見を同じくする彼の友人の唯物論を強めた。

ベリンスキーは、全くフォイエルバッハの意味で人間性を説いた。――しかし、彼が言うところでは、人間とは自由主義者にほかならない。そして、ベリンスキーは、自由主義をニコライの弾圧からの自由と理解した。ベリンスキーは、ヘーゲルの綱領を変更した。即ち、フランスが今や新たなエルサレムになり、フランスの政治と革命が人間性の献身的な理念の典型的な事例になるのであり、君主制は反人間的なものとして描かれる。ベリンスキーの綱領を形成したのはドイツ的理念であるものの、フランス人はいつもベリンスキーに強く作用した。彼自身が、自分はドイツ語をうまく話すことができなかったし、ヘーゲルもロシア語訳で読んだのだと、言っている。ベリンスキーは、ヘーゲルも、その他のドイツの哲学者たちも、原典で十分に研究することはしなかった。

彼は、現実、とりわけロシアの現実に背を向けるやいなや、再びフランス人をより友好的に見るようになり、フランス人が革命において人間性の聖なる権利のために血を流したと認めた。彼はフランスに多くの空論家や喧騒家がいることを知っているが、しかしドイツには枢密顧問官や俗物やならず者がいる。彼は、ロベスピエールを認めた。地上における神の王国は、ジロンド党員の理想主義的で美しい魂の甘ったるくて大げさな文句によって築かれるのではなく、ロベスピエールとサン・ジュストの言行の両刃の剣とテロリストたちによって築かれるのである。ベリンスキーは、「内的な」真実から「外的な」真実へと転じた。(12)

一八四一年からベリンスキーはフランスの社会主義者に傾倒し、彼らと共にジョルジュ・サンドも復権された。なぜなら、女性問題は彼にとって最初から非常に重要だったからである。彼は、女性が男性と平等になり、とりわけまた同じように教育を受けることを望んだ。婚姻は、因習的な結婚ではなくて真の愛からの結婚になることによって、道徳的な価値を得るべきである。サン・シモン、フーリエ、更にまたＰ・

ルルー、カベ、プルードン、ルドリュ＝ロランは彼に、社会主義は「理念の中の理念、存在の中の存在、問題の中の問題、信仰と知識のアルファにしてオメガ」であるという信念を吹き込んだ。社会主義は彼にとって、歴史と宗教と更には哲学をも含んでいた……。ルイ・ブランはその『一八三〇～一八四〇年の十年間の歴史』において、ブルジョアジーの本質とブルジョアジーが引き起こした大衆のプロレタリア化をベリンスキーに明らかにした。しかし、これらの社会主義の理論家たちだけがベリンスキーに社会主義の道を示したわけではなかった。彼は既に自ら、社会主義的で民主主義的な傾向を持っていた。――なぜなら、事実上雑階級知識人に属する初期の著作家の一人だからである。彼は確かにまだ、当時のほとんどすべての著作家たちと同様に貴族の出だったが、しかし貧しい小貴族に属していた。農奴の解放、そして一般に解放というものが、最初から彼の理想だった。そのことは、シラーの『群盗』にならって農奴制を自由に批判している、彼の若き日の戯曲の試みから既に読みとれる。「社会性――それが私のモットーである」と、彼はゲルツェンとの哲学的論争の後で述べている。もちろん、ベリンスキーの社会主義ということで今日の社会主義、マルクス主義的社会主義を理解してはならない。ベリンスキーは強い個人主義者であり続け、そのことによってマルクスよりもむしろラッサールに似ている。個人は全体の犠牲となってはならないのである。一人の彼の隣人でも、一人の彼の同胞でも、苦しんでいるならば、彼はただでも幸福を欲しないということを我々は聞いた。そしてしばしば我々は、個人が苦しむならば社会の健全さは認められないという確信に出会う。

ベリンスキーは、階級の役割に関するルイ・ブランの解釈を、少なくともロシアにとっての階級の意味に関する限り、修正した。彼は、ロシアにおいて文学がインテリゲンチャという「一種の階級のようなもの」をブルジョアジーに加えたと考えた。その階級はあらゆる階層の成員から成り、教養への愛によって結ばれている。この見解をベリンスキーは一八四六年に表明し、翌年、彼はより詳細に説明して、あらゆる民族の発展は階級の分化によって進むとした。そして、中間階級としてのブルジョアジーは国家の繁栄のために必要だとさえ書いている。ベリンスキーはもちろん、資本主義の支配の中に現代の階級社会の悪を見ているが、この支配はブルジョアジーとその産業の罪ではないとしている。また、ロシアの貴族はブルジョアジーに変わらねばならない、ようやくその時にロシアにおいて市民的発展の内的な歩みが始まる、と考えた。

ベリンスキーは文明と文化に――しばしば人間性の理念も加えているが――諸国民の進歩の最も重要な推進力を見ている。文明と文化の器官は、ブルジョアジーを補足する階級としてのインテリゲンチャである。ベリンスキーは階級の所与の上下関係を受け入れ、特にインテリゲンチャの精神的指導性を受け入れる。インテリゲンチャにあって、この指導は個々人に由来するものである。ベリンスキーは――一八四八年に――スラヴ派や社会主義者が持っていたような「民族への神秘的信仰」を否定した。

ベリンスキーが当時のドイツとフランスの社会主義から哲学的・政治的革命の原理を受け入れ、経済学説や経済的唯物論を受け入れなかったことは、疑いない。もちろん、一八四八年革命が熟しつつあったこの時代にマルクスもまだ明確に自分の経済的唯物論を定式化していなかったし、当時彼は革命的な気分を持っていた、政治的な意味で革命的な気分を持っていた、ということを忘れてはならない。

それ故に、晩年（一八四六年以降）、ベリンスキーには、フランスの唯物論者たちに対する激しい言葉で鬱憤を晴らすような、個人主義の一層の強調が見られる。個人の権利を求める彼の闘いは必ずしも社会主義と矛盾しないということを、ベリンスキーは自分に明らかにしていなかった。しかし、ベリンスキーにとって、それは再び闘いであり、彼が言っているように迷信と神秘主義に対する闘いだった。

ベリンスキーは時代が必要としたような、生まれながらの闘士だった（「私は生まれながらのユダヤ人である」と、ベリンスキーは自分の論争的立場を示している）。彼は、ロシアの進歩的な陣営全体を絶対主義に対抗して組織しようとした。ペトロパーヴロフスク要塞には既に彼のための監房が用意されていたが、彼が早く死んだために、投獄されずに済んだのである……。

ベリンスキーが自分の哲学的信条を最もきっぱりと表明しているのは、ゴーゴリに――自分のゴーゴリに――反対した書簡においてである。長年にわたってベリンスキーはゴーゴリと彼の傾向を擁護していたのに、晩年になってゴーゴリに反対しなければならなかったのである。ゴーゴリは一八四七年に、『友人との往復書簡からの抜粋』を出版したが、それは大部分、ゴーゴリの宗教的情熱が悲劇的な頂点に達した一八四五年と一八四六年の書簡である。ゴーゴリは『書簡』の中で、旧体制と教会宗教を無制限に信じることを表明し、農奴制の醜悪さに対しても、彼の受動的なキリスト教が教えた慰めの言葉を見出している。保守的なスラヴ主義者にとってさえ度を過ぎていたこの迷妄に対して、ベリンスキーは――彼は当時ヨーロッパにいて、検閲への考慮なしに書いた――ゴーゴリへの書簡の中で火のような言葉によって抗議した。この書簡は写しによってロシア全土に広がり、ロシアの進歩派の生きた綱領となった。教養人はそれを暗記したが、ドストエフスキーとペトラシェーフスキーはこれを朗読したためにシベリアへ流刑に処せられた。ロシアが必要としているのは正教の神秘主義ではなくて、良識と正義にふさわしい権利と法律である、とベリンスキーは叫んだ。人間が人間を売っている時代と国において、ゴーゴリは空疎な説教によって思想を静めようというのか？……

ゴーゴリへの手紙は我々に、ベリンスキーの性格のみならず、彼の世界観をも示している。

フォイエルバッハの無神論と唯物論は我々にとって、古いロシアの神権政治的体制に対する社会的闘いとして現れる。フォイエルバッハの社会主義的な気分は、フランス人によって明瞭にされ強化された。ベリンスキーは、当時サルトゥイコーフが自分と若い世代のために宣言したのと全く同じように、フランス人に共感していた。ベリンスキーは、フォイエルバッハからシュティルナーへと移らなかった。アンネンコフが我々に語っているように、彼はシュティルナーを激しく拒否した。ベリンスキーが利己主義を完全に拒否したというのではなく、彼はフォイエルバッハの「自我」と「他我」にしがみついた。彼は、利己主義が道徳的基礎の上に立つ限りにおいてのみその有効性を認めたが、その道徳的基礎とは社会的、社会主義的利他主義だった。ホミャコーフは、シュティルナーを十分にはっきりと拒否しなかった。まさにベリンスキーの闘士としての精力的な性格が、見かけ上の急進的なアナーキストの中に消極的なブルジョアを感じ取った。

ベリンスキーは、マルクスの誤りにも陥らなかった。マルクスとエンゲルスはフォイエルバッハを通してドイツ哲学の観念論的主観主義に反対してまさに同じように極端な客観主義に至り、シュティルナーだけでなく個人をも大衆の犠牲にした。ベリンスキーはフォイエルバッハにおいて穏健な客観主義を学び、個人は強い人格として社会に対する闘争を行うべきだとした。ベリンスキーはここで、ロシア人として考え感じている。即ち、大衆とは当時のロシアでは、自由のない文盲の農民大衆であり、そしてそれ故に、ベリンスキーはこの大衆を、エンゲルスのように「取るに足りない」個人の上に立てることができなかった。彼はまた、ラッサールとエンゲルスがドイツの労働者の中に見ようとしたように、ロシアの大衆の中にドイツ観念論哲学の継承者を見ることはできなかった。ベリンスキーは『ドイツ・フランス年鑑』の中でマルクスの論文を読み、その急進主義を認めたが、彼の無神論と唯物論にもかかわらず、またフォイエルバッハにもかかわらず、マルクスの哲学はベリンスキーにとっては結局異質のままだった。

ベリンスキーは、ヘーゲルによって、マルクスとエンゲルスが到達した客観主義的歴史主義へは導かれなかった。彼は、自由な理念は時代と抑圧的な事実の桎梏の犠牲になってはならないと、明言していた。ベリンスキーは、マルクス主義者や実証主義者たちのように、倫理を歴史の犠牲にはしなかった。

もちろん、ベリンスキーは自分の中に実証主義の片鱗を持っていた。マルクスやエンゲルスと同様に、彼もまたフォイエルバッハとヘーゲルからこのドイツの形態における実証主義を知った。ヘーゲルとフォイエルバッハの歴史主義は、かなりの部分、実証主義的である。その上、一八四六年以降、ベリンスキーはコント（とリットレ）を知り、それによって、より厳密に定式化されたフランスの実証主義をも知った。このフランスとドイツの実証主義は、ベリンスキーにとってのみならずすべてのロシア人にとって、自国のリアリズムの格好の説明であり強化だった。リアリズムは当時、ゴーゴリにおいて「自然派」の芸術方法として診断され規定された。

しかし、ベリンスキーが時代と事実のリアリズムと実証主義を真の現実と認めなかったというのは、まさに重要なことである。ベリンスキーは、彼が言っているように、道徳的な行動の自由の能力を放棄したくなかった。

ベリンスキーは絶えず、折に触れて、懐疑主義、とりわけロシアの「肺病やみの懐疑主義」と闘った。スタンケーヴィチあるいはオドーエフスキーと同様に、ベリンスキーは一八四〇年以後、懐疑主義に反対したが、彼は既に一八四〇年以前にも反対していた。彼は懐疑主義の中に、古いものが捨てられたが新しいものはまだ創造されていない過渡期に特に一般的になる、異常な精神状態を見た。懐疑主義と言っても、程度も内容も様々である。ベリンスキーは、進歩の必要条件としての懐疑主義を強調した。即ち、この懐疑主義は冷ややかな否定ではない。ただ矮小で低劣な人間だけが、この否定によって気を晴らすのであり、偉大で強力な性格の持ち主は自分の懐疑に耐えて、新しくてより高いものを創造する。ベリンスキーはここで、自分のゴーゴリへの手紙の非常に的確な心理分析を示しているが、自分のその他の偉大な文学的行為、自分の文学的抵抗と革命の心理分析をも示している。

この革命は、事実上、ただ一つの敵対者を持っていた。――神権政治とその教会宗教である。ベリンスキーの熱烈な闘いは、ロシア教会の迷信と神秘主義に向けられた。ヘーゲル、フォイエルバッハ、コントと彼らの実証主義的合理主義は、迷信と神秘主義を追い払うはずだった。ベリンスキーは、ロシアと自分自身を知っていた。

ベリンスキーは、生来の性格からして神秘主義に向いていなかったというわけではなく、生涯、神秘主義に生き生きとした理解を示した。まさに彼自身神秘主義者であり、良きロシア人として宗教を知っていたし、宗教を神秘主義としてのみ認めることができた。スラヴ派は神秘主義を熱心に求めたが、彼らの不倶戴天の敵が、キレーエフスキーやホミャコーフやサマーリン以上に神秘主義への傾向を持っていたのである。

トゥルゲーネフ、ドストエフスキーその他から、我々は、ベリンスキーが宗教的問題に非常に関心を持っていたことを知っている。そのことはゴーゴリへの手紙からも見て取れるし、光と知識を求める彼の闘い全体からも見て取れる。ドストエフスキーが、キリストに反対するベリンスキーの瀆神的な言葉を理解しなかったのは、ベリンスキーに対して公平ではなかった。歴史上の、実際のキリストではなくて、教会宗教と偽造されたキリストが、ベリンスキーにとっては躓きの石だったのである。「我々はまだ神の存在に関する問題を解決していないのに、あなたはもう食事をしたがっている」と、ベリンスキーはある時、哲学的議論に飽きたトゥルゲーネフを激しく非難して言った。この非難の中に、ベリンスキーの全体がある。即ち彼は、社会的な問題においても、形而上学的な問題においても、多くの自由主義者にありがちな無関心さは少しもなかった。

友人に宛てたベリンスキーの手紙から分かるように、有神論のみならず、個人の不死の問題もまた、ベリンスキーを悩ましていた。この問題において、彼はボートキンやスタンケーヴィチのように信仰で満足することはできなかった。彼は既に信じることができなかったので、正確に知ろうとした。彼は、これらの問題においても明瞭であろうとした。それ故に、彼には、ロマン主義的な断念や諦念でも足りなかった。──それよりはむしろ、彼は純粋な無神論と唯物論の立場を取る。ゴーゴリへの手紙の中で、彼は、ロシア人はその性格によって根深く非宗教的な民族であるという命題を、情熱をもって擁護した。ロシア人は迷信的だというが、迷信は文明によって除去される。その内面において、ロシア人は無関心の見本であるという。宗教性は分離派教徒において最も高く現れたが、それはこのセクトの数の少なさのために、全く問題にならないという……。

このような見解とゴーゴリへの手紙全体をベリンスキーに書かせた情熱が、彼自身の虚偽を暴露している。「ゴーゴリは自分の同時代人の宗教的良心を目覚めさせたが、彼らは、ゴーゴリ自身が自分を助けられなかったのと同様に、精神的苦境の中にあって自分自身を助けられなかった……」。

ベリンスキーは宗教哲学の観点からのみならず、歴史哲学の観点からも、神秘主義と闘った。神秘主義と理性的な知識との対立は、彼にとって、ロシアとヨーロッパを判断する尺度であり、古いロシアと新しいロシアの尺度だった。フォイエルバッハとシュトラウスの弟子は、確かに古いロシアに民族的に真に独立した生活を見たが、しかし、この生活は、東方やアジアに固有な、無意識的で、本質的に神秘主義的な瞑想だった。ピョートルと共にロシアの意識が覚醒し、ロシアは意志と知識のヨーロッパ的生活を始め、ロシア人は自分の個性の明確化と強化のために闘った。もちろん、ロシアはピョートル以後分裂した。民衆においては相変わらず以前の生活が営まれる反面、社会は古い伝統を捨てて忘れ、ヨーロッパ化の道を進んだ。

ベリンスキーとチャアダーエフとの一致が見られるが、スラヴ派との一致も見られる。もちろん、スラヴ派との一致は、ヨーロッパとロシアの相違と、ピョートル以前と以後のロシアの相違の確認にのみ関係している。──この相違の判断と評価においては、ベリンスキーとスラヴ派との間に違いがある。ベリンスキーに従ってその概念を簡潔に表現しようとするなら、その相違はヨーロッパと古いロシアとの相違、合理主義と神秘主義との相違ということになる。神秘主義という言葉は確かにベリンスキーにとって専門用語になっていて、彼にとっては宗教的神秘主義を意味し、また神学的見解と古いロシアの世界観・人生観の全体を意味した。

ドストエフスキーは、ベリンスキーがペテルブルグで最初の駅の建設を散歩がてら見にやってきた時のことを語っている。「少し立ち止まって仕事を見ていると、気持ちが晴れ晴れする。ついに我々にも少なくとも一つの鉄道ができるのだ。この考えが時としてどれだけ私の心を軽くするか、あなたには信じられないでしょう」。このドストエフスキーのちょっとした報告の中に、ベリンスキーの全体がある。この鉄道建設の喜びは、ヨーロッパと若いロシアへの彼の信仰であり、知識の解放的な力への信仰であり、神権政治的絶対主義の重い桎梏からのロシアの解放への彼の信仰である。

ベリンスキーは、迷信と闘った。その上彼は、迷信のみならず、宗教と神学も迷信という言葉で理解した。フォイエルバッハとコントは、既にヒュームが犯した、宗教を擬人観および迷信と同一視する古い誤りへ彼を導いた。公的な教会教義と宗教に対する闘いが、今日でもこの誤りを引き起こしており、ベリンスキーと彼の同時代人においてこの誤りはなおさら理解しうるものである。

ベリンスキーは、基本的な哲学的諸問題と、とりわけ認識論的諸問題を詳細で体系的に究明しなかった。しかし、ニコライの時代に彼にとって問題だったのは、理論ではなくて実践だった。彼は、ドイツ哲学において実践的な倫理的潮流を捉えて、基本的な認識論的問題に関する概略を知ることで満足した。彼は、文学に反映するような時事的問題に従事した。彼は、ドイツ的な性格の哲学者――哲学教授ではなかった。ドイツ人は彼にとって、その徹底性と体系性によってあまりにも俗物的だった。彼は、ゴンチャローフのことを、まるでドイツの俗物のようだと言って非難した。彼はドイツ人を「人類の神学校生」だと評したが、しかし、ブルガーリン〔ファデーイ・ヴェネヂークトヴィチ・ブルガーリン。一七八九～一八五九。ポーランド系のロシアの作家・ジャーナリスト。秘密警察のスパイを勤めた〕とグレーチ〔ニコライ・イワーノヴィチ・グレーチ。一七八七～一八六七。出版者、文献学者、翻訳家、作家〕に対する有効な一撃は何かの客観的な論文よりも好ましいと、全く率直に認めた。彼は、まさに文学的革命家だった（ゴンチャローフは彼のことを護民官と呼んだ）。

ベリンスキーは、神経質なほどの知への渇望を特徴としている。「学べ、学べ、学べ！」ということが、彼の最初のスローガンであり、彼はそれを生涯守り通した。彼の批評の大部分は事実上自己教育であり、そしてそれ故に、非常に生き生きと作用したのである。彼は大学を終えなかったので、彼の敵対者たちはじきに彼の不十分な教養を非難し、この非難は絶えず繰り返された。確かにベリンスキーは文学的な独学者だったが、しかし彼の時代には非常に多くの著作家たち、しかも極めて才能のある著作家たちが、独学者だった。

ベリンスキーは、自分の欠点を知っていた。しかし、ベリンスキーは非常に頭が良く、ドイツ哲学の助けを借りてロシアの根本的な欠陥を慧眼にも見抜き、最後まであらゆる情熱をもってそれを根絶しようとした（「激情的なヴィッサリオーン」）。ベリンスキーは、三十七歳で死んだ。――もしももっと生きていたら、彼が計画していた本のうちまだあれこれを書けたであろう。しかし、彼の著作は、同時代の人々にとっては、何かの良くできた文学史よりも重要だった。ちなみに忘れてはならないことは、ベリンスキーの友人も敵対者も、スラヴ派も多くの西欧派も、体系的な著作を書かなかったということである。

76

　ベリンスキーは批評家および美学者として、ロシア文学のために、個々の詩人や作家を正しく評価したし、また文学の発展を正しく描いた。多くの詩人に対する彼の影響は、注目に値する。ベリンスキーは、プーシキンの才能を既に初期の作品において認めた。そして、ゴンチャローフ、トゥルゲーネフ、グリゴローヴィチ、ネクラーソフ、ドストエフスキー、コリツォーフ、ポレジャーエフは、ベリンスキーから、ベリンスキーにおいて、多くのことを学んだ。

　ベリンスキーは、大詩人たち――グリボエードフ（一八四〇年以前には彼を理解しなかったが）、プーシキン、ゴーゴリ、レールモントフ、ドストエフスキー、ゴンチャローフ――の理念的な核を、民族的生活の積極的で価値ある核として、同時代人に描きだした。当時過大評価されていたベネヂークトフをしかるべく判断し、ホミャコーフの教訓的で党派的な詩を正しく評価した、等々である。ベリンスキーが例えばプーシキンにおいてタチヤーナの性格をあまり良く理解していないことは多分欠陥として非難されるだろうが、そもそもプーシキンとゴーゴリにおいて積極的にロシア的なものを捉えたこと、とりわけゴーゴリにおいてロシア的な見方としてのリアリズム（「修辞派」に対する「自然派」）を捉えたことは重要である。

　モスクワとペテルブルグの文学サークルに与えたベリンスキーの影響は、大きかった。このことは、スラヴ派と西欧派に対する彼の関係が証明している。また特に、批評家のナデージュヂンやアンネンコフや当時既にロシアにたくさんいたその他多くの文学通に対する彼の関係が証明している。

　ドイツ哲学への依存にもかかわらず、ベリンスキーの美学は経験論的である。――彼によれば、芸術は美学以前にあるものであり、それ故に、美学が芸術に従うべきであり、その逆であってはならない。ベリンスキーは、全面的に完成された美学理論を持っていなかった。彼が関心を持ったのは、ほとんどもっぱら詩と書かれた言葉であり、詩人はイメージにおいて思考するという、彼のリアリズムを特徴づける見解を擁護した。彼はまた、詩人の思考の働きを非常に強調した。一八四二年に彼は、生きた現代の科学は芸術の養母になったと言い、科学なしには情熱は力を持たず才能は弱いと言っている。[13] ベリンスキー以前に、ヴェネヴィーチノフが、ロシア文学は「創造するよりももっと思考する」べきだというスローガンを出した。――これは一面的な規則であるが、ニコライのロシアにとっては十分に理解できる！

これらの見解は、シェリングをもヘーゲルをも想起させる。哲学においても美学においても、ベリンスキーはこの両方の思想家の影響下にあった。芸術を実践と理論の上に置くのはシェリング主義であり、ベリンスキーは、善は美学的感情に基づく、としている。ベリンスキーがヘーゲルを知ると、彼は美をむしろ宗教および哲学と並べ、美は同時に道徳的でもある、とした。

ロマン主義と古典主義との葛藤においても、我々はシェリングとヘーゲルを見て取る。この葛藤はベリンスキーに絶えずつきまとい、ベリンスキーの綱領によればロシアのリアリズムにおいて克服されねばならなかったものである。しかし、ベリンスキーはこれに成功しなかった。彼はまた、そもそも、主観主義と客観主義の間に明確な線を引くことに成功しなかった。一方でベリンスキーは、芸術は天才の仕事として――天才の評価はシェリングによっている――主観主義的なものであると言いながら、同時に芸術はまた客観的なものであり、本来客観的でのみあるべきだと言っている。ベリンスキーが現実を崇拝した時代に、彼は、芸術は現実のみを反映すべきだと、美学的にも強調した。

傾向性の問題は、ベリンスキーの頭を悩ました。――芸術は傾向的であるべきではない。しかし、間もなく、本来的で純粋な芸術に傾向的文学が加わり、傾向的文学は非常に有益なものと見なされた。

ベリンスキーは美と芸術を常に高く評価していたが、彼が成熟するにつれて、彼はますます芸術作品に理念を、理念的内容を見出すようになっていった。この理念的内容は社会から発生すべきだと、ベリンスキーは更に要求している。

とりわけ文学は、ベリンスキーにとって民族の意識であり自覚だった。彼は、詩人は自民族の代弁者であり器官であるという、シェリングに由来する理論を受け入れた。このような詩芸術の評価に彼が導かれたのは、シェリングその他の権威によってのみではなかった。ほとんど一般的な見解に従えば、ロシア人は当時、詩においてのみ独創的な創造を行っていた。しかし、三月〔ドイツ・オーストリアの一八四八年三月革命〕以前の時代においては（ロシアにおいてのみならず）、詩と一般に文学が議会の演壇の代わりをしなければならなかったという事情が、何よりもまず重要である。詩人は時代の理念と精神に直接共感しうるためには、直接の才能を賦与されていなければならない、という見解をベリンスキーはずっと持ち続けた。詩人は彼にとって、一つの党やセクトの器官ではなく、社会全体の隠れた理念の器官である。そして、ヘーゲルの影響によって、個人的で偶然的なものではなくて普遍的で必然的なものに表現を与える役割が、詩人に課せられた。

ベリンスキーはもちろん、民族性の本質を厳密に分析することができなかったが、そのことはスラヴ派もしなかったことである。彼は、恐らく気候と土地の影響によって作り出され、精神的にも現れるところの、一種の生理的な特質を折に触れて指摘することで満足した。彼はヘーゲルよりもよく民族性と国家を区別したが、しかし彼にとっては、ロシア人が本当に民族的な性格を持っていることで十分だった。それ故に彼は、外国で創り出された理念が自民族の精神において独立に完成されることを望んだ。彼は、この課題を遂行して世界に「自分の言葉」を言う力をロシアに早くも見出した。

スラヴ派およびロマン主義者と異なり、ベリンスキーは民族性を神秘的に捉えず、また、むしろ個人主義的に個々の詩人に固執した。このことは、民衆詩に対する彼の批判的な態度とも結びついている。少なくともロシアの民衆詩の中に彼は内容のない片言以外のものを見ず、まさにそれ故に、彼にとってピョートル以前の文学は際立った価値を持っていなかった。なぜなら、そこにはまだ意志が目覚めていないからである。この点で我々は、ベリンスキーが小ロシア人の文学的努力を好意的に見なかったことを思い出そう（シェフチェンコの政治的試みを、ベリンスキーは直接に非難した）。

ベリンスキーは、スラヴ派が信念に忠実であることを評価した。問題になっている事柄自体に関しては、ベリンスキーは、人類は具体的には諸民族から成り、永遠に人間的なものは諸民族の中にその表現を歴史的に見出すと説明した。抽象的な人類、人道的なコスモポリタニズムは彼にとって、後のトゥルゲーネフにとってと同様に、幻想だった。理論的な見解の相違にもかかわらず、ベリンスキーがスラヴ派のK・アクサーコフとの以前からの友情を感動的な忠実さをもって保ったということは、ベリンスキーの高貴さを証明している。

それ故に、ベリンスキーがヨーロッパに非常に感激したにもかかわらず、文学史家たちは、一八四七年に定式化されたような民族性に関する彼の説明の中に、スラヴ派への転換を見た。更に、ベリンスキーは、彼に批判的な立場を取った実証主義者マーイコフを嫌ったためにそうしたのだと、咎められた。これは正しくない。スラヴ派に対する彼の態度については、既に述べた。彼は最初からコスモポリタニズムに反対を表明し、この見解を持ち続けたのだった。しかし、ベリンスキーがロシア人をそのあらゆる欠陥と短所と共に愛したことは、言うまでもないことである。彼は最初の批評的仕事において（一八三四年）、ロシア人にはまだ文学がないと言ったが、後に彼はロシア文学の独自で意義深い成果を認めた。彼は確かに既に四人の詩人、デルジャーヴィンとクルィローフとグリボエードフとプーシキンをかなり重要な詩人として認めたが、後に（一八四一年）、この四人に更に四人――ジュコーフスキー、バーチュシコフ、ゴーゴリ、レールモントフ――を加え、最後には（一八四四年）、ロシア文学が存在するというのは彼にとって既成の事実となった。

ベリンスキーは、システィナの聖母の中に、地上的な必要に対する無関心と、愛の不足と、高い使命と個人的な完成の尊大な意識を見、イエスの中に、旧約の復讐の神を見た。それ故に、彼は、芸術的に感じ、感情によって作品の中に入り込む能力がなかったと言われても仕方がないかもしれない。

まあよかろう――ベリンスキーが、カトリックの神秘主義をそのように解釈したとしても、それは全く正しい。ジュコーフスキーがロマン主義的な熱狂と共に、ラファエロの聖母の絵の上の神的な平安を同時代人たちに分からせようとしたにもかかわらず、キレーエフスキーも自分がラファエロの聖母を理解できないことを認めた。

歴史家（何よりもまず文学史家）として、ベリンスキーは、歴史の課題、特に文学史の課題について何らかの統一的な結論に至らなかった。弁証法の一貫した使用という点では、ベリンスキーに対するヘーゲルの影響は見られない。歴史の動きの指導的力に関しても、ベリンスキーに統一的で、明瞭に定式化された理論は見られない。ベリンスキーは、様々な機会にロシアの発展について自分の見解を述べてはいるけれども、専門的な社会学者でも歴史哲学者でもなかった。我々は、教養と人間性を求める努力に関する彼の見解を見た。ここで更に補足的に、ベリンスキーはピョートルという個人とその改革の中に、歴史を導く人物という自分の見解の確証を見出そうとしたと、言うことができる。彼のあらゆる努力は、外からやって来た必然的な文化的衝撃と彼が見なした、ピョートルの偉大な事業の深化と内面化に向けられていた。

同時代人と若い世代に対するベリンスキーの影響は、甚大だった。一八四八年の後に続く反動の時代には、一八五六年まで彼の名前を挙げることは許されなかった（ただ、「四〇年代の批評家」とか「ゴーゴリ時代の批評家」とか書かれた）。ベリンスキーは、青年層に政治・社会的な道を示し、神権政治的絶対主義に民主主義的自由を対置した。もちろん、この点ではベリンスキー一人がいたわけではないし、彼が最初の人物だったわけでもない。バクーニンとゲルツェンがベリンスキーに影響を与えたのである。しかし彼は、ニコライの検閲のもとで精神を呼び覚ますことができた。ベリンスキーは、民主主義的に感じた。にもかかわらず、かなりしばしば彼が大衆に不平を漏らしているとすれば、彼は読者大衆と、ロシアの著述家の重く責任のある任務を、念頭に置いていたのである。彼は、教養のある人間が性格という点で教養のない人間よりも低いことがありうることを、非常に良く知っていた。――彼の人道主義的な説教は、読者に向けられたものであって、文盲に向けられたものではない。私は、彼の特徴的な言葉を挙げておこう。「大衆は思考することなしに生活し、卑俗な生活をしている。だが、思考はするが生活はしないこと、この方がましであろうか？」

人間として、人物として、ベリンスキーは最初から友人にも敵にも認められていた。一度ならず彼の心の力が非常に強調されたために、それによって彼の頭脳が容易に名声を失いかねなかった。ベリンスキーは、生き生きとした人間だった。

ベリンスキーは、成長する若い世代の指導者となり、政治的、社会的、更には哲学的な指導者となった。彼はもちろん、文学史家だったが、しかし、彼の批評は書物に向けられたものではなくて、彼が言うように、文学に反映する生活に向けられたものだった。I・アクサーコフは、一八五六年の視察旅行において、ベリンスキーのゴーゴリへの手紙を詳しく知っている人々、しかも多くは暗記している人々にしばしば出会ったことを語っている。ベリンスキーはまさに、自分の時代の最も重要で最も深い問題に触れていたのである。半ば無意識的にではあったけれども、彼はニコライの検閲官たちの目の前で、自らの宗教哲学によって政治的、社会的革命を唱道していたのである。

ベリンスキーの若き日の戯曲は、彼の生涯の綱領だった。この戯曲自体は、直接的な影響を与えることはできなかった。なぜなら、書かれてから八十年も経ってから公刊されたからである。しかし、ベリンスキーがここで初めて定式化した思想は、彼の後の著作に絶えず戻って来た。ただより厳密な形で、あれこれの時事的関心との関係において、繰り返されたのである。

農奴の息子である主人公のカリーニンは、自分の主人の娘を愛した。二人は、いずれは家族から認められることを期待して、自由な愛の結びつきに入る。しかし、家族は彼の恋人をどこかの公爵に嫁がせようとする。カリーニンは妨害しようとし、争いの中で、彼に面と向かって「奴隷」という侮辱的な言葉を投げるソフィアの兄弟を殺してしまう。その後、ソフィアの頼みで彼女を殺し、自殺する。その前に彼は、自分がソフィアの異母兄であることを知る。——一人の人物が同時に近親相姦者、殺人者、自殺者となる。

カリーニンはこうして、社会とその機構と闘うが、何よりもまず、神が世界をこのように悪く創ったこと、人間が神の意志によって無力に定められていることで、神とその全能の意志を非難している。カリーニンの友人のスールスキーという人物において、ベリンスキーは、世界と人生の中に、理解できないとしても完全な調和を見るが故に、神の摂理を信じ、人生とその内容を喜んで受け入れるオプティミストを描いている。

この二人の人物の対比は、もちろん、シェリングを想起させ、盲目的な運命と機械的な自然の法則性が摂理の段階に取って代わるというシェリングの三つの時期を想起させる。カリーニンは最初の二つの段階を代表し、スールスキーは世界の歴史が予定された調和として現れる第三段階を代表する。シェリングのみならず、恐らく近代ドイツ哲学および文学の全体がベリンスキーに影響を与えて、彼が自由と必然の問題に取り組むようにさせたのである。

いずれにせよ、十九歳のベリンスキーは、このようにして自由と罪の問題を提起した。——もちろん、彼がそれを解決したということはできない。それは、既に大人になりつつあったベリンスキーを生涯悩ますことになった問題である。『ドミートリー・カリーニン』は、芸術作品としては確かに優れたものではない。これはまさに、ニコライの社会機構に反抗した十九歳の教養人の綱領だった。ベリンスキーのカリーニンは、革命への権利と義務を宣言している。即ち、もしも法律が自然と人間性の権利、理性そのものの権利と矛盾するならば、人間は法律を越えて行くことができるし、行かねばならない……。カリーニンは「自分の隣人の骨と肉で生き、その血を水のように飲む蛇やワニや虎」に立ち向かい、我々に当時の奴隷所有者の幾つかのタイプを示した。彼は、教会で聖化されたとしても基礎において非道徳的な結婚の枷と闘い、それに対して自由な愛を理想として掲げた。

そして、ベリンスキーは、社会のその公的な支柱を弾劾したのみならず、冒瀆的な不遜さにおいて神をも攻撃した。なぜなら、この虚偽で惨めな世界は神の作品だからである。——それとも、それは結局の所、悪魔の作品なのか？

大学の教授たちが、ベリンスキーの戯曲のために、彼をシベリアへ流刑にすると脅したのは、理解しうることである。この脅しと彼の文学的不成功が若い革命家の激情をますます焚きつけたことは、理解しうることである。

我々は、ベリンスキーの哲学的発展における転換を知った。今や我々は、彼がカリーニンの哲学とスールスキーの哲学との間を絶えず揺れ動いていたのを見ることができる。彼は最初にシェリングに、その次にフィヒテに安心を求め、後にヘーゲル、フォイエルバッハ、社会主義者に至った。——彼は絶えず探し求め、絶えず信じ疑っていた。

彼の書簡は、神をめぐる彼の形而上学的闘いについて繰り返し語っている。

彼が何らかの神としての現実にしがみついた時代に、彼はこう書いている。「私は神の兵士であり、神が命じ、私が行進する」（一八三八年）。しかしながら、スタンケーヴィチの死についての知らせを受けた時（一八四〇年）、彼は生と死について深く考えた。我々は何のためにこの世にいるのか、と彼は問う。我々は死に、腐る。人々と民族は死に、世界は滅びる。シェイクスピアとヘーゲルは無になるだろう……。

一年後にベリンスキーは否定こそ自分の神だと宣言したが、しかしまた一年後にバクーニンにこう書いている。「神なしに人間は何であるか？——冷たい屍である。人間の命は神の中にある。神の中で人間は死に、栄え、苦しみ、幸福になるのだ……」。

ベリンスキーが信じたいと思い、信仰を求めたことを、我々は見た。信仰なしに生きることはできない、と彼は一八四二年に書き、そして社会主義への信仰を見出したとき、彼は書いた。「私は生きるのが楽になった。私の魂の中には、それなしでは生きられないものがある。あらゆる問いに答えを与える信仰がある。しかし、これは既に信仰でも知識でもなく、宗教的な知識であり意識的な宗教である」。

ベリンスキーのこのような主張や他の多くの主張に関して、恐らく、信仰、宗教の概念のより厳密な区別をすることができるだろう。——だが、彼自身がこうしてこの問題に至っているということで十分である。彼が「意識的宗教」と「宗教的知識」を求めたのは、理由のないことではない。——ゴーゴリへの抗議から分かるように、公的な宗教はそれではないし、それを提供しなかった。既に以前に（一八四六年）、彼は、神と宗教の概念は闇と蒙昧と桎梏と鞭を意味する、と述べている……。

ベリンスキーはレールモントフの分析（一八四〇年）の中で、『現代の英雄』において「いかに精神が苦しい内省の中で崩壊するか、いかに感情と自意識が分裂しているか」を確認した。——ベリンスキーはここで、探し求め闘う自らの魂の秘密を暴露したのだった。

ベリンスキーの中にも、二つの魂があった。美学的観点からすると、それはロマン主義とリアリズムの対立だったが、この対立はしかしながらベリンスキーにとって二つの世界観の対立だった。ロマン主義は彼にとって、人間の内面的な神秘的世界であるが、神秘主義は彼にあってはそもそも宗教と同じものを意味する。ロマン主義との闘いは彼にとって宗教との闘いであり、宗教をめぐる闘いである。一方には、信仰、山をも動かすような信仰への希求があり、他方には理性と否定がある。「理性と否定万歳！　伝統、形式、儀式など失せろ！」と、ベリンスキーは自分の友人のボートキンに書いている（一八四〇年）。

ベリンスキーがロマン主義者に分類していた宗教的スラヴ派との彼の闘いも、同様の意味を持っていた。彼は自分の敵の中に同一気質を感得していたのであり、彼らとの闘いは自分自身との闘い、自分の宗教的過去との闘いだった。しかし、ベリンスキーがある時言ったように、高貴な人間は、ブルジョア哲学者たちが見なしているように、光によって滅びることはない。——そして我々は、強くて創造的な懐疑に関する彼の言葉をも知っている。

第12章　西欧主義とスラヴ主義との統合。アポロン・グリゴーリエフ

77

批評家アポロン・アレクサンドロヴィチ・グリゴーリエフは、特別な、興味深い現象である。彼の最初の文学的著作は、四〇年代の中葉に現れた。五〇年代末には彼の主な見解は既に完成されており、それを彼は六〇年代末に、特にドストエフスキー兄弟の二つの雑誌の中で総括的に提示した(1)。グリゴーリエフはしばしば「初期の」スラヴ派に分類されているが、彼を保守派や同様の潮流に入れる者たちもいるだろう。実際には変形されたスラヴ主義が問題であり、同時に、スラヴ派と西欧派の見解を統合しようとする試みが問題である。

グリゴーリエフとその支持者たちは、（ドストエフスキーによって）ポーチヴェンニキと呼ばれた。この名称（ポーチヴァ＝基礎、土台、土壌）は、確固とした基礎、即ちロシアの民衆を持っているということを示唆するが、その際、この言葉の二重の意味は同時に綱領の哲学的な基礎をも示している。

グリゴーリエフは既に一八六一年に、スラヴ派と西欧派の対立を克服されたものと見なした。即ち、一方の潮流も他方の潮流も既に存在しないのであり、プーシキンがこの両方の文化的要素を有機的に結合することに成功した時以来、少なくともその一面性の故にいかなる正当性も持っていないのだと言った。グリゴーリエフは、民族が人類の器官であるように、芸術が民族性の器官、民族精神の器官であると見なした。なぜなら、人類は民族としてのみ存在するからである。偉大な天才たちは、民族の代弁者である。作家は、予言者である。彼らは自分の中から自分の理念と感情を創造し、それを痛みの中で生み出す。真に偉大な作家はみな、自分の「新しい言葉」を持っている。ロシア民族のこのような天才にして予言者の一人が、プーシキンである。プーシキンはロシア主義とヨーロッパ主義の対立を経験したが、しかし彼はこの対立を克服し、偉大な天才として、ヨーロッパ的なタイプに対して真にロシア的なタイプとして対置する必要のある、全く新しい独立したタイプを創造した(2)。プーシキンのベールキンの人物像や同様な性格（ドゥブローフスキー、大尉の娘）に、グリゴーリエフはロシアの民族精神の十全で正しい表現を見ている。プーシキンにおいて初めて、ロシア精神が十分に表現された。それに対して、レールモントフのペチョーリンの中に、我々は、ヨーロッパが、とりわけヨーロッパのロマン主義がロシア人に押しつけた非ロシア的、反ロシア的なタイプを見る。ロシア的タイプ――それは、平和愛好的な人間であ

り、素朴で健全な感覚と誠実な感情を持った、善良で素朴な人間である。輝かしくて情熱的な主人公としてのペチョーリンに、グリゴーリエフは略奪的タイプを見ている。グリゴーリエフは、レールモントフの中ではマクシム・マクシームィチ〔『現代の英雄』の登場人物〕を受け入れた。ベールキンのタイプのほかに、プーシキンはタチヤーナにおいて、肯定的な女性のタイプと肯定的なロシア的理想を創造した。

グリゴーリエフはそれ故に、芸術を単に人生の反映と見なさず、独自に創造された人物形象において積極的な理想を提示する指導的な器官と見なした。それ故に、グリゴーリエフは文芸批評にも、積極的な創造的役割を与えた。ホミャコーフが有機体としての教会について語ったような意味で、またサン・シモンと何よりもまずカーライルが「有機的」という言葉を使ったような意味で、この言葉を用いるならば、グリゴーリエフの批評は「有機的」であろうと努める。またここでは、グリゴーリエフに（彼の文体にも）大きな影響を与えたカーライルの一定の思想が現れている。信仰と空想の上に打ち立てられた健全で積極的な時代と、思考と理性の上に打ち立てられた反動的で消極的な没落の時代という、カーライルによる二つの歴史的時代の区別を、グリゴーリエフは完成させた。グリゴーリエフは確かにロマン主義の反対者であるが、しかし彼の哲学は全くロマン主義的である。彼は理性よりも感情を優先し、神秘主義の名において合理主義を否定し、人間性の理想をロマン主義者たちのように民族的に捉えた。彼はロマン主義者たちと同様に、芸術の中に民族性の指導的器官を見て、その際、芸術を宗教および宗教的情熱と密かに同一視した。グリゴーリエフのカーライル的な英雄崇拝と彼の政治観も、ロマン主義的である。偉大な精神が人類の指導者であるとすれば、議会制民主主義と進歩を求める革命的な努力は正当なものではない。――グリゴーリエフは西欧派に徹底的に反対し、特に当時始まりつつあった政治的宣伝に反対した。

グリゴーリエフが歴史哲学として、また哲学一般として捉えた有機的な批判によって、彼はベリンスキーの「歴史的な」批判を否定したが、とりわけチェルヌィシェフスキー派の政治的功利主義的潮流を彼がそう呼んだような「理論的な」批判に反対した。グリゴーリエフはピーサレフをチェルヌィシェフスキーとドブロリューボフよりも上に置いたが、しかし、彼の一面性と抽象的論理を非難した。その抽象的論理のために、ピーサレフは芸術、民族性、歴史、学問、そして思想自体を無だと宣言したのである。

このような対立にもかかわらず、我々は共通点と一致点を見出す。オストローフスキーに関する後のグリゴーリエフの分析と判断は多くの点でドブロリューボフを想起させるし、反歴史的な思考様式に関してはグリゴーリエフはピーサレフと一致していた。グリゴーリエフはヘーゲル主義を否定し、相対主義を伴う歴史主義を否定した。即ち、人間の精神は永遠の力を持っているのである。そして、この力は有機体としての人間に属し、思想、学問、芸術、民族性、歴史（ここに宗教が欠けているのは特徴的なことである）の中に現れる。それは束の間の結果と発展段階なのではなくて、まさに精神の永遠の力である。

グリゴーリエフはもちろん、「唯美主義者」と彼らの「芸術のための芸術」を否定した。

ロシア人がヨーロッパから新しい物を受け入れるだけではなくて、それを完成させて、それに基づいて更に新しい物を創造するという、思考するロシア人の大きな課題を非常にはっきりと示したという点において、グリゴーリエフは確かに正しかった。この課題を、グリゴーリエフは自らの「有機的な」批判によって表現した。この要求はもちろん新しいものではなく、特にベリンスキーは既に自らの最後の段階に同じ道を進み、非常に多くの事柄においてグリゴーリエフに先鞭をつけていた。グリゴーリエフのほとんどあらゆる個々の思想は、ベリンスキーから引き出すことができるだろう。しかし、「有機性」という基本的な概念を統一的に完成させたのは、グリゴーリエフの功績である。

グリゴーリエフは深い理解力をもって、ロシア文学の中に積極的に新しいものを見出そうとした。彼がオストローフスキーをプーシキンと同列に置き、ゴーゴリに対して不公平だったとしても、それは彼の長所と独創性を帳消しにするような誤りではない。彼はトゥルゲーネフのうち若干のものを認め（『貴族の巣』）、トルストイを高く評価した。誰かが民族性をより厳密に規定する試みをあえてするべきだったが、グリゴーリエフは最新の発展に従ってそれをあえてした。この点で、彼は、ギリシャの教父たちにまで戻っていったスラヴ派とは異なっている。

グリゴーリエフは、統合的な選択において、中庸を保とうとした。彼は、スラヴ派がやったように、ヨーロッパ化する西欧派に対して、彼らの正当性を否定することはしなかった。特に彼はチャアダーエフに非常に共鳴し、ベリンスキーの功績も認めた。しかし、西欧派の節度のなさと、彼らがロシア的なものすべてを否定することを非難した。彼は、ホミャコーフとキレーエフスキーにも真の節度がないことに気づいてはいたものの、彼らを非常に信頼した。彼は、後期スラヴ派と彼らの「些細な理想」を決定的に否定した。

グリゴーリエフは非常に神秘主義なところがあったので、ホミャコーフとキレーエフスキーが神秘的な要素を強調したことに共感した。彼もまたシェリングから出発しており、その影響はカーライルの影響によって更に強められた。もちろん、自分のヨーロッパの教師たちにおいても、彼は、ロシアのために要求したのと同じ統合を行っている。シェリングとカーライルは、ヘーゲルによって合理化された。しかし、彼は特に、リアリスト＝ニヒリストと彼らの実証主義的な無味乾燥さと闘った。この点で彼は、ドストエフスキーと一致していた。そしてそれ故に、ドストエフスキーと協力して、ドストエフスキー兄弟の二つの雑誌を反ニヒリズムの機関誌にしたのである。
　反実証主義的な気分と世界観は、グリゴーリエフの不規則で、ロマン主義的に独創的な生活とも一致していた。彼は、純粋にロシア的なものと思っていた自分の感情によって、ロシアの生活の中に、自分の統合にとって全く特別な要素を見出した。こうして彼は、アル中の人間に純粋な魂を発見したりし、幾つかのこのような錯誤を犯した。彼はかつて、自分自身を「厚かましい」ヒューマニストとしてうまく特徴づけた。――このロシア語（「ナーグルィ」）が法外で乱暴なもののニュアンスを持っているのは、理由のないことではない。グリゴーリエフには、我々がドストエフスキーにおいて十分に発展した形で見出すところの、何か病的なものがある。グリゴーリエフ自身、既に、「不条理な幸福」とか、「苦悩の誇り」とか、ある種の精神的苦悩の「いとわしい甘美さ」などについて語っている。

　グリゴーリエフは、流派を創設しなかった。そのための力も忍耐も持っていなかった。彼の思考には警句的なところがあり、彼の理念は鋭くも明瞭にも定式化されなかった。グリゴーリエフは、思惟のために思惟する理屈屋を好まなかった。それで、2×2は4ではなくて、彼が言ったように、ステアリン蠟燭である。そして、グリゴーリエフの神秘主義は、非常にしばしば論理と矛盾する。にもかかわらず、グリゴーリエフは同様の見解を持つ者たちのサークルに出入りし、彼らに影響を与え、彼らによって他の者たちにも影響を与えた。そのうちドストエフスキーは最も有名である。ドストエフスキーは少なからぬ物をグリゴーリエフから学び、あれこれを受け入れた。ドストエフスキーの特徴全体が、グリゴーリエフと多くの本質的な近縁性を持っている。ドストエフスキー以外に、グリゴーリエフの著作（残念ながら一巻だけだが）の出版者であるストラーホフを更に挙げることができる[3]。

第13章　アレクサンドル・ゲルツェン。哲学的、政治的急進主義

78

ベリンスキーがまだその疲れた目を閉じていない時に、既にゲルツェンは文学的な抵抗と革命を更に推進する準備を固めていた。政治的に思案し、政治的活動へとせき立てられたゲルツェンは、ニコライのロシアにおいて安穏としていられなかった。ちょうどウヴァーロフが公的な綱領を定式化した時代に登場したゲルツェンは、何度か弾圧を受けた後、ヨーロッパを訪問する決心をした。一八四七年にヨーロッパに移住して、一八七〇年の死の時までヨーロッパにとどまった。アレクサンドル二世のより自由な時代になっても、彼が祖国に帰還することはできなかった。

ニコライ時代の亡命の意味と、ゲルツェンによって創造された亡命出版組織を、我々は既に、特に一八四八年以降の反動との関係で評価した。ゲルツェンは第一級の頭脳を協力者に持ち（I・トゥルゲーネフ、初めのうちはI・アクサーコフ、カヴェーリン、サマーリンその他も）、行政と政府の欠陥についての信頼しうる情報を、あらゆる方面から得ていた。ロシアの検閲を通らずに書かれた論文がロシアでいかなる作用を及ぼしたかは、想像に難くない。ゲルツェンの出版物の流通はロシアにおいて非常に良く組織されていたので、彼の出版物は老若を問わずに良く読まれた（ツァーリは『鐘』の毎号を読んでいた）。客観的な批判と暴露は、素晴らしい文体によってその影響力を高めていた。——ゲルツェンは初期の芳しくない文学的試みの後に、フランス語法と変則性にもかかわらず、ロシアの最高の作家と言わないまでも、最良の作家の一人となった。彼のフランス語法と変則性は、ゲルツェンの言葉の生き生きとして燃えるような性格を認めたトゥルゲーネフをも不快にさせた。ゲルツェンは、同時代の歴史が哲学的に解明され論評される一種の覚え書きのような、自分自身の文学的形態を創造した。——ゲルツェンの著作に総括的な題をつけるとすれば、『私の目で見たロシアとヨーロッパの発展』とでもなるだろう。親密に個人的な立場が、論じられる世界的な出来事と日常的な出来事にも、特別な魅力を与えた。彼が自分の考えにうまく対応する言葉を創り出したこと（唯物論者として、彼は「純粋な頭脳」や「頭脳の平等」について語っている）、大胆な新造語と鋭い表現を用いたこと（「ペトログランヂズム」、「デマゴギーからの清教徒」、「鞭の神学」）、概念を規定する時に鋭く要点をつかんだこと（例えば農奴制を「洗礼された財産」と言ったこと）、そして、人間をも事物をもすべて本当の名前で呼ぼうとする彼の決然たる態度（これは、ロシアにとってのみならず、この時代に

はかなり勇気のいることだった）、確信のパトス、アイロニーとパラドックスの使用、詩的な表現、文章を見通しのきく全体へと組み立てる自然でよく考えられた構成――これらはすべて、ゲルツェンが読者の注意を引きつけた長所である。彼にとって必要と思われるところでは、ゲルツェンは直接に詩的な作品に訴えた。彼は、長編小説『誰の罪か？』のほかに、一連の簡潔な短編小説を残している。ここでは対話者が議論し、もちろん意図を読みとることができる。人物が生活し行動している環境の描写は、通例、見事で印象的なものであり、時代の精神生活の描写に貢献するものとなっている。

ゲルツェンは、ニコライの時代に成長した進歩的世代の素晴らしい代表者となり、セヴァストーポリ陥落後のアレクサンドル二世の自由主義的時代の最も勇敢な代弁者となり、いわゆる六〇年代の進歩を愛する若者たちの教師となった(1)。

ゲルツェンの著作（全部ではないが）は、ジェネーヴにおいてロシア語で出版された。ロシアでは現在（一九一三年）でも、完全に自由には出版できない。ようやく一九〇五年にペテルブルグで最初の版が、多くの個所が削除されて出版された(2)。

ゲルツェンのモスクワの友人たちがそうだったように、ゲルツェンはヘーゲルとフォイエルバッハによって哲学的に成熟していった。ベリンスキーはゲルツェンにとっての洗礼者ヨハネであり、ゲルツェンは有機的にベリンスキーの仕事を継承した。ヘーゲルおよびヘーゲル左派が実証主義によってロマン主義と闘ったのと同様に、ゲルツェンは自分の世界観と人生観によってロマン主義を攻撃し、自分自身の中のロマン主義を攻撃した。それはちょうどベリンスキーと同様だった。彼はフォイエルバッハから出発して、神話と神秘主義への生来の傾向を打破しようと試みた。――この覚醒のために、彼は実証主義と唯物論の助けを借り、コントのみならずフォイエルバッハとフォークトの助けを借りた。

ゲルツェンは、ちょうど二月革命が準備されていた時にヨーロッパとパリにやって来た。既に少年の時にゲルツェンは、革命と共和国に憧れていた。フランスの社会主義者たちは、大人になったゲルツェンの中で少年の頃の空想を強めた。革命と人類の進歩へのほとんど神秘主義的な信念を抱いて、彼は革命の約束の地へと急ぎ、フランスで一八四八年を経験した。しかし、まさにこの革命と、革命の後にすぐにやって来た反動と王政復古は彼に、革命を滅ぼしたのは反動ではなくて革命それ自体だということを教えた。ゲルツェンは、革命への信念を失った。

革命的神秘主義からのこの覚醒の分析が、ヨーロッパで出版された最初の著作のテーマだった（『向こう岸から』一八五〇年）。このロシア語版のために彼は「一八四九年へのエピローグ」を書き足したが、それは次のような言葉で始まっていた。「汝に呪いあれ、血と狂気の年、勝利する俗悪さと残忍さと愚鈍さの年――汝に呪いあれ！」……

古い社会秩序は、宗教的幻想に基づいていた。宗教や教会は政治や国家と結びついていたので、ゲルツェンは、カトリック的で封建的（貴族的）な中世の宗教的な夢から人類が目覚めた最初の覚醒を、革命に見た。その革命は、プロテスタンティズムと哲学が開始して、十八世紀の大革命において一時的な結末に至ったのであるが、革命を実施したのは少数者であり、大衆は動かなかった。この少数者は、権力を得るやいなや自らの原理を自ら裏切った。――ロベスピエールもアナカルシス・クローツを、自分とは別の宗教を信じているというので、ギロチンにかけた。革命の理想は少数者の理想だったために、革命は没落したし、没落せざるをえなかった。これらすべての理想と熱狂と信念は、役に立たなかった。なぜなら、信念には正義の理想だけでは不十分であり、信念は頭脳の平等を必要とするが、まさにそれがなかったからである。それ故に、革命の遺産を相続したのは自由の英雄たちや指導的な革命家たちではなくて、ブルジョアジーだった。しかしながら、ブルジョアジーは宗教的、政治的な中途半端さで満足し、プロテスタンティズムと自由主義で満足した。自由主義はまさに、ブルジョアジーの、商人の宗教であり、所有者と非所有者の間の仲介者としての役割しか果たさない、個性のない人間の宗教である。――道具、一種の手段、それがブルジョアである……。

このブルジョア的中途半端さによく合うのが、イギリス的議会主義である。この巨大な粉挽き器は、ブルジョア自由主義の内的な停滞と衰弱に活動の見せかけを保持するために創られたものである。フランスの共和主義的形式主義も、ちょうどそのような価値を持つものである。ブルジョア共和制は、専制より良くも悪くもない。同じ人々、同じブルジョアが、大革命を実施し、その後すぐにナポレオンと国王を王位に就かせたのである。七月革命後ルイ・フィリップがやって来て、二月革命後すぐに、共和主義政府のもとで、既に六月にはカヴェニャックによって労働者が銃撃された（ゲルツェンとトゥルゲーネフは警察によって自分の住居に閉じこめられ、二人は一斉射撃の音を聞いた。――二人は六月の日々を見事に描いている）。最後に、ナポレオン三世の仮装舞踏会が行われた。

これらの慢性的な革命と復古は、何を意味するか？　これまでの革命は単なるドン・キホーテ的振る舞いにすぎず、共和国は古い体制の形態以外の何物でもない。革命が意義を持つべきであるならば、この体制は根本から破壊されねばならない。ヨーロッパ、ヨーロッパの大衆は、君主制的・キリスト教的に考え、感じている。権威、宗教が破壊されない限り、政治的舞台の交替は意味を持たない。真の革命は、今日、社会主義的で無神論・唯物論的なものでなければならず、それは時代が要求している。大衆は、そして大衆のみならず革命家たちも、いまだに信仰するキリスト教徒であるので、ブルジョア革命は独裁君主制に終わる。その独裁君主制に替わるのは、有産者と無産者との闘いであり、共産主義である。大衆が文明から受け取ったものは涙と貧困と無知と屈従以外の何物でもなかったが故に、文明は没落するであろう……。こうして社会主義が勝利するが、社会主義は極めて味気ない形で発展するだろう。ヨーロッパは、革命と「秩序」との闘争の過程で、フス戦争後のチェコのようになるだろう。文明はイギリスへ逃避するか、あるいはむしろ、既に新しい社会制度が開花しているアメリカへ逃避するだろう。しかし、新しい制度はより新しい制度によって駆逐され、少数派は絶えず反乱を起こすだろう。これが歴史の満ち引きである。「こうして繰り返し革命が燃え上がり、繰り返し血が流れるだろう。この血から何が出てくるだろうか？　それは誰にも分からないが、何が出てこようとも、この狂乱、反目、報復、復讐のただ中で、新しい人間を圧迫し、彼が生きることを妨げ、未来の到来を妨げるような世界は滅びるだろう。そして、それは素晴らしいことであり、それ故に——混沌と破壊よ万歳！死よ万歳！　そして、未来が建立されんことを！」

そして再び。「我々の使命、我々の事業は、幻滅によって、苦悩によって、真実を前にした謙譲と服従に至り、未来の世代をこの悲しみから救うことである。人類は、我々によって酔いを醒ます。我々は人類の二日酔いであり、人類の陣痛である。もしも出産が無事に済めば、すべてがためになるだろう。しかし我々は、途中で子供か母親が、場合によっては二人とも死ぬことがありうることを忘れてはならない。そしてその時、その時こそ、歴史はそのモルモン教と共に新しい受胎を始めるだろう……。よろしい、諸君！」

これによれば、人生と歴史の意味は、人生も歴史も意味を持たないということである。

フランス革命とドイツの学問は、ヨーロッパのヘラクレスの柱である。フランス革命は、思想と生活の自由を宣言したが、この自由はヨーロッパのカトリック的組織とは結びつけられないものだということを明瞭に認識しなかった（「カトリック的」という言葉をゲルツェンはしばしば、キリスト教的という意味で用いている。すると、プロテスタンティズムと自由主義はカトリシズムの局面として現れることになる）。ドイツの学問は思弁的な宗教であり、カトリシズムの後期の局面にすぎない。——ルソーとヘーゲルはキリスト教徒であり、ロベスピエールとサン・ジュストは君主主義者である……。

国民公会の共和国は、五頭政治的絶対主義であり、同時に市民的なドグマを持った教会である。——人民は以前と同様に「俗人」のままであり、操られる存在だった。

しかし、「自由」という恐ろしい言葉が、習慣と儀式と権威の世界をゆるがした。血管の中にこの毒が流れているならば、古い肉体は助からない。それ故に、皇帝支配の不合理な時代の後で、人々は国民的な危機を自覚した。多少とも深く思索した人々はみな、激動を予期した。——シャトーブリアン、ラムネ（初期において）、ド・メーストル、ヘーゲル、ニーブール……。最後に二人の巨人、ゲーテとバイロンがやって来て、この歴史的時代を閉じた。——バイロンは「懐疑と憤激の詩人であり、聴罪司祭であり、死刑執行人であると同時に犠牲者である」。

バイロン的な誇り、『カイン』の中のルシファー――これが救済への唯一の道である。ゲーテのファウストもいまだ児戯に等しい。彼のメフィストフェレスもまだ動揺で満足している。そしてそれ故に、悲劇と一時的な絶望は、ドイツ的な「永遠の相のもとで」の救いに終わる……。フランス人は、政治的な雑談によって窮状を脱しようとする。――「恐ろしい巨人」であるバイロンは、人々に自らの軽蔑を歯に衣着せずに表明し、出口はないと忌憚なく言う勇気を持っていた。そこでは、否定についての才気煥発なおしゃべりも、不信仰の冗談も、官能性による欺瞞も、役に立たなかった。そこには無邪気な少女も、酒も、ダイアモンドもない。――そこでは平静のうちに、殺人、犯罪がやって来る……。幻想のない確信だけが、平和をもたらしうる。ゲルツェンは、彼にとってすべてだった存在の死をいかに耐えねばならなかったか、また耐えることができたかという、自分自身の事例を我々に示している。「私の周りに霧がたちこめ、私は荒々しくて鈍い絶望に陥った。けれども、私は、希望で自分を慰めようとせず、自分の悲しみをあの世での再会という愚かな考えに一瞬たりとも委ねなかった」。同様に、カヴェーリンが息子を失ったとき、ゲルツェンは彼に、仕事と義務の慰めだけを与えた……。

ソドムとゴモラからの数少ない正しき者たち、精神によっては強いが行動によっては弱い者たちの務めとして残るのは、近づきつつある贖いの喜ばしき知らせとしての、死の知らせについての説教である。この死と文明の没落の福音は行動への意欲を失わせうるという反駁を却けて、ゲルツェンは、理解することは既に行動であり既に実行であると主張した……。

ゲルツェンがこのようにして自分の革命的幻想を葬り破壊する本を、彼は自分の十五歳の息子に捧げている。「私はおまえを欺きたくない。私と同じように真実を知りなさい。この真実は、苦悩に満ちた誤りや死ぬような幻滅によってではなくて、単純に相続権によっておまえに与えられるものだ……。この本の中に解決を探すな。この本の中に解決はないし、そもそも現代の人間には解決はない。解決されているものは終わったものであるが、迫りつつある激変は、ようやく始まるところである……。我々は建設するのではなくて、破壊する。我々は新しい発見を告げ知らせるのではなくて、古い嘘を取り除く。悲しき法王である現代の人間は、橋を建てるだけである。――別の、未知の、未来の者が、その橋を渡るだろう。おまえはその者を見るかもしれない……。古い岸にとどまるな……。反動の養老院に避難するより、古い岸と共に滅んだ方がましだ。未来の社会的改造の宗教が、私がおまえに遺言する唯一の宗教だ。自らの意識以外に、良心以外に、それには楽園はなく、報酬はない……。時が来たら、それを故郷に説きに行きなさい。そこではかつて私の言葉が愛された。そして多分、私が思い出されるだろう。

人間の理性と個人の自由と友愛の名において、おまえをこの道へと祝福する！」

79

私がゲルツェンの著作家としての技量を読者に示すことに成功したかどうかは、分からない。私はできる限り彼の言葉に即して、彼の叙述を中断しないようにした。

宗教的幻想の分析において、ゲルツェンがよく知っていた哲学者、コントとフォイエルバッハの見解の魅惑的な統合が見出される。ただ、シュティルナーの絶対的な瀆神が若干混じっている。キリスト教とカトリシズムとの同一化、カトリシズムの否定としてのプロテスタンティズムの評価、形而上学の評価、カトリシズムの政治的性格の強調は、コントに由来する。ゲルツェンが問題に与えている概念は、もちろん、むしろ直接プルードンに、部分的にはサン・シモンに遡る。そのほか、ゲルツェンはチャアダーエフによってカトリシズムの意義に注意を向けられた。ゲルツェンは、一八四〇〜四一年の自分の最初の文学的著作においてチャアダーエフを扱い（『ある若者の手記』『再びある若者の手記から』）、チャアダーエフと非常に親密な個人的友情を結んでいた。文明の歴史哲学的評価はルソーとフランスの社会主義者たちの影響を示しており、歴史の円環的発展は既にその術語によってヴィーコの影響を示している。しかしながら、ヴィーコの見解はカーライルの意味で変更されている。仮借のない唯物論に関してはフォークトの影響が挙げられる（ゲルツェンはフォークトを個人的に訪ねた）。霊魂不死の問題における不一致のためにゲルツェンがグラノーフスキーと仲違いしたことが想起される。ゲーテのメフィストフェレスをも想わせるような気分からは、ショーペンハウエルとヴォルテールが多少感じ取られる。実践的行動の考えは、バイロンのルシファーから得たものである……。

ゲルツェンは、折衷主義という非難を受けた。それは正しくもあるし、誤ってもいる。ゲルツェンはヨーロッパの思想家たちを知っているし、ヨーロッパに暮らしてその教養を身につけたが、しかし、ヨーロッパから自分と同質のものしか受け入れなかったし、多様な要素から、彼の個性の表現である全体を作り上げた。ゲルツェンには、このような有機的統合の力があった。

ゲルツェンは、ヨーロッパ文化の諸要素を、ロシアの思想家を通しても知った。即ち、ゲルツェンの中にはベリンスキー、ホミャコーフ、キレーエフスキー、チャアダーエフ、バクーニン、とりわけチェルヌィシェフスキーが認められ、ゲーテとバイロンだけでなくプーシキンとゴーゴリが認められる。ゲルツェンと彼の先行者、教師、友人との一致や、彼らへのゲルツェンの依存について詳細に述べることは、私の課題ではない。ゲルツェンが一八四八年に自らの見解をどの程度変えたかという問題を詳細に扱うこともしない。よく見るならば、ゲルツェンはフォイエルバッハの考えをシュティルナーの方向へ推し進めた。――もちろん、ゲルツェンの気分は、シュティルナーのそれとは全く異なるが。実証主義的な覚醒は、宗教的な幻想だけではなく、政治的な幻想、革命の幻想までも打ち砕いた(3)。

ゲルツェンの宗教哲学と歴史哲学は、我々の関心を惹く。この点で、何よりもまず、ベリンスキーと同様に（しかしフォイエルバッハとコントとヒュームもそうである！）、ゲルツェンが神話や神話学を宗教と混同していることを強調する必要がある。それ故に、ゲルツェンは、宗教と教会あるいは教会宗教との相違を意識しなかった(4)。

あらゆる宗教、あらゆる神話と同様に、キリスト教も彼にとって、倫理的に、彼の表現によれば「死の崇拝」である。「永遠の相のもとでは死には意味がないが、この観点からはほかの何物にも意味がない」。――この言葉によってゲルツェンは、キリスト教の現世逃避性を特徴づけている。確かに、ゲルツェンがキリスト教に対してこのように反駁したとき（一八五八年）、彼が念頭に置いていたのは何よりもまず自国の正教だったに違いない。このことは、カトリシズムに関する彼の判断が証明している。ゲルツェンは、カトリシズムを、正教と違って、発展の能力のあるものとして描いた。彼は、正教とビザンチン主義を、キリスト教のより低い形態として、否定的に見た。ビザンチン芸術は彼にとって、この命題のための証拠である。彼は正教を「停滞的な」ものと呼んだ（一八四三年）。しかしゲルツェンは、正教の弱点の中に、一般にロシアの弱点の中と同様に、大きな消極的優位を見ようとした。即ち、カトリシズムがヨーロッパの生活に完全に浸透しているのに対して、ロシアの教会は生活への影響力を持たなかった、という点である。それ故に、ゲルツェンにとって、カトリシズムはまさしくキリスト教であるが、正教は「悪しき可能性」に過ぎなかった。こうして、一般にロシアが今まで何も成し遂げなかったし、それ故にますます成し遂げねばならないし、成し遂げることができる、という意味で、正教とその欠点はロシアにとって幸いである。

ゲルツェンは、正教にも名誉ある例外を認めており、それは旧教徒である。旧教徒はゲルツェンにとって、民族の最も精力的で最も健康な部分であり、民族の理念、民族の精神、民族の伝統・風俗・習慣を保ってきた。

ゲルツェンがチャアダーエフと彼のカトリック的傾向について報告しているところで、彼はロシアの正教と違ってカトリシズムの中に、ロシア人に強い印象を与え、それ故にチャアダーエフのみならず他の人々をもカトリシズムへと導いた多くの特性を見出した。しかも、ゲルツェンの見解によれば、カトリシズムはまさにその積極的な明確さによって消極的な正教に打ち勝ったのである。

ゲルツェン自身、カトリシズムから強い印象を受けたうちの一人である。それ故に彼は、プロテスタンティズムの消極性に関するカトリックの見解を受け入れたのである。そのような見解は、ちなみに、コントも、またド・メーストルも表明した。ゲルツェンはプロテスタンティズムを、ドイツの学問・哲学および自由主義とあまりにも同一視しすぎた。コントと同様に、ゲルツェンは神学と宗教の区別をしなかった。

80

ゲルツェンは既に少年の時にヴォルテール主義者だったが、しかしヴォルテールはゲルツェンのロマン主義と神秘主義への傾斜を妨げなかった。にもかかわらず、ゲルツェンはかなり容易に、また素早く、神秘主義からヘーゲル主義とヘーゲル左派へと移行した。後にフランスとイギリスの実証主義を知ると、絶えず実証主義的方向を守ろうとした。しかしそれは、彼自身が考えていたより難しいことだった。

ゲルツェン自身、ロマン主義と神秘主義から実証主義的科学への自らの移行を特徴づけて、自分は初めはまだ科学の神秘主義者だったと言っている。このことでゲルツェンが考えていたのは、彼は信仰の対象を変えただけであり、彼が革命家たちやブルジョアジーを非難したように、信仰そのものを変えたのではないということだった。彼は革命への自分の「神秘主義的な」信仰の時代全体を、この段階に数えている。この時代に、ゲルツェンは人類を信じ、社会主義者のユートピアその他を信じていた。しかし彼は、神と天国を信じることが滑稽で愚かであるならば、それもまた滑稽で愚かではないかと、自問している。

ゲルツェンは実証主義とその科学的冷静さを、ほとんど常に、哲学的格闘の「苦い」果実、「重い十字架」と感じていた。彼の初期のフォイエルバッハ主義において（一八四三年）、実証主義的科学の「恐ろしい吸血鬼」、「冷たさ」などといった表現に出会う。それは、ドイツとフランスのロマン主義者において、また実証主義の創始者自身においても見られるような表現である。ゲルツェンは、実証主義は闘いによって獲得されねばならないことを知っていた。ゲルツェンがイエスと共に述べているように、思考する、強い人間は、完全に魂を失って、再びそれを見出さねばならない。――懐疑、「道徳的自殺」のみならず、魂のない単に否定的な無神論も克服しなければならない。しかし、実証主義を求めるあらゆる努力にもかかわらず、「もしも私が祈ることができたら……」という願望がしばしば口から出る。この願望は経験に根ざしている。即ち、一八三九年、彼は自分の妻と友人のオガリョーフと共に、両家の親交の喜びと感謝の故に祈った。オガリョーフは当時、宗教的な恍惚の中で、殉教を望んでいた……。一八四八年後の反動はゲルツェンから幻想を奪い去り、彼はついに徹底した実証主義者になろうと欲した。しかし、彼の「呪い」にもかかわらず、いやまさにそもそもそのために、非実証主義的な気分がかなりしばしば戻って来た。私は、馬鹿げた不死の理念に関する激しい表現を引用したが、それは一八五二年のものである。しかし間もなく、ゲルツェンにはもっと穏健な言葉が見出されるようになる。例えば一八五五年に、彼は、自分の友人でポーランド人の亡命者ヴォルツェルの死を記述している。ヴォルツェルは、死ぬまで「古い理想主義者」としてとどまり、自分のユートピアの実現を信じていた。マッツィーニがヴォルツェルの目を閉じてやった。——「彼に必要なのは死者のための祈りであって、真実ではない……」。

ゲルツェンはもちろん、神秘主義からの仮借のない覚醒のための規則を作ったが、[5]しかし再び、絶望にあって彼を救ったのは子供や若干の友人や仕事（自らの発展の記述）だったという告白（一八五五年）が見られる。概して、酔いから醒めたときでも、彼には「個人の宗教、二、三の人々への信頼、自分自身と人間の意志への信頼」が残ったと、ゲルツェンは告白している。

しかしながら、まもなくゲルツェンは、とりわけロシアへの信仰を見出した。「ロシアへの信仰が道徳的破滅の瀬戸際で私を救った」と、既に一八五四年に書いている。「この信仰に対して、それを通した回復に対して、私は自分の祖国に感謝する。私がもう一度祖国を見ることがあろうがなかろうが、私は祖国への愛を墓場まで持ち続けるだろう」。一八五七年に彼は、自分の次の仕事の綱領を定式化している。「仕事すること、活動すること、我々のために既にかなり尽くしてくれたロシア人民のために活動すること！」

これが実証主義的な気分であろうか、これが批判的な実証主義的知識であろうか？

ゲルツェンが自分をフォークトの科学的実証主義と比べたならば、彼はその冷厳さは自分向きではないと悟ったであろう。「我々は我々を震撼させ悩ますものすべてを愛するが、そのように我々が愛する悲しい魅惑と病的なユーモアの詩」を、彼はあまりにも愛した。ゲルツェンはしばしば、ロシア人は憂鬱で懐疑的で皮肉だと繰り返していた。彼は、これらの性質が人種に根ざすものなのか、それとも時代の状況に根ざすものなのか、という問いを解決しなかった。彼は、信仰の対立物を知識にではなくて懐疑に見た。そして、自分は絶えず懐疑へと、「懐疑と不興の詩人」バイロンの懐疑へと戻る、と告白した。彼は、それによって自分が、実証主義によってヒュームの懐疑を克服しようとしたコントにではなくて、まさにヒュームに近づいたことを知っていた。[6]ゲルツェンは、徹底的な不動の実証主義者になるためには、「宗教的マニア」からの離脱に続く幻滅の痛みをあまりにも感じすぎた。

ベリンスキーと同様にゲルツェンも、信じたかったし、信じねばならなかった。彼の懐疑は慢性的なものではなく、バイロンのルシファーの気分も長続きしなかった。——ゲルツェンは、愛と友情を熱望した。そして、この方面での経験が、軽蔑的な傲慢と刺すようなアイロニーを悲しみによって和らげた。内的な経験に富んだ自分の生活の悲しい状況の中に、ゲルツェンは一度ならず、涙の解放的な幸福を見出した。このような気分の中にあっては、実証主義的科学は役に立たない。彼は確かに、科学を信じ、その成果の中に慰めを見出した。生活においては科学だけが絶対的な価値を持っているということの証拠として、ゲルツェンは、ニューヨークからロンドンへの最初の海底電報を報道した新聞の切り抜きを自分の友人に送った。しかし、これも実際には、別の気分に変わる一時的な気分にすぎなかった。

このような自分の立場から、ゲルツェンは、ロシアで成長しつつあるニヒリストと袂を分かたねばならなかった。ニヒリストたちはちょうどゲルツェンと同様に、ゲルツェンに教えられて、実証主義的な唯物論をロマン主義と神秘主義に徹底的に対置した。この決別のきっかけとなったのは、チェルヌィシェフスキーとその信奉者たちの文学的活動のみならず、ゲルツェンに対する直接の論争と、一八六一年に発表された小説『父と子』におけるトゥルゲーネフによるニヒリズムの分析に関する議論だった。

シベリアへ流刑にされて途中で殺されたN・A・セルノ＝ソロヴィエーヴィチ〔ニコライ・アレクサンドロヴィチ・セルノ＝ソロヴィエーヴィチ。一八三四～六六。ロシアのジャーナリスト・革命家〕の弟で、既に反ゲルツェン的な若い世代の一人であるA・A・セルノ＝ソロヴィエーヴィチ〔アレクサンドル・アレクサンドロヴィチ・セルノ＝ソロヴィエーヴィチ。一八三八～六九。ロシアの革命家〕が、一八六七年に、ゲルツェンに反対する辛辣な小冊子を書いた。(7) この小冊子を、ゲルツェンは、自分のニヒリズム断罪のための犯罪証拠物件として友人のバクーニンに送った。バクーニンは弁護をもって答えた。その後、一八六九年に、ゲルツェンは決定的にバザーロフ主義と袂を分かった。

ゲルツェンはニヒリズムに、「ロシアの発展における崇高な現象」を見て、ニヒリズムを自分の実証主義的な「覚醒」の意味で解釈した。しかし彼は全く別の帰結に至っており、「覚醒」の概念自体も修正された。

「ニヒリズムは制限のない論理であり、ドグマのない科学である。それは経験への無条件的な恭順であり、いかなる帰結であれ、それが観察から得られたもので理性が必要とするものならば、文句を言わずに受け入れることである。ニヒリズムは、何かを無に変えてしまうのではなく、何かとして受け取られる無が光学的な錯覚であることを明らかにし、あらゆる真理は、それがいかに事実の観念に背馳するものであろうと、それよりも健全であり、どんなことがあっても義務的なものであることを明らかにする」。ニヒリズムは、とゲルツェンは反論する、事実と思想を無に変えることではない。それは実りのない懐疑主義ではなく、高慢な受動性でも絶望的な受動性でもなく（この意味でなら、トゥルゲーネフが、彼の好きなショーペンハウエルと共に、「最大のニヒリスト」であろう）、『死せる魂』においてゴーゴリがやったように、またベリンスキーがやったように、古いロシアの現実主義的批判なのである。「しかし、ニヒリズムは、新しい原理・原則をもたらさなかった」とゲルツェンは認めた。

ゲルツェンは特に、ピーサレフによるバザーロフの解釈を却けた。ゲルツェンは、バザーロフが何物をもそっとしておかないで、ロシアにおいてすべての物、すべての人々を上から見下しているといってバザーロフを非難し、とりわけ彼がデカブリストと彼らの意義を理解しなかったといってバザーロフを批判した。

「科学がバザーロフを救うであろう。彼は深くて露骨な軽蔑と共に人々を高みから見下すことをやめるであろう。科学は、福音書よりももっと我々に恭順を教える。科学は何物をも上から見下すことはできない。科学は上からということがどういうことかを知らない。科学は何物をも軽蔑せず、役割のために嘘をつかず、何物をも媚びのために隠すことをしない。科学は研究者として、しばしば医師として、事実の前に立ち止まる。決して刑吏としてではなく、ましてや敵意や皮肉をもってではなく、事実の前に立ち止まる。

科学は——私には幾つかの言葉を魂の静寂の中に隠しておく義務はない——科学は、スピノザが思想と知識について言ったように、愛である」。

バイロンのルシファーとアイロニーは、愛によって永遠に克服され、ゲルツェンがベリンスキーやロシアの友人にも敵対者にも特徴的なものとして描いている人間性によって永遠に克服された。このロシアの人間性は、「確信の狂信」にもかかわらず、一定の状況のもとでは、非常に穏和で寛大である。少なくとも自分自身の中に、ゲルツェンは特別なためらいを見出した（ゲルツェンはドイツ語のdas Zögerndeという言葉を用いている）。このようにしてゲルツェンは、正しくないと分かってはいたものの、一八六三年以降バクーニンに譲歩した(8)……。

ゲルツェンが愛のニヒリズムを信じることを告白したのと同じ年に、彼はバクーニンと袂を分かって、こう述べた。『信じるな！』と言うことは、『信じろ！』と言うこととまさに同じ権威主義であり、愚行である」。

そしてゲルツェンは、愛のみならず、義務の観念にも到達した。

既に初期の論文で、ゲルツェンは「仏教」と「科学のディレッタンティズム」に反対した。——生活と関係を持たない純粋な哲学的理論は、ゲルツェンにとっては価値がなく、意味もない。「……人間は論理だけを使命としているわけではない。更に社会歴史的な、道徳的に自由な、積極的に活動的な世界を使命としている。人間は否定的な理解の能力を持っているだけではなく、肯定的な理性と呼びうる意志をも持っている」。ドイツ観念論から取られた一八四三年のこの定式を、我々はゲルツェンにしばしば見出す（ホミャコーフが意志と理性を対等視したのは一八五九年のことで、それも出所は同じである）。

義務の問題、即ち、個人がこのように行動しなければならず別な風に行動してはならないのはなぜか、個人があれこれの決断をして道徳的に拘束されていると感じるのはなぜか、という問題に、ゲルツェンは、「科学の発展とその現状は、我々が好むと好まざるとにかかわらず、若干の真実を認めざるをえなくしている」ということによって答えようとした。このような解決を、ゲルツェンは一八四五年に、上述のグラノーフスキーとの対話において出した。そのような義務は単に相対的なものであり、結局のところそもそも義務ではなくて歴史的問題であるというような反論に対して、ゲルツェンは、このような真実は歴史的問題であることをやめて、単純に逆らうことのできない意識の事実となる、と答えた。ゲルツェンがこれらの「事実」をユークリッドの理論と比較したのは、もちろん認識論的にはあまり成功していないが、しかしまさに重要なのは、一定の真実の完全な義務性を強調しようとしたことである。ゲルツェンは、この見解に繰り返し戻っている。トゥルゲーネフのバザーロフに関する論文において、理性の絶対的な要求であり、我々が厳密に科学的に獲得した真実は、どんなことがあっても義務的なものであるということを、我々は聞いた。「不毛な懐疑主義」、アイロニー、バイロンのルシファーとその気分は、こうして決定的に克服された。

81

一八四八年以後のバイロン的気分の中でゲルツェンは、隣人への軽蔑、『カイン』のルシファー的傲慢に近づいた。――そして、軽蔑のみならず、直接に犯罪的な気分、犯罪、殺人に近づいた……。殺人？　犯罪の問題に、ゲルツェンは、彼の前にベリンスキー（そしてバクーニン）がそうだったように、観念論によって導かれた。

バクーニンやベリンスキーと同様に、ゲルツェンは「主観主義対客観主義」という問題の前に立たされて、両者の調和的結合をめざすことを決意した。この解決において、彼の力になったのはドイツ哲学の発展であり、彼自身、その基本的輪郭を描いた。その著作は『自然研究書簡』という題名を持ち、ゲルツェンの最も徹底した哲学的著作であり、それはロシア哲学の発展に形を与えるような影響を与えた。既にここで（この著作は一八六五年〔正しくは一八四五年〕に完成された）、ゲルツェンは形而上学においてフォイエルバッハと共に実証主義と唯物論の立場を取り、それによって同時に主観主義と客観主義との間の鋭い対立に橋を渡そうとした。ヘーゲルにおいて（シェリングやフィヒテにおいてではなく、またカントにおいてではなく）ゲルツェンはドイツ哲学の、またそれによって哲学一般の、最後の言葉を見出しており、ドイツ哲学をゲルツェンは新しい思想の究極として評価した。ゲルツェンは、ヘーゲルを越えてそれ以上の哲学の進歩を想定できなかった。ヘーゲル左派もフォイエルバッハも、既にヘーゲルに萌芽的に含まれていたものだけをもたらしたのだという。

カントからフィヒテを経てシェリングに至るドイツ哲学の

歴史を、ゲルツェンは、ミラボー、ロベスピエール、ナポレオンという名前によって特徴付けられるような政治的発展と比較している（E・キネに従って）。ようやくヘーゲルが、主観主義と客観主義の二元論を除去することによって、正しい立場を見出したのである。極端で一面的な認識論的、形而上学的主観主義――ロベスピエール――を、ゲルツェンは、ベリンスキーやバクーニンと同様に批判した。それは、耐え難く厚かましいものを持ち、傲慢で、批判において容赦ないという。それは、それと対立する立場、一面的な客観主義――ナポレオン――あるいはゲルツェンがドイツの学界用語を用いて言っているように一面的な経験論とちょうど同じように、その一面性のために真理に到達することはできないという。ゲルツェンの定式によれば、経験論を合理主義と結びつける必要がある。

ゲルツェンは、極端な主観主義と個人主義を、倫理的にも利己主義として拒否した。フォイエルバッハから最初に影響を受けた時代に、ゲルツェンは自分の教師と同じような表現を用いた。即ち、人間は「汝」に対立し、個人的なものとしての心は普遍的なものに対立し、あるいは個人は種族に対立し、両者に平等な権利が与えられる、というのである。小説『誰の罪か？』において、個人に家族が対立する。シュティルナーを知った後、ゲルツェンは個人主義をより明確に利己主義として捉えた。人間には生来の利己主義ないし個人主義と社会性があるとも、ゲルツェンは言っている（ゲルツェンは社会性＝オプシチェーストヴェンノスチという、やや曖昧な言葉を使っている）。フランス的な利他主義という表現も、時々使っている。しばしば人間の生来のこれら二つの性質が確認され、両者が認められ、利己主義も擁護される（「スラヴ人は最も利己主義が少ない」）。ゲルツェンは問う――利己主義、自らの意志（恣意という二次的な意味を持つスヴォエヴォーリエ）は、なぜ他者の意志（チュジェヴォーリエ）に従属しなければならないのか？　個人は「歴史的世界の頂点」であり、「その時代の生きた、意識的な器官」である。とりわけ天才的な個人はそうである。ベリンスキーと同じくゲルツェンは、天才的な個人は民族と人類の器官であると宣言した。ゲルツェンが認めた限りでの革命というものを開始し遂行したのは何らかの階級、とりわけブルジョアジーではなく、自由な人々だった。即ち、ウルリヒ・フォン・フッテンは騎士であり、ヴォルテールは貴族であり、ルソーは時計職人の息子であり、シラーは軍医であり、ゲーテは商人の息子だった。これらの自由な人々は、いかなる階級にも属さなかった。集団としてのブルジョアジーは、彼らの仕事の成果を我が物にしたにすぎない。

この極端な個人主義と並んで、絶えずフォイエルバッハの定式が現れる（例えば、『向こう岸から』には、我と汝の対立はない）。そしてゲルツェンは、個人の神聖さにもかかわらず、社会がアトムに分裂しないように警告した。この観点からは、バイロン的な犯罪のための論理的な場所は、倫理的にも形而上学的にも存在しない。

彼が革命を呪ったとき、バイロン的犯罪と殺人ということで何を念頭に置いていたのであろうか？　ベリンスキーのカリーニンは殺人を犯すが、殺人者も自殺する。このような解決をゲルツェンは確かに望んでいなかったが、ベリンスキー自身は自分の主人公の上に立つ。バイロン的気分と殺人の決意は、自分の環境によって無思慮な行動に駆り立てられたカリーニンの殺人とは別物である。

ゲルツェンは革命の問題に直面して、決断を迫られた。しかしながら、ヨーロッパはロシアにも革命の模範を与えた。デカブリストの記憶は、ゲルツェンにとって常に神聖だった。それ故に彼は革命の熱狂を抱き、期待に満ちてパリに急いだのである。ゲルツェンはロシア人として、外国人として、革命に加わることを強いられはしなかった。それは当然のことである。たとえフランス人だったとしても、積極的に参加しなくてもよかったであろう。しかし、ゲルツェンがあのように革命を断罪したのは正しかったのであろうか？

そして改めて問うが、バイロンの『カイン』にならった殺人の決意はどうなったのであろうか？　一八四八年のために、まさにゲルツェンと同様に殺人の決意を下し実行した人々へのあの軽蔑は何故、なんのためだったのであろうか？　明瞭に思い描き、最後まで考えねばならない。即ち、革命は、一八四八年の革命は、犯罪と殺人をも意味する。そしてそもそも、犯罪と犯罪、殺人と殺人の間で決定することが問題になる。

ゲルツェンは、一八四八年に実際に革命に反対を表明した。バイロン的気分と殺人の決意は、当時、道徳的自己欺瞞だった。我々は、ゲルツェンの革命観の再検討から、必然的にこのような結論に至る。

ゲルツェンは既に一八四〇年にフォイエルバッハ主義者であり、一八四五年に客観主義と主観主義を和解させた。彼は既に実証主義者だったが、にもかかわらず、まだ一八四八年に革命的熱狂にひたることができた。オーストリア、ハンガリー、ドイツ、フランス、その他の国における一八四八年後の反動を見るに及んで、彼は革命に反感を抱くようになった。フォイエルバッハのドイツ人の支持者たちも大部分革命に賛成し、直接に革命を行った。フォイエルバッハ自身は、ゲルツェンと同じように、同じ理由から、革命に賛成せずに反対した。革命に賛成するか反対するか、とりわけ自分自身が革命の闘争に参加するか革命に反対する闘争に参加するか——これらの問題に対しては、フォイエルバッハ的見地から異なる解答が出された。

ゲルツェンが一八四八年をやや軽率に呪ったことを、詳細に述べる必要はない。革命はそのあらゆる誤りにもかかわらず、政治的にも文化的にも多くの価値あることを行ったことを、ゲルツェンはどうして見ずにいられたのだろうか？　発展というものは一歩一歩、少しずつ進むということを、どうして理解せずにいられたのだろうか？　かりにゲルツェンが一八四八年革命の誤りを正しく判断し断罪したとしても、それによって本来の問題が解決されているだろうか？

共和制の評価、あるいは共和制導入の様々な試みの評価も、軽率である。ゲルツェンは、一八四八年の共和制は原則的に君主制と大して変わらないと正しく判断したが、しかし、本当に全く何の違いもなかったであろうか？　彼自身は、社会主義的共和制を要求したが、政治的、ブルジョア的共和制は彼の理想への一歩前進ではなかったか？　これらすべての問題について、一八四八年以後、少なからぬ政治的知識人が考えた。とりわけゲルツェンの友人のバクーニンと二人の敵対者だったカール・マルクスが、ゲルツェンよりも正しく考えた。

そしてもちろん、立憲制と議会制をあっさりと否定することも、誤りである。皇帝ニコライが立憲君主制を虚偽として断罪し、共和国をいかに「理解」していたかをゲルツェンが思い出していたなら、彼は問題をもっと政治的に考えていたことであろう。ゲルツェンはペインと一般にアメリカの例を引き合いに出したが、しかしアメリカもまた、その自由と共和制を革命によって得たのではなかったか？

ペインについて言えば、ゲルツェンがその良識を非常に評価したペインにおいて、彼も重要な指針を見出すことができたかもしれない。即ち、政治的自由は宗教的および哲学的自由の支えであり、したがって一定の状況下では、我々が宗教的自由を準備するように政治的に活動することが義務であり、またその逆のための活動が義務である、ということをペインは強調した。ペイン自身、イギリス人だったにもかかわらず、フランス革命に参加した。

ゲルツェンは、革命の問題をしばしば論じないわけにはいかなかった。革命が早晩復興される可能性を信じてそのために働いていた、亡命中のヨーロッパの友人たちの見解が、ゲルツェンをそうするように促した。また、革命を信じていたロシア人、特に彼の友人のオガリョーフと、なかでもバクーニンが、そうするように促した。直接の解答を強いられて、ゲルツェンは革命に反対すること、とりわけ革命への自分自身の参加に反対することを選んだ。

一八五一年にゲルツェンは、マッツィーニに宛ててこう書いている。――十三歳の時から自分は唯一の思想に奉仕し、個人の完全な独立の名においてあらゆる抑圧との闘いを行っている。それ故に、自分のささやかなパルチザン的闘いを続けたい。大きな革命軍のもとでも「自分の責任で動く」真のコサックになりたいが、その幹部が完全に変わらない限り、正規の幹部には入らない……。ゲルツェンはここで明らかに、決定的な革命が必要になるのはもっとずっと後のことだと、考えていたに違いない。当面彼は、制度よりも人間を当てにし、それ故に、哲学的、文学的、ジャーナリズム的な啓蒙的仕事をより必要で、より重要で、そして、より革命的なものと見なしていた。

フランス、イタリア、ドイツの有名な政治的指導者との個人的面識にもかかわらず、ゲルツェン自身は、決して政治的扇動に参加しなかったし、とりわけ彼は、一切の秘密結社の原理的反対者であって、当時作られ始めたロシアの革命党のメンバーにはならなかった。一八三七年のベリンスキーと同様に、ゲルツェンは、秘密性を、たとえ急進的であっても古い政治の方法として批判した。ゲルツェンはプロパガンダを軽蔑し（一八五三年）、カラコーゾフによるツァーリ暗殺（一八六六年）や一般に政治的殺人を断固として非難したので、革命集団の指導者たちはゲルツェンに抗議した。

ゲルツェンは一八六九年に、バクーニンに宛てた『古い同志への手紙』において、決定的に革命を精算した。

ブルジョアの国家は人民の国家に変革されるべきだという到達目標においてゲルツェンはバクーニンと一致するが、革命家の戦術は誤っているという。国民、国民全体、人民大衆は、いかなるクーデターによっても、いかなる軽率な行動によっても、人民の国家のために教育されえない。財産、家族、教会、国家は、自由に、理性的な自由に向けた人類の教育の手段だったし、いまだにそうである！

社会は発展し、ゆっくりと進む。国家ももちろん、過渡的な形態であるが、既に克服された形態では決してない。

ゲルツェンはもはや、歴史の飛躍を信じない。彼は一歩一歩の歩みを欲し、古くて時代遅れの革命を信じず、暴力とテロリズムから全く何物も期待しない。バクーニンの神経質な扇動も信じない。ゲルツェンは、人々が内面的に自由であること以上に彼らを外面的に解放することができるとは信じない。

ゲルツェンは、彼が単なる進歩主義者にすぎず、妥協の支持者だという非難を恐れなかった。文明が鞭によって築かれることを欲しない者は、解放がギロチンによって達成されることを望むべきではない。――誠実な人間は、アッティラの役割を演じることを自分に望むことはできない。「良心的な人間はみな、自分は準備ができているかどうか、自分自身に尋ねるがよい。我々が向かっていく新しい組織は、集団所有や連帯といった普遍的理想のように、自分にとってそれほど明瞭なものであるのか？　古い形態の変化が行われるべき過程を（単なる破壊以外に）知っているのか？　もしも自分に個人的に満足しているなら、状況次第で最初に行動に進まねばならない環境が整っているかどうか、言ってみるがよい」。

それ故に、待ち、働け！　古い秩序は、それが政治権力によって維持されることによってよりも、承認されていることによって、強い。したがって、我々は、人々がそれを承認することをやめさせねばならないし、それ故に我々は人々に何度も説得を行わねばならない。ゲルツェンは知っているが、性急な反対者は、言葉の時代は終わって行動の時代が到来したと言うであろう。「あたかも言葉が行動でないかのように？　あたかも言葉の時代が過ぎ去ることがありうるかのように！　我々の敵は、決して言葉と行動を区別しなかった。そして、行動に対するのと同じように、それどころかもっと過酷に、言葉に対して罪を科した……」。ゲルツェンは運命の盲目的な道具となることはできないし、それを欲しない。

彼は神の刑吏になり、神の鞭になることができないし、それを欲しない。――彼は革命家たちの素朴な信仰も、無知の単純さも、粗野な狂信主義も、革命家たちのそれなりに無垢な子供じみた思考も、持っていなかった。ゲルツェンは、出来事や歴史が進行することによって人間が古い体制の無意識的な破壊の道具になり得るということを信じなかった。――物事を知って考える人間は自由に決断し、その決断は次のようなものである。「人々には説得が必要である。絶えざる説得、労働者にも主人にも農民にも町人にも、等しく向けられた説得が必要である。前衛の将校よりも前に、破壊の工兵よりも前に、我々には使徒が必要である。――仲間にだけでなく敵対者にも宣教する使徒が必要である。敵への説得は、偉大な愛の事業である。彼らが現代の流れの外で、以前の道徳の期限を過ぎた手形のようなものによって生きているのは、彼らの罪ではない。私は彼らを、深淵へと引きずり込む富の重荷を背負って深淵の縁に立つ、病人や怪我人のように哀れむ。彼らが欲するなら、彼らが救われるために、彼らの目を開くことが必要であり、彼らを押しのけてはならない」。ゲルツェンは、自分自身と自分と対等な人々のためにただ一つの力、即ち「理性と理解の力」だけを認める。「それを拒否するなら、我々は科学の破門僧になり、文明の背教者になる」。

一八四八年以後、ゲルツェンは革命を呪い、ブルジョアジーをバイロンのカインの軽蔑に委ね、犯罪によって脅かした。自分の経歴の最後、死の数カ月前に、彼はブルジョアへの同情に捉えられた……。「私は人々を哀れむのみならず、物事を哀れむ。そして、多くの人々よりも多くの物事を哀れむ」。バクーニンに同意していた友人のオガリョーフに、ゲルツェンは同じ頃、ネチャーエフの計画に従った時期尚早な解放を、きっぱりと拒否すべきだと書いた。「歴史においては駆け出すことができる。――しかし、滅びる者を哀れむこと、個人を哀れむことはやめよ。そして実際、プガチョーフもマラーも彼らを哀れみはしなかった」。

ゲルツェンは、アレクサンドル二世が農奴解放を決意した時に、既に一度、ガリラヤ人の勝利を宣言した。亡命の二十年間の経験の後で、また亡命と共に、ゲルツェンは再び、そして決定的に、ガリラヤ人への信頼を表明した。――軽蔑と犯罪ではなく、敵への同情と愛が、平等を、頭脳の平等を達成する。バイロンではなく、キリストである。「行きて、もろびとに説けよ……」。

若い世代は、このようなゲルツェンに従わなかった。即ち、彼らが従ったゲルツェンは、バイロンのカインを説いたゲルツェンであり、ブルジョアを軽蔑し、死の宗教としてのキリストの宗教を克服するように教えたゲルツェンだった……。

かくして、ゲルツェンは、事実上のキリスト教徒として人生を終えた。なぜなら、この信仰しないキリスト教徒は、謙譲の福音を心から受け入れたからである！　ゲルツェンは、一八四八年の革命家たちを、信仰するキリスト教徒として描いた。ここには確かに大きな違いがある。しかし、実践的にゲルツェンは、ブルジョアの戦術と政治を受け入れるようになった。それとも、違うのか？

完全にそうというわけではない。なぜなら、そうだとすれば、彼はブルジョアの革命をも、ついには認めねばならなかっただろうからである。

今や我々は、バイロンのカインを恐れなくてもよい。カインは、ゲルツェンがあれほど忌避したファウストになった。それどころか、カインは格下げされて、「余計者」の仲間入りをしたのである……。

82

ゲルツェンが一八五〇年に、自分の宗教哲学と歴史哲学を初めて体系的に定式化したとき、既に自分の哲学的「修業時代」と「遍歴時代」を終わっていた。したがって、三十八歳の彼の仕事を、彼の社会学的思想を分析する際の出発点として利用することができる。彼はヘーゲルを研究し、歴史と自然科学および学問一般に方法論的に通暁しようと努めたのだから、なおさらである。

一八四二〜四五年の彼の日記は、彼がヘーゲルとフォイエルバッハに基づいて知識と学問の本質の問題に取り組んでいたことを、我々に教えている。彼が自分の見解を定式化しようと努めた幾つかの論文（「科学におけるディレッタンティズム」「自然研究書簡」）も、この時代のものである。そこでゲルツェンは、満足すべきいかなる結果にも至らなかった。我々は、彼にあってはヘーゲルと実証主義的唯物論が媒介的結合のないままになっているのを見る。ヘーゲルによれば、一般に世界におけると同様に歴史においても、出来事は理性的に行われるはずである。ゲルツェンはこの命題をまだ否定しないが、しかし論理学を歴史に対置して、論理学をより理性的なものと見なし、歴史をより人間的なものと見なした。ゲルツェンは、類的活動としての歴史的思考を、個人の論理的思考から区別し、後者を本当の思考と見なした。ゲルツェンは実証主義的に、正確で特に自然科学的な思考を強調したが、既にここに「冷静な知識の重い十字架」についての嘆息が聞こえる。ゲルツェンはこの意味で、ディレッタンティズムと闘い、冷静な「知識」を宗教的幻想のあらゆる形態と段階に対置した。人間は、自然とも自分自身とも疎遠になった。それ故に、人間には正確な認識以外の何物も残っておらず、自らの分裂状態において、明確さを手に入れなければならない。ゲルツェンは、この見解をもっと詳細に定式化した哲学史を試みたが、しかし、原理のより明確な記述が為されなかったし、ヘーゲルとフォイエルバッハの対立は克服されないままだった。

ヘーゲルは相変わらずゲルツェンに大きな影響を与えていたので、ゲルツェンは歴史において進歩を認めた。それ故に彼は、未来の予知をも認めた。「我々は、未来の三段論法が打ち立てられるところの前提である。それ故に、我々は予め未来を認識できる」。

ゲルツェンは、一八四三年にこのように語った。しかし、一八五〇年までに彼はこのことを忘れ、ヘーゲルをも忘れた。実証主義的な覚醒は、ゲルツェンにおいて、宗教を破壊したのみならず、歴史の意味への信仰をも破壊した。ゲルツェンは神学と共に、目的論、とりわけ歴史発展の目的論をも放棄した。ゲルツェンは、人間がより良くなりうることを認めたものの、進歩を信じなくなった。ゲルツェンは、それを単純な事実として受け入れた。事実は確かに因果的にも説明できるが、そこにはいかなる目的も見出しえない。歴史は慢性的な集団的理性であり、聖なる不条理であり、宗教的熱狂である。歴史の力と栄光は理性の中にはなく、古い歌が言うように幸福の中にもなく、不条理の中にある。このようにゲルツェンは、一八五〇年の自らの見解を一八六八年に繰り返し、この見解を、解剖学者リヴァイアサンスキー〔ゲルツェンのアフォリズムの架空の作者〕に語らしている。――ゲルツェンが選んだこの名前は、ホッブスとその『リヴァイアサン』を示している。ホッブスにゲルツェンは唯物論の究極を見た。この名前によって、歴史と社会組織の総体は同時に一種の怪物として捉えられることが示された。ゲルツェンは折に触れて（一八六四年）、歴史を無秩序な即興と呼んだが、これは彼の固い確信だった。ゲルツェンにとっては、ただ個々の意味のある瞬間だけが存在し、歴史は存在しない。全体としての歴史的発展というものは、存在しない。ゲルツェンの文体も、彼の特別で素晴らしいアフォリズムも、この確信と一致している。

我々はゲルツェンに、二つの思想的系列を見出す。ある時は、個人とその「神聖性」（一八四七年）が非常に強く強調されたので、社会とその発展は背景に退き、あるいは全く消えてしまった。個人は遠い目的のための手段になってはならず、個人はそれ自体目的であり、歴史哲学によって構成された、犠牲を要求する「モレク神」に仕えるものではない。ベリンスキーと同様に、ゲルツェンもまた、何らかの天文学的ないし地質学的破局による全人類の悲惨と死滅におけると同じ様な不条理と不調和を、一人の人間の悲惨と死の中に見た。ゲルツェンは、未来には多様でかなり多くの可能性があることを認めたが、しかし個人の自由を妨げるような、予見された一定の道を認めなかった。この意味でゲルツェンは、しばしば運命論に反対して語った。

しかしながら、ゲルツェンはもう一つの論拠を出している。彼は、遠い未来の目標を現在の名において拒否している。「現在が存在の現実的な領域である」と、彼は既に一八四二年に述べている。あるいは、人生一般ないし現在の人生が、人間の唯一にして本来の目的として描かれる。現在もまた、最も新しい歴史であろうとも歴史であること、そのことをゲルツェンは考えなかった。

ゲルツェンはベリンスキーと同様に歴史主義の敵であり、彼も時代と事実の奴隷になることを欲しなかった。

既に見たように、ゲルツェンは後になって進歩を認めた。しかし、それでも彼は、自分の唯物論によってヘーゲルと異なっていた。つまり、ゲルツェンは唯物論の中に自分の強い個人主義のための支柱を求めたのである。特定の、全く個別的な頭脳は、いかなる汎神論をも排除し、これらの頭脳の全体としてのいかなる組織をも排除する。予定調和なしの頭脳のモナド論、ゲルツェンの形而上学はそのように特徴づけられるであろう。

私がこのように唯物論を強調するからといって、それは、ゲルツェンにとって思考が人間と歴史における指導的な力ではないということを意味しない。ただ、ゲルツェンは、思考を頭脳の活動として唯物論的に説明している。この立場から、彼はあるとき、頭脳が改善されることによる進歩を期待した。改革、社会的および歴史的改革は、「頭脳」における変化の結果である。これはもちろん、アイロニーと共に言っているのである。彼が人間の進歩を、人間によって飼い慣らされた家畜の進歩と同列に置いたのはアイロニーである。しかし、まさにこのアイロニーは、実証主義的・唯物論的な覚醒の結果であり、宗教的情熱と神聖な不条理に対する知識の闘いの結果である。

83

ゲルツェンは一八五〇年以後の発展によって、自分の歴史的ニヒリズムから離れた。

ロシアのクリミア戦争は、ロシアに強い政治的な関心を呼び起こした。セヴァストーポリとその結果、新体制と改革に向けた新体制の準備、とりわけ農奴解放に向けた準備は、ゲルツェンの注意を強く惹いた。政治的な実践は彼をして、明確な課題に対する態度を決めてその解決に協力することを強いた。このようにしてゲルツェンは、亡命の身にありながら、ロシアと共に、ロシアにおいて生き、自分の存在の内部に、自ら進んで去ったロシアへの強く、救済を与える愛を見出した。——歴史と民族的全体が認められ、法外な個人主義が緩和され、主観主義が客観主義に従属する。

しかしながら、ここで、革命に対するゲルツェンの幻滅について一言しておこう。この幻滅が政治的経験からのみ起こったと考えてはならない。決してそうではなく、一八五〇年の呪詛は非常に個人的な響きを持つので、一八五〇年のゲルツェンの変化は大部分、最も個人的な内的な精神的経験の客観化にすぎないと見ることができる。——亡命における孤独と家庭生活の崩壊が、その呪詛をもたらしたのである……。ゲルツェンの人生の私的な経験に関する非常に多くの書簡や記録は、まだ公にされていない。私は、それらの助けを借りて、ゲルツェンの内的な闘いをもっと良く理解し、とりわけまた彼の実証主義的で唯物論的な発展をも理解することができると確信している……。

ヨーロッパと革命の分析は、ゲルツェンに次のことを教えた。即ち、ブルジョア革命に対抗して、真の社会革命の偉大な課題を企てるような人民、即ちロシアの人民がいなければ、彼が期待した社会主義的人民国家は、長い間実現しないであろう。

ゲルツェンは、自分がペテルブルグの政府とロシアの人民との間の区別をどのように理解したか、それによって自分の祖国への信頼をどのように再び見出したかを、我々に語っている。ゲルツェンは、ヨーロッパを知ったことで、ロシアの西欧派がヨーロッパを全く誤って考えていることが分かったという。ゲルツェンは、自分の友人たちを非難して言った。あなた方は教養あるヨーロッパだけに目を向けている、あなた方が知っているのは過去だけである、しかし、今日のヨーロッパ全体の経験は、理想化されたヨーロッパの誤りを仮借なく暴露している、と。

ゲルツェンは一八四七年に最初の印象を得た後すぐにヨーロッパを見捨てたのだと、コメントしておこう。

これに対して、ロシア民族は、真の政治的、社会的自由の希望を恐らく実現する。ロシアの政府も帝政も、ヨーロッパの政府と同様に、何の役にも立たない。そして、ロシア民族自身、大きな欠点を持っている。ゲルツェンはゴーゴリの『死せる魂』に、同時代のロシアの全般的に有効で正しい告発を見た。しかし、にもかかわらず、このロシアは一定の希望を許容する。ゲルツェンは、ピョートルの改革を条件付きでのみ受け入れた（ピョートル自身が、ゲルツェンにとっては、天才性と残忍な性格との特殊な結合である）。スラヴ派と同様に、ゲルツェンはペテルブルグをモスクワと対置し、官僚制を人民と対置した。

初めのうちゲルツェンは、既にチャアダーエフとルソーに従ったスラヴ派がロシアの非文化性について主張したことを繰り返していた。ロシア民族はヨーロッパのように閉ざされた伝統を持たないし、ロシアはとりわけカトリシズムとローマ法とブルジョアジーという三つの鞭を知らないが、この点は大きな優越性になっているという。封建制、プロテスタンティズム、自由主義は、上記の諸原理の発展にすぎないという。封建制はカトリシズムとローマ法から発生し、プロテスタンティズムと自由主義はカトリシズムの最終段階である。——それ故に、ロシアには、封建制もプロテスタンティズムも自由主義もなかったし、現在もない。ゲルツェンはミシュレ宛ての手紙（一八五一年）の中で、ロシアの人民とロシア的存在を西欧の誤解から熱烈な愛をもって擁護しているが、この手紙において彼は、ロシアとヨーロッパとの比較の結論として、次のような命題を提出している。即ち、ロシアは決してプロテスタントにならないであろう、ロシアは決して中庸にはならないであろう、ロシアは、ニコライ皇帝を除去して、ニコライを皇帝＝議員、皇帝＝裁判官、皇帝＝警官に代えるという目的で革命を起こすことはないであろう。

スラヴ派と同様に、ゲルツェンもまた、こうして、幾つかの好ましくない歴史的事実を説明することができた。

例えば、帝政について言えば、帝政は君主制ではないという。ヨーロッパの君主制は封建制とカトリシズムから発展したが、そこには社会的および宗教的思想があるという。――ツァーリは帝政のためのツァーリであり、無制限の独裁者であり、その独裁者は――ゲルツェンはこれが言いたいのだが――時が来て民衆が欲するならば、社会主義共和国に場所を譲るかその大統領になるかするであろう。古い、死にゆくヨーロッパに対して、若く強いロシアは二重の優れた保証、即ち大土地所有貴族の若い世代と農民を持っている。

貴族はデカブリストの乱において自らの力を示し、試した。哲学的に、このロシア貴族は、古い世界を否定する点では、ヨーロッパ人よりも遙かに進んだ。そして、デカブリストの後継者たちは、何よりもまず、土地を所有する自らの権利を信じない。

その代わり、ロシアの農民は、この自分の権利を信じ、宗教的に土地の権利と自分たちのミールを信じている。そして、ゲルツェンはまさにミールに、新しいロシアの基礎を見た。

ロシアのミールはゲルツェンにとって、特に価値のある三つの要素を持っている。――土地に対する個々人の権利、土地の共有財産、農村共同体の自治である。これらの要素を、ゲルツェンは、ヨーロッパの政治的、社会的発展よりも上に置いた。

ゲルツェンは、まだロシアにいた時――四〇年代の中頃――、ミールはロシアとスラヴに特有の制度ではなくて、インドやその他の様々の国に見出されることを知っていた。当時ゲルツェンはまた、ロシアの共同体は不十分な発展の結果にすぎず、一般に文化の不足の結果にすぎないと、確信していた。にもかかわらず、彼は後にミールを非常に高く評価した。なぜなら、ヨーロッパは一八四八年に社会主義への完全な無能力を示したからである。

ゲルツェンは、ミールは個人性を吸収してしまうという点で大きな欠点のあることを認めていた。しかしながら、ゲルツェンは、ロシアにとってある種の個人主義、それも決して小さくない個人主義の存在を擁護するために、アルテリ（同業組合）とコサックを示した。この欠陥は矯正されうるものであり、個人の自由とミールの自由は調和しうるものであり、この課題を実現するのが農奴解放であるという。「ロシアの自由は農奴の蜂起か農奴解放のどちらかによって始まる」と、ゲルツェンは一八五四年に述べた。アレクサンドル二世が一八五七年に農奴解放の意図を表明するとすぐに、ゲルツェンはオガリョーフと共に感激して叫んだ。「ガリラヤ人よ、汝は勝利した！」

ゲルツェンはもちろん、ロシアはヨーロッパと同じ発展をし、同じ発展段階を通らなくてもよいかどうかについて、自分自身に異議を唱えねばならなかった。即ち、ロシアは自らの原始的な状態から直接に人民国家と社会主義を実現でき、それ以前にヨーロッパ文明の全体を経過し、経済的分野では資本主義を経過しなくてもよいのか？　ゲルツェンは次のように考えて満足した。即ち、実際にはロシアは本質的にヨーロッパ諸民族と対等であるから同じ発展の方向に進まねばならないとしても、その発展は特別な形態を取ることができ、自由は多くの歴史的可能性を許容する。ゲルツェンは、ロシアがヨーロッパの諸民族と同じ道を取るべき普遍的な歴史的法則を認めなかった。それ故に、ロシアはブルジョアジーとカトリシズムなしに、ミールを基礎として、すぐに高度な発展段階に立つことができるのである。

ロシアは資本主義の時代を飛び越えることができるという想定においてゲルツェンの確信を強めたのは、ヨーロッパの社会主義の権威たちだった。我々は後にナロードニキの同じ見解を検討する時に、この問題についてもっと広範に述べることにする。

最近、ゲルツェンの「西欧的社会主義」が強調され、ゲルツェンはナロードニキ主義の創始者として賞賛された。これは正しい。ゲルツェンは自らの社会主義によってナロードニキの潮流を準備し、「土地と自由」というスローガンを出し、インテリゲンチャに農民を指し示した。しかし、ゲルツェンは、社会主義に何よりもまず哲学的教義を見て、それに重点を置き、問題の経済的側面に注意を向けなかったという点で、ナロードニキとは異なっていた。ナロードニキはマルクス主義に対立して発展したが、彼らの国民経済学的および社会的理論は、ゲルツェンの理論よりもマルクスにずっと近かった。

ゲルツェンは、ロシアの今後の発展にとって有利になるであろうロシア人の特性をもしばしば究明しようとした。ゲルツェンはロシア人の性格に、大きな可塑性、外国のあらゆる成果を容易に受け入れてそれを加工する能力を見出した。――ここにゲルツェンは、ロシア人の性格の最も人間的な側面の一つを見た。ロシア人はまた、フランス人、ドイツ人、イギリス人よりもうまく、理論を実践と調和的に結びつける。なぜなら、ロシア人はまさに普遍的に人間的な感情に対する強い感受性を持つからである。ゲルツェンはまたロシアのリアリズムを賞賛し、最後にプーシキンの巨人的な現象に、生きたロシアの理性とその文化的能力の有望な成果を見出した。

ゲルツェンはまた、ロシア国家の大きさを考慮に入れることを忘れなかった。――六千万人、それは半世紀前に堂々たる兵士数を与え、この兵士は既にヨーロッパのための戦争において実証済みだった！　ゲルツェンは最後に、ロシア人がタタールの軛のもとで、またドイツ人の官僚の軛のもとで独自性を保ったという、ロシア人の抵抗力を賞賛した。

ゲルツェンがミールの欠点を分析した時代において、もちろん彼は、ロシア的、スラヴ的性格の欠点をも意識していた。――スラヴ人の特徴は受動性、従順、柔弱、個性の欠如であり、それ故に、ミールがあるにもかかわらず、常に奴隷だった。それに対してゲルマン人は強い個人主義者であり、この理念をヨーロッパの政治史において実現もした。

ロシアの批評家たちは、ゲルツェンがスラヴ派になったかどうかについて考えている。ゲルツェン自身、この非難に釈明して、それを却けた。即ち、彼はスラヴ派の基本的な形而上学的、宗教的見解を受け入れず、それによって、彼とスラヴ派との間の本質的な相違が与えられているというのである。ゲルツェンは、もしもスラヴ派の政治の影響で自分の基本的見解を変えなかったか、あるいは少なくともそれを弱めなかったとしたら、この点で完全に正しかったであろう。トゥルゲーネフは、ある時（一八六二年十一月八日）友人にかつての時代を思い出させている。「神秘主義と絶対主義の敵である君が、ロシアの毛皮外套の前に神秘主義的に跪いて、その中に未来の社会形態の大きな祝福と新しさと独創性を見ている。――一言で言えば絶対者を、君が哲学において非常に嘲笑している絶対者を見る。君の偶像は、すべて破壊された。――しかし、偶像なしには生きられない。――そこで、この新しい未知の神に祭壇を築こう。幸いにも、それについてはほとんど何も知られていない。――そうすれば再び祈り、信じ、待つことができる」。

トゥルゲーネフは正しい。ホミャコーフが魔よけ主義と呼んだ立場から、ゲルツェンはロシアの人民と農民を判断している。ゲルツェンは、モスクワでしばしばこれらの問題についてスラヴ派と論争した。ホミャコーフは、とりわけゲルツェンの反目的論的な歴史哲学を強く否定した。しかしゲルツェンは、ヨーロッパに行ってから――一八五九年に――、自分は生きているので、「西欧派の旧教徒」（自由主義者）よりもスラヴ派の方に遙かに近いと認めた。

実際、一八四八年以後、ゲルツェンの個人性はうまくいかなかった。形而上学的にのみならず、政治的、社会的にもそうだった。バイロン的陶酔は、全く平凡な二日酔いに終わった。「我々は死体であると同時に殺人者であり、旧世界の病気であると同時に解剖者である。私は、少なくとも新しい私生活を始め、自分自身に閉じこもり、古物市から足を洗うことができると、長い間考えていた。しかし、あなたのそばに、あらゆる関係を絶ち切っていない誰かがいる限り、それはできない。なぜなら、古い世界が彼を通してあなたに戻ってくるからだ」。しかし、ゲルツェンは今や、古いロシアの世界との接触を恐れない。「なんとかなるだろう！」パーヴェルの死後アレクサンドル一世に自分の政治的助言を書簡の形で送ったカラージンの例によって、ゲルツェンは真のロシアの運命論をもって自分を慰めた。後のカラージンの反社会的活動を思い出すなら、宿命的な慰めである。

ペテルブルグとモスクワから遠く離れ、亡命の孤独の中にあったゲルツェンにとって、ロシアは魔法の国となり、農民は救世者となった。初めのうちゲルツェンは、アメリカが未来の国になると考えていた。また別の時には、オーストラリアを新しい国として注目したが、しかし最後にはロシアを信じた。この信仰において彼は父の家の悲しく屈辱的な印象を忘れて、ロシアの貴族と和解した。初め、ゲルツェンにとって貴族とは多少とも教養のある人食い人種であり、農奴を殴る地主は人食い人種の変種以外の何物でもなかった。そしてゲルツェンは、労働者がもはや他人のために働くことを欲しなくなるという仕方で人食いの終わりが来ることを期待した。――この貴族が、ゲルツェンの使徒的な説教を肝に銘じて、土地に対する自分の権利を自発的に放棄し、自分の農民を兄弟と認めるというのである！

自分の外交においても（本来ゲルツェンには外交は必要なかったはずなのだが）、ゲルツェンはスラヴ派に同意した。彼はクリミア戦争（一八五四年）の時に、コンスタンチノープルがロシアのものになることを望んだ。クリミア戦争後、ゲルツェンはフランスとナポレオンに反対して、イギリスとの同盟（一八五八年）に賛成した。

ゲルツェンは、再び後期のスラヴ派と同様に、汎スラヴ主義に傾斜した。

ゲルツェンは、歴史においてロシア人に割り当てた役割を、スラヴ人一般に広げた。社会主義共和国はスラヴ連邦によって取って代わられはしないものの、修正されるか、あるいは準備される。民族的契機が社会的契機より優位に置かれる。ゲルツェンは、ポーランド人にもチェコ人にもミールがないこと、南スラヴ人においてはザドルガがミールの代わりないし補足と見なしうるかもしれないが、南スラヴ人にもミールがないことを忘れている。初めのうちゲルツェンは、汎スラヴ主義について（とりわけチェコの汎スラヴ主義について）まだ非常に慎重に考えていた。しかし、連邦に関するプルードンの説の影響を受けて、何よりもまずポーランド問題を連邦的に解決しようとし、更にすべてのスラヴ人の連邦という考えに至った。ここには友人バクーニンの影響もあったことは疑いない。

ゲルツェンは、スラヴ派に非常に近づいた。原理においては、形而上学的のみならず政治的、社会的にも大きな相違が残っていたとはいえ。しかし、敵も友人もこれらの相違を厳密に考えなかった。それどころか、ゲルツェンの転向を政治的効果に従って判断した。以前ゲルツェンは、ロシア人は理想・模範・非難としてヨーロッパを必要とし、もしもヨーロッパが存在しなかったならヨーロッパを考え出す必要があるだろうと言っていた。しかし、今やロシアがヨーロッパの理想となる。

私がゲルツェンの祖国愛を悪く取っているという非難に対して自分を弁護する必要はないであろう。私は決して悪く取ってはいない。私は、祖国の国土に対して、またあらゆる欠点にもかかわらず慣れた生活に対して、自然の愛を持つというゲルツェンの主張を引用した。そして私には、慣れない異国での滞在が郷愁を呼び起こすということは全く良く理解できる。私にはまた、ゲルツェンがヨーロッパにやって来たとき、筆によって進歩的なロシアをヨーロッパの誤った見解や先入観から擁護したということは理解できる。例えば、歴史家のミシュレが表明したようなロシア観がゲルツェンを苛立たせたに違いない。しかし、ゲルツェンがロシアのメシアニズムを唱道するとしたら、それは全く別のことである。

ゲルツェンは（彼の神秘主義時代を別とすれば）、十八世紀の啓蒙主義および人道主義の哲学の自由主義的伝統の中で成長した。彼はじきに急進主義的になり、デカブリスト、とりわけペステリの崇拝者となった。四〇年代の中頃に、我々が知っているように、社会主義者として自由主義者たちと袂を分かった。

ゲルツェンは、ヘーゲルを知るよりも前にフランスの社会主義者たち（更にヴァイトリングとオーウェンも）を知った。しかし、ヘーゲルとフォイエルバッハが初めてゲルツェンを革命的にし、彼を社会主義者にした。ゲルツェンはロシアにおける社会主義に関する短い論文を書いたが、ここで社会主義の先行者としてペトラシェーフスキー・グループとチェルヌィシェフスキーを挙げている。彼は自ら、一八四八年以後、フランスとヨーロッパの社会主義を無能なものとして放棄した。しかし、にもかかわらず、彼は相変わらず自分を社会主義者と宣言して、真の社会革命を期待した。雑誌『鐘（コーロコル）』において、そしてまさにその後期の号においては、社会主義が非常に強調された。――それは明らかに、ゲルツェンに不満な若い世代に対する意図的な論争においてだった。

ゲルツェンは、自分の社会主義を「ロシア的」社会主義と呼んだ。それは農業的社会主義であり、農民とアルテリ（協同組合）の社会主義だった。しかし、ゲルツェンはそれに、都市と国家と地方の社会主義を加えた。こうして、ゲルツェンは、もっぱら労働者とプロレタリアに向かったマルクス主義とは異なる。ゲルツェンの「ロシア的」社会主義は――しばしば「ロシア的」共産主義と呼ばれるが――とりわけ、ゲルツェンが唯物論者であるにもかかわらず、経済的唯物論を説かなかったことによってマルクス主義と異なる。マルクスとマルクス主義者はゲルツェンにとって、彼がロンドンにおけるマルクスについて語っているように、個人的にも好ましくなかった。ゲルツェンはマルクスに反対してバクーニンに味方し、一八六七年に初版が出たマルクスの主著に関心を払わなかった。

我々が既に知っているように、ゲルツェンは何よりもまず、頭脳の平等を求めた。彼は、飢えていては教養は不可能であることを知っており、少数者の文明は多数者の肉体労働に基づいていることを知っていた。ゲルツェンは、ルイ・ブランその他から、ヨーロッパの階級闘争について知った。そしてゲルツェン自身、「社会のマニ教」を非難したが、しかし、階級闘争には断固として反対した。社会主義の課題は、「人食い」、とりわけ資本主義を除去することだけではなくて、何よりもまず、あらゆる君主制的なもの、宗教的なものを破壊するべきであることを、ゲルツェンは大変強調した。ゲルツェンは、社会主義においてまさに新しい哲学を強調した。ゲルツェンにとって、来るべき世界観の最初の片言隻句だけを意味した。

ゲルツェンの社会主義は、実証主義的、唯物論的世界観である。死の直前でもまだ彼は（『医師、瀕死の者と死者』において）、自分の時代の社会主義を、それがいまだに宗教である――したがって幻想である――と非難した。そしてそれ故に、彼がこの社会主義から予期したのは、新たな流血だけであり、行動、即ち真の解放ではなかった。

ゲルツェンは頭脳の平等を求めたが、極端な共産主義者ではなかった。彼は私有財産の全面的な廃止を求めなかったし、恐らくはロシアのミールにおけるように社会が私有財産を投資すればそれで満足したことであろう。ゲルツェンは、大地主よりも資本家の方をあからさまに憎んだ。彼がロシアの貴族をどのように考えていたかは、上述の通りである。

ゲルツェンの社会主義は、本質的に常に哲学的だった。彼は、国民経済学的問題にはあまり取り組まなかった。プルードンは、この分野でも彼の権威だった。プルードンはゲルツェンの政治的見解にも強い影響を与えて、彼の個人主義と個人主義的連邦主義の信念を強めた。ゲルツェンがいかにプルードンを重んじていたかについては前述の通りであり、ゲルツェンが雑誌『人民の声』（一八四九～一八五〇年）のためにプルードンに資金を提供したことからも分かる。

一神教としてのキリスト教が君主制の真の本質であるとすれば、唯物論的無神論としてのゲルツェンの社会主義は何よりもまず反君主制的である。

この反君主制主義が追求したのは、人民国家である。ゲルツェンは何よりもまず、国家的中央集権主義を嫌い、このことを絶えず強調していた。そして彼はある時、スラヴ人は既に生来の性格からして国家を好むが中央集権主義は好まないということを根拠として挙げた。コンスタンチン・アクサーコフは、同じようなことを言った。ゲルツェンは、文明化された、文明化されすぎた絶対主義国家を恐れ、「電信、蒸気船、鉄道を備え、カルノーとモンジュを幕僚とし、バツーの指揮のもとにミニェーの銃とコングリーヴのロケットを備えたチンギスカン」を恐れた。

バクーニンへの手紙の中で、ゲルツェンは国家のない状態を遠い理想として描いているが、我々が国家を脱する主要な条件は、多数の人間の精神的成熟であるとした。プルードン的な連邦主義とアナーキズムが、繰り返し現れている。

ゲルツェンは、スラヴ派的なロシアに転向した後は、彼が一八四八年にこれまでの革命に対置したところの偉大で決定的な社会主義革命の代わりに、一八六一年の農奴解放で満足した。専制主義か社会変革かと、ゲルツェンは四〇年代に叫んだ。一八四八年は彼に、ヨーロッパは社会変革を遂行する能力がないということを立証したが、一八六一年のロシアは彼に、ロシアがこの社会変革を遂行することができること、しかも流血なしにできることを教えた。それでも、農奴解放のために精力的に働き、貴族の大領主たちが解放の理念に賛成するように働きかけた、ゲルツェンと彼の文筆活動は忘れられてはならない。ゲルツェンは彼らに、農奴制が自由な領主自身をいかに卑しめているかを、非常に正しく、非常に雄弁に示した。「我々は、主人であるが故に奴隷である。我々は、地主であるが故に召使いである。我々は、生まれと血と言葉によって我々と対等な我々の兄弟を、奴隷状態にとどめているが故に、奴隷である」。

ロシアのミールは、革命の「避雷針」となる。そして、ロシアのミールの大きな価値は、それが教養ある社会主義者たちの抽象的な理論ではなくて、巨大な（文盲の！）民衆の実践的制度であることに見出される。

ゲルツェンがこのようにして一八六一年以後に自らの以前の社会主義といかなる矛盾に陥ったかを、読者は想像できる。ロシアにとって目的は社会革命ではなくて政治革命であり、社会革命は手段となる。ゲルツェンはロシアのために、ヨーロッパが持っているもの、しかしヨーロッパには役立たなかったと彼が以前に考えていたものをすべて、とりわけ文明と教養とそれからまた議会を、要求しなければならなかった。ゲルツェンは実際に（一八六四年に）、国民会議ないし国会を、しかも普通選挙権と共に、要求した。ゲルツェンにとって、この選挙権はヨーロッパにおいては軽蔑すべき「算術的汎神論」だった――それは原始的なオランウータンに選挙権を与えた（フランスは五分の四がオランウータンから成り、ヨーロッパは二十分の十九がオランウータンから成る）――。ロシアにおいては、この選挙権によって、とりわけ旧教徒の存在によって、本当にロシアの人民が代表されることになるであろう。[9] インテリゲンチャは、そこに「近代科学の理念」を持ち込むであろう。これが、以前に望まれた頭脳の平等なのであろうか？

既に見たように、ゲルツェンは、ロシア国家を受け入れると、バクーニンに言った。「もしも太陽が血の朝焼けなしに昇るならば、その方が良い」。そして、太陽がモノマフの帽子〔ウラヂーミル・モノマフがビザンチン皇帝から受領したとされる、王冠としての帽子で、ロシア皇帝の象徴〕を被っているかフリギア帽を被っているかは、どうでもよい！

ゲルツェンがこの「日の出」ということで何を考えていたのかを言うことは難しい。バクーニンへの手紙の中でゲルツェンは、我々皆が決定的な解放の行動の準備ができているかどうか、確かめるべき時だと、言っている。ゲルツェンはしばしば、この準備と覚悟について語っているが、既に一八六二年に、ロシアの変革は人民とミールへの復帰にある、と述べた。――「人民にフォイエルバッハとバブーフを説くのではなくて、人民に理解しうる土地の宗教を説け……。そして準備せよ、運命の日が来る」。そして、「血の朝焼け」を伴うか伴わずに昇る太陽についての長広舌が続く。

ロシアがヨーロッパにおいてそのメシア的使命を果たす時にヨーロッパとロシアとの関係がいかなるものになるかを、ゲルツェンが我々にはっきりと述べることを、我々はゲルツェンからもちろん要求はしないであろう。革命的なロシアは

——ゲルツェンはミシュレのロシアへの懐疑（一八五五年）に答える形で思索している——ミールのロシアに完全に自然で有機的に結合するであろう。「未来の人間は、フランスにおいては労働者であるように、ロシアにおいては農民である」。帝政は消滅し、ロシアのインテリゲンチャもまた消滅する。なぜなら、ロシアのインテリゲンチャの課題は、ロシアの民衆と革命的ヨーロッパとの媒介者になることだけだからである。

しかしながら、ゲルツェンは、常に大衆を多少上から見下す傾向があった。一八五〇年に社会主義的人民国家を求めたとき、ゲルツェンはその実現を遙か遠い未来に延期したが、一八六一年以後、この未来は現在に移され、農民大衆のみならずヨーロッパの労働者大衆も認められ、既にインテリゲンチャは見切りがつけられさえした……。インテリゲンチャは、いかにして、なぜ消滅するのか？　ルソーが文明を断罪したからか、それとも既に頭脳の平等が到来するからか？

一八六二年の計画では、血の朝焼けなしに太陽が昇るならば、モノマフの帽子を被ったツァーリは消滅しない。そして、それはありうることだとゲルツェンは考えていた。なぜなら、既に見たように、ツァーリはそもそも君主ではないからである……。

そもそも、この批判は何のためか？　ゲルツェン自身は、心の奥底では、ロシアの救世主を信じておらず、完全に懐疑を克服することは決してできなかった。ゲルツェンが既にロシアにいる頃から自分に課していた課題は、遙かに大きなものであり、それ故に、その解決をロシアのミールに見ることはできなかった。

古い世界は——これがゲルツェンの歴史哲学の確信である——不可避的に滅亡する。かつてローマ世界を復活させたキリスト教は、解体する。——宗教改革と革命は、困窮の中での外面的な手段に過ぎず、一時的な効果しかない。古いローマ世界がキリスト教を否定したように、現在は古いキリスト教世界が社会主義を否定している。

ゲルツェンは、確かに本気で、古い、死につつあるヨーロッパに、新しい、救いをもたらす世界としてのロシアを対置した。ロシアと社会主義はイコールであるということを示そうと努め、この信念をヨーロッパに植え付けようとした。この意図をもって、彼はとりわけ一八五四年に『古い世界とロシア』という書簡論文を書いた。しかしながら、社会主義とキリスト教の歴史哲学的類推は説得力のあるものではないことを認めなかったとしたら、ゲルツェンはゲルツェンではなかっただろう。とりわけまさに社会主義に何よりもまず新しい世界観を見ようとしたのだから、なおさらである。——正教の農民を伴ったロシアのミールが、新しい世界になるはずだったのだろうか？　これが新しい教義になるべきだったのだろうか？　ゲルツェンは三〇年代の初めに既に、まさにサン・シモン主義とその新しい社会主義的世界観の試みを知り、やや後にオーウェンとその「新たなキリスト教」を知った。

そして、それ以来、新しい救済の教義を期待し、求めた。ヘーゲルととりわけフォイエルバッハが、この希求を満たした。フォイエルバッハはゲルツェンに、どのようにキリスト教徒が人間になるかを示した。――ゲルツェンは、農民が期待された救済者であると、懐疑なしに信じることができたのだろうか？　まさにそれ故に、彼は労働者を農民と同等に置き、ブルジョアと和解したのである。――ゲルツェンは常にロシアをヨーロッパに近づけたのであり、ヨーロッパをロシアに近づけたのではなかった。

85

ゲルツェンの生涯は、ゲーテのオイフォリオン〔ゲーテ『ファウスト』の登場人物。ファウストの息子〕の運命に似ていた。――輝きながら高みへと昇り、高みで光り輝くが、地上で打ち砕かれる。ゲルツェンは五〇年代と六〇年代初頭には進歩的ロシアの代弁者だったが、農奴解放とポーランド蜂起後、ますます孤立して孤独になっていった。

ゲルツェンはそのロシア批判によって、一八六一年以前および以後の改革の実現に非常に貢献した。教養あるロシアのあらゆるサークルと階層、また官僚と宮廷に対する彼の影響は、甚大だった。しばしば強調されたように、ゲルツェンはモスクワとペテルブルグの友人たちを鼓舞し方向付けた。彼がヨーロッパからいかに影響を与えたかについても、既に述べた。――「我、生者を呼ぶ！」は、彼の少年時代の好きな詩人〔シラー〕から取った、彼の雑誌『鐘』のスローガンだった。そして、ゲルツェンの『鐘』は、ロシア中で聞こえた。シェフチェンコは、この雑誌を初めて入手したとき、敬虔にそれに接吻した……。

ゲルツェンは、荒野で叫ぶ覚醒者だった。彼の文学的活動のみならず、彼の性格もまた、認知に値する。ゲルツェンは自分自身についてこう語った、偽善と二枚舌、それは私に最も縁遠い過失である。ゲルツェンをこれ以上良く特徴づけることはできない。

チチェーリンやカヴェーリンのような自由主義の指導者たちは、ゲルツェンにおいて自らの原理を明確化したし、スラヴ派もゲルツェンとわたりあわねばならなかったし、反動主義者もゲルツェンを考慮に入れねばならなかった。

ポーランド蜂起の後、ゲルツェンの影響は弱まった。それはゲルツェンの親ポーランド的政治のせいだとされる。『鐘』におけるバクーニンの好ましくない影響も指摘される。実際に『鐘』の予約購読者の数は、三千から五百に減った。

ゲルツェンのポーランド政治に関しては、次のことを区別しなければならない。即ち、ポーランド人に対する残虐な弾圧に対してゲルツェンが抗議したことは非常に讃えられるべきである。しかし、ゲルツェンは、当時の革命を認めることで、あまりにも行き過ぎ、自分自身の原則が許すよりも行き過ぎた。このことは、ゲルツェン自身が認めた。以前ゲルツエンの『鐘』を「力」として認めていたカトコーフは、一八六三年に、公的なナショナリズムの指導者として、ゲルツェンに反対した。

私は、ポーランド蜂起だけがゲルツェンの影響をそれほど弱めたのだとは信じない。ゲルツェンは一八六一年以後、その見解と政策と共に、難しい立場に置かれた。ゲルツェンの哲学は全体として相変わらず同じであり、我々が彼の最後の時代のあらゆる表現から見て取れるように、彼はフォイエルバッハ主義者になった時以来、哲学的には本質的に変わらなかった。もちろん彼は、実証主義的な冷厳さを緩和し、バイロンのカインを放棄したが、しかし、実証主義的唯物論にとどまった。この哲学はもちろん、保守派と反動主義者に恐怖を呼び起こした。しかし、自由主義者の一部も（既にグラノーフスキーが、後にはチチェーリンその他が）それを嫌った。ゲルツェンが社会主義を強調したことも、一部の自由主義者の反感を買った。

社会主義的で急進的な思想をもった若者にとって、ゲルツェンはあまりにも曖昧で、政治的にあまりにも保守的だった。最初の急進的宣言である「青年ロシア」は、状況についての無知と保守主義ということでゲルツェンを非難した。その上、当時本国ロシアにおいて政治的活動が活発になり、その活動の指導者たちは本国にいたし、ジャーナリズム的、政治的関心は本国に集中した。私が思うに、六〇年代初頭に、直接に本国でチェルヌィシェフスキーが獲得した大きな影響力が、この現象の直接の原因ではないにせよ、ゲルツェンへの関心を冷却させることに繋がった。

一八六三年に始まる反動と抑圧は急進主義を更に強め、ヨーロッパにおける新しい亡命者層をも作り出した。その亡命者層は、ゲルツェンとは既に異質だった。彼が、ロンドンから、亡命の新しい首都であるジュネーヴに転居したことは、彼の役には立たず、彼は彼らと理解し合うことはできなかった。ゲルツェンは、若い世代の革命家たちと異質だったばかりでなく、哲学的にチェルヌィシェフスキーと同じ基礎の上に立っていたにもかかわらず、チェルヌィシェフスキーをも理解できなかった。

ゲルツェンは、自分が変わったことを知っていたし、自ら認めた。しかし、それを、あらゆる関係と状況全体の変化によって説明した。熱心で生き生きとした人間が自分の見解を変えるのは、自然なことである。問題はただ、この変化がどの方向に向かって起こったのか、客観的にいかに基礎づけられるか、ということである。私は告白するが、ゲルツェンは作家としても人間としても私にとっては常に好ましい存在である。にもかかわらず、私は彼のことを十分に喜べない。なぜなら、ゲルツェンの友人たちとはやや異なる理由からだが、私も彼の変化には困惑するからである。

ゲルツェンがバイロンのカインに共鳴したのは若者の時ではなくて、成人の時である。そしてそれ故に、彼のその後の変化は、私にはあまり有機的なものには思えない。さもなければ、一八五〇年の呪詛を一種の若気の至りとして説明しなければならなくなる。バイロンからN・トゥルゲーネフまでは、何と言っても大きな隔たりがあり、橋渡しをすることは困難である！　ゲルツェンにとって、N・トゥルゲーネフはもちろん、立憲制の案を厳密に練ったという長所を持っていたし、デカブリストの伝統をも持っていた。

まさにゲルツェンがあのように素晴らしい性質を持っていたが故に、我々は彼の欠点を明らかにしなければならない。

哲学的にゲルツェンは、自分の哲学の基礎を十分批判的に検討・再検討しなかったことによって、不十分だった。ゲルツェンは、フォイエルバッハと実証主義を無批判的に信奉した。マルクスとエンゲルスはフォイエルバッハから先に進んだし、シュティルナーもそれを試みた。ゲルツェンは初め、フォイエルバッハからマルクスの線に沿って革命へと進み、バイロン的な仕方で犯罪に達したが、しかし、かなり長い間、単なる脅迫で満足し、ついに長いためらいの後（ゲルツェンのためらい！）、自由主義者になった。

私もまた、フォイエルバッハは正しくなかったと思う。宗教と神話を同一視することは正しくないし、あらゆる唯物論と同様に、フォイエルバッハの唯物論ではほとんどどうにもならない。マルクスはそれを、賢明にも経済的唯物論に変えた。ゲルツェンは、「人間は人間にとって神である」というフォイエルバッハの教義から政治的帰結を引き出したが、しかし彼はあまりにも抽象的にとどまり、宗教と政治、とりわけ教会と国家の間の現実の関係を厳密に分析せず、神権政治の本質とその発展と形態を深く理解しなかった。

ゲルツェンは死ぬまで、正教の敵だった。にもかかわらず彼は、自分の人民議会に積極的にロシア的要素を取り込もうとして、信仰する農民および旧教徒と和解した。

ゲルツェンが社会主義に、社会主義の本来の意義と内的および外的発展にもっとよく取り組まなかったことも、大きな欠点である。フランスの社会主義者たちの著作から明瞭な見解を得るのは容易でなかったことは分かる。私はまた、これらの社会主義者たちの実践的要求は必ずしも本来の実践には至らないということも認める（サン・シモン主義者は服のボタンを後ろ側に付けさせて、服を着るときに人の手を借りなければならないようにし、隣人に利他主義を示すように強いたのである！）。しかしながら、ゲルツェンの欠点と弱点は、マルクス主義を厳密に検討せず、労働者運動と経済的、社会的発展を考察しなかったこと、政治に対するその影響に留意せず、それを理解しなかったことである。

ゲルツェンはまた、農民とミールを経済的、社会的に厳密に見なかった。ゲルツェンはスラヴ派について、彼らの聖者像の理想と香煙が人民の真の状態を知ることを妨げたと、正しくも言ったが、ほとんど同じことがゲルツェンの農民崇拝についても言える。

ゲルツェンの歴史意識も、不十分なものである。生きた現在への彼の関心は有益だったが、同時代の出来事の徹底した歴史的分析の不足が欠点だった。歴史は、あまりにも一面的にゲルツェンの伝記に還元された。実際にゲルツェンのすべての研究は、非常に私的な形で主観的である。ドイツ観念論とその主観主義的危険を克服しようとした哲学者にしては、あまりにも主観的である。

この主観主義はゲルツェンにおいて、政治的にはアナーキズムとして、社会主義的アナーキズムないしアナーキズム的社会主義――名称は重要ではないが――として現れた。ゲルツェンのアナーキズムは、上述の彼の主観主義の欠点に由来するものであり、ゲルツェンの社会的立場と関係している。

ゲルツェンは亡命者であり、異邦人の中の異邦人であり、経済的、社会的に完全に独立していて、ロシアから得られる収入で暮らし、資本主義の敵だったが、しかし必要とあればロスチャイルドに反対しなかった。彼はツァーリとロシア政府の国庫優先主義に反対して、文筆上ロスチャイルドを非常に巧みに利用することができた（「皇帝ジェームズ・ロスチャイルドと銀行家ニコライ・ロマノフ」）〔ロシア政府がゲルツェンのロシア国内の財産を押収しようとしたのをロスチャイルドの助けを借りて取り戻したこと〕。経済的、社会的な孤立は、ゲルツェンを、端的に言って非実際的にした。この不器用さが哲学的、文学的に客観化して、アナーキズムとして現れたのである。

実践の不足は、やがて実践の軽蔑に至った。ゲルツェンは、政治と政治家に対するプラトンの貴族的軽蔑を多少とも共有していた。同様の理由から、あらゆる存在と生の原因と根元と謎について思索し記述する哲学者にとって、日常的な政治的仕事と政治一般は、あまりにも矮小なものとして現れた。官吏と大臣のみならずツァーリもまた、そもそも、全く取るに足りない、人民に任命された日雇い労働者だった。それ故に、彼らは必要に応じて大目に見られるのである。――ツァーリか大統領か、モノマフの王冠かフリギア帽かということは、よく言われるように、「所詮」どうでもよかったのである。こうして、抽象的、理論的なアナーキズムは、実践的には正統主義になる。実践家はもちろん、このような単なる実際的な正統主義を好まない。

ゲルツェンはまた、かなりの程度、文学的なアナーキストだった。広範に読まれる素晴らしい論文は、彼にとって、あらゆる皇帝よりも価値があった！

ゲルツェンの不器用さは、ロシアの絶対主義の遺伝的な罪である。即ち、ツァーリズム、とりわけニコライ一世時代のツァーリズムは、最も素晴らしく最も精力的な頭脳の持ち主を無為へと追いやり、その無為は亡命において継続され強化されただけだった。

最後に、更にゲルツェンの貴族主義と少年時代からの習慣を考えるならば、我々は彼のアナーキズムを十分に説明できる。彼は最初ブルジョアを軽蔑したが、後には「集合的凡庸さ」（ここでかれはミルを引用している）および「中国精神」と和解した。彼はブルジョアを憐れみ、完全に貴族的にブルジョアと和解した。ゲルツェンの攻撃に対してブルジョアジーを擁護した（一八四八年）のは、ベリンスキーにほかならなかった。しかし暫くして、ゲルツェンは既に自ら、ロシアがブルジョアジー的段階を経ることを認め（一八六三年）、更に後に（一八六六年）この考えとほとんど和解した。もちろんゲルツェンは、歴史家および政治家としてよりも貴族として「専制的大衆」を判断した。ゲルツェンは、ブルジョアジーが注文服を着ないこと、公園を果樹園と、宮殿をホテルと混同していることで、ブルジョアジーを嘲笑した。ゲルツェンはロマン主義者としてブルジョアを憎み、「厳密さと穏健さ」に苛立ち、ブルジョアに無関心と停滞しか見なかった。人種的、個人的特徴を欠いた「変節漢」を憎み、「不穏、奇抜」に個性を見た。

バイロンのカインを反ブルジョアにすること――これではそもそも不十分だった。ゲルツェンは、バイロンのカインとルシファーの革命的反抗を評価しなかった。それ故に、このカインはブルジョアの前に降伏した。ゲルツェンは行動のアナーキズムを説教に変え、その上彼は、実証主義的な定言命令といったものを準備して、それにショーペンハウエルの同情を添えた……。

ゲルツェンは、自分の最も深い内面において、麻痺させるような懐疑から抜け出すことができなかった。その懐疑から、彼が自分で正しく診断していた「躊躇」が生じ、それ故に、彼は理論的にも実践的にも恒常的な指導者になり得なかったのである。ある時ゲルツェンは、L・ブランをブルジョアだとして、次のように言った。「頭脳の宗教性と、みぞおちの下での懐疑的鈍痛の欠如が、彼を万里の長城で囲み、その壁の向こうには、一つの新しい考えも、一つの懐疑も、投げることはできなかった」。

ゲルツェンはまさに、思想の投げ手だった！ そのことによって、彼がしばしばロシアとヨーロッパを鋭敏に観察したことは否定されるべきではない。例えば、ゲルツェンが一八六七年にナポレオンのフランスの没落とビスマルクとプロイセンの勝利を予見したことが、しばしば非常に賞賛されている。

ゲルツェンは、既に文学的活動の初期に、科学の専門家と哲学者との関係について多く考えた。彼は専門化を個性喪失として恐れ、ゲーテのファウストがワーグナーになることを恐れ、それ故に、他方ではディレッタンティズムの危険を適切に自覚しながらも、全般的なものを、哲学を求めた。彼が望んだ両極端の正しい統合は、成功しなかった。むしろ、「多面的に生きること」、哲学的にも政治的にもロシア的性格の有名な「広さ」を利用することが、彼の特権だった。

『誰の罪か？』のベーリトフが、ふと思い出される。この小説の中でゲルツェンは、この「余計者」を非常に適切に、容赦なく特徴づけた。即ち、ドイツ人の専門家たちは、ジュネーヴのフランス人に全くヨーロッパ的に教育されたこのロシア人と彼の多才さに驚き、フランス人は彼の深い思想に驚く。しかし、ドイツ人とフランス人は多くを達成するが、彼は何物をも達成しない。彼は病的なほどの仕事の要求を持っていたが、自分の人生の実践的な場所を見つけることができず、自分と全く異質な周囲と関係を取り結ぶことができなかった。――ただ思想と情熱の中にのみ生き、冷たい夢想家で、しかも永遠の子供である。職業の選択に半生を費やし、しばしば新しい生活を始める。なぜなら、父から教養も伝統も受け継がずに、財産だけを受け継ぎ、その財産を管理することができないからである。こうして、ベーリトフの人生はロシア的な活動的な無為となり、彼は一般的にのみ人間であり、一種の道徳的なカスパル・ハウザー〔ドイツの作家ヤーコプ・ヴァッサーマンの小説『カスパル・ハウザー』の主人公〕である……。

ゲルツェンはここで、友人のオガリョーフの肖像を先取りして見事に描いた。即ち、この男は、最も徹底的で最も深い哲学の本の一冊において、世界とその発展と歴史の秘密を解明して人類を驚かせようと望んだ。しかし、決して序文より先には進まなかったし、序文でさえも最後まで書き終わらなかった。そして、オガリョーフのみならず、他の友人をもゲルツェンはベーリトフの形象において捉えた。――例えばスタンケーヴィチについてもゲルツェンは、何も成し遂げなかった人々の一人であると判断した。ある意味で、またある程度、ゲルツェンはベーリトフの形象において自分自身をも捉えた。もちろん、ベーリトフはゲルツェンのカリカチャーにすぎないが、最良の肖像はそもそも常にカリカチャーなのである……。

彼の時代を動かしたすべての問題とすべての人類的なものに対するゲルツェンの真摯で生き生きとした関心が、これによって貶められてはならない。ゲルツェンの多面的な関心はすべて、一つの方向に、一つの生きた対象に、即ちロシアに、向かっていた。

注

序

（1）メーリニコフ（筆名ペチェールスキー）〔パーヴェル・イワーノヴィチ・メーリニコフ。ロシアの小説家。一八一八〜八三〕の『森の中』、『山の上』といった小説は、旧教徒の生活を細部においては良く描いているが、その全体は、近代的なデカダンス的趣向によって損なわれている。

第1部

第1章

（1）ヴァイキング＝戦士、実際には海賊。ロシア語の「ヴァリャーグ」は、西スカンジナヴィア語の vaeringi、複数形 vaeringjar に由来し、王の防衛に身を委ねて安全（ワーラ）の約束を願う外国人を意味するという。守られるというこの約束に基づいて、vaeringjar は例外的な立場を享受する。ロシア語でロシアを示す「ルーシ」を、「ノルマン起源論者」たちは、フィンランド人がスウェーデン人を意味するのに用いた、バルト・フィン語の ruotsi から引いている。この言葉自体はノルド語だということであり、「漕ぎ手」というほどの意味だったが、フィンランド人はこの言葉を民族名として捉えたという。この名称はスウェーデンのノルマン人、ヴァリャーグにも与えられたという。そして、彼らがロシアのスラヴ人と（そしてフィンランド人と）融合したとき、この名称がロシア人に残ったという。つまり、「ルーシ」という名称は、初めはノルマン人のヴァリャーグを意味していて、後にノルマン起源のキエフの貴族階層（公と親兵）を意味し、それからついにキエフの領土と後には成長してゆく帝国の領土を意味したのかもしれない。この語源が、「ロース」という言葉（ビザンチンにおける）と関係があるのかどうか、あるとすればどのような関係なのかということは、分からない。上述の語源を専門的に判断することは、私にはできない。私が見る限り、「ルーシ」という名称をスラヴ語で説明する「スラヴ起源論者」たちは、あまり信用できない。ちなみに、キエフ時代の民族および言語の曖昧な状況について知りたい者、歴史的な情報と語源学的な困難さを知りたい者は、東洋学者 Marquart の有益な本を参照されたい。Osteuropäische und ostasiatische Streifzüge. Ethnologische und historisch-topographische Studien zur Geschichte des IX. und X. Jahrhunderts (ca. 840-940), 1903. S. 346, 353, 382.

（2）半自由民（ザークプ＝自らを売る者、貸す者）は、借金のために、あるいは自分に課せられた勤めのために働く。非自由民（ホロープ＝使用人）は、臣下・召使いとして自分の主人に仕える。自由の喪失は、最古の時代には、戦争で捕虜になることから生じ、また時には、犯罪が自由民を臣下にする。後には、借金を負った者も自由を失うようになる。臣下の身分はもちろん世襲である。

（3）ミールとザードゥルガは、ドイツ人、イギリス人、フランス人において、そしてまたインドやアフリカにも、実に様々な民族に様々な形態で存在したし、現在まで存在していることを、古代に関する最新の研究が教えている。ミールのもっぱらスラヴ的な性格というのは、根拠がなくなった。問題になりうるのは、ロシアのミールとロシアのザードゥルガが、他のものと違うのかどうか、どこがどのように違うのか、ということだけであろう。更に、国家とあらゆる制度の起源に関する、より正確な見解が得られている。研究者たちは、「家父長制」その他のような、図式的で、あまりにも一般的な概念に満足せず、社会的、歴史的な個々の作用力を、より詳細に分析した。スラヴ的理論の誤りは、ちなみに、ミールのより正確な分析によっても示されている。つまり、ミールはロシア全土において同じではないし、それどころか、その経済的、行政的、法的機能に、スラヴ派やハクストハウゼン〔アウグスト・フォン・ハクストハウゼン男爵。一七九二〜一八六六。プロイセンの農学者。ツァーリズムを支えるものとしてミールの家父長的伝統を賛美した〕の理解とは全く別の光を当てる、多くの相違があるということを、どんなに強調してもしすぎることはないのである。例えば、北ロシアとシベリアには、ミールをより古くて原始的な形態において示すような状況がある。

（4）様々な理論に、もっと注意深く注目する必要がある。例えば、次のような意見がある。土地の形態（ロシア人の発祥地の低い湿地）や生業（農業）が、古代ロシア人を非好戦的にしたのに対して、牧畜民であり乳摂取者だったゲルマン人や、砂漠やステップの騎馬放牧民だったトルコ・タタール人は、スラヴの菜食者よりも社会政治的に勝っていたというのである。私は、この説明のみならず、まさに事実そのものをも、十分に証明されたものとは見なさない。例えば、古代ロシア経済史の観点から、動物の豊かな森における狩猟と、魚の多い川における漁労の意味を指摘することができる。古代ロシア人の大部分は、野生動物の狩猟に従事しており、その職業は彼らの性格にも影響を与えたに違いない。ビーバー猟は、長い間、多くの人々に広がった生業だった。多くの人は、野生の蜜蜂の蜜と蠟などの採集に従事した。生業は、人々の性格に影響を与えたに違いないが、どのような影響をどの程度に与えたのだろうか？

（5）ゴロド（＝町）は、「囲いをした」、要塞化した場所を意味する（古代ルーシでは、要塞は主に木製だった）。

（6）大貴族（ボヤーリン）は、元来は戦士を意味し、ボヤーリンが軍隊的な親兵を成していた。後に、この言葉で、土地を所有する公の臣下、国家の最高の職務を担う貴族階級を意味するようになった。「ボーリ＝より多い、より良い」から「ボリャーリン」〔教会スラヴ語系の言葉〕＝optimates〔optimas＝「最良の」から派生した、「貴族」を意味するラテン語〕を派生させたのは、私の意見では人工的であり、「ボヤーリン」をヨーロッパの貴族階級に近づけようとする試みである。「公」を意味するロシア語は「クニャーズィ」であり、「大公」は「ヴェリーキー・クニャーズィ」である。この言葉は、幾つかのスラヴ語において「司祭」を意味する。

（7）南部地方は、長い間、未開墾ないし半開墾のステップだった。例えば、ドン・コサックは、既に一六九〇年に、土地を耕そうとする者は殺すという決議をしている。

（8）貴族会議のメンバーが他の町からも、場合によってはかつての分封公領からも、規則的に集められたかどうか、そうだとすればどのくらいの数だったかは、現在まで明らかになっていない。その際、単純に人民の代表機関のようなものを考えてはならない。また、人民集会とは形態も異なっていた。

（9）書記の数は四〜十四人の間だった。

(10)「ポメースチエ」＝「場所」、「集落」、「地所」。「地位」という派生的な意味を持つ。ここから、後に、この言葉がモスクワにおいて持っていた派生的な意味を持たない「地主（ポメーシチク）」という言葉ができた。

(11) すべての会議において、農民は市民のメンバーによって代表されていたと（恐らくは誤って）主張する歴史家たちもいる。

(12) ピョートルの兄であるフョードル・アレクセーエヴィチは、国民会議のようなものを二回召集している。しかし、これは単に幾つかの問題のための諮問委員会に過ぎなかった。それ故に、この諮問機関に招かれたのは、問題を理解できる階級だけだった。例えば、税制改革に関する諮問機関には、農民が含められた。ピョートル大帝は、自分の姉ソフィアに対する有罪宣告（一六九八年）に際して、自分が責任逃れをするために、国民のあらゆる階級から委員会を招集した――ということは即ち命令した。一六九八年のこの会議が、この種の会議としては最後のものだった。

(13)「オドノドヴォーレツ」の村は、あちこちで、部分的ないし完全に共有財産に変わった。今日まで、「オドノドヴォーレツ」が最も多く残っているのは、クールスク県である。この県は、十六世紀には、ヴォロネジ県、タムボフ県、オリョール県その他と共に、国境地帯を成していた。

(14) ラスコーリニキ（分離派）は、旧教徒のスタロオブリャーツィ（古儀式派）（古い儀式の信奉者）と同一ではない。つまり、すべての旧教徒が国家教会に意識的に対立していたわけではない。この旧教徒はニコンの改革以前の典礼書と祈禱書に執着し、例えば二本の指で十字を切る（正教徒は三本）、ハレルヤを二回だけ歌う（正教徒は三回）など、儀式において逸脱していた。

(15) ロシアの分離派は、一八五〇年代から熱心で全面的な研究の対象となっているが、この研究は歴史家シチャーポフによって始められた。シチャーポフは、分離派は単に宗教的、教会的意義を持つのみならず、とりわけ後の発展においては（一六六六年以来、ニコンに対する有罪判決と修道院への彼の追放以来）強力な社会政治的要素を持ち、それは特にピョートルの改革以後前面に出てきた、という見解を表明した。彼の主張によれば、分離派は、低位聖職者が高位聖職者とヨーロッパ化する国家に対峙した、人民の反対運動であり、国家の中央集権的権力に対して、民衆的で、民主主義的で、地域的に自律的な性格を持つ運動である。シチャーポフとその弟子たちは、分離派の政治的要因を正しく評価していない。ロシアの教会と国家が神権政治だったということ、それ故に教会に対する反対もまた政治的なものになったということ、なぜならまさに教会と国家が旧教徒を迫害したのだからということを、彼らは忘れている。分離派は常に宗教的なものだったが、しかし宗教はその道徳を持っており、そして道徳は必然的に政治に至る。国家教会に対する分離派教徒の反対運動は保守的で反動的なものだが、しかし反対運動としてそれはしばしば個人的な性格の堅固さの試練だった。近代の革命党派が分離派に自分たちの先駆者を見るとしたら、それは行き過ぎた主張である。ゲルツェンが自分の『鐘（コーロコル）』（一八六二年）に付属して分離派教徒の資料のためのアルヒーフを創ったように、分離派は単に間接的に、否応なしにだけ、時として同盟者だった。

(16) モスクワ・ロシアについては、後に挙げるヘルベルシュタイン、フレッチャー、ホールセイの著作を参照。

第2章

（1）ピョートル時代に、貴族はまた、新しい名前を得た。ピョートルは、「ドヴォリヤニーン（貴族）」と「ボヤーリン（大貴族）」という古い名前を、「ツァレドヴォーレツ」（=ツァーリの人）とポーランド語の「シュラフタ」に代えた。

（2）モスクワにおいてはもちろん、公の子孫は非常に増え、既にそのために威信を失っていった。ピョートル以前には、公は門地貴族だけで、称号公はいなかった。公の家族はリューリクの子孫出身であり、彼らにリトアニアやタタールなどの公が加わった。後になると、ロシアでは官職と財産のない公爵は、伯爵や男爵よりも威信が低くなった。

（3）この宣誓は、一九〇一年に廃止された。しかしながら、国家基本法の六十五条には次のようにある。「教会行政においては、専制的な権力が、その権力によって創設された指導的な宗務院を介して影響力を行使する」。

（4）ロシア人がポーランドとヨーロッパでどのような方法でカトリシズムの学校に入学したかは、言及に値する。即ち、彼らは、入学を許されるために、カトリックになったように見せかけねばならなかったのである。ロシア帰国後は、再び正教に改宗した。フェオファーンとヤヴォールスキーは、この偽装を行った。

（5）私が考えているのは、例えば、ヨルシュ・シェチンニコフ（十五~十七世紀のモスクワの司法に対する民衆的な風刺）、フロール・スコベーイェフなどであり、神学に歪められていない、自然な民衆的見解と形態が現れている諸作品である。

（6）ロマノフ朝=下図参照。

（7）反乱の社会的意味は明白であり、初めは官僚に対峙したのであ

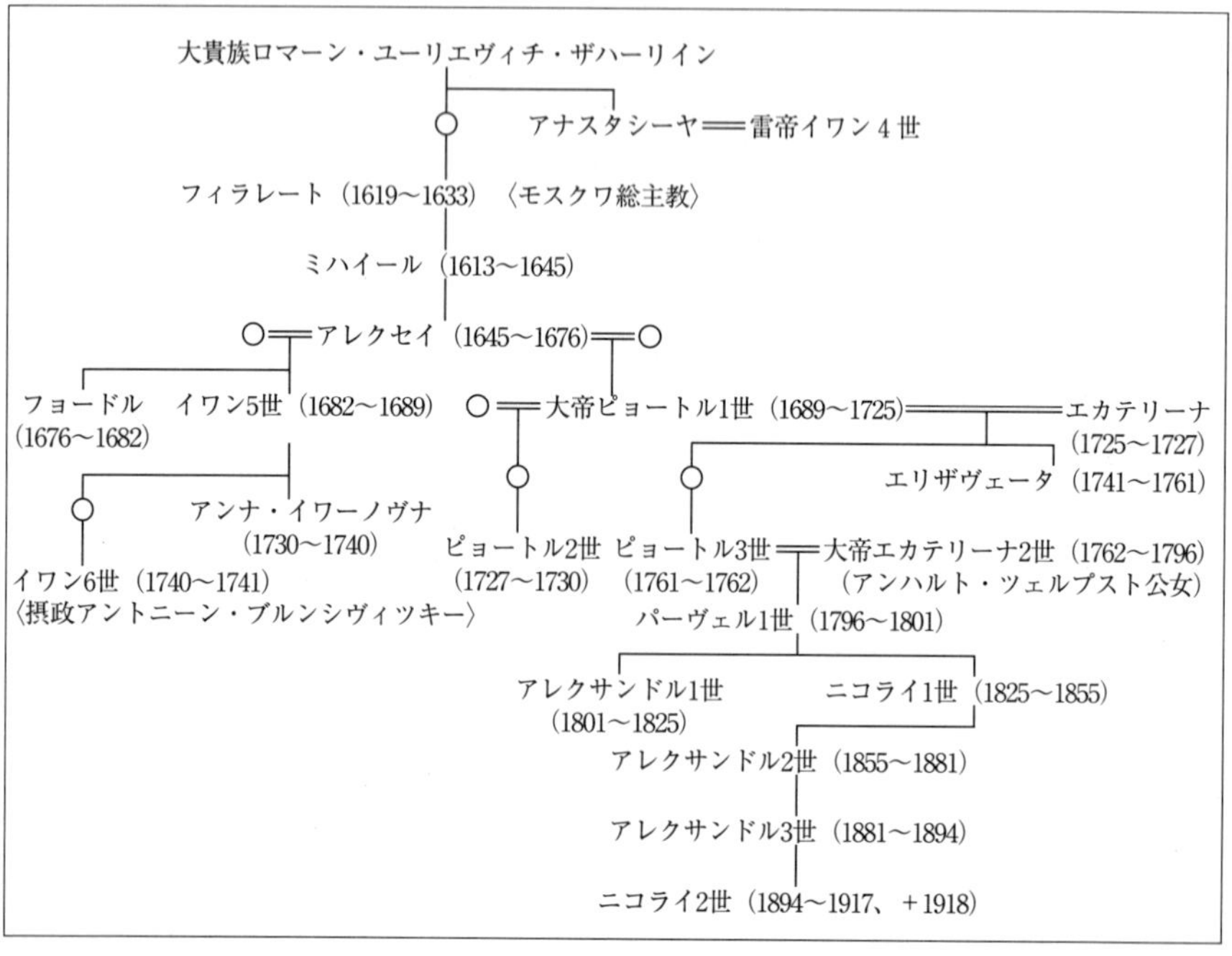

る。反乱の間に千五百七十二人の領主が殺害された。主導権がコサックに握られていた限りは、南部のコサックは既にピョートル時代に蜂起していたことが想起されねばならない。フメリニツキーの反乱の時に、コサックは遠征において、自分たちの綱領を、貴族とユダヤ人と犬を吊した三つの絞首台のシンボルによって表現した。コサックの首領制度は、エカテリーナの時代に廃止された（一七六四年）。

（8）即ち、約二百万人の農民（男も女も）が国家に帰属するものとされて、それによって彼らの身の上は楽にされた。

（9）ロシアの近代はエカテリーナによって始まるとする、何人かのロシアの歴史家たちの見解は、正しくないと私は考える。

（10）モスクワ大学の法学部には初め、すべての専門分野のためにたった一人の教授しかいず、後には三人になった。学生数は一人にまで減った時もあった。更に、ドイツから最初の大学に呼び招かれたのは教師だけではなく学生もだ、ということを指摘しておく必要がある。というのも、ロシア人は最初のうち大学とは縁遠かったからである。

（11）一七二四年には、百十の世俗的な初等学校があり、四十六の修道院の教育施設があった。後者が十八世紀に教会の神学校になった。

（12）ノヴィコーフは一七九二年に投獄され、フリーメーソン支部は弾圧された。パーヴェル帝は、ノヴィコーフを釈放したが（皇太子時代にノヴィコーフと親交があったが、エカテリーナは恐らくそれを快く思っていなかった）、しかし結社は許されなかった。アレクサンドル一世がようやく一八〇五年に再び許可した。

（13）エカテリーナは、ノヴィコーフをモスクワ大主教のところに送って、大主教にノヴィコーフを審問させた。大主教はエカテリーナに、ロシア教会と全世界がこのようなキリスト教徒を持つことを祈っている、と伝えた。

（14）ヘラースコフ（彼の初期の著作）、エミーン兄弟、ラフマーニン、ドミートリエフ＝マモーノフ、チュルコーフ、ポポーフ、イズマーイロフ兄弟、リヴォーフ、ザハーリイン、そしてもちろんまたラヂーシチェフの名前を挙げておく。

（15）ピョートル後の時代から少しだけ例を挙げておこう。アンナとビロンの関係。エリザヴェータはそもそも私生児であるが、自分もラズモフスキーと密通していた。エカテリーナ一世とエリザヴェータは大酒飲みだった、などなど。孫のニコライ一世が戴冠した娼婦と呼んだエカテリーナ二世は、自分の宮廷をじきに男のハーレムに変えてしまい、それはもちろん莫大な支出を要した。オルローフ家は、一七六二年から一七八三年までの時代に、ド・リーニュ公がそう呼んだ「大女帝」エカテリーナから、千七百万ルーブルと四万五千人の農奴を得た。これらの娼夫の数は非常に多かった。エカテリーナとその愛人たちに由来する道徳的な退廃は、容易に推察しうる。この統計からの数字を更に挙げよう。近衛中尉ワシーリチコフは、贔屓だった二十二カ月の間に、十万ルーブルの現金と、五万ルーブル相当の貴重品と、五万ルーブル相当の備品の付いた十万ルーブル相当の宮殿、七千人の農奴と二万ルーブルの俸給を得た。ポチョームキンは二年間で三万七千人の農奴と、九百万ルーブル相当のその他の贈り物を得た。お気に入りのザヴォーツキーは、十八カ月の間に、九千八百人の農奴と、八万ルーブル相当の貴重品と、一万五千ルーブルの現金と、三万ルーブル相当の設備と、一万ルーブルの俸給を得た。セルビア人ゾーリンは、一年間に、六十万ルーブル相当の土地と、五十万ルーブルの現金と、二十万ルーブルの貴重品と、一万二千ルーブルの俸給の付いたポーランドでの地位を得た。将校コールサコフは、十六カ月で、十五万ルーブルの贈り物と、四千人の農奴と、借金返済のために十万ルーブルと、十万ルーブルの設備と、月二千ルーブルの旅費と、宮殿を得た。ランスコーイは八万ルーブルの価値の宝石入りネクタイ・ピンと、借金返済用に三万ルーブルを得た……。

(16) 当時の状況と今日の状況にも特徴的なのは、ラヂーシチェフの著作が差し押さえられた(一七九〇年)ばかりでなく、シチェルバートフもまた自分の著作を印刷できなかったことである。両者とも、一八五八年になってからロンドンで印刷された。ロシアでは、ラヂーシチェフの著作が一般の書籍市場に出たのはやっと一九〇五年になってからだった。教養の支援者にして専制政治の擁護者であるタチーシチェフは既に、一七三三年に書かれたその著作『学問の有益性についての談話』に関して、同様の運命を経験した。その著作は、ようやく一八八七年になってから公刊されたのである。

第3章

(1) 女性に対しては、既にエリザヴェータ時代の一七五七年に廃止されていた。

(2) 個々の国家の勢力関係を判断しうるように、人口統計を挙げておこう。パーヴェルの時代にスヴォーロフ麾下のロシア軍がヨーロッパへ向かおうとしていた一七九八年に、ロシアの人口はヨーロッパで三千八百万人、アジアで五百万人だった。フランスは二千六百万人、イギリスとアイルランドは千百万人、プロイセンは六百万人、ポーランドは九百万人、オーストリアは千六百五十万人(オランダとロンバルジアを含めると千九百五十万人)、トルコは二千三百万人だった。

(3) ロシア、プロイセン、オーストリアの三人の君主によって個人的に結ばれたこの同盟は、一八一五年九月二十六日付けの創設趣意書において、君主たちはキリスト教の原則、即ち公正・キリスト教的愛・平和という原則にのみ則るということをはっきりと定めている。聖書によればすべての人間は兄弟であるので、彼らは今後兄弟として振る舞い、彼らの臣民は一つの国民の成員と見なされるべきである。「君主たちは、同じ一族の三つの分家を統治するための、神慮の代理人とのみ見なされ、神とキリストと至高の生きた言葉以外の統治者を認めない」。

(4) S・ムラヴィヨーフ＝アポーストルは『正教教理問答』を書き、前述のニキータ・ムラヴィヨーフは『自由人の教理問答』を書いた。多くのデカブリストたちが回想を書き、何人かは様々な歴史的研究その他を書いた。興味深いのはもちろん、デカブリストの書簡である。

(5) 既に一七三〇年に、法律によれば、兵役に適している者は鞭打ちの刑にされ、適さない者は棒打ちの刑にされたのである!

(6) 比較のために、メッテルニヒの時代にオーストリアで一八三七年にツィラータールのプロテスタントが祖国を去らねばならなかったことを想起する必要がある。

(7) ニコライ時代の文化の様相を更に補足したい者は、この時代の御用新聞・雑誌ないし公的に許可された新聞・雑誌を見られたい。ここでは、一八四〇年から一八五〇年までウヴァーロフの思想を文学的に擁護した『灯台（マヤーク）』だけを挙げておこう。その編集者で、職業的には数学者であり船舶の専門家だった陸軍中将ブラチョークは、ロシアの国民性の精神において教養を支援して西欧の思想を抹消ないし修正しようとした。なぜなら、ヨーロッパの思想は福音書と矛盾するからだった。西欧はその基礎において今に至るまでローマ的に異教的であり、この反キリスト教的精神から革命や自由思想や宗教改革や教皇制が生まれたのである。この西欧の帝国の焼け跡と廃墟において、神の帝国、即ち東方が輝き出すだろう。この意味において、この雑誌は、民衆の中の園芸家やその他の素朴な人々の寄稿を掲載した。その寄稿は、啓示などについての語りにおいて真のロシア的「理性・悟性（ウーム・ラーズウム）」を発揮したものである。この真のロシアの国民性の機関誌は、ほとんどすべての新しいロシア文学、レールモントフだけでなくプーシキンをも、そしてもちろんベリンスキーの批評をも、断罪した。それに対して『灯台』を喜んだのは、ザゴースキンのような作家たちだった。

(8) クワスとは、ライ麦と麦芽で作る、安価な発泡飲料である（「豚野郎のシャンパン」）。

(9) ロシアの大工業は、次のほぼ正確な推定によって描き出される。

年	工場数	労働者数	生産価値（単位百万ルーブル）
一七六五	二六二	三八、〇〇〇	五
一八〇一	二、四二三	九五、〇〇〇	二五
一八二五	五、二六一	二〇二、〇〇〇	四六
一八五四	九、九四四	四六〇、〇〇〇	一六〇
一八八一	三一、一七三	七七〇、〇〇〇	九九八
一八九三	二二、四八三	一、四〇〇、〇〇〇	一、七六〇
一八九六	三八、四〇一	一、七四二、〇〇〇	二、七四五

一八六一年に注目した別の統計によると

一七六二	九八四	ー	ー
一七九六	三、一六一	ー	ー
一八一五	四、一八九	一七二、八八二	ー
一八四三	六、八一三	四六六、五七九	ー
一八六一	一四、一四八	五二二、五〇〇	ー

(10) ペトラシェーフスキーは、キリーロフという名前で『外来語辞典』を出版した。この無害な書名のもとに、一種の進歩的政治百科事典が提供されるはずだった。——その完成は、ペトラシェーフスキーとその仲間たちの逮捕によって中断された。ペトラシェーフスキーはシベリアで死んだが、彼の仲間たちは少なくともロシアに戻った。

(11) ロシア人は、この意味でしばしば文学への雑階級知識人（ラズノチーネツ）の登場について語る。グレープ・ウスペーンスキーは、この概念を「官職と身分の外にいる者」と規定している。辞書には次のようにある。即ち、個人的な貴族の称号を持たず、いかなる同業組合にも属さず、あらゆる税金を免除されている者である。

(12) スタンケーヴィチとゲルツェンのサークルが有名である（前者は三〇年代初頭、後者は一八四二年）。その他の中では、「秘密結社」としてデカブリストと結びついていたスングーロフのサークルが挙げられる。スングーロフとその仲間に対する裁判は約二年間続き（一八三一〜一八三三年）、全くニコライ的にスングーロフとその一人の仲間に四つ裂きの刑を宣告することで終わった。十人のメンバーには、絞首刑と銃殺刑が言い渡された。刑はその後、強制労働と禁固刑に減刑された。

(13) 後はせいぜい、I・G・ゴロヴィーンを挙げることができるくらいである。彼は一八四四年以降外国に住み、絶対主義に反対する著作を書いた。彼の多くの歴史的著作は、当時ちょっとしたセンセーションを巻き起こした。なぜなら、それらの著作は、多くの個々の個人的事実を明らかにし、宮廷と貴族の恥を暴露したからである。ゴロヴィーンは、政治的には非常に保守的だった。トゥルゲーネフよりも遙かに厳しく社会主義に反対したし、後にはニヒリズムに反対した。彼の著作のうち、次の物を挙げておく。『ニコライ一世時代のロシア (La Russie sous Nicolas I.)』(一八四五、一八五九)、『アレクサンドル二世時代のロシア (Russland unter Alexander II.)』(一八七〇)、『ロシアの秘密 (Russische Geheimnisse)』(一八八二)、『ロシアのニヒリズム、ゲルツェンとバクーニンに対する私の関係 (Der rusissche Nihilismus, meine Beziehung zu Herzen und Bakunin)』(一八八〇)。

(14) ピョートルの後、ようやくパーヴェルがこの称号を四つの家族に与えた。アレクサンドルは三人、ニコライは十六人の公爵を作り、アレクサンドル二世と三世は一人も作らなかった。

(15) 内務省の文書館には、ニコライ時代の一八二八年～一八五四年の五百四十七件の農民暴動に関する報告が保存されている。別の計算によれば、農民の騒乱は次の通りである。

一八二六～一八三〇	四一件
一八三一～一八三四	四六件
一八三五～一八三九	五九件
一八四〇～一八四四	一〇一件
一八四五～一八四九	一七二件
一八五〇～一八五九	一三七件
合計	五五六件

この数字は決して正しいものではなく、誇張なしに二百件は多くなりうるだろう。一八三五～一八五九年に、百五十二人の領主が殺害され(その中には二十一人の官吏が含まれていた)、百七十五件の殺人未遂が起こった。

(16) 一八四一年には、このような事例が千六百二十二件数えられたと言われる。ロシアとしては、そして当時としては、この数は非常に際立っている。解放後はこの数字がかなり減ったと、はっきりと言われている。

(17) 例えば一八三四年のカザンの大きなストは、一七九六年から続く、工場主に対する労働者の慢性的な闘いの、先鋭な形態にすぎなかった。騒乱は、一八一七年、一八一八年、一八一九年、一八二〇年、一八二三年、そして最後に一八三四年に起こった。

(18) 68節の統計資料を参照。

(19) 日露戦争の敗北後。

第4章

(1) 召使いの仕事をしている農奴は、解放令から二年以内に解放されなければならなかった。農民は領主に、償却金を四十九年間払うように命じられた。しかしながら、政府がしかるべき額を領主に国債で支払い、政府自身が農民から分割金を徴収した。

(2) 一デシャチーナ＝一・〇九二五ヘクタール。

(3) 調停判事の制度——簡易裁判所——は実施されず、事実上大都市に限定された。

第5章

(1)新しいツァーリの側近たちが、いかなるキリスト教的また王朝派的精神によって満たされていたかを示すのは、ポベドノースツェフと友人たちが反革命的秘密結社「神聖親兵」(「義勇防衛」としても知られていた)を組織したという事実である。それは、あらゆる手段を用いて——殺人によっても——王冠の敵を根絶しようとした。この絶対主義のイエズス会士たちは、「人民の意志(ナロードナヤ・ヴォーリャ)」の執行委員会とも接触して、この党の力と指導者を探ろうとした(ラヴローフ、ミハイローフスキーなどが交渉した)。ようやくトルストイ伯爵が内務大臣になって、この扇動を終わらせた(一八八二年十二月)。なぜなら彼は、「神聖親兵」もまた革命的であり、警察の妨げになると、正しく理解したからだった。この反動主義者たちは、国外で、挑発の手段として『自由な言葉(ヴォーリノエ・スローヴォ)』を発行したようである。ドラゴマーノフ自身が、事態を知らずに、これを暫くの間編集していた。

(2)アレクサンドル二世の統治の末期に、様々な行政分野においてドイツ人が占めていた割合は、次の通りである。

文官	三二%
高級司令官	四一%
帝国顧問官	三六%
元老院	三三%
外務省	五七%
内務省	二七%
文部省	二八%
大蔵省	二七%
国有地省	三四%
運輸省	三四%
会計監査院	一八%
海軍省	三九%
陸軍省	四六%
宮内省と皇帝の副官	三九%
郵政省	六二%

同時代のドイツ人人口は一・一%だった。

(3)ロシアにも国外にも、一八六一年以後、憲法を求めるデカブリスト的伝統を維持した自由主義的な秘密結社が存在したが、これらの秘密結社は、生まれつつあった革命的秘密同盟とは比較できない。大きな宣伝も行わなかったし、人を惹きつける魅力もなかった。七〇年代末に(一八七八年、一八七九年)自由主義者たちは革命家たちとの交流に努めたが、しかし交渉は目的を達しなかった。ロリス＝メーリコフの時代に、幾つかの秘密同盟が組織されたが、それらも影響力を持たなかった。比較的有名なのは、「リガ」結社と「ゼームストヴォと自治の同盟」である。これらの結社の機関誌と見なされるのは『自由な言葉(ヴォーリノエ・スローヴォ)』であり、その編集者は一八八三年からドラゴマーノフだった。しかし、前述のように、この新聞は上述の反動的な「神聖親兵」に奉仕したように思える。「ゼームストヴォと自治の同盟」の綱領は、国会(全国から普通選挙によって選ばれる)と地方議会の要求において頂点に達した。地方議会は自治の機関となり、国会は中央集権化の機関となるはずだった。

(4)

年度	全人口に対する都市住民の割合	都市住民の総数(単位百万)
一七二四	三・〇〇%	〇・三

一七八四	三・一〇%	〇・八
一七九六	四・一〇%	一・三
一八一二	四・四〇%	一・六
一八三五	五・八〇%	三・〇
一八五一	七・八〇%	三・五
一八七八	九・二〇%	六・〇
一八九〇	一二・八〇%	一三・九
一八九七	一三・二五%	七・一

一七二四年から一八九七年までに都市人口は五十一倍になり、農村人口は八倍になった。参考までに、フランスでは都市人口は約四一%、イギリスでは七五%以上である。

(5) 領主、とりわけ貴族の領主は、一八六三年から一八九二年まで、約二千五百万デシャチーナの土地を失った。今日、この数字は四千万を既に遙かに越えている。解放後、土地を購入したのは、富裕な農民、商人、市民だった。

(6) 家畜の飼育も減少した。人口百人に対して次の通りである。

一八八〇年	三七・二頭
一九〇六年	三三頭
一九〇九年	三〇頭

同時に、統計によれば、家畜の重量が減っており、また特に雌牛の牛乳供給量が減っている（家畜飼育の減少の結果、土地の施肥が悪くなった！）。

(7) 一八八五～一八九六年には九十一万二千人が、一八九七～一九〇六年には百三十八万七千五百三十二人が、一九〇六～一九一三年には約二百五十万人が、シベリアへ移住した。更に、コーカサスと中央アジアへの盛んな移住の流れが加わる。西欧（アメリカ）への移住はまだ少なくて、一八九一年から始まる。盛んだったのは、ユダヤ人の移住である（一八九九～一九〇六年に百万人以上）。

(8) 現在に至るまで、ロシアの労働者の正確な統計はない。次の概観は、大体正しいものである（単位千）。

年度	工場監督下の工場労働者	鉱業における	総計
一九〇〇	一、六一八	七一六	二、三三四
一九〇一	一、六一七	六八三	二、三〇〇
一九〇二	一、六二四	六二七	二、二五一
一九〇三	一、六八四	六一〇	二、二九四
一九〇四	一、六六〇	五九九	二、二五九
一九〇五	一、六八五	五八二	二、二六七
一九〇六	一、七一八	六四三	二、三六一
一九〇七	一、七六二	六五七	二、四一九
一九〇八	一、七六五	—	—
一九〇九	一、七八九	—	—

イギリスの労働者は全体としてロシアの労働者のほぼ二倍の賃金を稼いでおり、アメリカの労働者はほぼ四倍である。ロシアの労働者の全体的な生活水準は非常に低い。（男性）労働者にとって月十四ルーブルはもうかなりの賃金である。ロシアの労働者は農民と同様に飢えている（この数字は、年労働日二百八十日の場合である！）。

(9) ロシアはアジアで千六百五十五万平方キロメートルを占め、ヨーロッパは九百九十万六千平方キロメートルを占める。シベリアだけで、ほとんどヨーロッパと同じくらいの大きさである。ロシアのアジアの領土はもちろん、未開の地であり、大部分は不毛の地である。

第6章

（1）「解放同盟」に結合した諸党の名前が既に、非常にはっきりと政治状況を特徴づけている。即ち、一、ロシア社会民主労働党、二、エスエル党、三、ポーランド社会主義党、四、全ユダヤ労働同盟、五、ポーランドおよびリトアニア社会民主党、六、ポーランド社会主義党「プロレタリアート」、七、リトアニア社会民主党、八、ラトヴィア社会民主労働党、九、ラトヴィア社会民主同盟、一〇、小ロシア（ウクライナ）社会民主党、一一、小ロシア革命党、一二、グルジア社会連邦革命党、一三、アルメニア社会民主労働組織、一四、白ロシア社会主義同盟、一五、アルメニア革命連盟、一六、解放同盟、一七、ポーランド民族連合、一八、フィンランド積極抵抗党。

（2）既に一八九一年に、自由主義者と革命家を結びつけることを課題とした「人民の権利」党が生まれていた。しかし、この党は、僅かな政治的な成果を達成しただけだった。

（3）政治裁判と審問に関する次のデータは、ニコライ即位後の革命運動がいかに大規模なものだったかを大体において示している。

年	裁判所管轄事件	参加人員	行政的に処理された事件	参加人員
一八九四	一五八	九一九	五六	五五九
一八九五	二五九	九四四	九〇	六二三
一八九六	三〇九	一、六六八	六七	五六一
一八九七	二八九	一、四二七	一二二	一、四七四
一八九八	二五七	一、一四四	一四九	一、〇〇四
一八九九	三三八	一、八八四	一六六	一、三二五
一九〇〇	三八四	一、五八〇	一四四	一、三六三
一九〇一	五二〇	一、七八四	二五〇	一、二三八
一九〇二	一、〇五三	三、七四四	三四七	一、六七八
一九〇三	一、九八八	五、五九〇	一、五二二	六、四〇五

このデータは、エスエルが公表した、法務省の秘密情報から取られたものである。一九〇三年には、警察（プレーヴェ）によって逮捕された者の数は約六万四千人が報告されている。

（4）運動全体を、ストの統計によって大体測ることができる（数字には政治的ストも経済的ストも含まれる）。

年	ストの数 絶対数	工場数の割合（%）	罷業労働者の数 絶対数	全労働者の割合（%）
一八九五	六八	〇・三六	三一、一九五	二・〇一
一八九六	一一八	〇・六二	二九、五二七	一・九四
一八九七	一四五	〇・七五	五九、八七〇	三・九九
一八九八	二一五	一・一三	四三、一五〇	二・八七
一八九九	一八九	〇・九〇	五七、四九八	三・八三
一九〇〇	一二五	〇・七三	二九、三八九	一・七三
一九〇一	一六四	〇・九六	三二、二一八	一・八九
一九〇二	一二三	〇・七二	三六、六七一	二・一五
一九〇三	五五〇	三・二一	八六、八三二	五・一〇
一九〇四	六八	〇・四〇	二四、九〇四	一・四六
一九〇五	一三、九九五	九三・二〇	二、八六三、一七三	一六三・八〇
一九〇六	六、一一四	四二・二〇	一、一〇八、四〇六	六五・八〇
一九〇七	三、五七三	二三・八〇	七四〇、〇七四	四一・九〇
一九〇八	八九二	五・九〇	一七六、一〇一	九・七〇
一九〇九	三四〇	二・三〇	六四、一六六	三・五〇

社会民主労働党の機関誌『プロレタリア（プロレターリー）』は、一九〇六年九月に、ロシア社会民主主義組織の数を挙げている。

ロシア人	三一、〇〇〇人
ポーランド人	二六、〇〇〇人
ラトヴィア人	一一、〇〇〇人
ブント	三〇、〇〇〇人

参照。ドイツでは社会民主党員は約四十万人（選挙者ではない！）、ザクセンだけでは約三万九千人いる。イタリアでは約四万五千人いる。

（5）国会の外にも、まだ別の政党があった。一九〇六年初めに、次の十一の政党が綱領に従って創られた。Ⅰ、右派および反動派——一、穏健進歩主義者、二、国民経済党、三、全ロシア商工同盟、四、十月十七日同盟、五、法と秩序の党、六、立憲君主主義者（ツァーリ派）。Ⅱ、中道——七、立憲民主主義者、八、自由主義者、九、急進主義者、Ⅲ、左派：極左——一〇、社会民主党、一一、エスエル党。一九〇六年末には、次の二十三の政党と結社があった。Ⅰ、保守派および反動派——一、ロシア君主党、二、ロシア人民同盟、三、ロシア同盟、Ⅱ、中道——四、商工同盟、五、十月十七日同盟、Ⅲ、自由民主主義者——六、国民自由党＝立憲民主主義者、七、民主改革党、八、自由主義者、九、急進主義者、Ⅳ、革命主義者（極左）——一〇、ロシア社会民主労働党、一一、エスエル党、一二、国民社会主義者（青年ナロードニキ）、一三、ブント（ユダヤ労働同盟）、一四、ポーランド人・リトアニア社会民主党、一五、リトアニア社会民主党、一六、ウクライナ革命党、一七、ラトヴィア社会民主党、一八、ポーランド社会主義者、一九、アルメニア革命党、二〇、グルジア社会連邦主義者、二一、古ロシア農民同盟、二二、鉄道員同盟、二三、教師同盟。これですべての党と結社が尽くされたわけではない。ただ最も重要で最も強力なものだけを挙げた。

（6）社会民主党の歴史について詳しくは152節を、エスエル党の歴史については167節を参照。

（7）一九〇七年初めに警察によって出された回状において、次のグループと党が革命組織として挙げられている。一、エスエル党、二、無政府主義者・共産主義者、非妥協派、マハーエフ派、三、ロシア社会民主労働党、ボリシェヴィキとメンシェヴィキ、四、ポーランド・リトアニア・ロシア全ユダヤ労働同盟（また、主として西方で活動する「ブント」）、五、ポーランド社会主義党、ポーランド王国およびリトアニア社会民主党、プロレタリアート、六、アルメニア革命連邦党ドロシャク（また、ダシュナクツチュン）、七、グルジア革命連邦党サカルトヴェロ、八、フィンランド積極抵抗党、九、「軍事的革命家」とシオニズム的社会主義者（ポアレイ・ツィオン）と解放同盟の各独立組織。

（8）農奴解放以降に新たな土地の分割を行わなかった農民を所有者と宣言した一九一〇年六月十九日の法律と、家族の首長を唯一の所有者とした一九一〇年および一九一一年の法律は、注目に値する。以前には分割相続を要求できた、家族の他の成員は、補償なしに、共同所有権を失った。

（9）一九〇六年五月六日の基本法の第四条には、次のようにある。「全ロシアの皇帝には、最高の専制権力が属する。恐怖からではなく、良心によって課せられた義務感からも、皇帝の権力に従うことを、神自らが我々に勧めている」。我々は既に、17節において、一八三二年のテキストを挙げておいた。一九〇六年には「絶対的」という語は削除されているが、しかし、「専制」が明確に強調されている。国会議員は、「全ロシアの専制君主たる皇帝陛下」に、儀式的な忠誠の約束を行った。政府は、憲法の条文の文体に、ヨーロッパの憲法用語ないし議会用語さえ用いないように、できる限り努めた。憲法、議会、議院（パラータ）という表現は出てこない。

(10) 十一月と十二月のデータは含まれていない。アレクサンドル三世時代の処刑数のデータを参照――十三年間で二十六人である！既に一九〇九年に内務大臣は、すべての県の代表者たちに回状を出し、その中で、死刑をできるだけ減らすように、国内を鎮めるように、勧めている。この回状の結果については、次の最新のデータが教えている（旧暦一九一〇年八月一日から一九一二年九月一日まで）。

	一九一〇	一九一一	一九一二	総計
死刑判決を伴う裁判	八一	一三六	八一	二九八
死刑宣告者	一八五	二九三	二一四	六九二
判決の変更	八八	一〇一	七七	二六六
処刑者	二九	七三	八三	一八五

一九〇五～一九一〇年の統計によれば、七千百一件の死刑判決、四千四百四十九人の処刑者である。次を参照――ドイツでは死刑判決は一八八二年に九十五件、一九〇七年に三十一件。イギリスでは一八一一年以降で八百九十三件。フィンランドでは一八二六年以降死刑判決はない。

(11) メッテルニヒもまた、「ただ公だけが、民族の運命を操るのにふさわしく、公は己れの行為について神にのみ責任を負う」と考えた。

(12) プレーヴェの死後、アゼーフ事件でしばしば言及された警察長官ロプーヒンは、プレーヴェの書類を調べていて、自分の手紙の写しを見つけた。既に以前に、ロリス＝メーリコフは、自分の手紙が秘密警察の目にさらされていることをはっきりと指摘した。

(13) 一九一二年十二月十二日の新聞は、次のように報道している。内務省の情報によれば、一九〇七年一月十四日以降、一九一二年十一月十四日まで、ロシアでは三万八千九十四件の武装した襲撃が発生した。その際、千七百十九人の官吏と五千九百九十七人の民間人が殺され、二千四百九十九人の官吏と五千七百四十七人の民間人が負傷した。今年（一九一三年）の最初の十カ月に、二千百四十八件の武装襲撃が発生した。

(14) 政治的理由によるストの数（単位千）

一九〇五年	一、〇八三
一九〇六年	五一五
一九〇七年	五二五
一九〇八年	九一
一九〇九年	八
一九一〇年	四
一九一一年	四〇
一九一二年	九五〇

第7章

(1) カントが歴史に少しの時間しか割かなかったにもかかわらず、歴史的感覚をも示さなかったかどうかを、私は分析しようとは思わない（メディクスのしかるべき研究を参照）。

（2）グロートは、コントに依拠しつつ、そのギリシャ史においてこの発展を非常にうまく説明した。
（3）統治を任せるために、ノルマンのヴァリャーグが八六〇年から八六二年に招聘されたという、よく引き合いに出される個所が問題である。私は強調しておくが、ネストルによればこの招聘はスラヴ人とフィン人との共同のものだった。

第2部
第1編第9章

（1）ピョートル・ヤーコヴレヴィチ・チャアダーエフは、一七九四年五月十七日、モスクワに生まれた。彼の母は、歴史家のシチェルバートフ公爵の娘である。両親は間もなく死に、ピョートルは一歳半年長のミハイールと共に、叔母のシチェルバートワ公爵夫人によって育てられた。チャアダーエフは間もなく非常に多読家になった。一八一二年に軍人となり、幾つかの戦闘を経験し（ボロヂノ、ライプツィヒ等）、一八二一年に勤務を退いた。チャアダーエフはデカブリストたちと多く交流し、フリーメーソンでもあった（一八一八年に脱退）。一八二三年にヨーロッパに行き、一八二六年にロシアに戻った。ロシアでデカブリストとの交流のために取り調べを受けたが、間もなく釈放された。ヨーロッパにおいて孤独で変人的に暮らしていたように、初めはモスクワで孤独に暮らしていた。一八三〇年頃、チャアダーエフに内的な転換が起こった。――何人かの神秘主義者たちの研究に没頭し、また彼の神経の状態もかなり異常だった。彼の兄も奇人であり、デカブリストの乱への恐怖から、生涯を自分の村で孤独に過ごした。一八三一年に医師がチャアダーエフに、イギリス・クラブに入るようにさせ、それ以来、死ぬまで、最高の貴族社会に生きた。彼が自分の模範的な衣裳と行き届いた宮廷作法と自分の哲学によって人々に感銘を与えたことは、彼を喜ばせた（有名なコルシカ島人で、ロシアに勤務したナポレオンの敵対者であるポッゾ・ディ・ボルゴ伯爵は、彼のことを申し分のない紳士と言った）。この時代ずっと、夏の間も、モスクワを離れなかったと言われる。チャアダーエフは、一八五六年四月十四日に死んだ。チャアダーエフは、一九三六年にナデージュヂンの雑誌『望遠鏡（テレスコープ）』に発表した『哲学書簡』によって、文学上の名声を得た。チャアダーエフはそれを一八二九年にフランス語で、ある婦人に向けて書いた。この書簡のほかに、まだ三つの書簡がある。第二と第三の書簡は文通の続きであるが、先の幾つかの書簡に触れている。第四書簡ではゴシックとエジプト建築について語られ、チャアダーエフはここで、古代とキリスト教に関する自分の見解を述べている。これら四つの書簡を、我々は、保存された多くのチャアダーエフの書簡と区別して、『哲学書簡』としてまとめている。『書簡』のほかに、一八三六年に書かれた『狂人の弁明』の断片がある。四つの書簡は、次の版で出た。Œuvres choisies de P. Tschaadaieff, publiées pour la première fois par le Prince Gagarin de la Compagnie de Jésus, 1862. V. Frank, Russisches Christentum, 1898 は、抜粋で第一、第二書簡の翻訳と、『弁明』と、シェリング宛ての二つの書簡と、幾つかのその他の抜粋とチャアダーエフに関する見解を含んでいる（両方の版とも、カトリックの宣伝に奉仕するためのものである）。
（2）現在私の手元には、ゲルシェンゾーンのロシア語訳によるチャアダーエフのテキストがある（『P・J・チャアダーエフ――生涯と思想』一九〇八年)。――ここでは、教会の政治的意義について語るとき、しばしば「社会的」という言葉が用いられている。チャアダーエフは「社会問題」という表現さえ用いているが、この言葉は単に教会の社会的影響を意味するだけであり、決して政治的影響一般を意味するものではない。

第10章

(1)スラヴ派は初め自分たちのことを「スラヴェノフィール」と言っており、後になってから「スラヴャノフィール」「スラヴォフィール」という術語が一般的になった。

(2)イワン・ワシーリエヴィチ・キレーエフスキーは、一八〇六年三月二十二日にモスクワで生まれた。一家は、古い家系で裕福だった。キレーエフスキーの教育には、母の叔父〔実際には従兄〕であるロマン主義者ジュコーフスキーが影響を与えた。ジュコーフスキーはキレーエフスキーの母にも非常に大きな影響を与え、彼女とその息子をもドイツのロマン主義文学へと導いた。キレーエフスキーの母は、エラーギンとの二度目の結婚時代に(一八一七年から。キレーエフスキーの父は一八一二年に死んだ)、一八一七年から、モスクワにおいて、初めはポレヴォーイの周辺に集まった文学者たちのサークル(ヴァーゼムスキー、キュヘリベーケル、シェヴィリョーフ、ポゴーヂンその他、またプーシキン)において、後には抒情詩人ヴェネヴィーチノフのサークル(プーシキン、ヴァーゼムスキー、バラティンスキーなど)において、重要な役割を果たした。一八二四年にキレーエフスキーは、歴史的文書の最も豊かなコレクションであるモスクワ主要古文書館に勤めた。キレーエフスキーのほかに、ここには弟のピョートル、オドーエフスキー公爵、ヴェネヴィーチノフ(とその兄弟)、シェヴィリョーフなども勤務していた。一八三〇年にキレーエフスキーは、初めベルリンに去り、そこで哲学、神学、歴史学の講義を聴いた(K・リッター、シュトゥール、ラウマー、シュライエルマッハー)。キレーエフスキーはヘーゲルについては既にロシアにいる頃から良く知っており、ベルリンでヘーゲルと個人的に知り合いになった。ガンスおよびミヘレットとも知り合いになった。二月後にベルリンからミュンヘンに去り、そこでシェリングとオーケンと知り合いになった。ドイツに一年もとどまらず、不満を抱きながらロシアに帰った。一八三二年に彼は『ヨーロッパ人』という評論雑誌を創刊したが、その協力者には、プーシキン、ジュコーフスキー、バラティンスキー、ヤズィーコフその他がなるはずだった。しかしながら、キレーエフスキーの論文「十九世紀」とグリボエードフについての評論のために、この雑誌は廃刊になった。その検閲官S・T・アクサーコフは不興を買った。『ヨーロッパ人』は、二号だけしか出なかった。一八三四年にキレーエフスキーは結婚した。四〇年代に、エラーギン夫人のサロンにモスクワの文学者や哲学者たちが集まった。即ち、ゴーゴリ、ヤズィーコフ、K・アクサーコフ、サマーリン、ホミャコーフ、ヴァルーエフ(D・A・)、グラノーフスキー、ゲルツェン、更にチャアダーエフなどだった。キレーエフスキーは哲学教授になれなかった。一八四五年にポゴーヂンが彼に『モスクワ人』の編集を任せたが、三号だけ編集をして、その仕事をやめた。一八五二年になってから、考えを同じくする友人たちと共に『モスクワ論集』の刊行を始めたが、彼の「ヨーロッパ文明の性格とそのロシア文明との関係について」という論文がこの文学的な企画をも不可能にした。一八五六年に、既に筆者の死後になってから、『ロシア対談』（このスラヴ派の雑誌は一八五六～一八六〇年の間出ていた）が、「哲学にとっての新たな原理の必然性と可能性」という論文を印刷した。キレーエフスキーは、自分の仕事を完成させる前に、一八五六年六月十一日コレラで死んだ。キレーエフスキーの弟のピョートル（一八〇八年二月十一日～一八五六年十月二十五日）は、民謡の収集家として有名だった。

（3）キレーエフスキーの術語は、カントとシェリングに由来する。彼は、カントによる **Verstand**＝悟性と **Vernunft**＝理性との区別を用いている。理性の神秘的直観は、シェリングが直観（**Anschauung**）、しかも知的な直観（**intellektuelle Anschauung**）と呼んでいるものである。通常、ロシア語ではこの言葉に「直観（イントゥイーツィヤ）、直観的（イントゥイチーヴヌイ）」という術語が当てられる。その際、この概念は必ずしも神秘的と解されないで、むしろ「先験的」の意味で解される。精神的な力のこの理論のより詳細な分析を、ホミャコーフが試みている。

（4）キレーエフスキーにとって特徴的なのは、プロテスタンティズムからカトリシズムに移ったが最後には旧ルター派に従ったステフェンスの自伝からの抜粋である。ステフェンスはまた、（プロイセンの）教会同盟に反対していた。キレーエフスキーにとって、それは非常に重要な宗教的経験と重要な教えだった。

（5）例えばグラノーフスキーに宛てた、特徴的な言葉がある。「感情的には私はあなたにより近いが、あなたの多くの見解に私は同意しない。信仰では私は友人たちに近いが、他の多くの点では遠い」。彼はホミャコーフに書いている（一八四四年）。「多分あなたは、私を大スラヴ主義者と見なしているでしょう。これに関しては、私がスラヴ主義的思想を受け入れるのはその一部のみで、残りの部分は、グラノーフスキーの最も奇抜な見解よりも私から遠いということを述べておかねばなりません」。

（6）アレクセイ・ステパーノヴィチ・ホミャコーフは、一八〇四年五月一日にモスクワに生まれた。旧姓をキレーエフスカヤといった自分の母から、少年時代から一貫して維持していた厳格な教会教育を受けた。父は文学のセンスがあったが、それよりもトランプ遊びにもっと関心があり、百万ルーブル以上負けたことがあった。ホミャコーフは自分の母に結婚するまで純潔であることを約束し、その約束を守った。ホミャコーフは数学、文学、歴史、神学、哲学を勉強した。絵を描き、詩と戯曲を書いたが、プーシキンもベリンスキーも彼の詩を認めなかった。一八二二年に、ホミャコーフは兵役に就いた。ペテルブルグでデカブリスト――ルィレーエフ――と接触する機会があったが、彼らの見解を批判した。一八二五年と一八二六年に、ヨーロッパに行った。一八二八年に再び兵役に就いて、トルコ人と戦い、幾つかの戦闘で戦功を立てた。三〇年代と四〇年代に、自分の友人と敵対者たちのサークル（キレーエフスキー兄弟、K・アクサーコフ、サマーリン、コーシェレフ、ヴァルーエフ――ゲルツェン、グラノーフスキーなど）で、自分の見解を作り上げていった。一八三六年に詩人ヤズィーコフの妹と結婚した。もちろん、ゴーゴリとも知り合いだった。一八四七年にヨーロッパに行き（プラハ、イギリス、ドイツ）、一八六〇年九月二十三日にコレラで死んだ。

（7）ホミャコーフは、物質的宗教と精神的宗教との対立を、クシティズムとイラニズムとの対立として示している。前者はシバ教と仏教に別れ、他方イラニズムはユダヤ教とキリスト教に分かれる。

(8) ホミャコーフの神学的体系についてのロシア人の解説者であるザヴィトネーヴィチは、ホミャコーフの意志に関する見解を、メーヌ・ド・ビランの説と比較している。果たしてホミャコーフがこのフランスの哲学者を知っていたかどうかは分からないが、彼の認識論は、完全にドイツ哲学に基づいている。ちなみに、メーヌ・ド・ビランは幾つかの発展段階を過ぎている。最後の時期には、彼は意志に関する以前の自分の説を弱めた。このフランスの哲学者の意志に関する説もまた、確かに個人主義的で主観主義的である。

(9) コンスタンチン・アクサーコフは、ホミャコーフとキレーエフスキーが自分の見解を作り上げたのと同じモスクワのサークルで成長した。同じ状況と影響のもとでの長い間の接触が、アクサーコフの見解が成熟するのに役立った。友人たちとの見解の一致は、彼らがまさに親密につき合い、同じ理想を奉じたことによって説明される。K・アクサーコフは、一八一七年に生まれた。一八三二年にモスクワ大学にやって来て、実際にはスタンケーヴィチのサークルにおいて、後にはスラヴ派のサークルにおいて、教養を身につけた。ヨーロッパ旅行(一八三八年)は、彼に特に影響を与えなかった。初めアクサーコフは、ヘーゲルの熱烈な弟子に属していた。後に彼はスラヴ派の理想の熱烈な擁護者になり、ロシアの民族衣装を着ることによってその理想を外面的にも広めようとした。しかし、彼はこれを一八四八年に、顎鬚を生やすことが革命的だとして禁止された時に、警察によって禁じられた。K・アクサーコフは多くの歴史に関する論文を書き、文法と語源学の研究を熱心に行った。文芸批評も書き、詩作も試みた(戯曲、哲学詩)。K・アクサーコフは、一八六〇年に死んだ。アクサーコフ家の祖先はヴァリャーグの将軍の一人であり、アクサーコフの祖母はトルコ人だったことを指摘しておこう。

(10) 一八四六年の修士論文において、アクサーコフはピョートルの国家を認めた。

(11) キレーエフスキーもまた、ベルリンで(一八五〇年)サヴィニーの講義を聴いて、彼の体系を知っていた。

(12) ロシア語の概念形成にとって、語源学は意味のないものではない。「ナロード」は民族の意味にも人民の意味にも用いられる。この言葉は元来、国民の比較的下層だけを意味するので、ロシア人は外来語の「ナーツィヤ」を補助的に用いる。「ナロード」は「ロヂーチ(生む)」という言葉と関係している(ラテン語の **natio** が **nasci** と関係しているのと同様に)。「ロード(一族、種類)」、「ローヂナ(祖国)」もここに由来する。

(13) 母語、方言、文語という概念。伝達手段としての言葉(日常語)。言葉と思考、感情と意志の平行関係。芸術の対象としての言葉。文字もまた、語られた言葉を捉えるために意味を持っている(様々な文字)。

(14) スラヴ派がいかにドイツ哲学に依存しているかを、我々はますます多く見る。バーダーは、比較的長い間ロシアと親密な関係にあった。一八一四年にアレクサンドル一世とオーストリア皇帝とプロイセン王に提出した建白書において、神聖同盟の基本的な輪郭を作り上げて、恐らくは神聖同盟が創設されることに寄与した。建白書(「フランス革命によって引き起こされた、宗教と政治との新しくてより密接な結合の必要について」)は、アレクサンドル一世の友人で当時の宗務大臣だったゴリーツィン公爵に献上された。一八一八年以降、バーダーは公爵に定期的に報告を書き送ったが、それに対して長い間かなりの月収を得ていた（月百四十ルーブル）。アレクサンドル一世はバーダーに（一八一五年）、ロシアの聖職者のために宗教的著作を書くように依頼した。バーダーはペテルブルグに考古学アカデミーを設立しようとし、そのアカデミーと共に、彼は、宗教と学問と芸術のより密接な結合のために、また三つの教会の和解のために、働こうとした。バーダーは一八二二年にロシアに赴いたが、彼の熱烈な支持者で道連れだったイクスクル男爵がバンジャマン・コンスタンを訪問して、不興を買ったために、リガの前で引き返さねばならなかった。この不注意のために、バーダーは給料をも棒に振った。バーダーはまた、『外的関係よりも内的で本質的な関係において叙述された東方と西方のカトリシズム。テキストと自然が交互に並べられるという多数の書簡と共に』（一八一八年）を書いた。一つの章は、シェヴィリョーフのフランス語の手紙である（「モスクワの博士で教授のステパン・シェヴィリョーフの一八一〇年二月二十二日付けの著者宛て書簡から」）。論文「宗教学に関するローマの独裁からのカトリシズムの解放の可能性あるいは不可能性について」（一八三九年）は、作家エリム・メシチェールスキーに捧げられている。論文「聖餐について」と「時間の概念について」は、ロシアの聖職者のために書かれた著作の一部であろう（ロシア語文献では、バーダーに関して言及に値するものは一つも見出せなかった）。

(15) この著作は最初、一八六九年に雑誌に出た。——ダニレーフスキーは一八二二年に生まれ、一八八五年に死んだ。

(16) 哲学者のソロヴィヨーフはダニレーフスキーの類型をH・リュッケルトに見出している（『有機的に叙述された世界史教科書』一八五七年）。あるロシアの文学史家はそれをポゴーヂンに由来するものとしている。私は、既にホミャコーフが、その『世界史素描』において人類を人種と国家と信仰によって分けて、これら三つの原理に基づいて歴史の発展を構築していることを、指摘しておこう。しかしながら私は、この理念のより詳細な素性を追跡しなかった。それがいかに曖昧なものであるかを指摘すれば十分である。

(17) 著書『スラヴ諸民族の様々な種族と方言の間の文学的相互交流について』（独語、一八三七年）（第二版一八四四年）。これ以前に、基本的な思想は、一つの論文と幾つかの著作においてチェコ語で出ている。その中には、一八二一年に出た叙事詩『スラーヴァの娘』への注釈がある。ロシア語訳は一八三八年と一八四二年に出て、セルビア語訳は一八四五年に出た。［まとめたものが、M・ヴァインガルトによって、『スラヴ相互交流についてのコラールの議論』として出版された（『スラヴ研究所叢書』第一巻、プラハ、一九二九年）］。

(18) 彼の著作「スラヴ人と未来の世界——ドナウの岸からスラヴ人に宛てた手紙」は、一八六七年に初めて、ラマーンスキーによって手稿からロシア語に訳されて出版された。

(19) ウクライナ人の数は次のように報告されている。即ち、ロシアでは二千二百万から二千六百万人、オーストリア（ガリツィア、ブコヴィナ）では四百万人以上、ハンガリーでは五十万人。

(20) スロヴァキア人は特別な固有の言語を持っていないが、にもかかわらず、政治的状況のために、スロヴァキアの方言が文語として分離するに至った。ドイツでは、幾つかの方言が、小ロシア語が大ロシア語と異なる以上に、文語と異なっている。ドイツでは方言による文学が妨げられておらず、学校の教師や役所の役人も、必要とあれば方言を用いている。文語と文学を新しく創造し、既に存在していて手に入れることのできる文学と競うのは、確かに困難である。しかし、にもかかわらず、ロシア語の発展が、ドイツやフランスやイギリスなどにおける言語的中央集権化の法則に従うかどうかは、議論のあるところである。既に述べたように、この問題は、文学的にだけではなく、何よりもまず政治的に解決されねばならない。実際に、現在、小ロシア人には、分化を求める強力な志向が見られる。我々は、大ロシア人の側から、この分化が大ロシア人の政治的利益にかなうという、分化の可能性の論拠を聞いた。最近、小ロシア人の利益に奉仕する大ロシアの月刊誌が創刊された。

(21) 白ロシア人は、約六百万人である。

(22) ポーランド人はオーストリアに三百五十万人、ドイツに三百二十五万人、ロシアに千百万人いる。そのうち八百万人がポーランド王国にいて、リトアニア、西部および南部ロシアに約三百万人いる。

(23) プラハ（一八二三年）とその他のスラヴ諸国を訪れた最初のロシアのスラヴ学者は、ケッペンだった（ブランデンブルクからロシアへ移住したプロイセン人の息子）。彼の後は、ようやく一八三七年とそれ以後に、スラヴ学者として有名なボヂャーンスキー、スレズネーフスキー、プレイスなどがやって来た。シャファジークとチェラコフスキーをロシアに招こうとする計画は、挫折した。最初のスラヴ学講座がモスクワに創設されたのは、一八一一年だった。ここでの最初の教師は、歴史家のカチェノーフスキーだった。ようやく一八二六年になって、当時既に文部大臣だったシシコーフが、いくつかの大学と新たに創設された教育研究所にスラヴ学の講座を開設し、後に、今挙げたスラヴ学者たちがそれらの講座に任ぜられた。

(24) アクサーコフはリーゲルの政策を、教皇権至上主義的な中途半端さとして批判した。

(25) 一八三二～一八三五年に、二千三百三十八人が没収にあい、一八三五～一八五六年に更に五百五十一人が没収にあった。没収された（土地）財産の価値は、約一億四千百万フランと推定される。

(26) 既にハクストハウゼンは、一八四三年にモスクワで、モスクワの派遣代表団が、産業を案じて、政府がポーランドをロシアと完全に結合させようとしていることを非難するのを聞いた、と語っている。

(27) 一八六七年にポーランドの官僚には、次のような報酬が与えられた。一年の勤務年数が四年分に計算され、給与には一五％の手当が加算され、既に五年勤務した後に年金の権利が得られた。

(28) 西欧では、露土戦争当時とその後の時代よりは遙かに少ないとはいえ、「スラヴ慈善協会」についていまだに語られている。この協会は、一八五八年にモスクワでポゴーヂンによって「スラヴ慈善委員会」として創設されたものであり、一八七七年に協会に改組された。一八六八年にペテルブルグに、一八六九年にキエフに、一八七〇年にオデッサに、支部が創設された。ポゴーヂンはこの協会を、何よりもまず、バルカンにおけるローマの宣伝に対抗する武器として創設したのである。一八六八～一八九三年に公表された数字によれば、二百六十二万九千二百四十七ルーブルが受け入れられた。そのうち、スラヴ諸国（バルカン）で、二百四十万三千三百七十九ルーブルが教会の維持のために、二万五千三百九十五ルーブルが学校のために、残りが文学その他のために使われた。この協会は歴史的に、カトリックの聖職者たちが純粋に煽動的な政治的協会という烙印を押した「グスタフ・アドルノ協会」の類似物である（比較すると、この協会は一八三二年の創設から一八八四年までに、千九百六十八万六千五百三十二マルクを支出した）。近年においては、「スラヴ慈善協会」はほとんど完全にその意義を失った。ヨーロッパのジャーナリズムにおいてこの協会の弁士の吐露するところに政治的な意味が認められているとすれば、それは全く誤りである。この協会は会員数からいって取るに足りないものだということを考慮に入れないとしても、キレーエフのような退役将軍たちはロシアにおいて影響力を持っていない。ロシアには非常に多くの退役将軍や将校がいて、彼らはしばしばいわゆるスラヴ政治によって退屈しのぎをしている。上述のキレーエフが（一八九三年の演説の一つにおいて）スラヴ主義に、世界からアナーキズムと議会主義と不信仰とダイナマイトを除去する世界の救いを見ているとすれば、我々はこのスラヴ主義を、キレーエフスキーのスラヴ主義とよく区別しなければならない。即ち、初期のスラヴ派は、正教を国土および民族と密接に結びつけたが、キレーエフと後の者たちは正教を独裁政治と結びつけた。ポゴーヂンの死後、モスクワの協会の会長として、I・アクサーコフが選ばれたが、彼はもちろん、ジャーナリストとして大きな意味を持っていた。ブルガリアの公に推薦されたが、彼はそもそも汎スラヴ主義者ではなかった。現在、モスクワの協会の会長は、やはり将軍のチェーレプ・スピリドーヴィチである。私の見るところ、彼の政治的見解をまともに受け取っているのは、パリの「警告の叫び」だけである。これらの反動的な協会に対抗して、またそれと並んで、数年前に幾つかのいわゆるネオ・スラヴ主義的で、明白に非政治的で、文化的なスラヴ協会が創設されたが、しかしそれらについては全く何も聞かれない。

(29) この点で、ハクストハウゼンのスラヴの歴史哲学を、スラヴ派との彼の関係のために想起することは非常に興味深い。即ち、チェコ人は政治的意義を持つには小さすぎ、スラヴ人の間におけるチェコ人の地位と課題は仲介的なものだという。ポーランド人は独立国家を形成しないだろうが、自らの民族的特殊性を保ちうるという（ドイツ人も統一国家を形成していないが、それは幸いである。ロシア人も、ハクストハウゼンによれば、アジアとヨーロッパとを媒介するという世界的使命を持っている。スラヴ人の間の相互的共感としての汎スラヴ主義を、ハクストハウゼンは認める）。

(30) 農奴解放の歴史家であるセメーフスキーは、ホミャコーフの領地では農民の実際の状況は、主人の理論とは矛盾して、近隣におけるよりも悪かったと語っている。コシェリョーフは（一八五一年に）、ホミャコーフが植民の目的で農奴を買うことを擁護していたと報告している（コシェリョーフはいかなる農奴売買にも反対していた）。ドストエフスキーは（一八六一年に）、I・アクサーコフが農奴と主人との関係を主人の利益になるように無批判的に潤色したといって彼を批判した。イワン・キレーエフスキーにコシェリョーフは（一八五二年に）次のように書いている。「親愛なる友キレーエフスキーよ、君が奴隷状態の人間を持っているという考えがキリスト教徒たる君を悩ませないということが、僕には理解できない」。実際キレーエフスキーは、自らの静寂主義的受動主義において農奴制に完全にうまく耐えられた。彼は、一八四七年に自分の農民を解放しようとした姉妹に、そうしないように忠告している。コシェリョーフとの論争において、キレーエフスキーは、もしもはや農民に土地を与えねばならないとしても、五デシャチーナではなくて一デシャチーナを与えるだろうとしている。「これは農民の十分に良い支えとなるだろうし、同時に農民が副業を探すように強いるだろう。さもなければ大領主の畑のすべては耕されないままになってしまうだろう」。

(31) スラヴ派（「青年ロシア」）との交流について、ハクストハウゼン自身が、第三巻において報告し、スラヴ派に同意することを認めている。彼はコンスタンチン・アクサーコフに最も感銘を受け（「私がロシアで知った最も才気煥発たる人物の一人」）、キレーエフスキー、ホミャコーフ、サマーリンその他と交流した。チャアダーエフと西欧派の代表者たち（例えばグラノーフスキー）とも交流した。ゲルツェンは、ハクストハウゼンがミールとアルテリの意味についての見解をK・アクサーコフから受け入れたと言っている。

(32) シュルツェ・ゲーヴェルニッツはハクストハウゼンの考えを更に発展させて、スラヴ派がロマン主義的な農本主義を賞賛し経済的な個人主義に反対して闘いながら、実際にはモスクワとロシアの工業化を支援したことを示した（スラヴ派はヨーロッパに対する独立性を強調したりなどした）。

(33) 第1部第7章の注（3）を参照。現在、年代記作者ウィドゥキントにおいても、類似の現象が注目されている。即ち、ゲルマンのアングロサクソン人たちは、やはりゲルマンであるブリトン人から同様にしてイギリスへ招聘されたというのである。

(34) 現在に至るまでのすべてのスラヴ主義者の名前を挙げる必要はない。ヨーロッパでも比較的しばしば名前の出される者だけを挙げておこう。コシェリョーフは、既に名前を挙げたが、教養のある良いジャーナリストである。ベリャーエフは、ロシア法とミールと農民の状態に関する、功績のある歴史家である。ギリフェルヂーングは、ホミャコーフの影響を受けたスラヴ学者・歴史家である。ラマーンスキーはジャーナリストとしてオーストリアでは非常に評判が悪いが、それは不当である。というのも、ラマーンスキーは、彼のスラヴ派的同世代人や弟子の多くのように政府寄りの人間ではなかったからである。彼に反対する自由主義者たちも、彼の性格全体を尊重している。ブヂローヴィチはスラヴ学者であり、汎ロシア主義の擁護者である（ドイツ語の『スラヴの文学的一体性について』一八七九年、を参照）。K・ベストゥージェフ＝リューミンは歴史家であり、一八七八～一八八二年にペテルブルグのスラヴ協会の会長を務めた。コヤローヴィチはロシア教会合同に関する歴史家であり、歴史学に現れるロシアの自意識に関する著作の著者である。

第11章

(1) チチェーリンの判断によれば、ミールは恐らく有史以前には家父長的なものだったが、歴史時代においては国家組織が上から作ったものである。共同体は国家の財政機関であり、全体として一定の租税割り当てを保証するものである。キエフ国家はノルマン系のヴァリャーグの征服によって生じたものであり、土地は、西欧におけると同様に、征服者の私有財産となった。チチェーリンの論文「ロシアにおける農民のオープシチナの歴史的発展の研究」は、一八五六年に出た。スラヴ派の見解を歴史的に根拠づけようとしたベリャーエフが、チチェーリンに反論した（一八五六年にすぐに）。この問題では、歴史家のソロヴィヨーフもすぐに（やはり一八五六年に）仲介的な見解を出し、法学者のカヴェーリンその他もまた仲介的な見解を出した。チチェーリンはスラヴ派と同様に、ハクストハウゼンに同意する。ハクストハウゼンによれば、ミールは家族の家父長的拡大である。この制度は、モスクワ時代の前に消えたが、十八世紀にピョートルの人頭税の影響によって、再び生じたという。ハクストハウゼンは、ロシアをプロレタリア化から守った手段としてミールを賞賛している。

（2）自由主義的な『祖国雑記』は（一八四五年に）、トルコは、トルコによって抑圧されているスラヴ人よりも興味深いと見ている。『アテネウム』は（一八五九年に）、スラヴ地域におけるオーストリアの憲兵に大きな文明的役割を認めている。このような見解に対して、スラヴ主義者と汎スラヴ主義者は抗議した。

（3）スタンケーヴィチ（一八一三～一八四〇）は、一八三一～一八三五年、モスクワ大学哲学部で学んだ。そこで彼は、懐疑主義的歴史学派の指導者カチェノーフスキーの影響を受けた。一八三七年にベルリンを訪れ、そこでヘーゲル主義者ヴェルダーと親交を結んだ。

（4）グラノーフスキー（一八一三～一八五五）は大学で法学を学び、一八三七年と一八三八年にベルリンでヴェルダー、ランケ、リッター、サヴィニーのもとにいて、一八三九年からモスクワ大学哲学部で講義を行った。教養ある広範な聴衆のための彼の講義は非常に人気があった。

（5）彼のスラヴ文学史は、一八八〇～一八八四年にチェコ語とドイツ語でも出版された（ポーランド文学についての部分は、後に言及するスパソヴィチによって書かれている）。

（6）チチェーリン（一八二八～一九〇一）は、モスクワ大学で国家法の教授だった。彼の著作は、法哲学、政治思想史、国家法、倫理学、哲学の分野にわたっている。チチェーリンはヘーゲル主義者だったが、カントからも倫理的基礎を受け入れた。特にソロヴィヨーフの哲学の反対者として活動し、またゲルツェンにも反対した。チチェーリンはモスクワ市長だったが、アレクサンドル三世の戴冠式の際に市長として行った自由主義的なスピーチのために不興を買った。

（7）我々が既に言及した学生騒動が始まった一八六一年に、彼はプィーピン、スタスュレーヴィチ——長い間、自由主義的な『ヨーロッパ報知』の発行人だった——、スパソヴィチ（自由主義的なポーランド人で、文学史家で、雄弁な弁護人だった）、B・J・ウーチン（国家法の教授）と共に、大学を去らねばならなかった。

（8）ヴィッサリオーン・グリゴローヴィチ・ベリンスキーは、一八一一年五月三十日、彼の父が船医をしていたスヴェアボルクで生まれた。一八一六年に家族はチェムバール（ペンザ県）に引っ越した。生き生きとした、才能のある少年にとって、家は受難の場だった。父も母も息子を教育できなかったし、しようともしなかった。ベリンスキーは学校で退屈するよりも家で勉強する方を好んだので、ギムナジウムを第三学年で早々にやめねばならなかった。彼は、一八二九年にモスクワ大学哲学部に入学した。ここで彼は、ナデージュヂン教授とパーヴロフ教授によってドイツ哲学とドイツ文学へと導かれた。一八三一年に原稿の形で大学の検閲に提出した戯曲『ドミートリー・カリーニン』のために、彼は一八三二年に大学を去らねばならなかった。農奴制に対する熱烈な抗議であるこの戯曲は、非道徳的なもので大学の恥だと宣言された。そして、無能と病弱ということで退学させられた。それ以後、ベリンスキーは、既に我々が知っているサークル（スタンケーヴィチ・サークル、ゲルツェン・サークル）の左右両陣営の文学的、哲学的友人たちと交際し、既に子供時代からそうだったように熱心な読書家であり続けた。彼は、家庭教師、翻訳（例えばポール・ド・コックを翻訳しなければならなかった）、ちょっとした文学的著作によって、糊口をしのいだ。一八三四年に、彼の最初の比較的大きな文学的著作（ナデージュヂンの雑誌に掲載）『文学的空想。散文における挽歌』が注目を惹いた。ドイツ哲学、しかも年代的、論理的一貫性をもって、シェリング（一八三二～一八三六）、フィヒテ（一八三七）、ヘーゲル（一八三七）が、ベリンスキーに強く決定的な影響を与えた。ドイツの文学者の中で彼に強い影響を与えたのは、ゲーテ、シラー、ホフマンだった。しばしば語られてきたし今も語られているボロヂノ会戦に関する論文は、ペテルブルグで書かれた。ベリンスキーは自由主義的な『祖国雑記』の協力者として暮らすために、一八三九年十月にペテルブルグへ転居した。ペテルブルグでベリンスキーはヘーゲルからヘーゲル左派（フォイエルバッハ）とフランス社会主義（一八四二年以後）に移った。彼の最も広範な著作は、プーシキンの分析（一八四四年）である。彼は、バクーニン、ゲルツェン、ネクラーソフ、トゥルゲーネフ、カヴェーリン、アンネンコフその他と活発な文学的、哲学的交流を続けた。彼はまたゴンチャローフ、グリゴローヴィチ、ドストエフスキーとも親交を結んだ。ボートキンの友情と彼の善意は、モスクワでの親交以来変わらなかった。ベリンスキーは一八四三年に結婚したが、彼が結婚を極めて真剣に考えていたことは、彼の性格をよく物語ることである。彼は貧困者特有の病気のために、一八四五年に南部に移ることを余儀なくされ、一八四七年にザルツブルン温泉を訪れ、そこからゴーゴリに激しい抗議を投げつけた。しかし既に遅く、一八四八年五月十八日に死んだ。

（9）例えばベリンスキーは、自分の教師で文学上の後援者であるナデージュヂンを一八三九年に作家としてのみならず、人格者としても描いている。しかし、既に一年後には、彼の性格を激しく非難している。

（10）この論文は、一八三九年に、F・グリンカの『ボロヂノ会戦記』の批評として出たものであり、モスクワの友人たちとの口頭での論争の文学的な継続である。その論争に際して、ベリンスキーは自らを専制の擁護者と宣言した。フョードル・グリンカは、一八〇八年から一八二四年まで当時の反フランス的、反ナポレオン的愛国主義の排外主義的な宣伝者だった『ロシア報知』の編集者セルゲイ・グリンカの兄弟だった。フョードル・グリンカは、軍事評論家だった。彼は一時、政治的秘密結社のメンバーで、そのために、デカブリストが鎮圧された後、一八二六年に軍隊と首都から追放された。

（11）ベリンスキーのこの重要な議論を、もっと詳細に挙げておこう。「人間はその個性の面では個別的で偶然的なものであるが、精神の面では普遍的で必然的なものであり、人間の個性は精神の表現である。人間の状態と人間の志向との二重性はここに由来し、自分の『我』と、『我』の外にあって『非我』を構成するものとの間の闘争は、ここに由来する。人間の個人的な固有性との関係において、『非我』の世界、客観的な世界は、人間にとって敵対的な世界である。しかし、無限で普遍的なもののきらめきとしての精神との関係において、人間の『非我』の世界、客観的な世界は、彼にとって近親的な世界である。幻影ではなくて本当の人間になるために、人間は普遍的なものの個別的な表現になるか、無限なものの有限な現れにならねばならない。この結果、人間は自分の主観的な個性を虚偽で幻影と認めて、それを拒絶しなければならない。世界的なもの、普遍的なもののみを真実にして現実と認めて、その前にへりくだらねばならない。しかし、この世界的なもの、あるいは普遍的なものは、人間の中にではなくて、客観的な世界の中にあるものだから、人間は、後に、客観的な世界を自分の主観的な固有性へと吸収して、再び主観的な個性――しかし、それは既に本当のもの、既に偶然的な個別性ではなくて普遍的な世界的なものを表現するもの――となるために、世界的なもの、普遍的なものと親しくし融合しなければならない。端的に言えば、肉体における精神にならねばならない」。

(12) 例えば一八三七年に、ベリンスキーはこう書いている。「市民的自由は、国民を構成する個人の内的自由の成果であるべきである。しかし、内的自由は自覚を通して達成される。我々がロシアの自由に到達する素晴らしい道は、このようなものである……。すべては陰謀と反乱なしに確保され、それ故により組織的でより永続的になるであろう」。

(13) ベリンスキーは(一八四三年に)、芸術は「認識」の絶対的領域の一つである、と言っている。このように、彼は既に以前に、詩が理念を具体的に見て表現すべきであるならば、詩は哲学であり思想であるとした。

第12章

(1) グリゴーリエフは一八二二年にモスクワに生まれ、一八四二年にモスクワ大学を卒業した。モスクワで彼は、彼の西欧派およびスラヴ派の同時代人や友人が経験したあらゆる影響を受けた。グリゴーリエフは、一八六四年に死んだ。

(2) グリゴーリエフは、創造過程を大体次のように描いている。即ち、偉大な作家は外国の詩人たちの人物像を認識するが、しかしそれによって生きるのではなく、それは彼の中にただ近しい人物像を呼び起こすだけである。プーシキンは、バイロンのタイプを自分のものとした。即ち、それを経験した。だが、彼はそれを受け入れることができずに、それと闘い、それによって自分自身のロシア的タイプを創造したのである。

(3) ストラーホフ(一八二八~一八九六)は、ドストエフスキー兄弟の雑誌の主要な協力者の一人だった。彼は幾つかの哲学的、文学史的な著作を書き(『全体としての世界』『心理学と生理学の基本的概念』『西欧との闘い』『トゥルゲーネフとトルストイに関する批評的論文』その他)、クノ・フィッシャーの『哲学史』の幾つかの部分とランゲの『唯物論の歴史』を翻訳した。ストラーホフは勤勉な働き手であり、非常に素朴な人間だったので、グリゴーリエフが望んだような統合を、機械的な妥協の形態によってしか実現できなかった。それによって、ダニレーフスキーだけでなくて、トルストイとドストエフスキーも彼にとって権威となった。ドストエフスキーについては、『思い出』を書き残した。

第13章

(1) アレクサンドル・イワーノヴィチ・ゲルツェンは、一八一二年三月二十五日にモスクワで生まれた。彼の父ヤーコヴレフは、裕福で古い貴族に属していた。ゲルツェンはヤーコヴレフの私生児で、ヤーコヴレフはゲルツェンの母を一八一一年にシュトゥットガルトから連れて来た。ヤーコヴレフと彼の名門の兄弟たちの家政と経済は、エカテリーナ時代のロシアの半教養人の恐ろしい実例だった。伝えられるところでは、ゲルツェンの父自身がヴォルテールの親戚に当たる人から教育を受けたが、しかし、ヤーコヴレフの家では、彼のフランス的教育にもかかわらず、全くアジア的な生活が営まれていた。彼は、自分の愛人の子供として、自分の息子に「ゲルツェン＝ヘルツェン（心）」という名を付けたが、息子の庶出のために、母をも息子をもしばしば非人間的にあざ笑った。ゲルツェンは既に子供の頃に、自分の出生の公然の秘密を知り、この問題は父に対する彼の関係を曇らせ、少年時代から彼を気難しくした。郷里で農奴を取り扱う際の悲しい経験がこの気分を強め、貴族階級に反感を抱くようにさせた。ゲルツェンは、様々なフランス人から教育を受けた。つまり、ちゃんと教育されなかった。彼はじきに父の図書室で、ヴォルテールやその他のフランスの作家（ボーマルシェの『フィガロの結婚』！）を知った。フランス革命と共和国が、少年の理想となった。このほか、ゲルツェンにとって、また、彼が十三歳の少年の時に固い友情の絆を結んだオガリョーフにとっても、デカブリスト、とりわけペステリは、直接に聖者だった。もちろん、少年たちは、デカブリストたちの綱領を、歴史に従ってというよりもむしろシラーの『ドン・カルロス』に従って修正した。シラーはもともと、ゲルツェンの好きな作家だった。宗教教育あるいは教会教育は、ゲルツェンに少なからぬ影響を与えた。母は彼を自分のルター主義の精神で教育し、そのほかにも少年は自分の教会の儀式を行った。福音書は彼にとって、大人になってからも、神聖な書物であり続けた。ロシア文学、とりわけプーシキン、ルィレーエフその他は、フランスとドイツの影響を強めた。年長の従兄（伯父の認知された私生児）は、若いゲルツェンに、化学と自然科学への大きくて永続的な敬意を呼び起こした。大学でゲルツェンは数学・物理学科に学び、コペルニクスに関する論文（一八三三年）を書いて大学を卒業した。パーヴロフが彼をシェリングとオーケンの神秘に導いた大学以上に、ゲルツェンにとっては友人のサークルの意味が大きかった。そのサークルにおいて彼は、三〇年代と四〇年代に哲学的、政治的な仕事をした。一八三四年に、サークルへの参加のために投獄され、一八三五年にヴャートカに流刑にされた。監獄とヴャートカで、ゲルツェンは強烈な宗教的、芸術的神秘主義に没頭した。――彼は、個人的にも彼が知り合ったチャアダーエフが数年前にしたのとちょうど同じように、エックハルツハウゼン、スウェーデンボリー、オカルト的著作（エッシェンマイヤー）を読んだ。ヴャートカから一八三八年にウラヂーミル（クリャージマ河畔）に移され、そこで勤務した。そこで、既に数年来愛していたナターリヤ・アレクサンドロヴナ・ザハーリイナとロマン主義的な流儀で結婚した。一八三九年にゲルツェンはモスクワに戻り、一八四〇年にペテルブルグに来た。当時（短期間）ベリンスキーと不和になった。一八四一年と一八四二年をノヴゴロドで過ごし、一八四二年から一八四七年までモスクワにとどまった。この時代に、彼はヘーゲルとフォイエルバッハを研究し、スラヴ派と交友したが決別し（一八四五年）、同様に自由主義者たちとも決別した（一八四六年にグラノーフスキーと）。後にドイツの唯物論（フォークト）を知り、フランスとイギリスの実証主義（コント、リットレ、ミル）を知った。ゲルツェンは、フランスの社会主義者たち、サン・シモン、フーリエ、ルイ・ブラン、コンシデラン、プルードンを多く研究した。ヴィーコ、ヘルダー、ミシュレなどの歴史哲学者たち、またもちろんモンテスキュー、ベンサムなどの政治的著作家も彼の関心を惹き、レオパルディとバイロンは彼の愛好する詩人となった。一八四六年に父が死に、相当の財産を彼に残した（金貨で五十万ルーブル相当）。ゲルツェンは一八四七年（一月）にヨーロッパへ去り、ロシアへはもはや戻らなかった。暫くパリとイタリアなどに滞在し、一八五二年にロンドンに居を据え、そこに一八六七年までとどまった。余生をパリ、ジュネーヴ、ニースその他で過ごした。彼は一八七〇年一月二十一日、パリで死んだ。ゲルツェンはヨーロッパで、影響力のあるたくさんの人物と知り合いになった。ロンドンで彼はヨーロッパの亡命者たち（マッツィーニ、ガリバルディなど）と近づきになった。著作家として、ゲルツェンは、幾つかの時事論文を書いた後、長編小説『誰の罪か？』（一八四七年）で登場した。一八五〇年以降、彼の多様で全く独特なエッセイが出た（『向こう岸から』一八五〇年など）。ゲルツェンのペンネーム「イスカンデル」は、既にロシアで知られていた。ジャーナリズムでは、雑誌『北極星（ポリャールナヤ・ズヴェズダー）』一八五五～一八六四年と、特に『鐘（コーロコル）』一八五七～一八六七年（一八六八年にはフランス語版）が、世界的に有名になった。定期刊行物のほかに、ゲルツェンは非常によく読まれて反響を呼んだ著作を出版した（エカテリーナ二世の回想録、分離派の著作など）。一八五三年にゲルツェンは、ロンドンで自由ロシア印刷所を創設した。ゲルツェンの生涯からまだ若干の事柄を挙げる必要がある。彼が友情を必要としたというのは、特徴的なことである。――冷たくて恐ろしい父の家は、既に少年の彼をオガリョーフと結びつけ、彼は後にロシアでもヨーロッパでも多くの友人を得た。後に彼の友人ヴァヂーム・パーセクの妻となった、ゲルツェンよりもずっと年上の少女に対する、十三歳の時の彼の早熟な愛も、そのように説明することができるし、ある意味ではナターリヤに対する彼の愛もそうである。この愛があったにもかかわらず、彼はヴャートカでどこかの役人の妻と関係し、その関係は彼にとってじきに非常に重荷になった。ノヴゴロドでは、小間使いが、ゲルツェンと妻との関係をかき乱した。その後（一八五〇年）、彼の妻とヘルヴェークとの関係が、彼にとって恐ろしい打撃となった。ナターリヤは夫も子供も捨てたが、一年後にゲルツェンのもとへ戻った。この帰還の後、数カ月して、彼の母と息子が船の難破で死に、一八五二年五月二日にはナターリヤが死んだ。――ゲルツェンの著作は、以下の通りである。『向こう岸から』（一八五〇年）、『イタリアとフランスからの手紙』（一八五〇年）、『ロシアにおける社会状態』（一八五四年）、『あるロシア人の回想』四巻（一八五五～一八五六年）。ゲルツェンの文学作品は以下の通り。『誰の罪か？』（一八五一年）、『何よりも義務』（一八五七年）。フランス語の著作は以下の通り。『向こう岸から』（一八七一年）、『ロシアにおける革命思想の発達について』（一八五一年）、『ロシアにおける農奴解放についての手紙に続く、一八二五年のロシアの陰謀』（一八五八年）、『フランスかイギリスか？　一八五八年一月十四日のテロのテーマについてのロシア的変奏』（一八五八年）、『ロシアの民衆と社会主義。M・ミシュレへの手紙』（一八五八年）、

『回想』三巻（一八六〇～一八六二年）、『カミッツィア・ロッサ。赤いシャツ、ロンドンにおけるガリバルディ』（一八六五年）、『ロシア皇帝宛の手紙』（一八六六年）、『マズルカ。深い共感と敬意をもってエドガー・キネに捧げる『鐘』の論文』（一八六九年）、『フランスとイタリアへの手紙』（一八七一年）、『ロシア文学における新しい局面』（一八六八年）。ドイツ語の著作は以下の通り。『コンスタンチン・カヴェーリンとイワン・トゥルゲーネフの、アレクサンドル・ゲルツェンとの社会政治的文通。ミハイル・ドラゴマーノフ教授の付録と解説付き』（一八九四年）。

（2）ソ連時代になってから、M・K・レームケ監修で『ゲルツェン著作・書簡集』二十二巻（モスクワ、一九一七～一九二三年）が出版された。

（3）ゲルツェンとフォイエルバッハのもう少し詳しい比較を、少なくとも一八四八年に対する彼らの関係においてしてみたい。フォイエルバッハは一八四八年の指導的な人物たちを分析して、自らの哲学的見地から彼らを見出した。「彼は思想において、革命をもっと後の時代に延期した。即ち、革命を放棄した」（グリューン『フォイエルバッハ』Ⅰ、三三一頁）。これについてフォイエルバッハ自身が、自分は魂においては無条件の共和主義者だが、民主主義者として頭によって制約された共和主義者である、即ち、共和制のために時間と場所がある限りにおいて共和主義者であり、この国家形態に合う立場に人々がいる限りにおいて共和主義者である、と言っている（グリューン、Ⅱ、三二九頁）。ゲルツェンのアメリカ観は、フォイエルバッハにも見出される。君主制の評価もそうである。後で見るような、否定としての利他主義の拒否も、全くフォイエルバッハ的である。

（4）宗教と神話との混同について。ゲルツェンは、自分の見解を表明するために、様々な言い方をしている。彼はしばしば、「宗教マニア」を強調している。彼の哲学的友人たち（シフ、フォークトその他）のサークルのためにまだ一八六七年に書かれたアフォリズムにおいて、歴史は「歴史的不条理」として捉えられ、宗教は、空想、神話的物語、信仰、虚偽、聖書、黙示録、神秘主義、幻影といった概念と十把一絡げにされている。歴史は、ある種の全般的な病理学的ないしは幻覚的宗教的状態の意味で、「聖なる不条理」として描かれている。この社会的に統一する状態に対して、反社会的な論理学や数学などが対立する。

（5）神秘主義が論争的なものとなり、あらゆる不協和音が心を押しつぶし、落ち着きを与えないほどになった時。

（6）ゲルツェンは十八世紀に、懐疑ではなくて強い信仰を見出した。懐疑主義は、共和国の宣言と同時に宣言されたという。ただディドロとイギリスのみが例外を成すという。イギリスには懐疑主義は昔からあり、バイロンはシェイクスピア、ホッブス、ヒュームの道を一貫して進んだのだという。

（7）『我々のロシアの問題』（『鐘』二三三号に掲載されたゲルツェン氏の論文「秩序が支配する」への回答）。L・ボルクハイムによって一八七一年にロシア語からドイツ語に翻訳された。

（8）既に一八六六年の論文「余計者と癇癪持ち」（これがチェルヌィシェフスキーに対する論争だと見なす者もいる）は、「余計者」（オネーギン、ペチョーリン）を現実主義的批判から擁護している。

（9）ゲルツェンは一八六二年以降、自分の雑誌『北極星』に、前に触れた、分離派教徒に関する文書集を掲載した。

訳者あとがき

本書は、チェコの思想家でロシア研究家としても名高いトマーシュ・ガリッグ・マサリク（一八五〇～一九三八）の著書『ロシアとヨーロッパ――ロシアにおける精神潮流の研究』（全三巻）チェコ語版（プラハ、マサリク研究所、第一巻一九九五年、第二、三巻一九九六年）（T. G. Masaryk, *Rusko a Evropa: Studie o duchovních proudech v Rusku, 3 sv.,* Praha: Ústav T. G. Masaryka, 1995, 1996.）の、第一巻の全訳である。第二巻、第三巻の全訳も、引き続き刊行される。

チェコ人を母とし、スロヴァキア人を父として、オーストリアに生まれ（当時チェコはまだオーストリアに組み込まれていた）、チェコ人として育ったマサリクは、早くから広くスラヴ世界に目を向け、特にロシア文学に若い頃から読み耽っていた。一八八九年には、ロシア研究の最初のものとして、「スラヴ研究Ⅰ、イワン・ワシーリエヴィチ・キレーエフスキーのスラヴ主義」を公刊し、その後もロシア研究を発表しているが、このような若い頃からのマサリクの関心と研究の集大成と言えるものが、『ロシアとヨーロッパ』全三巻だった。また、マサリクは、ウィーン大学に教授資格論文として提出し、マサリクの最初の著書となった『現代文明の社会的大量現象としての自殺』（一八八一年）以来、神を失った近代ヨーロッパ文明の危機の徴候としての自殺傾向とニヒリズムを問題にしており、特に中世的要素を多く残したロシアが西欧近代の新しい思想・科学と衝突したところに生じた無神論的ニヒリズムに着目した。そして、そのようなロシアの無神論的ニヒリズムを問題にした作家としてのドストエフスキーに強い関心を寄せた。『ロシアとヨーロッパ』は、マサリクのそのような関心傾向の帰結でもあったと考えられる。

こうして、『ロシアとヨーロッパ』第一巻のはしがきの中で語られているように、この大部のロシア精神史研究は、もともとロシアの内面をロシア文学、とりわけドストエフスキーから捉えようと意図したものであり、初めに二冊同時に刊行されて「社会学的見取り図」という副題が付けられた第一、二巻は、後に刊行されるはずのドストエフスキー論（第三巻）のための予備的研究として書かれたものだった。そして、ドストエフスキーの先行者および後継者を含めたロシアの精神潮流を描く『ロシアとヨーロッパ』全体の中心は、ドストエフスキーになるはずだった。

しかし、結果的には、ドストエフスキー論のための予備的研究の部分（第一巻と第二巻）が非常に肥大し、ドストエフスキー論自体（第三巻）は逆に縮小した。しかも第三巻は、ほぼ書き上げられてはいたものの、諸般の事情から完全に完成されることなく、マサリクの生前には刊行されなかった。その主な事情は、マサリクは一九一三年に『ロシアとヨーロッパ』の第一、第二巻（ドイツ語版）を出版した後、翌年に始まった第一次大戦の間に国外に亡命して独立運動の指導者として活動し、一九一八年のチェコスロヴァキア独立後は初代大統領としての激務に追われたことである。

それでも、第三巻はほぼ書き上げられており、その原稿は残されていた。この遺稿は、何もなければマサリク死後にでも刊行されていたはずだが、マサリク死後のナチスによるチェコ侵略と第二次大戦後間もなくの共産党によるクーデターという政治的状況によって、公刊は不可能となった。しかし、遺稿の写しが国外に持ち出され、その英語抄訳が、ようやく一九六七年にThe Spirit of Russiaの第三巻として公刊された。この著作の公刊を求めた学者たちの一人で、当時ハーヴァード大学教授だったロマン・ヤコブソンは、次のように書いたものである。「マサリクの偉大さと、この問題――マサリクが予言的に我々の時代の枢要の問題と感じたロシアとヨーロッパという問題――の普遍的な重要さ」故に、「我々をこの著作から隔てている時間的間隙がいかに大きかろうとも」、この著作の公刊は文化世界にとって必要なのだ、と。

チェコ本国では、一九八九年の「ビロード革命」の後に設立されたプラハのマサリク研究所が、チェコ語版『ロシアとヨーロッパ』全三巻の出版を計画し、厳密な校訂の作業を経て、第一巻を一九九五年に、第二、三巻を一九九六年に出版した。チェコ語版『ロシアとヨーロッパ』の第三巻を、以前の英語抄訳版の第三巻と比較してみると、英語抄訳版にはなかった章が現れているほか、章の構成と各章の内容も異なっている。更に、まとまった形に発展させられなかった断片も含まれている。チェコ語版第三巻は、英語抄訳版よりも著者の原稿と構想に忠実なものだということである。

ところで、『ロシアとヨーロッパ』は、もともとドイツ語で書かれた。第一、二巻は最初に一九一三年にドイツ語版が出版され、後にチェコ語版が一九一九年（第一巻）と一九二一年（第二巻）に出版された。チェコ語版には訳者名が記されていないが、ヴァーツラフ・ソボトカが翻訳を始めて、ポロコプ・マクサが引き続いて翻訳したものであることが知られているという。ただし、訳者名が記されていないことから、このチェコ語版は著者であるマサリク自身が認めたチェコ語版であると解釈されている。この第一、二巻のチェコ語版は、数度にわたって版を重ねる過程で、マサリクの同意のもとに誤植やデータの誤りが修正され、内容的にも若干の修正・補足が行われた。他方、第三巻のチェコ語版は、イジー・ホラークがマサリクの同意のもとに必要な修正を加えながらドイツ語原稿からチェコ語に訳したものであることが分かっている。そして、上述のように、マサリク研究所が出版したチェコ語版全三巻は、更に厳密な校訂をほどこしたものである。

このような事情から、『ロシアとヨーロッパ』については、マサリク研究所が出版したチェコ語版を一応「決定版」と見なすことができる。したがって、今回の邦訳も、このチェコ語版を底本とした。ただし、残念ながら、このチェコ語版も完璧なものではなく、ごく僅かだが誤植が認められるし、内容的にもドイツ語版よりもかえって分かりにくくなっている個所もある。したがって、邦訳に当たっては、チェコ語版を底本としながらも、若干の個所ではドイツ語版にしたがって訳すという、部分的に折衷的なやり方を取らざるを得なかった。

『ロシアとヨーロッパ』の第一、二巻は、かつて佐々木俊次氏と行田良雄氏によって『ロシア思想史』（全二巻、みすず書房、一九六二、一九六六年）として邦訳されており、これは一応ドイツ語版を底本としている。今回の邦訳に当たっては、ドイツ語版（Tomáš G. Masaryk, *Russische Geistes- und Religionsgeschichte*, Frankfurt am Main: Eichborn, 2 Bde., 1992. T. G. Masaryk, *Polemiken und Essays zur russischen und europäischen Literatur- und Geistesgeschichte*, Wien: Böhlau, 1995.）のほか、佐々木・行田両氏による邦訳と英訳（T. G. Masaryk, *The Spirit of Russia*, 3 vols., London: George Allen & Unwin Ltd., 1955, 1967.）を参照した。また、第一巻に関しては、最近出版されたロシア語訳（Т. Г. Масарик, Россия и Европа. СПб: РХГИ, 2000.）も参照した。なお、翻訳原稿は長縄光男氏に見ていただき、氏から貴重な意見をいただいた。ここに記して謝する。

『ロシアとヨーロッパ』は、一九一三年の刊行当初から、初めての本格的なロシア精神史研究として大きな反響を呼び、英語その他各国語に翻訳され、何度も版を重ねた。特に英訳版The Spirit of Russiaは、広く普及して長く読み継がれた。しかし、マサリクのこの著作は、今から約九〇年も前に書かれたものである。その後のロシアの激変とロシア研究の進歩を経た現在、この著作にいかなる価値があるかは、簡単には言えないであろう。しかし、この著作は、現在に至るまで、ロシア精神史研究の最も大部なものの一つであるし、ヨーロッパを参照枠としヨーロッパと比較しながらロシアを論じている点も、この著作の特長と言える。また、チェコの重要な思想家であるマサリク自身の思想を知る上でも貴重な資料であることは否定できない。特にドストエフスキーを中心としてロシア作家を論じた第三巻には、マサリクならではの洞察が光っている。今回ようやく、全三巻から成るこの著作を完全な形で邦訳し、出版することができることになった。この厖大な著作の翻訳は大変な仕事だったが、本来もっと早く実現されるべきだったのに諸般の事情から長らく実現できなかった仕事を、ようやく成し遂げることができたと思う。

なお、人名については、適宜本文中に割り注として簡単な説明を入れてあるが、第三巻の末尾に、全三巻分をまとめた、解説付きの人名総索引を付ける予定である。

最後に、『ロシアとヨーロッパ』におけるマサリクの文体について一言しておくと、その文体は独特のくせのあるもので、訳出はかなり難渋した。英訳や露訳を見ても、やはり訳者がかなり難渋して、原文を大幅に書き換えてしまっている部分も少なくない。今回の邦訳では、原文に忠実に訳しながらも、できるだけ読みやすい訳文にするように心がけたが、元の文体を反映してある程度読みづらさが残っているかもしれない。

石川達夫

ワ　行

ヤ　行

ラ　行

マ　行

ナ　行

ハ　行

タ　行

サ　行

カ　行

人名索引

ア 行

訳者紹介

石川　達夫（いしかわ・たつお）

1956年東京生まれ。東京大学文学部卒業。プラハ・カレル大学留学の後、東京大学大学院人文科学研究科博士課程修了。現在、神戸大学教授。スラヴ文化論専攻。

主要著書：『マサリクとチェコの精神』（成文社、サントリー学芸賞および木村彰一賞）、『黄金のプラハ』（平凡社）、『チェコ語初級』『チェコ語中級』（大学書林）、『チェコ語ＣＤ入り』（朝日出版社、共著）など。

主要訳書：チャペック『マサリクとの対話』『受難像』『苦悩に満ちた物語』『外典』（以上、成文社）、『チャペックの犬と猫のお話』（河出文庫）、ハヴェル『反政治のすすめ』（恒文社、共訳）など。

ロシアとヨーロッパⅠ——ロシアにおける精神潮流の研究——

2002年10月28日　初版第１刷発行

訳　者　石川達夫
装幀者　山田英春
発行者　南里　功

発行所　成　文　社

〒240-0003　横浜市保土ヶ谷区天王町 2-42-2-3-1015
電話　045（332）6515
振替　00110-5-363630
http://www.seibunsha.net/

組　版　編集工房dos.
印　刷　平河工業社
製　本　三森製本

落丁・乱丁はお取替えします

ISBN4-915730-34-4　C0022

ロシアとヨーロッパＩ　石川達夫 訳　二〇〇二年一〇月刊行

ロシアとヨーロッパⅡ　石川達夫 長與 進 訳　二〇〇三年一〇月刊行予定

ロシアとヨーロッパⅢ　石川達夫 長與 進 訳　二〇〇四年一〇月刊行予定